Zur Biografie von Pastor Christian Boeck (1875-1964)
Viele Jahre im Dienste der Kirche und der Fehrs-Gilde

Zum Inhalt:

Pastor Christian Boeck begann in der Kaiserzeit seinen Dienst als Pastor. Er hat insgesamt während seiner Lebenszeit (1875-1964) die sich wandelnden politischen und kirchlichen Bedingungen durch vier verschiedene deutsche Staatsformen erlebt. Nicht nur in seinem beruflichen Lebensbereich ist er durch die damit verbundenen Umbrüche geprägt worden. – Auch sein Wirken in und für die Fehrs-Gilde hat sich in den sich wandelnden Konstellationen verändert.
In beiden Tätigkeitsfeldern hat er selbst wiederum prägenden Einfluss genommen und über Jahrzehnte bis ins hohe Alter gewirkt. Dabei sind ihm viele Ehrungen zuteil geworden – wie u.a. das Bundesverdienstkreuz sowie die Benennung eines Weges vor dem markanten Wellingsbütteler Torhaus als 'Christian-Boeck-Allee'.
Das Buch schildert die biografischen Stationen Boecks: die privaten, die beruflichen, vor allem aber auch die auf dem Gebiet seines Engagements für die Fehrs-Gilde und die Förderung der niederdeutschen Literatur.

Zur Biografie von Pastor Christian Boeck (1875-1964) Viele Jahre im Dienste der Kirche und der Fehrs-Gilde

Uwe Gleßmer

in Zusammenarbeit mit Marianne Ehlers
herausgegeben von der Fehrs-Gilde

Wir danken posthum Eckhard Dose für die Zuwendung, die das Erarbeiten und Erscheinen dieser Biografie zusammen mit der Fehrs-Gilde möglich gemacht hat.

Bibliographische Informationen der Deutschen Nationalbibliothek
Die Deutsche Nationalbibliothek verzeichnet diese Publikation
in der Deutschen Nationalbibliografie; detaillierte bibliografische
Daten sind im Internet über http://dnb.dnb.de abrufbar

© 2016 Uwe Gleßmer

Herstellung und Verlag
BoD – Books on Demand, Norderstedt

ISBN: 978-3-741274527

Inhaltsverzeichnis

	Inhaltsverzeichnis	5
1	Vorwort und Kontext der Rückfrage	11
1.1	Das Geschichtsprojekt der Gemeinde Wellingsbüttel	11
1.2	Das Boeck-Archiv aus dem Wellingsbütteler Torhaus	14
1.3	Erschließung weiterer Materialien	17
2	Zur Gliederung des Materials	18
2.1	Zur (Be-)Deutung des Materials über Boeck	20
2.2	Kirchliche Bemühungen zum Lernen aus Geschichte	21
2.3	Boecks Wirkung für die Fehrs-Überlieferung	23
3	Zur Person Christian Boeck	24
3.1	Eltern – Familie	25
3.2	Erziehung	27
3.3	Studium und Vikariat	29
3.4	Heirat	37
4	Berufliche Stationen von Pastor Boeck	40
4.1	Beginn in Kappeln und Kiel	41
4.2	Bergstedt	41
4.3	Gemeindepastor in Bramfeld 1907/8-1933	42
4.4	Hilfsgeistlicher für den Bezirk Wellingsbüttel 1933-1938	53
4.4.1	Kirchenpolitischer Kontext	57
4.4.2	Wohnort in der Wald(ing)straße 39	63
4.4.3	Kooperation mit der politischen Gemeinde	69
4.4.4	Bau der Lutherkirche	78
4.4.5	Kontakt zu Nachbargemeinden	93
4.4.6	Führung der Kirchengemeinde zur Selbstständigkeit	96
4.5	Boeck als ‚Altenteiler' in Wellingsbüttel 1938-1964	99
5	Boecks außerberufliche Aktivitäten: die Fehrs-Gilde	101
5.1	Literarische Aktivitäten in den ersten Amtsjahren	102
5.2	Johann Hinrich Fehrs und die Fehrs-Gilde	102
5.3	Boecks Weg zu J.H. Fehrs	103
5.4	Die Gründung der Fehrs-Gilde	109
5.5	Selbstverständnis der Fehrs-Gilde vor 1945	116
5.5.1	Veröffentlichungen vor 1933	119
5.5.2	Veröffentlichungen zwischen 1933 – 1945	120
5.5.3	„Plattdütsche Reden rutgeben vun de Fehrs-Gill", 1935	123
5.5.4	1938 und der 100. Fehrs-Geburtstag	125
5.5.5	1938/39 Boeck als Vorsitzender	129
5.5.6	Johann-Hinrich-Fehrs-Preis	130
6	Die letzten Jahre von Pastor Christian Boeck	132
6.1	Öffentliche Ehrungen	133

6.1.1	1955 Das Bundes-Verdienstkreuz für den 80-Jährigen	133
6.1.2	1957 Die Goldene Hochzeit	136
6.1.3	1960 Ehrungen zum 85. Geburtstag	137
6.1.4	1962 Joost van den Vondel-Preis	142
6.2	Frau Ulrich und die Fehrs-Gilde in Wellingsbüttel	143
6.3	Trauerfeier in Bergstedt durch die Fehrs-Gilde	144
6.3.1	Ehrungen des Verstorbenen	146
7	Publikationen von Christian Boeck	146
7.1	1905 Von der neuen Kultur	148
7.2	1906 Carlyle und Goethe	150
7.3	1906-1908 Erste Veröffentlichungen zu J.H. Fehrs	150
7.4	1907 Religion und Reaktion	151
7.5	1907 Das dichterische Schaffen	151
7.6	1908 Johann Hinrich Fehrs	151
7.7	1908 Die Organisation des … Überweisungsverkehrs	152
7.8	1909 „Die Unbeschränkte Haftpflicht"	152
7.9	1910 „Schopenhauer und das geniale Schaffen"	153
7.10	1911 Salon-Feuilleton „David Hume"	154
7.11	1912 Rezensionen „Ich glaube" und „Hellenisierung"	154
7.12	1913 Philosophie als Kunst	155
7.13	1913: Zu Fehrs 75. Geburtstag	155
7.14	1916 Grabrede	155
7.15	1919f „Schleiermachers vaterländisches Wirken 1806-1813"	156
7.16	1920 Klaus Groths Briefe an Leonhard Selle	157
7.17	1922 Von Groth zu Fehrs	157
7.18	1924 Mehrere Beiträge zu Fehrs	158
7.19	1925 Kritische Selbsthilfe	159
7.20	1925 Niederdeutsche Dichter und Denker	160
7.21	1925-1927 Kleinere ‚Fehrs-Bekanntmachungen'	161
7.22	1926 Entwurf zu einem plattdeutschen Gesangbuch	161
7.23	1928 Was ist niederdeutsch?	161
7.24	1929 Ein Dichter nordischer Art	163
7.25	1930ff Fehrs-Propaganda	164
7.26	1934f Das unbekannte Niederdeutschland	165
7.27	1935 „Plattdütsche Reden"	166
7.28	1935ff Norddeutsche Nachrichten	166
7.29	1936 „Niederdeutsche Balladen"	167
7.30	1938 Wellingsbütteler Urkunden I / 1947 Kurzer Abriß / 1951 Urkunden und Texte, Heft II	168
7.31	1938ff Mehrere Aufsätze zum 100. Fehrs-Geburtstag	169
7.32	1939 Voraussetzungen des Kirchenbaus	169
7.33	1949 Zum neuen Anfang	171
7.34	1959 Erinnerungen an Johann Hinrich Fehrs	174
7.35	1964 15 Jahre Verlag der Fehrs-Gilde	174
8	Schlussbetrachtung zum Rekonstruktions-Puzzle	175

8.1 Theologische Positionen des Pastor Boeck	175
8.2 Politisches und außerberufliches Engagement	176
8.2.1 Beitrag zur niederdeutschen Sprachpflege	177
8.3 Vorläufige Rekonstruktion aus Puzzle-Teilen	178
9 Kurztitel- und Literaturverzeichnis	181
10 Anhang mit dokumentarischen Materialien	202
10.1 Gespräche mit G. Hoffmann (24. und 31.3.2014)	202
10.2 Louise (geb. Boeck): „Aus unseren Kindertagen"	206
10.3 Grabrede für J.H. Fehrs 20.8.1916	211
10.4 Antrittspredigt in Wellingsbüttel vom 10.12.1933	215
10.5 Kirchweih-Predigt vom 28.11.1937	219
10.6 Abschiedspredigt 1938	223
10.7 Dank Boecks für die Festschrift der Fehrs-Gilde 1960	227
10.8 Plattdüütscher Gottesdeenst to'n Affscheed	229
10.9 Das Gemeinde-Blatt (1933 – 1941)	235
11 Abkürzungen, Archivalien und Indices zu Themen, Orten und Personen	239
11.1 Abkürzungen	239
11.2 Archivalien	239
11.3 Themen-Index	240
11.4 Orts- und Straßennamen-Index	248
11.5 Personen-Index	250

Danksagungen

Das Zustandekommen dieses Buches ist durch vielerlei Unterstützungen möglich gewesen, die gar nicht alle ausdrücklich genannt werden können. Es sollen jedoch ausgewählt einige Personen und Institutionen aufgeführt werden, die in besonderer Weise dazu beigetragen haben, dass ich mich an das Unternehmen herangewagt habe, einen Beitrag zur Biografie für einen derartigen ‚Vielschreiber' wie Christian Boeck zu verfassen.

Kay Dohnke ist zuerst zu nennen: per Mail hat er – als besonderer Kenner auch der Boeck'schen Schriften zu Fehrs – Mut gemacht, im Blick auf Boeck zu versuchen, „die Vielschichtigkeit von menschlichem Verhalten zu verstehen".[1] Als weiterer Boeck-Spezialist ist *Dr. Gustav Hoffmann* zu erwähnen, der mir von seinen persönlichen Erlebnissen mit seinem älteren Freund und Hausgenossen berichtet hat.
Unterstützend tätig gewesen ist u.a. durch die Aufnahme des Boeck- und Fehrs-Gilde-Nachlasses in das Landesarchiv Schleswig-Holstein *Prof. Dr. Dr. Rainer Hering* ebenso, wie ohne den unkomplizierten Zugang der Archive der Kirchengemeinden Bramfeld und Wellingsbüttel sowie des Kirchenkreisarchivs HH-Ost das Studium von Archivalien ungleich schwieriger wäre. Auch durch die digitalen Kopien aus dem Kreisarchiv und aus dem Kreismuseums Itzehoe waren wesentliche Dokumente verfügbar. Das Landeskirchliche Archiv Kiel (LKAK) schließlich hat Einblick und Kopien aus der Personalakte des Pastors ermöglicht.
Frau A. Wittenborg hat mit dem Zugang zum Original „Wellingsbüttel Heimatbuch" von *G. Matthiessen* eine seit 2009 betriebene Suche nach dieser ortsgeschichtlich bedeutenden Quelle zum Ziel geführt. Ähnlich ist es durch *Dr. Ulrike Möller* und die Niederdeutsche Bibliothek der Carl-Toepfer-Stiftung gelungen, Bausteine im Puzzle um Boeck 2016 neu aufzuspüren. Ab 2014 bereits hatte der Fotobestand von Otto Rheinländer im Hamburgischen Architekturarchiv (HAA) sowie die Hilfe von dessen Archivaren zentrale Impulse für das ‚Dokumentationsprojekt zu den Architekten Hopp und Jäger' gegeben, auf die u.a. der Bau der Wellingsbütteler Kirche 1937 sowie dessen künstlerische Ausgestaltung zurückgehen.

Für den handgreiflichen Hintergrund zu diesem Buchprojekt ist unten eine Schilderung zum Wiederfinden des Boeck- und Fehrs-Gilde-Nachlasses gegeben, aber es ist darüber hinaus hier auch der Ort, ganz ausdrücklich Frau *Marianne Ehlers* als der Vorsitzenden der Fehrs-Gilde zu danken. Aus dem gemeinsamen Erleben der Sichtung – zusammen mit *Dr. G. Engler* – im Juni 2014 ist eine Form der Zusammenarbeit und Mitarbeit für dieses Projekt entstanden, für die ich ihr und ihm (sowie dem Zuwendungsgeber *Eckhard Dose* posthum) besonderen Dank schulde!

Uwe Gleßmer

---

[1] Mail vom 3.4.2014.

Ehe wir zum Thema kommen

Möglicherweise haben Sie beim Öffnen des Buches schon gesehen, dass Fußnoten unten auf den Seiten stehen, und haben erschreckt gedacht: „Das ist ein Buch von der Sorte, die ich nicht lesen mag!" Aber wir können Sie beruhigen: Sie brauchen die Fußnoten nicht unbedingt zu lesen, denn das stoppt ja auch sehr den Lesefluss. Manche der Angaben darin sind nur darauf bezogen, woher eine Information stammt. Aber manche sollen vor allem helfen, sich zu orientieren, wenn im Text eine Verweisung steht wie: „… oben ist schon darauf hingewiesen, dass …". Dann hat man am nächsten Tag beim Weiterlesen leicht die Frage „Wo war das denn oben genau?"

Bei einem so umfangreichen Lebenswerk, wie es von dem Pastor Christian Boeck erhalten ist, gibt es viele Dinge, die ihm nach Jahren wieder wichtig geworden sind. Dabei den Überblick zu behalten, helfen viele der Fußnoten, in denen auch oft auf andere Fußnoten verwiesen wird. Und das ist besser, als auf ganze Seiten und deren Seitenzahl zu verweisen, weil man dann noch suchen müsste, wo steht denn die Sache, auf die Bezug genommen ist. Die hochgestellte Fußnotenzahl im Text zeigt sofort die Stelle.

Viele der anderen Fußnoten wollen dokumentieren, woher Informationen stammen. Auch dieser Vorgang ist in der heutigen Zeit noch wichtiger als er früher genommen wurde. Denken Sie an die Diskussionen um wissenschaftliche Redlichkeit beim Zitieren. – Aber es ist noch ein anderes Moment im Spiel: Es gibt keine objektive Wissenschaft, – sondern immer nur eine von Menschen mit bestimmten Perspektiven und Fragen betriebene, die aber ihre Interessen und Informationsauswahl möglichst überprüfbar offenlegen sollte.

In diesem Sinne ist auch das Vorwort unten eher subjektiv im ‚Ich-Stil' geschrieben um darzustellen, wie der Hauptautor zu dem Inhalt des Buches gekommen ist. Wir glauben aber, dass wir dadurch dem persönlichen Element einer Biografie und unserer Zusammenarbeit für das Buch am besten gerecht werden können.

Marianne Ehlers und Uwe Gleßmer
Bordesholm und Hamburg im September 2016

PS:
Die Fußnotenzahlen in diesem Buch sind übrigens auch für diejenigen gut nutzbar, die es als eBook nutzen werden. Dieses wird es bis 15.12.2016 für 0,00 Euro für die verschiedenen eBook-Systeme geben (nachher 0,99 Euro).

1 Vorwort und Kontext der Rückfrage

„Wie kommt jemand, der selbst kein Mitglied der Fehrs-Gilde ist, dazu, zu deren 100-jährigen Bestehen eine Biografie über ihren langjährigen Ersten Vorsitzenden zu schreiben?", werden sich manche Leser fragen. – Das muss auch erklärt werden, weil mit der Motivation eines Buches immer Interessen und Perspektiven verbunden sind, die nach Möglichkeit offengelegt werden müssen. Denn es gibt ja keine objektive Geschichtsschreibung – auch nicht, wenn es ‚nur' um eine Einzelperson geht. Vielmehr gibt es nur perspektivische Darstellungsweisen, die je nach Standpunkt des Betrachters ganz unterschiedlich ausfallen können – insbesondere wenn ein Mensch, der einen anderen zu beschreiben versucht, aus einem ganz anderen Zeitalter und über eine viel frühere Zeit schreibt. Ich war erst 13 Jahre alt, als Christian Boeck 1964 als 89-Jähriger gestorben ist. Persönlich gekannt habe ich ihn leider auch nicht mehr, da ich erst Jahre später nach Wellingsbüttel zog.

Trotzdem hat mich diese Person seit inzwischen über drei Jahren sehr interessiert. Ich habe über ihn gelesen, habe Menschen befragt, die ihn noch kannten und quasi nach Puzzleteilen gesucht, die Spuren aus seiner Lebenszeit aufzeigen könnten. – Und so ist natürlich auch der Bezug zur Fehrs-Gilde zu Stande gekommen – und zu seiner jetzigen Ersten Vorsitzenden Frau Marianne Ehlers. Das war für beide eine durchaus spannende erste Begegnung, aus der dann auch weitere Begegnungen sowie dieses Buchprojekt entstanden sind. Dieses will ich vorweg schnell erklären, weil es denjenigen hilft, die aus der Perspektive der Fehrs-Gilde dieses Buch in die Hand nehmen. Aber auch andere Leser, die sich der Person von Christian Boeck als langjährigem Pastor annähern, der in Bramfeld (1908-1933) und dann (1933-1938) in dem Gemeinde-Bezirk Wellingsbüttel im Norden Hamburgs Dienst getan hat, muss das jeweils zweite ‚Standbein' dieser Persönlichkeit interessieren. Die Zeit seines ‚Ruhestandes', in der er bis zu seinem Tod 1964 – weiterhin in seiner ehemaligen Gemeinde Wellingsbüttel wohnend – gewirkt hat, ist sowohl für die Nachkriegsgemeinde als auch für die Fehrs-Gilde und den Verlag der Fehrs-Gilde mit manchen Neuerungen verbunden.

Mit dem Ortsnamen „Wellingsbüttel", dem er als Heimatforscher ebenfalls nachgegangen ist und der sich auf vielen Papieren der Fehrs-Gilde und als Verlagsort findet, ist auch der Hintergrund gegeben, über den verständlich wird, wie ich 1. zum Interesse an Boeck und seiner Biografie gekommen bin und 2. wie die Verbindung zu Frau Ehlers sich entwickelt hat. Beide Punkte will ich nacheinander schildern.

1.1 Das Geschichtsprojekt der Gemeinde Wellingsbüttel

Die Kirchengemeinde in Wellingsbüttel verdankt den Bemühungen von Pastor Boeck den Bau ihrer Lutherkirche, für die am 23.5.1937 der Grundstein gelegt wurde und die dann am 1. Advent desselben Jahres eingeweiht werden konnte. Entsprechend konnte man 2012 ihr 75-jähriges Kirchweih-Jubiläum begehen. Allerdings hat die Kirche in Wellingsbüttel einen Haken, der der Gemeinde seit den

1980-er Jahren[2] immer wieder Kopfzerbrechen bereitet: genauer gesagt sind es zwei gekreuzte Haken in der Ausfächerung unterhalb der Emporenfenster des südwestlichen Mauerwerks, die als Hakenkreuz eines der 2 mal 6 Mauerdekor-Elemente ausmachen:

Die bauzeitliche Aufnahme von 1937 des Fotografen Otto Rheinländer[3] und die Vergrößerung daraus zeigen ganz rechts das Hakenkreuz im Mauerwerk:

---

[2] Siehe dazu u.a. den Bericht des jetzigen Landesbischofs und früheren Wellingsbütteler Pastors Gerhard Ulrich in Ulrich (2015) SB S. 48f; zur Grundsteinlegung siehe bei Anm. 254.
[3] HAA_ORh_50.1_(0403). Aus dem Bestand des Hamburgischen Architekturarchivs digitalisiert im Zusammenhang des Dokumentationsprojektes zu den Architekten Hopp und Jäger; dazu siehe den „Projektbericht 1" von Gleßmer / Jäger (2016b).

2012 entschloss sich der damalige Kirchenvorstand, an der Seite der Kirche eine Bodenplatte einzusetzen, in der es u.a. um eine Stellungnahme zur NS-Zeit gehen sollte. Ein ausführlicher Text dazu wurde in einer Kapsel versenkt, während die Beschriftung der Bodenplatte sich jedoch nicht selbst erklärt; – und das war nicht für alle Gemeindeglieder eine ausreichende Meinungskundgebung. Aus dieser Situation ist ein Geschichtsprojekt entstanden, in dem es darum geht, weiter herauszufinden und zu beschreiben, wie die auf der Tafel eingravierten Worte „Zur Erinnerung und zur Mahnung 1933 – 1939 – 1945" mit konkreten Inhalten zu füllen sein könnten. Die Gemeinde stellt inzwischen auch auf ihrer Webseite ihr Geschichtsprojekt vor.[4]

Ebenso sind dort diejenigen Dokumente elektronisch verfügbar, die in der Kapsel enthalten sind, die zusammen mit der am 23. Mai 2012 gesetzten und so genannten „Wellingsbütteler Tafel" an der Südwestseite der Kirche (unterhalb des im Mauerdekor erkennbaren Hakenkreuzes) im Boden eingelassen wurde.

Mit dieser Erinnerung an die vor 75 Jahren erfolgte Grundsteinlegung hat in der Gemeinde zugleich ein Prozess einer neuen, öffentlichen Beschäftigung mit den Anfängen ihrer Geschichte begonnen, dessen Weiterführung seitdem unter der Leitung eines Gemeindegliedes, Herrn Dr. Günther Engler, engagiert weiter vorangetrieben wurde.[5]

Herr Engler hatte mich für eine stärkere Mitarbeit gewinnen können, seit ich Anfang 2014 im Ruhestand die nötige Zeit aufbringen konnte. Zuvor hatte ich mich zwar mit Lektüre zur Gemeindegeschichte und zu Boeck aus Festschriften sowie mit niederdeutschem Schrifttum befasst, für die notwendigen Arbeiten im Gemeindearchiv und weitere Recherchen hatte ich jedoch keinen Aufwand treiben können. So habe ich aber dann im ersten Halbjahr 2014 relativ viel Material zusammengetragen, weil wir uns bemühten, jemanden für das Projekt zu gewinnen, der oder die eine wissenschaftlich fundierte Bearbeitung aus einer historischen Perspektive würde leisten können. Das hat dann im Juli 2014 auch dazu geführt, dass glücklicherweise im Rahmen eines Promotionsprojektes unter der Betreuung von Prof. Dr. Dr. Rainer Hering Frau Michaela Bräuninger M.A. bereit war, sich dieser Aufgabe zu stellen. Diese Arbeit ist inzwischen zu Ende gebracht und wird im Frühjahr 2017 im Druck erscheinen. Da Frau Bräuninger auch Niederdeutsch studiert hat, ist damit eine

---

[4] http://www.kirche-wellingsbuettel.de/index.php/gemeinde/historie/geschichte.
[5] Siehe dazu auch ausführlicher in Gleßmer / Engler (2016).

Idealkombination gegeben, und es werden sicher weitere Einsichten zu Boeck künftig aus ihrer Arbeit zu ergänzen sein.[6]

Naturgemäß war für dieses Projekt ein längerer Zeitraum geplant. Die von mir gesammelten Materialien u.a. aus den Archiven der Kirchengemeinden und zu Boeck sowie die Ausarbeitung dazu, die Frau Bräuninger und Prof. Hering als Vorarbeiten (ebenso wie die dann im Frühjahr 2015 herausgelösten Teile „Materialzusammenstellung zu Hopp u. Jäger als Architekten der Lutherkirche" in mehreren Versionen) zur Verfügung standen, wollte ich verabredungsgemäß in Form einer zitierbaren Quelle aufbereiten. Daraus stammt ein großer Teil dieser Biografie.[7] – Es war jedoch noch Weiteres einzuarbeiten, denn im Juli 2014 kam noch Neues dazu.

1.2 Das Boeck-Archiv aus dem Wellingsbütteler Torhaus

Aus den Recherchen zu Boeck und dem Verbleib seines Nachlasses hatte sich bei der Befragung des Alster-Vereins, dessen Ehrenmitglied Boeck war,[8] ergeben, dass 2012 bei einer Leckage im Dach des Torhauses ein dort befindlicher großer Schrank mit Archivalien von der Feuchtigkeit betroffen war. Das Dach musste saniert werden und der Schrank sollte weg. Glücklicherweise hatte der Alster-Verein nicht gleich die ins Auge gefasste „Entsorgung" vorgenommen, sondern die jetzige Vorsitzende der Fehrs-Gilde, Marianne Ehlers, kontaktiert. Sie konnte durch ihren persönlichen Einsatz alle Dinge aus dem Schrank sicherstellen und in ca. einem Dutzend großer und kleiner Pappkartons bei sich privat in Bordesholm im Keller einlagern. Dort waren sie dann bis 2014 verblieben.

Nach wenigen telefonischen Kontakten mit ihr wurde es dann möglich, dass wir gemeinsam mit Dr. Günther Engler zu dritt am 9.7.2014 bei ihr diese Archivalien erstmals sichten und teils fotografieren konnten, nachdem sie alle Kartons an diesem heißen Julitag in ihr Wohnzimmer hinauf geschleppt und uns nach der Ankunft erst einmal mit Erdbeeren und Eis empfangen hatte.

Mit einem der ersten Fotos (WP_20140709_004) wollte ich ursprünglich die Materialien ‚in situ' festhalten, wie wir sie den Kartons (hier ein gekennzeichnetes Bündel mit Gratulationspost zum 85. Geburtstag 1960) entnahmen, um möglicherweise deren frühere Anordnung zu sichern. Ähnlich machen es ja Archäologen bei Ausgrabungen, wenn sie dokumentieren wollen, wie sich Fundobjekte im Boden und dessen Schichtungen zum Zeitpunkt der Sicherung befinden.

---

[6] Sie hat ihr Projekt u.a. dargestellt in einem Artikel: Bräuninger (2015) Auskunft und eine elektronische Fassung ist unter der Internetadresse der Staats- und Universitätsbibliothek Hamburg (http://ediss.sub.uni-hamburg.de/volltexte/2016/8024/pdf/Dissertation.pdf) als ‚eDissertation' verfügbar.

[7] Der andere Teil zur Architektur liegt in dem bei Anm. 5 genannten Büchlein vor.

[8] Siehe dazu im Jahrbuch des Alstervereins den Beitrag Gleßmer (2016) JAV.

Allerdings zeigte sich, dass die Rettungsaktion zwei Jahre zuvor nicht die erste Umschichtung des Materials gewesen war: im Wellingsbütteler Torhaus war bereits alles in den Schrank hineingezwängt worden und die Schichtungen in diesem Durcheinander waren bereits weitestgehend zerstört, als sie von dort in die Kartons verbracht werden konnten.

So blieb unsere Entdecker-Euphorie immerhin von zeitlichen Verzögerungen wegen ‚archäologischer Sicherungsmaßnahmen' ungebremst, und wir richteten alle Aufmerksamkeit allein auf die neuen Funde, die jeder vor sich hatte: So fanden sich – auch zur Überraschung von Marianne Ehlers – nicht nur diverse Schrift-Dokumente wie oben die Gratulations-Post, diverse Bücher, Manuskripte, Sonderdrucke und Fotos, sondern auch von den Ehrungen, die C. Boeck empfangen hatte, die Urkunden und Orden – wie die Lornsen-Kette des ‚Schleswig-Holsteinischen Heimatbundes e.V.':[9]

Dieses ‚Fundstück' konnte von Marianne Ehlers dem Heimatbund wieder zurück gegeben werden, da es sich eigentlich um eine dem Träger nur für seine Lebenszeit verliehene Auszeichnung handelt, deren Verbleib jedoch zwischenzeitlich unbekannt war. Über den Weg des Boeck'schen Nachlasses, bevor er ins Wellingsbütteler Torhaus gelangte, soll es unten weiter gehen. Hier im Vorwort war davon ja deshalb die Rede, weil vorweg erklärt werden sollte, wie der Zusammenhang zwischen Fehrs-Gilde und dem Geschichtsprojekt der Kirchengemeinde Wellingsbüttel entstanden war.

Um diese Frage zum Abschluss zu bringen, ist noch ein weiteres Element der Vorgeschichte zu erwähnen, das quasi beide verbindet, nämlich der Kontakt zu Prof. Hering, dem Leiter des Schleswig-Holsteinischen Landesarchivs. Er ist einerseits Doktorvater im o.g. Promotionsverfahren und hat andererseits auch freund-

---

[9] WP_20140709_084.

licherweise mit dafür gesorgt, dass die Archivalien von Pastor Boeck und der Fehrs-Gilde in das Landesarchiv (=LASH) mit aufgenommen werden konnten. Dazu hat Frau Ehlers einen entsprechenden Vertrag mit dem Landesarchiv geschlossen. Auf diese Weise ist ein dort bereits existierender älterer Bestand aus den 1920-er Jahren mit diesem Material zusammengeführt worden, das – da Wellingsbüttel vor dem Groß-Hamburg-Gesetz – ursprünglich zu Stormarn und Schleswig-Holstein gehörte, auch sachlich ein angemessener Ort für die Aufbewahrung auf Dauer ist. Bevor diese dauerhafte Einlagerung zur professionellen Archivierung mit Findbuch[10] erfolgt ist, hatten wir uns verständigt, dass wir in zwei Tranchen das Material an das LASH geben würden: der eine Teil, der mehr Interna der Fehrs-Gilde und Bücher aus dem Verlag der Fehrs-Gilde betraf, sollte bei Frau Ehlers weiter gesichtet werden. Für den anderen Boeck im engeren Sinne betreffenden Teil stimmte sie freundlicherweise zu, dass wir diesen mit nach Hamburg nehmen dürften, um ihn zu ordnen und elektronisch zu dokumentieren, bevor wir ihn in das LASH verbringen würden.

Die entsprechenden elektronischen Informationen stehen natürlich inzwischen auch für die Fehrs-Gilde zur Verfügung.

So ist ein wesentlicher Teil des Boeck betreffenden Materials auch als Digitalisat sowohl der Fehrs-Gilde als auch dem LASH verfügbar, nachdem Dr. Engler und ich die 10 Kartons ca. 14 Tage nach dem für uns aufregenden Fund zur weiteren archivalischen Behandlung durch das LASH dorthin bringen konnten.

Links: WP_20140720_035 mit Kartons

Soweit also zur Erläuterung des Zusammenhangs zwischen den ‚konzertierten' Bemühungen zwischen der Fehrs-Gilde und der Kirchengemeinde in Wellingsbüttel vor zwei Jahren. Sie haben zahlreiche z.T. auch biografisch wichtige Materialien verfügbar gemacht, die die zuvor wenig erhellte Zeit vor und im Ersten Weltkrieg betreffen. Darüber hinaus sind aus Boecks Nachlass auch Gegenstände, die zwar aus Texten und einigen Bildern bekannt waren, wie die oben erwähnte Lornsen-Kette sowie das Bundes-Verdienstkreuz, jetzt verfügbar, die sich z.B. auf der Internetseite der Bundesregierung nicht finden:

---

[10] Jetzt im Bestand des LASH in der Abt. 399.206. Dank gilt der Archivarin Frau B. Dioum.

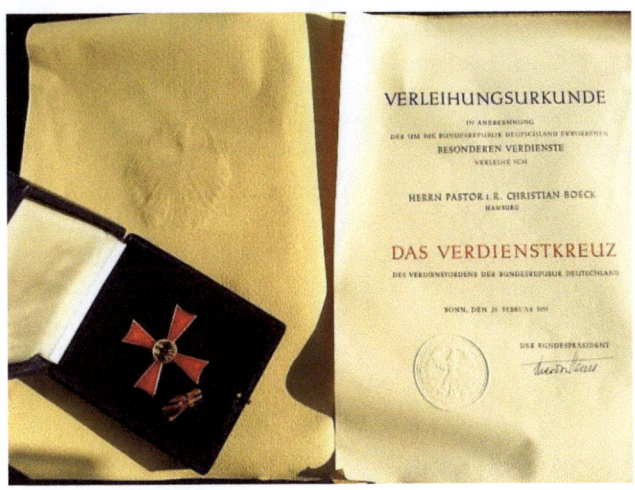

Auf dem Balkon in Bordesholm bei tiefstehender Abendsonne fotografiert – die zwei Orden (groß und klein) sowie die „Verleihungsurkunde ... Verdienstkreuz des Verdienstordens der Bundesrepublik Deutschland Bonn, den 25. Februar 1955

Der Bundespräsident Theodor Heuss"[11]

Diese Archivalien sind also seit Ende Juli 2014 zusammen mit weiteren den Verlag der Fehrs-Gilde betreffenden im Landesarchiv Schleswig-Holstein im Bestand zugänglich.[12]

1.3 Erschließung weiterer Materialien

Nach der oben erwähnten erfolgreichen Suche, für das Geschichtsprojekt der Gemeinde eine Bearbeiterin zu finden, konnte sich die Geschichtswissenschaftlerin am 4. November 2014 auf einem Gemeindeabend vorstellen. Ihr Wunsch nach Unterstützung durch Zeitzeugen bzw. Wissensträgerinnen und Wissensträger auch der zweiten Generation fand gute Resonanz. Als einer meiner eigenen Beiträge zum Geschichtsprojekt gehörte auch, der Gemeinde und Interessierten selbst Quellenmaterial online zugänglich zu machen, das einerseits in der fast vergriffenen „Chronik der Kirchengemeinde Wellingsbüttel 1938-1988" von Ernst König (von 1989) vorliegt und dazu ein Personen-, Sach-, Orts- und Straßen-Register neu als PDF bereitzustellen.[13] Auch die Ausgaben des Gemeinde-Blattes von 1933-1941, die sich fast vollständig im Gemeindearchiv finden, und in jeder monatlichen Lieferung auf ihrer vierten Seite von Pastor Boeck verfasste Berichte aus dem Gemeindebezirk Wellingsbüttel bzw. ab 1938 aus der ‚Gemeinde Wellingsbüttel' bieten, sind inzwischen online verfügbar.

Für die Gemeindegeschichte ist Pastor Christian Boeck eine der Schlüsselfiguren. Er hat nicht nur die Anfänge in der ideologisch sehr spannungsvollen nationalsozialistischen Zeit vor mehr als 75 Jahren mit geprägt. Als am 1.7.1938 die Selbstständigkeit der Wellingsbütteler Kirchengemeinde amtlich wurde, hatte Christian Boeck bereits mehrere Jahrzehnte hindurch diesen Pfarrbezirk betreut,

---

[11] WP_20140709_110.
[12] Der ältere Bestand zur Fehrs-Gilde 1919-1926 findet sich unter LASH 371.827.
[13] Verfügbar unter der in Anm. 4 genannten Internetadresse.

Menschen begleitet und Beziehungen geknüpft. Offiziell hat er sein Amt dann im selben Jahr, am 1. Oktober 1938, niedergelegt, um Pastor Rudolf Scheuer am Erntedanktag, dem 2. Oktober 1938, als dem ersten regulären Gemeindepastor der jetzt selbstständigen Gemeinde und neu eingeführtem Nachfolger den Platz frei zu machen. Dazu unten mehr.

Sein hauptamtliches Ausscheiden 1938 brachte im selben Jahr zugleich die Übernahme der Aufgabe, als Vorsitzender der Fehrs-Gilde zur Verfügung zu stehen, als deren Vorstandsmitglied er bereits zuvor seit ca. 13 Jahren ebenfalls regelmäßig Beiträge als ‚Schriftwart' für die ‚Blätter der Fehrs-Gilde' verfasst hatte. Intensives literarisches Schaffen gehörte jedoch nicht erst durch die Fehrs-Thematik zum Persönlichkeitsprofil von Christian Boeck, wie inzwischen die vielen Sonderdrucke im Nachlass des Boeck-Archivs zeigen, die eine erstaunliche Bandbreite seiner Interessen zeigen.

2 Zur Gliederung des Materials

Es ist nicht leicht, im zeitlichen Abstand von über 50 Jahren nach Boecks Tod 1964 ein angemessenes Bild von der Person und ihrem Schaffen zu zeichnen. Boeck hat in einer Lebensspanne von 89 Jahren – davon 31 seiner Lebensjahre am Wohnort Wellingsbüttel – sowie davor nochmals weitere 31 Jahre (1902 bis 1933) von Bergstedt bzw. Bramfeld aus gewirkt. Aber immerhin können Spuren, Dokumente und Erinnerungen von Zeitzeugen gesichtet werden, aus denen sich ein Bild wie aus Puzzle-Teilen rekonstruieren lässt.

Wie beim Puzzeln gibt es verschiedene Strategien, die Teile zu sortieren. Häufig sind es die Seitenteile und Ecken, die zuerst als Hilfsgerüst dienen müssen, um dann so nach und nach zur Rekonstruktion im Inneren eines Bildes zu gelangen. Manchmal wird man auch nicht fertig oder presst Teile zusammen, die eigentlich nicht zusammengehören. Aber das merkt man selbst oft erst am Schluss bzw. Andere haben den schärferen Blick für Unstimmigkeiten ... – Allerdings gibt es auch für die Anderen, die das Puzzle betrachten, noch ein großes, weiteres Problem: es handelt sich nicht nur um ein „1000-Teile-Puzzle", sondern zudem um ein „3D-Puzzle", denn die Mengen von Material, aus denen ggf. Facetten zu rekonstruieren sind, sind schier unendlich.[14] Die Auswahl setzt zwangsläufig eine gewisse Willkür voraus, so dass nur die Möglichkeit bleibt offenzulegen, wo ggf. weiteres Material zur Verfügung stehen könnte. So steht dem Betrachtenden ggf. selbst noch eine zusätzliche kritische Sichtung ins Haus, – und außerdem bleibt ihm oder ihr beim „3D-Puzzle" noch die Wahl der Perspektive auf den Gegenstand: Blicke ich zuerst auf den Berufsweg, so wie ich begonnen habe, oder erst mit der nebenberuflichen Achse des Engagements fürs Niederdeutsche, wie es jetzt etwa mit der Dissertation von Frau Dr. Michaela Bräuninger möglich wird. Das Bild wird

---

[14] Neben der als wichtiger Quelle (bei Anm. 13) genannten umfangreichen Chronik von König (1989) existieren vor allem im Archiv der Kirchengemeinde zahlreiche weitere Dokumente. Sie sind durch ein Findbuch erschlossen: Nordelbisches Kirchenarchiv (2007) KG Wellingsbüttel sowie zusätzlich im Archiv der Muttergemeinde Bramfeld.

zwar nicht vollständig anders, doch die beiden Perspektiven bringen naturgemäß unterschiedliche Bereiche stärker in den Vordergrund.

Bei Boeck ist auf jeden Fall sicher, dass sich seine Wirkungsgeschichte neben der beruflichen Seite insbesondere auf dem schriftstellerisch-verlegerischem Gebiet der Pflege der niederdeutschen Sprache erkennen lässt. Neben der zeitlich-biografischen Abfolge, die sich quasi als die eine Orientierungsrichtung der Puzzle-Seitenteile darstellen lässt (in den Kapiteln „3. Zur Person Christian Boeck" und „4. Berufliche Stationen von Pastor Boeck"), ergibt sich also durch sein außerberufliches Schaffen als zeitlich größtenteils parallel dazu verlaufend die genannte literarische Ebene, bei einem Puzzle quasi die zweite äußere Orientierungshilfe (in Kapitel „5. Boecks außerberufliche Aktivität").

Die beiden Kapitel 4 und 5 laufen in „6. Die letzten Jahre von Pastor Christian Boeck" zusammen. Dort geht es u.a. um seine zahlreichen Ehrungen.

Eine dritte und weitere Dimensionen des „vieldimensionalen Puzzles" ergeben sich aus den in Kapitel „7. Publikationen" genannten Details, die sich naturgemäß zwischen den anderen ‚Puzzle-Rahmenteilen' eigentlich im Mittelbereich befinden. Sie sind chronologisch angeordnet – teils manchmal auch thematisch, wenn sie in zeitlicher Nähe zu einander verfasst worden sind. Das macht einerseits ein Problem beim Lesen, erklärt andererseits aber auch, warum diese vielen Anmerkungen notwendig sind, um nämlich teils auf Publikationen auch vorweg zu verweisen – oder umgekehrt auf den Lebenszusammenhang hinzuweisen, in den diese Texte hineingehören. Es sind zudem die wechselnden politischen und kirchen-politischen Veränderungen zu berücksichtigen, die sich vom Kaiserreich, der Weimarer Republik, dem „Dritten Reich", Beginn der BRD sowie durch die Einschnitte durch die zwei Weltkriege in Boecks langem Leben ergeben haben.

Besonders die sich in dieser Zeit in den Gemeinden Bramfeld und Wellingsbüttel vollziehenden Wandlungen, die ausgehend von dörflichen Strukturen – geprägt durch Bauernhöfe und landwirtschaftliche Nutzung – zu Wohnvororten Hamburgs geführt haben, stellten mit ihren sehr unterschiedlichen Entwicklungen in beiden Bereichen besondere Herausforderungen für Boeck dar.

Der Integrationsbedarf der neu Zuziehenden bedeutete (an beiden Arbeitsstellen) für Boeck ein wichtiges Betätigungsfeld, dem er sich unterschiedlich gut zuwenden konnte. Vom eigenen Naturell aus scheint er immer mehr in Richtung eines ‚Kopfarbeiters' sich entwickelt zu haben, der gern einen Großteil seiner Aktivität im Zusammenspiel mit ihm wichtigen Personen eingesetzt hat. U.a. hat er sich aber auch als ‚Einzelforscher' der Heimat engagiert und dazu mehrere Beiträge für Wellingsbüttel geleistet, die als Quellensammlungen Vorarbeiten darstellen zu einer vor dem Zweiten Weltkrieg (ursprünglich noch geplanten) umfangreichen Veröffentlichung zur Geschichte Wellingsbüttels. Für sehr viele der neu zugezogenen Menschen dieses Stadtteils stellten einige separate Artikel und dann ein erst nach dem Krieg gedruckter 15-seitiger „Kurzer Abriß der Geschichte Wellingsbüttels" (1947) immerhin Grundinformationen bereit.[15] Diese Sachverhalte sind nicht alle in eigenen Kapiteln dargestellt, sondern ggf. in die biografischen oder außerberuflichen Hauptlinien eingearbeitet und können z.T. bisher auch nur als Hinweise in Fußnoten genannt werden. Auf jeden Fall ist der Kontext wesentlich von den ganz konkret erlebten politischen Umbruchsituation(/en) des Ersten Weltkrieges und der 1920-er (u.a. mit Straßenkämpfen in Bramfeld) sowie dann der 1930-er Jahre und dem auch für Boeck in doppeltem Sinn entscheidenden Einschnitt 1933 geprägt. Ob und wie es nach dem Zweiten Weltkrieg für den inzwischen 70-Jährigen einen ‚Neuanfang' gegeben hat, ist für ihn und die gesellschaftliche Situation insgesamt sehr stark von der Perspektive abhängig.

Das Kapitel „11. Abkürzungen, Archivalien und Indices zu Themen, Orten und Personen" besteht nur aus Listen, die aber hoffentlich eine Suche nach Sachverhalten erleichtern. Das Kapitel „9. Kurztitel- und Literaturverzeichnis" hilft das aufzuschlüsseln, was in den Fußnoten mit Verweisen auf Kurztitel herangezogen wird. Auf das Kapitel „10. Anhang mit dokumentarischen Materialien" wird innerhalb des Vorangehenden mehrfach verwiesen, weil dort ausführlich sonst nicht verfügbare Quellentexte dokumentiert werden.

2.1 Zur (Be-)Deutung des Materials über Boeck

In den letzten Jahrzehnten sind in den unterschiedlichen Institutionen die – mindestens zwei Generationen über – meist verdrängten Fragen nach der Art wichtig geworden, wie sich die in ihnen wirkenden Menschen in der Zeit des Nationalsozialismus verhalten haben. Während ab den 1980-er Jahren eher der Fokus war, ‚alte Nazis' aufzuspüren, deren Nachwirkungen zwar spürbar, jedoch zuvor wenig explizit Gegenstand der Betrachtungen gewesen sind, kann man sich in der Gegenwart in anderer Weise dieser einschneidenden Zeit zuwenden. Personen oder deren Angehörige und Weggefährten brauchen sich nicht mehr in gleicher Weise angegriffen zu fühlen, weil die Perspektive eher darauf gerichtet ist, zu verstehen, wie es zu ihrer jeweiligen Haltung gekommen ist. Dabei geht es nicht um Beschönigung von vergangenem Geschehen, sondern um Sichtung und Beschreibung der Vorgänge sowie um Nachvollziehen der zeitbedingten Voraussetzungen. Die heutige – ebenfalls zeitbedingte – Betonung etwa für eine Erziehung zur Toleranz und Lernen aus der Geschichte, nach dem berühmten Adorno-Satz

„Die Forderung, daß Auschwitz nicht noch einmal sei, ist die allererste an Erziehung"[16]

setzt voraus, mehr über die vielfach verdrängten Sachverhalte zu wissen – um sich in Täter, Mitläufer und Opfer eindenken zu können.

---

[15] Nutzbarkeit der Quellensammlung ist naturgemäß auf diejenigen beschränkt, die wirklich Quellentexte studieren wollen. Siehe zu Boecks Geschichtsdarstellungen beim Abschnitt 7.30 „1938 Wellingsbütteler Urkunden I / 1947 Kurzer Abriß / 1951 Urkunden und Texte, Heft II."
[16] Vgl. dazu Gleßmer (1997) SB S. 143f.

Die Frage nach den Kirchen in der Zeit des Nationalsozialismus ist auch im Zusammenhang der christlich-jüdischen Verständigungen in den Fokus öffentlicher Diskussionen gerückt.[17] Die Nord(/-elbische) Kirche hat auf diesem Hintergrund u.a. auch eine eigene Gedenkstätte in Schleswig-Holstein eingerichtet, die der Erinnerungskultur Impulse geben kann und soll.[18] Mein erster Besuch dort hängt direkt mit meiner Perspektive auf die Geschichte der Gemeinde Wellingsbüttel und Pastor Boeck zusammen, die ich gern erläutern möchte, bevor ich die weiteren Details zu seiner Person beschreibe.

2.2 Kirchliche Bemühungen zum Lernen aus Geschichte

In der „KZ-Gedenk- und Begegnungsstätte" in Ladelund (nahe Flensburg) wurde am 1. Juni 2013 unter dem Titel „Christenkreuz und Hakenkreuz" eine „Sonderausstellung zu Kirchenbau und sakraler Kunst in der NS-Zeit" eröffnet.[19]
Diese basiert auf Arbeiten von Forscherinnen, die unter dem gleichen Titel bereits 2008 erstmalig und auch gedruckt im Ausstellungskatalog einen Überblick über die doch erstaunliche Fülle an neu errichteten Kirchen dokumentieren.[20]
In der Ausstellung und im zugehörigen Katalog wird u.a. die Wellingsbütteler Lutherkirche als Ganze sowie auch im Detail gezeigt – u.a. das an der Südwest-Seite befindliche Ziegelstein-Dekor aus Runen einschließlich des ursprünglich dargestellten Hakenkreuzes.

Kurz vor der Ladelund-Ausstellung hatte ich durch Zufall beim Besuch unserer ältesten Tochter in Norwegen die Publikation der Johannes-Kirchengemeinde in Hamm / Westfalen zum 75. Kirchweihjubiläum sowie das nebenstehende Bild gesehen – und im Hintergrundbild die Lutherkirche in Wellingsbüttel erkannt.[21]

---

[17] Siehe die Denkschriften „Juden und Christen" sowie die Bemühungen der NEK-Synode um Schuldbekenntnis und Dialogprozess ab 1998.
[18] Vgl. auch Linck (2013ff) und die 2016 begonnene Wanderausstellung „Neue Anfänge?-Nordkirche nach 1945".
[19] www.kz-gedenkstaette-ladelund.de.
[20] Endlich / Geyler-von Bernus / Rossié (2008). – Vor der Ausstellung in Ladelund war sie nach der Erstausstellung in Berlin, die mit den Anlass zur Forschungsaktivität bildete, bereits an mehreren Orten als Wanderausstellung zu sehen -u.a. 2010 in Hamm/Westfalen (s.u.).
[21] Dank gilt Désirée und Markus Wesselmann sowie Pastor Millrath für die dortige Gemeindepublikation zum 75. Kirchbau-Jubiläum. Der WA für die Erlaubnis zur Nutzung des

Bei mir, der ich selbst 35 Jahre in Wellingsbüttel gewohnt und der Gemeinde angehört und ehrenamtlich mitgearbeitet habe, weckte das natürlich Interesse: Das Architekten-Büro[22] von Bernhard Hopp und Rudolph Jäger hatte außer in Wellingsbüttel und in Hamm an zahlreichen weiteren Orten Kirchen während der NS-Zeit gebaut – u.a. auch in der Wellingsbütteler Nachbargemeinde Klein Borstel, in der ich Vikar war, für deren Vorgeschichte ich mich aber damals 1980-1982 leider zu wenig interessierte.

Theologisch ist interessant, wie sehr unterschiedlich in der NS-Zeit mit Emblemen und künstlerischen Ausgestaltungen der Kirchen verfahren worden ist. In Hamm agierte eine ‚bekennende Gemeinde', die u.a. einen Taufstein von Ernst Barlach in ihrer Kirche haben wollte.[23] – Die Jubiläums-Publikation der Johannes-Kirchengemeinde stellt mit ihrer Geschichte Leser indirekt vor offene Fragen: Wie sieht es mit dem Hintergrund in der eigenen Gemeinde in Wellingsbüttel aus? Wie ist das Verhalten der Akteure zu deuten? Welche Dokumente erlauben überhaupt Deutungen, die auf Grund des eingebauten Hakenkreuzes zwar schnell möglich wären, die aber möglicherweise auch zu grobe Vereinfachungen darstellen?

In der Zusammenstellung „Christenkreuz und Hakenkreuz" wird Boeck aus dem Gemeindeblatt zitiert:

> „Die Zeit des Experimentierens, die vor 1933 Blüten trieb, ist vorbei".[24]

Ist es aber von vornherein ausgemacht, dass in diesem Zusammenhang der Fachwerkbau als „rückgewandtes Gegenbild auch zu urbanen Lebensformen und sozialen Veränderungen"[25] zu bewerten ist? Hat nicht auch die Schilderung als ‚dörflicher Haftpunkt' ihr Recht, wenn er die Verbindung herstellen will zwischen Alteingesessenen und denjenigen, die vor der Großstadt in den damals noch ruhigen Vorort ausweichen?

Wie bei vielen Anfragen, die sich an Taten und Lebensäußerungen anderer Menschen richten, ist zuerst einmal Zurückhaltung und Information über die meist differenzierten Motive geboten, bevor Bewertungen vorgenommen werden. Deutlich ist zumindest für Boeck, dass er sich auch an weiteren Stellen über den Kirchbau geäußert hat[26] und dass die Rückfrage nach den Hintergründen des Kirchbaus weiterer Mühen – aber auch einer Quellen-basierten öffentlichen Darstellung durch die Gemeinde – bedarf.[27]

Bildes aus dem Internet http://www.wa.de/lokales/hamm/stadt-hamm/hakenkreuz-christenkreuz-eroeffnet-799631.html; vgl. auch http://www.hammwiki.de/wiki/Johanneskirche.

[22] Gelegentlich begegnen von jedem der beiden Architekten auch einzelne Leistungen, die aber der Einfachheit halber im Personen-Index zusammenfassend mit „Hopp und Jäger" erfasst sind..

[23] Siehe dazu KG_Hamm (2006) S. 13-16 sowie mit neuem Material zu den Bemühungen durch Hopp, um den Künstler trotz der inzwischen 1938 für Ernst Barlach sehr schwierigen Situation zur Weiterarbeit an dem Projekt zu gewinnen, bei Gleßmer / Jäger / Hopp (2016).

[24] Endlich / Geyler-von Bernus / Rossié (2008) S. 47.

[25] So ebda. S. 46f.

[26] Boeck (1939) KuK; siehe weitere Materialien unten im Abschnitt „4.4.4.Bau der Lutherkirche".

[27] Ein erster Beitrag zur Baugeschichte liegt inzwischen durch Gleßmer / Engler (2016) vor.

Auf jeden Fall ist u.a. durch die Ausstellung „Christenkreuz und Hakenkreuz" die Vergangenheit der Kirchengemeinde insbesondere in der NS-Zeit weiter in das öffentliche Interesse gerückt.[28] Die älteren Darstellungen aus den 1980-er Jahren sowohl zur „Geschichte Wellingsbüttels" als auch zur „Chronik der Kirchengemeinde 1938-1988" sind mit ihrer Zurückhaltung gegenüber detaillierter Darstellung der NS-Zusammenhänge wohl noch zu ‚nahe dran' gewesen, so dass sich Bedarf nach neuer, vorsichtiger Rückfrage und insbesondere zur prägenden Gestalt des Christian Boeck dringend ergibt.

2.3 Boecks Wirkung für die Fehrs-Überlieferung

Auch die Fehrs-Gilde hat sich intern bisher nicht ausführlich mit ihrer Wirkung in dieser Zeit und mit der durch den Vorstand damals repräsentierten Rolle beschäftigt, was (aus den auch bei der Kirchengemeinde genannten Gründen) wohl ‚zu früh' war und auch für die Festschrift zum 75-jährigen Jubiläum 1991 nicht als eigenständiges Thema in einem der Beiträge aufgenommen wurde. Zwar wird von Friedrich W. Michelsen vom „Quickborn" in seinem eröffnenden Beitrag „Der Fehrs-Gilde zu ihrem 75-jährigen Bestehen" in zwei Sätzen auch die NS- Zeit gestreift und angemerkt, dass sich die „Niederdeutsche Bewegung ... problemlos in die nationalsozialistische Kulturpolitik einfügte".[29] Etwas ausführlicher ist die Bemerkung von Wolfgang Lindow vom Institut für Niederdeutsche Sprache im Grußwort ausgefallen, der immerhin schrieb:

„Wohl kaum eine der niederdeutschen Vereinigungen hat je so eindeutig politische Stellung bezogen und sich zu zeitpolitischen Fragen so offen bekannt, wie die Fehrs-Gilde. Das haben wir heute festzustellen zu und zu interpretieren, aber darüber haben wir nicht zu rechten. Verschwiegen werden aber darf diese Tatsache nicht, denn sie gehört mit zu dem, was wir die ‚Niederdeutsche Bewegung' nennen, und sie gehört mit zu unserem Selbstverständnis und zu unserer und zur Geschichte der Fehrs-Gilde."[30]

Das war wohl damals schon am Rande des Zumutbaren, denn weitere Konkretisierungen sind mit der formulierten Absicht, nicht zu verschweigen, nicht verbunden. Es hätten ja durchaus etwas genauere Hinweise gegeben werden können, was genau gemeint ist und wie dieser Thematik nachzugehen ist.

Allerdings gibt es dann zwei Jahre zuvor im Zusammenhang der großen kritischen Ausgabe „Johann Hinrich Fehrs Sämtliche Werke", die Kay Dohnke und Jürgen Ruge von 1986 bis 1993 besorgt haben, immerhin in Band 4.1 von 1989 den Hinweis auf weiterführende Literatur, der im Abschnitt „Grundlegende Literatur zu Fehrs' Werk"[31] aufgeführt wird. Hier ist als letztes ein bereits 1987 erschienenes Buch aufgeführt, das W. Lindow sicher auch zum Zeitpunkt seines Grußwortes

---

[28] Siehe z.B. die Artikel in Evangelische Zeitung vom 28.7.2013 (Hamburg S. 15) und in der TAZ vom 27.12.2013 (Zeitungsartikel_2013f.pdf) sowie auch die Anekdote im Hamburg-Führer von Wolf (2012) S. 138f sowie der oben bei Anm. 2 genannte Beitrag des Landesbischofs G. Ulrich.
[29] Michelsen (1991) SB S. 8.
[30] Lindow (1991) SB S. 10f.
[31] Dohnke / Ruge (1986ff) Bd. 4.1 S. 525f.

1991 gekannt haben wird: eine von Kay Dohnke und Alexander Ritter herausgegebene Aufsatzsammlung, in der einzelne Beiträge u.a. auch die Aktivitäten von Christian Boeck darstellen.[32]
Durch die Biografie, in der es darum geht, Christian Boeck als Person zu schildern, soll weder ‚gerechtet' werden, noch werden aus der rückschauenden Perspektive alle Versäumnisse geschichtlicher Aufarbeitungen, die in den Institutionen, für die er gewirkt hat, nachgeholt und quasi über ihm ‚ausgeschüttet'. Vielmehr geht es mehr darum, zum Verstehen beizutragen, wie sich in seinem langen Leben Sachverhalte so gefügt haben, wie wir sie in der Gegenwart zu rekonstruieren im Stande sein können: ein Lernbeitrag, damit „Auschwitz nicht noch einmal sei..."

3 Zur Person Christian Boeck

Für die Rückfrage nach der biografischen und auch nach der dem Niederdeutschen gewidmeten Entwicklungs-Dimension bei Boeck kann – quasi als Puzzle-Eckstück – der folgende Text dienen: gleichsam als erste Vorstellung der Eigenart Boecks. Er soll ursprünglich auf einem Zettel für einen Besucher geschrieben worden sein, der wohl Boeck damals noch nicht persönlich kannte, aber dessen Namen als Reimwort mit kurzem „ö" – also Böck – verwendet hatte. Und wer mag schon gern mit der von Max und Moritz verspotteten Figur des Schneiders Böck von Wilhelm Busch in Zusammenhang gebracht werden? Diesem Besucher soll von dem in der Regel zuhörend-schweigsamen Boeck der unten notierte Text zugeschoben worden sein. Wie so viele Dokumente ist dieser Zettel jedoch nicht erhalten, sondern sein Inhalt ist nur sekundär durch den Besucher Hans Henning Holm in der posthumen Festschrift zum 100. Geburtstag 1975 zurückschauend überliefert:

„Ick heff Se girn hier to Besöök –

doch segg'n S' nich ‚Böck',

nä, segg'n Se: ‚Böööööök'!"[33]

Aber schon beim Namen fangen die weiteren Unsicherheiten der genealogischen Rekonstruktion an. Denn neben den rohen Eckdaten ist nur Weniges in bisherigen Publikationen überliefert, was sonst in der Regel über Details der Herkunft zu erwarten wäre, insbesondere von Persönlichkeiten wie Boeck, dem immerhin 1955 das Bundesverdienstkreuz verliehen und andere öffentliche Ehrungen zuteil wurden.

Die „Chronik der Kirchengemeinde Wellingsbüttel 1938 – 1988" von Ernst König [34] nennt knapp in einer Reihung der Pastoren im Bergstedter Pfarrbezirk Bramfeld die Anfangsdaten: „... Christian Boeck. Letzterer war am 10. März 1875 in

---

[32] Dohnke / Ritter (1987) SB, darin u.a. Dohnke (1987) SB und Töteberg (1987) SB. Weitere Beschäftigung mit dem Thema bietet dann der Sammelband „Niederdeutsch im Nationalsozialismus" Dohnke / Hopster / Wirrer (1994) SB. Zu Boeck hatte Dohnke (1985) SB bereits einen wichtigen Artikel verfasst. Zu den genannten Werken siehe unten bei Anm. 315f und bei Anm. 356.

[33] Holm (1975) FS S. 32.

[34] König (1989) S. 27.

Heiligenstedten bei Itzehoe geboren, hatte das Gymnasium in Rendsburg besucht, Theologie studiert in Leipzig, Marburg und Kiel und hatte als Vikar in Kappeln und in Kiel gewirkt, bevor er 1902 den Pfarrbezirk Bramfeld übernahm."[35] – Es war von König zuvor S. 26 erläutert worden, dass „1899 aus Bramfeld und Wellingsbüttel, beide Bergstedt zugehörig, der neue Pfarrbezirk Bramfeld gebildet worden" war.

3.1 Eltern – Familie

Was in den Überlieferungen zu Boecks Anfängen jedoch regelmäßig fast gar nicht erwähnt wird, ist die Situation seiner Eltern und Familie. – In „Harrt, warr nicht mööd. Festschrift für Christian Boeck. Zum 85. Geburtstag am 10. März 1960" spricht ihn der Laudator Gustav Hoffmann darauf an:

> „Du hast mir gegenüber selten von Deiner Kindheit gesprochen, über der der Schatten des frühen Todes Deiner Eltern liegt. Dafür erzähltest Du gern von den letzten Jahren Deiner Schulzeit auf dem Gymnasium in Rendsburg."[36]

Auf die Frage, ob er über die Eltern nichts mitteilen konnte oder – dem Willen des Geehrten respektierend – diese Lebensphase nicht ansprechen wollte, hat der inzwischen 94-jährige Hoffmann im Nachherein die Situation erklärt: er habe tatsächlich über diese Zeit nichts gewusst, obwohl er sieben Jahre mit Christian Boeck gemeinsam im selben Haus gewohnt hatte.

> In zwei Gesprächen im März 2014 hat mir Herr Dr. Gustav Hoffmann über diese Zeit berichtet und auch erlaubt, dass aus seiner privaten Lebenserinnerung die entsprechenden Seiten für die Boeck-Biografie und Fehrs-Gilde genutzt werden, in deren Vorstand Hoffmann in den 1950-er Jahren mitgewirkt hat.[37] – Zu diesem Zeitzeugen unten mehr.

Das einzige weitere familiäre Detail ist der Verweis auf den – wohl kurz zuvor – erlittenen Verlust durch den Tod seiner Schwester und Gefährtin der Kindheit, deren Name jedoch auch nicht genannt wird.[38]
Die Geburts- und Sterberegister von Heiligenstedten (jetzt Itzehoe-Land) geben immerhin in die rohen Fakten insofern Einblick, als dass dort die Namen und Geburts- sowie Todesdaten der etwas jüngeren Schwester Louise Juliane Dorothea (*10.6.1876; †14.3.1959) vermerkt sind.[39] Auch der frühe Tod seiner Mutter, Magdalena Boeck, geb. Iwers (*1849; †24.10.1877), ist dem Sterberegister Nr. 34/1877 zu entnehmen sowie nur wenige Jahre später auch der Verlust des Vaters Adolf Carl Ludwig Boeck (*1832; †18.6.1882), Sohn des Hans Peter Boeck zu entnehmen.[40] Als Beruf des Vaters ist in den Urkunden Gastwirt angegeben. Die Sterbeanzeige des Vaters ist von Witwe Frau Sophia Ohland, geb. Boeck, dem Standesamt bekannt gemacht worden – also von einer der Schwestern des

---

[35] König (1989) S. 27.
[36] Hoffmann (1960) FS S.12.
[37] Siehe zu den Gesprächen die mit Gustav Hoffmann abgestimmten Notizen vom 24. und 31.3.2014 im Anhang S. 214ff.
[38] Hoffmann (1960) FS S. 12.
[39] Geburtsregister Nr. 25/1876.
[40] Sterberegister Nr. 20/1882.

verstorbenen Vaters bzw. Tante des damals siebenjährigen Christian. Wie die beiden zurückbleibenden erst Halb- und dann Voll-Waisenkinder in den Folgejahren versorgt wurden, ist durch die Schwester Louise Liehr 1956 für ihren Bruder in einer Erzählung über die gemeinsame Kindheit rückschauend festgehalten worden, wie er sie gebeten hatte. Daraus seien hier einige Abschnitte zitiert, die die frühe Kinderzeit betreffen oder Anspielungen beleuchten, die sich an anderen Stellen finden. Die Umschrift des gesamten in Sütterlin neun Seiten umfassenden Dokuments ist unten im Anhang wiedergegeben:[41]

„Aus unseren Kinderzeiten

In nachfolgenden will ich etwas aus meiner früheren Kindheit erzählen. Zurückdenken kann ich wohl bis ins 5. Lebensjahr, den Schmerz, die Mutter zu verlieren haben wir nicht kennen gelernt. Wie sie von uns ging war mein Bruder 2 ½ und ich 1 ¼ Jahre alt. Wir fanden eine so gute Mutter wieder in Vaters Schwester, unseren lieben Mutter Ohland, die wir nicht anders als Mutter gekannt haben. Sie hat mit großer Liebe und Treue uns umsorgt. Ebenfalls ihre Tochter Maria, die wir nicht aus unserer Kindheit wegdenken können u. haben wir sie auch nur als unsere große Schwester betrachtet. ...

Ganz dunkel erinnere ich mich, daß mein Bruder u. ich zum Kindergottesdienst gingen, bei Pastor Thausen (?), der im 2 [.] Pastorat wohnte. Hatten wir gut aufgesagt, bekamen wir ein kleines Blättchen mit einen Spruch. Wurde dies Blättchen, in rot, grün oder blauer Farbe, angehaucht, dann bewegte es sich, das war so schön, lesen konnte ich noch nicht. ...

Vater lag schon krank zu Bett. Es kam das Pfingstfest, mein Bruder u. ich wurden fein angezogen, zwar weiß ich nicht wie schön mein Bruder war, sicher habe ich mich zu sehr für meine kl. Person interessiert. Ich hatte ein mattgrün, kariertes Kleid an ... Maria ging mit uns hinein zu unserem Vater. Sehr gut besinne ich mich auf die traurigen Augen vom Vater, ich war wohl enttäuscht, hatte sicher erwartet, daß Vater sich sehr freuen würde, wie er uns in den Pfingststaat sah. Ach du liebes Kindergemüt, was weißt du von Herzeleid u. Weltenschmerz. Am 18. Juni ist unser Vater heimgegangen. Mutter weckte uns in der Nacht u. sagte: ‚Nun ist der Vater beim lieben Gott', Maria fing sehr an zu weinen, ich aber sagte: ‚warum weinst du denn? Wenn Vater beim lieben Gott ist, so macht der ihn gesund u. kommt er bald wieder.' Hatten wir bein unseren Abendgebet doch den lieben Gott gebeten, daß er Vater wieder gesund mache. Von der Beerdigung weiß ich noch daß der Sarg auf der Hausdiete stand, nachdem war die große Stube voller Leute, die tranken Kaffee, das kam mir so sonderbar vor. Mit Mutter u. den Verwandten saßen wir in der guten Stube, ich saß auf den Schoß einer Tante, jedenfalls einer Schwester vom Vater. Dann höre ich die Worte von einen Onkel: ‚ja Sophie, dat mut han (?), dat geit ok (?), Sophie.' Da ist denn wohl beratschlagt worden wie Mutter es nun machen sollte, wenn sie doch ihre 3 Kinder wofür sie zu sorgen u. wir beide dazu. ...

Wie mag Maria das alles schwer gewesen sein, liebte sie unsern Vater doch auch sehr, sie selbst hatte Ihren Vater 2 Jahre vorher verloren, war sie doch erst 16 Jahre alt. Doch, das Leben geht weiter. ..."

Boeck selbst hat sich zwar nicht literarisch ausführlich zu seiner eigenen Biografie geäußert,[42] wie er es möglicherweise 1955 vorgehabt hatte, als er das ‚biblische

---

[41] Siehe im Anhang S. Seite 218ff den Text in Umschrift jedoch mit originaler Orthografie.
[42] In der Personalakte Boeck (Landeskirchliches Archiv der Kirche in Norddeutschland, Kiel) = LKAK im Bestand 1203 Nr. 88) findet sich zum am 30.7.1899 mit 10 Anlagen eingegangenen „Gesuch um Zulassung zum Amtsexamen" als Anlage 5 ein handgeschriebener Lebenslauf.

Alter' von 80 Jahren[43] erreicht hatte. Wann und wie er seine Schwester gebeten hatte, ihm doch ihre Erinnerungen aufzuschreiben, die sie ihm dann mit einem Brief vom 8.3.1956 zu seinem 81. Geburtstag geschickt hatte, klingt an, ist aber nicht sicher. Möglicherweise hat ihn Krankheit in dieser Zeit auch von eigenen Texten (neben den Arbeiten für den Verlag der Fehrs-Gilde) abgehalten oder er hat sich gegen eine Autobiografie entschieden, weil sie ihn selbst zu sehr in den Mittelpunkt gestellt hätte.

Immerhin finden sich – insbesondere in seiner Lebensbeschreibung zu Johann Hinrich Fehrs, die 1959 in den Druck ging, – gelegentlich Episoden, die auch eigene frühere Lebensstationen betreffen. Diese Informationen sind zwar nicht umfangreich oder gar ausführlich, aber sie bilden Anhaltspunkte, die durch den Text seiner Schwester zusätzliche Beleuchtung erhalten. Auf jeden Fall wird durch Boecks Einbeziehung dieser Hinweise in die Fehrs-Biografie der Sachverhalt deutlich, wie stark er seinen eigenen Werdegang mit dem des Dichters verknüpft gesehen hat und uns Späteren diese Sicht vermitteln wollte. Über die geografische Nähe der Orte Heiligenstedten und Itzehoe sowie das später noch zu erwähnende Mühlenbarbek als Geburtsort von Johann Hinrich Fehrs ist damit ein weiterer Puzzle-Eckpunkt gegeben.

3.2 Erziehung

Wie konnte es gelingen, dass Christian seinen Ausbildungsweg so nehmen konnte, dass der mit sieben Jahren verwaiste Junge schließlich das „Gymnasium zu Rendsburg"[44] besuchen konnte? In seinem Lebenslauf für das Examen schreibt er ganz lapidar:

> „Mein Vater und meine Mutter sind früh verstorben. Bis zum zehnten Lebensjahr besuchte ich die Dorfschule in meiner Heimat. Ostern 1885 wurde ich in die Sexta des Gymnasiums in Rendsburg aufgenommen, und diese Anstalt verließ ich Ostern 1895 mit dem Zeugnis der Reife, um Theologie zu studieren."[45]

Früher war nicht sicher erkennbar, wie zeitlich der Zusammenhang des Wechsels nach Rendsburg vorzustellen war. – Im Zusammenhang der Lebensbeschreibung von J.H. Fehrs erwähnt Boeck 1959 mehr beiläufig „in Heiligenstedten Pastor Nikolaus Fries, mein Konfirmator"[46] als einen der literarisch Aktiven der Region, so dass man annehmen konnte, Boeck sei bis ins Konfirmationsalter dauerhaft in Heiligenstedten gewesen.[47] Da er an einer Stelle schreibt, dass er von Rendsburg in den Ferien nach Hause gefahren sei, so hat er dort also zwischenzeitlich am Schulort gewohnt. Ob aber die Hinterlassenschaft der Eltern die Kosten für Schule

---

[43] Ps 90,10: „Unser Leben währet siebzig Jahre, und wenn's hoch kommt, so sind's achtzig Jahre..."
[44] Hoffmann (1960) FS S.14
[45] Siehe zur Personalakte oben bei Anm. 42.
[46] Boeck (1959) S. 13.
[47] In der Personalakte Boeck ist vermerkt: er sei „...am Sonntage Judica, dem 15. Aug 1891 ... confirmiert und ad sacra zugelassen worden" ... „... getauft am 23, April 1875 ehel. Sohn des weiland Gastwirtes Adolf Boeck in Heiligenstedten." (LKAK 1203 Nr. 88).

und Unterkunft ermöglicht haben? Von Boeck selbst wird 1959 etwas humoristisch-distanzierend eine seiner Tanten erwähnt[48] – wohl für die Zeit um 1902, als er Hilfsgeistlicher in Bramfeld war:

Siehe zum früheren ‚Restaurant Seehof' mit Strandkörben und Bootsfahr-Gelegenheit in den Bramfeld-Büchern.[49]

„Eines Tages besuchte mich meine Tante Mite, was eine besondere Ehre für mich war, da sie als frühere Gesellschafterin einer Prinzeß und nunmehr als Vorsteherin eines Kopenhagener Damenstiftes den feinsten Ton in unserer Verwandtschaft vertrat und von da aus auch einige Erziehungsversuche an mir gemacht hatte (freilich ohne nennenswerten Erfolg). Wir dinierten feierlich zusammen im Seehof von Bramfeld. ..."[50]

Für die oben offen gebliebene Frage zu den Kosten seiner Schul-Ausbildung könnte der auf Grund der Schilderung zu vermutender Wohlstand der Verwandtschaft und die Anspielung auf die ‚Erziehungsversuche' zusammen mit G. Hoffmanns Bericht eine Antwort in dem Sinne geben, es sei dieser Teil der Itzehoer Verwandtschaft gewesen, dem die höhere Schulbildung zu verdanken sei. Zumal Boeck in einem anderen Zusammenhang von einer Episode berichtet, die er als Schüler erlebt hat – und die ihn mit Honoratioren aus Itzehoe zeigt:

„Als Schüler mußte ich einmal aus irgendeinem Anlaß der Prinzeß Louise, Äbtissin des Adligen Klosters Itzehoe, meine Aufwartung machen..."[51]

Aus dem o.g. Bericht seiner Schwester lassen sich solche Vermutungen über die Umstände von Christians Besuch des Rendsburger Gymnasiums etwas weiter klären:

„Einst wurde großer Besuch erwartet, Onkel Christian aus Rendsburg wollte mit seiner Braut kommen, es war große Aufregung. Leider lagen mein Bruder u. ich krank, ...

Sehr gerne erinnere ich mich der Besuche bei unserer Großtante ‚Guste', sie war Kammerfrau bei der Prinzessin in Itzehoe. Diese Besuche waren etwas ganz besonderes. Wie wir noch kleiner waren, brachte Maria uns hin, machte dann ihre Besorgungen u. holte uns wieder ab. Es kam vor, daß Hoheit uns sehen wollte, dann ging die Tante mit uns hinauf, ganz feierlich war mir ums Herz. Tante hatte mir einen Hofknicks gelehrt, einen Schritt vor, einen zurück, mein Bruder machte eine tiefe Verbeugung. Nachdem Hoheit ein paar Worte mit uns gesprochen hatte, wurden wir entlassen, bekamen öfter mal eine Süßigspeise. ...

Mein Bruder sollte zu unsern Onkel nach Rendsburg, um dort das Gymnasium zu besuchen, es war um die Osterzeit 1885. So stand denn mein Bruder eines morgens reisefertig da u. es hieß Abschied nehmen. Dieser Augenblick hat sich bei mir so eingeprägt, daß mir heute noch fast die Tränen kommen, wenn ich daran denke. Aber

---

[48] G. Hoffmann berichte mündlich, „dass eine Tante Äbtissin des Adligen Klosters Itzehoe war"; siehe zu den Gesprächen bei Anm. 37.
[49] Bild aus Seeler / Seeler (1988) S. 71; vgl. auch Hoppe / Wohlrab (2011) S. 72f.
[50] Boeck (1959) S. 19.
[51] Boeck (1959) S. 49f.

auch für meinen Bruder war es schwer, verließ er doch das liebe Elternhaus u. sollte sich an eine ganz neue Umgebung gewöhnen, dazu die neue Schule. Aber wie herrlich war es, wenn mein Bruder in den Ferien nach Haus kam u. wie mag er sich auf sein liebes Heiligenstedten gefreut haben. Ich stand dann wohl schon fast eine Stunde vor Ankunft des Zuges in Itzehoe auf dem Bahnsteig u. wie glücklich war ich, wenn der Zug sich näherte u. mein Bruder winkte schon mit seiner farbigen Mütze aus dem Fenster. Mein Bruder hat auch versucht mir etwas von seiner Gelehrsamkeit bei zu bringen, so sollte ich Latein lernen, amo ich liebe, amamus wir lieben u.s.w. Aber die gute Mutter meinte, ich solle lieber den Strumpf fertig stricken, als Latein zu lernen. Sie hat bestimmt recht gehabt. ...

Ich war dann auch hin u. wieder in den Ferien in Rendsburg, bei meinen Onkel. So auch Weihnachten im Jahr 1887. Am 4. Januar sollte ich zurück, Maria sollte mich abholen. ...

Da kommt Maria herein, setzt sich zu mir u. sagt: ‚Luise, ich muß dir etwas erzählen, ich feier heute Verlobung'. Mir fällt die Gabel zur Erde. Wie ich mich von den ersten Schreck erholt habe sagt Maria: ‚So rate doch mal mit wem ich mich verlobe?' Ich habe dann verschiedene junge Männer genannt die sie kannte. Aber Maria schüttelte den Kopf u. lachte. Schließlich mußte sie es sagen, es war Pastor Mirow. Wie hätte ich das auch raten können. So saß denn am Abend das glückliche Brautpaar bei uns in der besten Stube im Sofa. Ich hatte vor Staunen die Sprache verloren.

Nachdem Maria denn schon am 4. April geheiratet hat, wurde für mich auch vieles anders. Ich habe Mutter geholfen so gut ich konnte. Hiermit schließe ich meine Erinnerungen".

Aus diesem Text wird erkennbar, dass wohl primär durch den Onkel Christian in Rendsburg der Wechsel an das Gymnasium dort ermöglicht wurde. Wahrscheinlich handelt es sich dabei auch um den im Auszug der Taufurkunde als ersten der Gevatter genannten „Christian Kock", der so nicht nur Namensgeber für Christian wurde,[52] sondern auch in die früher übliche Verantwortung eines Paten eintrat, nach dem Versterben der Eltern für die christliche Erziehung des Täuflings zu sorgen. Das heißt natürlich nicht, dass die ‚hohe Verwandtschaft' in Itzehoe nicht auch den Wechsel nach Rendsburg mit befördert haben könnte.

Das erwähnte Reifezeugnis des „Gymnasium zu Rendsburg", das sich in der Personalakte findet, ist auf den 18.2.1895 datiert.

3.3 Studium und Vikariat

Die rohe Mitteilung darüber, dass Boeck „Theologie studiert in Leipzig, Marburg und Kiel"[53] lässt kaum etwas über seine eigene theologische Ausrichtung erkennen. Allerdings ist aus seinen Personalunterlagen des Archivs der Nordkirche in Kiel deutlich, dass die Zeitspanne in Leipzig (29.4.1895 bis 14.3.1896) sein erstes Studienjahr bildete, Marburg dann bis 24.4.1897 sein zweites, sowie die Universität Kiel dann die längere Abschlussphase, die bis zum Ende des Sommersemesters 1897 und Ablegung des Ersten Examens am 2./3.11.1897 und seinem endgültigen

---

[52] Als Taufname wird angegeben „Christian Thomas Claus Boeck" entsprechend den drei Gevattern „Christian Kock – Schlesvig, Thomas Carstensen – Lübeck, Claus Ohland – Sondervag".
[53] König (1989) S. 27.

Abgang von der Universität Kiel im Mai 1899 dauerte.[54] In Kiel sind es schwerpunktmäßig Veranstaltungen, die er bei dem praktischen Theologen Otto Baumgarten belegt. Aus den Unterlagen und den gestellten Themen ist ansonsten wenig über Boeck und seine theologischen Vorlieben zu entnehmen, ähnlich wie auch vom anschließenden Vikariat kaum inhaltlich relevante Details vermerkt sind, die weitere Rückschlüsse zuließen.

Eine Ausnahme bieten die Unterlagen mit dem Hinweis auf seine längere Ausarbeitung der abschließenden Hausarbeit für das kirchliche Examen. Für diese hatte Boeck am 18.6.1899 beantragt,

„…gestatten zu wollen, die Arbeit ‚Klaus Harms als Prediger', die ich bereits vor einem Jahre begonnen habe, als wissenschaftliche Arbeit zum Amtsexamen einzuliefern."

Wie an anderer Stelle erkennbar ist, hatte er sich zuvor das Wintersemester 1898/99 beurlauben lassen, um dieses praktisch theologische Thema zu erarbeiten, das dann auf 40 handgeschriebenen Seiten den Unterlagen zu entnehmen ist.[55]

Boecks weiteres Interesse an diesem Thema zeigt auch der Nachlass, in dem sich eine Überarbeitung dieses Examenstextes über den Pastor Claus Harms findet;[56] Harms lebte von 1771 bis 1855 und entfaltete u.a. als Propst in Kiel und als Autor einer dreibändigen ‚Pastoraltheologie' (also zu den praktischen Berufsthemen Predigt, Seelsorge und Unterricht) weitere Wirkung, in die Boeck dann einbezogen wurde, als er in Kiel studierte.

Links:
ehemaliges Denkmal für Claus Harms in Kiel, das 1939 im Heft „Unsere Heimatkirche" (s.u) abgebildet war, jedoch im Zweiten Weltkrieg zerstört wurde.[57]

Harms war seinerzeit gegen rationalistische Strömungen in der Theologie literarisch aktiv und war mit seinen 95 Thesen von 1817 ein Begründer des Neuluthertums, das sich gegenüber und nach der Aufklärungszeit markant von katholischer und reformierter Kirche abgrenzte:

---

[54] Weitere Details zu den einzelnen Fächern bieten die Unterlagen in der Personalakte Boeck (LKAK 1203 Nr. 88).
[55] LKAK 1203 Nr. 88 Blatt 30-49.
[56] Digitalisiert in Boeck_19xx_Ms_Claus_Harms_m.pdf. Diese Textfassung muss mindestens von 1909 stammen, denn es wird (S. 3) auf die Ausgabe von Harms-Briefen durch Zillen (1909) verwiesen. Vgl. auch unten bei Anm. 62.
[57] Unsere Heimatkirche S. 15. Das Heft wurde vom LKA zur Verteilung den Gemeinden zu Pfingsten 1939 empfohlen (KG_Osterkirche_Nr_186 S. 26f schreiben vom 12.5.1939 über

„These 94: Herrlicher als beyde ist die evangelisch-lutherische Kirche. Sie hält und bildet sich am Sacrament wie am Worte Gottes.

These 95: In diese hinein bilden sich, selbst ohne der Menschen absichtliches Zuthun, die beyden andern. Aber der Gottlosen Weg vergehet, sagt David, Ps. 1,6."[58]

In späterer Zeit, als Schleswig-Holstein 1867 preußisch wurde, sind Bestrebung zur Vereinigung der lutherischen mit der reformierten Kirche in der Preußischen Union unter Rückverweis auf Claus Harms bekämpft worden.[59]

> Claus Harms begegnet 1939 auch als die große theologische Figur der Schleswig-Holsteinischen Kirchengeschichte mit Bild und seinem Denkmal in Kiel (s.o.) in einem Heftchen, das „Die Heimatkirche" darstellen will, die seit 1933 neuen Auftrieb in einigen abgebildeten Kirchenbauten erhalten habe. Darunter sind die 1937 erbaute Lutherkirche in Wellingsbüttel, wo bis 1938 C. Boeck amtierte, und ebenso die nach einem Brand 1935 neu aufgebaute Kirche in Hörnerkirchen genannt, wo Boecks Freund und Studienkollege Karl C. Fehrs (1873-1941) als Pastor lange Jahre im Dienst war.[60]
>
> Das war sicher kein Zufall. Vielmehr stellen die Bemühungen beider Pastoren um die niederdeutsche Sprache und Heimat ebenso wie die Anleitungen für plattdeutsche Predigten von Claus Harms sowie dessen eigene Predigten ein wichtiges Verbindungsglied zur Thematik des vorliegenden Buches dar,[61] – zumal sich beide als Mitbegründer der Fehrs-Gilde 1916 engagiert haben; dazu jedoch weiter unten mehr. [Auch heutzutage bietet sich für die Thematik "Plattdüütsch in de Kark" die Beschäftigung mit dem Autor Harms an, wie Wiechers 1996 unter dem Titel „Gründe für den Einsatz des Niederdeutschen als Kirchensprache bei Claus Harms (1778-1855)" dargestellt hat.]

Die Thematik der Examensarbeit von 1899, die Christian Boeck dann 1909 für eine Veröffentlichung vorgesehen hatte,[62] durchzieht zum mindesten Boecks erstes Jahrzehnt nach dem Examen. Sie hat ihn auch darüber hinaus für die Bedeutung des Niederdeutschen als Mutter- und Kirchensprache in besonderer Weise geprägt. Insofern bieten die Informationen der Personalakte durchaus Anhaltspunkte, um Anfänge dieser langen Entwicklungslinie zu entdecken.

Eine weitere jedoch für seinen Werdegang allerdings inhaltlich nicht so belangvolle Information bietet sein universitäres Abgangszeugnis vom Mai 1899:

Propst Dührkop an die Pastoren weitergeleitet). Absender in der Pressestelle war Dr. W. Hahn, der offenbar auch für ein anderes Heft „Unsere Heimatkirche" mit der Thematik „Die Kirche dient der Sippe" verantwortlich war, von dem sich eine Abbildung bei Linck (2008) SB S. 35 findet; bei Linck (2008) SB S. 36ff auch die Details zu dessen Person und Kirchen- sowie NS-Karriere.

[58] Zitiert nach dem Wikipedia-Artikel zu „Claus Harms" (abgerufen am 23.6.2014).

[59] 1855 – dem Todesjahr von Harms – hatte Michael Baumgarten (später Professor in Rostock) bereits literarisch „Ein Denkmal für Claus Harms" in Braunschweig publiziert, auf dessen Darstellung u.a. zurückgegriffen wurde.

[60] Zu Karl C. siehe bei Anm. 75; zu „Unsere Heimatkirche" bei Gleßmer / Jäger / Hopp (2016) S. 144 bei Anm. 405.

[61] Siehe dazu in der über das Internet zugänglichen ‚Plattdeutschen Bibliographie und Biographie (PBuB)' [http://www.ins-bremen.de/pbub/ mit Suche nach Harms].

[62] Siehe dazu den Hinweis bei Hoberg (1975) FS S. 12f, der vermutlich auf einem Sonderdruck von Boeck (1909) SB beruht, der z.Z. jedoch (noch) nicht verfügbar ist.

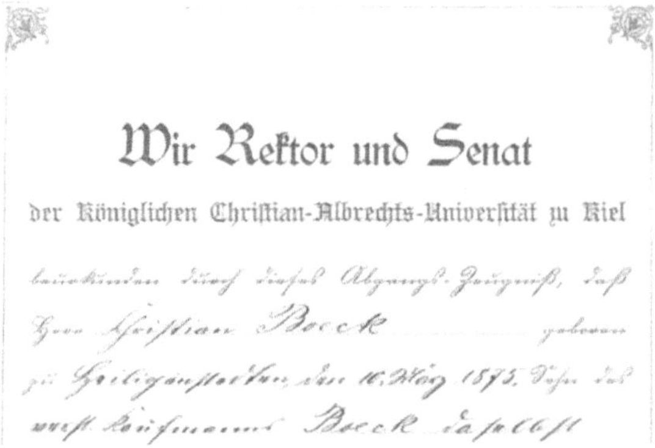

Wir Rektor und Senat

der Königlichen Christian-Albrechts-Universität zu Kiel

beurkunden durch dieses Abgangs-Zeugniß, daß Herr Christian Boeck geboren zu Heiligenstedten den 16. März 1875, Sohn des verst. Kaufmanns Boeck daselbst

Eine Kleinigkeit stellt gegenüber dem Sachverhalt, wie ihn die Schwester Louise und auch er selbst in seinem Zulassungsgesuch zum Amtsexamen formuliert hatte, die Berufsbezeichnung des Vaters dar. Während beide „Gastwirt“ angeben, so benennt das offizielle Abgangs-Zeugnis vom 17.5.1899 betitelt „Wir Rektor und Senat der Königlichen Christian-Albrechts-Universität zu Kiel“ den Beruf als ‚Kaufmann‘.

Der Abschluss seines akademischen Universitäts-Studiums bedeutet sozialen Aufstieg auch in der Amtssprache, in der nun ‚Kaufmann‘ die Herkunft des Absolventen aus einem zwar bürgerlichen, jedoch gehobenen Stand markiert.
Diese Phase der Ausbildung endet mit dem damals sogenannten „Amtsexamen“ am 9.5.1900, wodurch er die Anstellungsfähigkeit erwerben kann, „sobald der Kandidat die in § 6 des Kirchengesetzes vorgeschriebene praktische Vorbildung genossen hat.“[63] Das Datum seiner Ordination am 29.12.1901 ist außer in der Personalakte ebenfalls in der Liste der Bergstedter Pastoren überliefert, wo er mit diesem Zeitpunkt sein Amt als „Hilfsgeistlicher“ begann.[64]

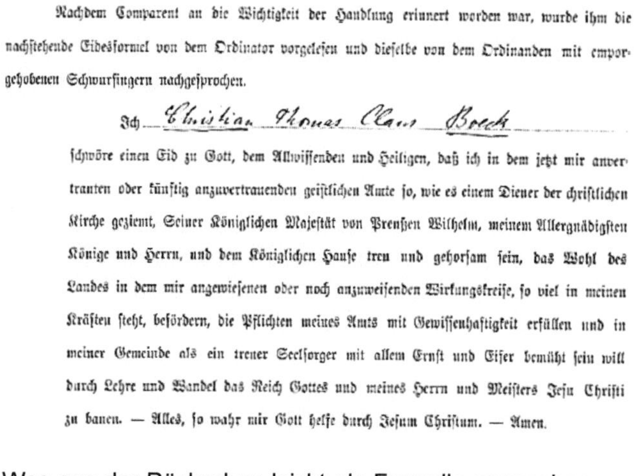

Nachdem Comparent an die Wichtigkeit der Handlung erinnert worden war, wurde ihm die nachstehende Eidesformel von dem Ordinator vorgelesen und dieselbe von dem Ordinanden mit emporgehobenen Schwurfingern nachgesprochen.

Ich Christian Thomas Claus Boeck

schwöre einen Eid zu Gott, dem Allwissenden und Heiligen, daß ich in dem jetzt mir anvertrauten oder künftig anzuvertrauenden geistlichen Amte so, wie es einem Diener der christlichen Kirche geziemt, Seiner Königlichen Majestät von Preußen Wilhelm, meinem Allergnädigsten Könige und Herrn, und dem Königlichen Hause treu und gehorsam sein, das Wohl des Landes in dem mir angewiesenen oder noch anzuweisenden Wirkungskreise, so viel in meinen Kräften steht, befördern, die Pflichten meines Amts mit Gewissenhaftigkeit erfüllen und in meiner Gemeinde als ein treuer Seelsorger mit allem Ernst und Eifer bemüht sein will durch Lehre und Wandel das Reich Gottes und meines Herrn und Meisters Jesu Christi zu bauen. — Alles, so wahr mir Gott helfe durch Jesum Christum. — Amen.

Ordination in Preußen setzte am Tag zuvor einen zusätzlichen Vorgang voraus, der in der Urkunde vom 28.12.1901 wie folgt formuliert ist:
„... es erschien ... um behufs seiner Ordination zum Predigtamt Seiner Majestät dem Könige den vorgeschriebenen Huldigungs- und Diensteid abzuleisten...“.[65]

Was aus der Rückschau leicht als Formalie angesehen werden könnte, ist jedoch für damaliges National- und Ehrgefühl durchaus als persönlich bindender Vorgang zu denken, durch das im Königs- bzw. Kaiserreich eine Loyalität gegenüber den

---

[63] LKAK 1203 Nr. 88 Blatt 73.
[64] Jensen (1952) SB S. 132.
[65] LKAK 1203 Nr. 88 Blatt 89.

‚Hoheiten' entstand, die Boeck und seine Schwester ja auch bereits seit Kindertagen erlernt hatten. Doch war damit nicht automatisch eine Homogenität aller Gruppen der damaligen Gesellschaft gegeben. In der Fehrs-Biografie lässt Boeck in einer Kurzdarstellung die damaligen gesellschaftlichen und theologischen Kontroversen (in der Rückschau von 1959) anklingen:

> „Es war damals eine innerlich drängende Zeit, besonders für uns Theologie-Studenten. Wissenschaft und Glaube, die sich unter dem Gebot der damaligen Naturwissenschaft fast unversöhnlich gegenüberstanden, Theologie des alten und des neuen Glaubens als Gegensatz, der sich durch die historische Bibelforschung des 19. Jahrhunderts sehr stark herausgebildet hatte, die soziale Frage, deren Ungelöstheit wie eine Last auf unserem Volke lag und es in zwei Teile auseinanderzubrechen drohte, und damit die Politik waren Dinge, die uns jungen Menschen den Kopf wohl warm machen konnten."[66]

Diese Beschreibung über die theologischen Anfänge hat Dr. Gustav Hoffmann weiter erläutern können,[67] der wie bereits erwähnt in der Nachkriegszeit sieben Jahre lang mit Boeck im selben Haus gewohnt und sein Interesse an Niederdeutsch und Fehrs (– auch als Vorstandsmitglied der Fehrs-Gilde –) geteilt hat.

Dazu ist eine Erklärung als **kleiner Exkurs** nötig:

Hoffmann konnte in der Phase der Erarbeitung seiner Dissertation die umfangreiche Bibliothek seines Mentors nutzen. – Eines der grundlegenden Bücher zum Fach Niederdeutsch hatte Boeck 1952 mit einer Widmung versehen und G. Hoffmann geschenkt:

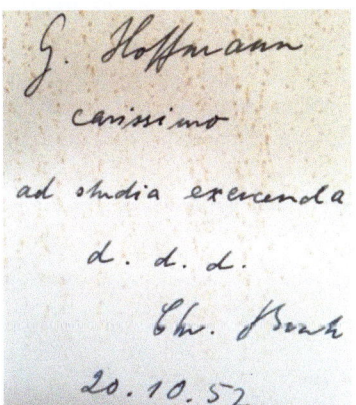

Links: Foto aus dem seinem 47 Jahre jüngeren ‚Wahlverwandten' Gustav Hoffmann von ‚Onkel Boeck' 1952 verehrten Buch aus seiner eigenen Frühzeit und Bibliothek:

Agathe Lasch, Mittelniederdeutsche Grammatik, 1914.[68]

Der „geschätzteste" Gustav Hoffmann war quasi der Kronprinz für die Nachfolge Boecks in der Fehrs-Gilde. Jedoch musste er auf Grund seiner beruflichen Verpflichtungen seine Vorstands-Aktivitäten für Fehrs-Gilde und Verlag aufgeben.

---

[66] Boeck (1959) S. 16f.
[67] Die Druckfassung von Hoffmanns Dissertation ist 1957 unter dem Titel „Die Weltanschauung bei J.H. Fehrs" erschienen.
[68] Dieses Buch befindet sich inzwischen (wie auch die Manuskript-Korrektur-Fassungen der Dissertation von G. Hoffmann) in der „Bibliothek für Universitätsgeschichte" der Hamburger Universität, die zu Ehren der aus dem Universitätsdienst entfernten „nicht-arischen" Agathe Lasch u.a. einen der zentralen Hörsäle nach ihr benannt hat. Siehe auch unten bei Anm. 520 zu ihrer Rezension Lasch (1932) ZVHG zu „Was ist Niederdeutsch?" (1928) und Boecks Schlusswort sowie das Bild vom Stolperstein vor dem Universitäts-Hauptgebäude.

Allerdings hat G. Hoffmann die Bibliothek von Boeck geerbt, so dass sich z.T. manche literarische Spuren der von Boeck studierten Bücher auch rein physisch weiter verfolgen lassen.[69] Diese zwischenzeitlich im ehemaligen Hause von G. Hoffmann in Klein Borstel aufbewahrte Bibliothek ist bei der Räumung dieses Hauses, die durch den Wechsel in eine Seniorenresidenz notwendig wurde, aufgelöst worden. Im Herbst 2015 sind Teile davon, was an niederdeutschen Büchern noch erhalten war, von Marianne Ehlers für die Fehrs-Gilde und was theologische sowie geschichtliche Darstellungen betraf, von mir notdürftig sichergestellt worden.

Hoffmann berichtete in einem Gespräch 2014, dass es insbesondere die Sichtweisen auf ‚die soziale Frage' von Friedrich Naumann und des Naumann-Kreises gewesen seien, die Boeck lebenslang besonders beeinflusst hätten.[70] – Dieser Hinweis ist auch deshalb hilfreich, weil er Boecks Beschreibung verdeutlicht, wenn erkennbar wird, dass auch darin sein Kieler Lehrer, Prof. Dr. Otto Baumgarten (1858-1934), nachgewirkt hat. In einer Kurzdarstellung in der ‚Neuen Deutschen Bibliografie' wird dieser wie folgt geschildert:

> „Seine Lebensarbeit ist beherrscht von der Aufgabe, die Kraft und Lebendigkeit des Evangeliums in voller Wahrhaftigkeit und vorurteilsloser Aufgeschlossenheit gegenüber den aufgebrochenen Spannungen zwischen biblisch-reformatorischem und modernem Bewußtsein auf allen Gebieten des Glaubens, der Wissenschaft, der Sittlichkeit und der Politik zu bewähren. So betrat er neue Wege der Predigt, des Religionsunterrichtes, der Gemeindearbeit, des sozialen und politischen Lebens. Hierdurch geriet B. wiederholt in scharfe Gegensätze zu kirchlich-orthodoxen und politischen Kreisen..."[71]

Neu für die Mehrheit der meist konservativen kirchlichen Kreise war die Beschäftigung mit ‚der sozialen Frage', die sich im ausgehenden 19. Jahrhundert insbesondere in den Ballungsräumen der Großstädte durch die Umbrüche der Industrialisierung und Verelendung breiter Schichten stellte. Wenn Boeck rückschauend „die soziale Frage, deren Ungelöstheit wie eine Last auf unserem Volke lag und es in zwei Teile auseinanderzubrechen drohte", als *das wichtige Thema* herausgestellt hat, das die jungen Gemüter bewegt hat, so spielt er also vermutlich damit zugleich auf Friedrich Naumann (1860-1919) an.

---

[69] Dazu siehe unten bei Anm. 521f zu Bezugnahmen auf Günther.

[70] In den von ihm autorisierten Gesprächsnotizen mit dem 94-jährigen Gustav Hoffmann (=GH) über Christian Boeck (=CB) am 24. und 31.3.2014 ist dieses wie folgt festgehalten: „GH verweist auf den ‚Naumann-Kreis', der für CB irgendwie Bedeutung hatte. – GH erklärt am 31.3. den Sachverhalt weiter: Es geht einerseits um die Studienzeit und den gesellschaftlichen Neuanfang 1918/19, der durch den liberalen Zugang des Theologen Friedrich Naumann für CB prägend war. Aber auch nach 1945 sind es die sich als ‚Naumann-Kreis' sammelnden Liberalen, die dann in der FDP sich zusammenfinden. Die liberale Grundhaltung ist es, die GH als Kontinuum bei CB akzentuiert." [Zu Friedrich Naumann siehe auch Boeck (1959) S. 62].

[71] Buff (1953) NDB.

 Dieser Theologe war einer der berühmten Exponenten, mit denen Otto Baumgarten gemeinsam für den 1890 gegründeten Evangelisch-Sozialen Kongress (= ESK) zusammengearbeitet hat.[72] Während bis 1890 die sog. Sozialistengesetze galten, die es sozialistischen und sozialdemokratischen Gruppierungen verbot, im Kaiserreich zu agieren, wurde ein Teil von deren Anliegen in Bezug auf ‚die soziale Frage' von der ESK aufgenommen und als Thema für die evangelischen Christen artikuliert und in die Öffentlichkeit getragen. Naumann war dabei ein wort- und schriftgewaltiger Akteur, der sich auch vermehrt später partei-politisch engagierte.

Links: Gedenktafel im Naumann-Hof, Hamburg-Dulsberg[73]

1903 gründet Naumann den ‚Nationalsozialen Verein', und es finden sich in seinem Schrifttum Formulierungen in Bezug auf die Entstehung einer Volksgemeinschaft, was rückschauend u.a. zu Kontroversen geführt hat, ob Hitler möglicherweise von Naumann abgeschrieben habe.[74] Unabhängig von einer sich positionierenden Antwort der Gegenwart ist für die Studien- und die beginnende Zeit der ersten Berufstätigkeit Boecks deutlich, dass der Impuls zu politischer Betätigung in der ausgehenden Ära der Monarchie durch das Spannungsfeld der Begriffe ‚national', ‚sozial' / 'sozialistisch' sowie Volk und Gemeinschaft auch die Theologie erreicht hatte, um Antworten auf ‚die soziale Frage' zu suchen.

Für viele der Diskussionen ist sein Studienkollege Karl C. Fehrs ab mindestens 1898 Gesprächspartner gewesen. Es hat sich eine lebenslange Freundschaft zu ihm ergeben. Jener studierte ebenfalls Theologie und wurde später der oben[75] erwähnte Pastor in Hörnerkirchen. Über ihn ist auch die Verbindung zu seinem Vater, dem Autor Johann Hinrich Fehrs (1838-1916), zu Stande gekommen. Durch häufige Aufenthalte und Gespräche im Hause Fehrs, ist dieser Dichter für den früh verwaisten Boeck geradezu zu einem Ersatz als väterlicher Freund geworden.[76] Für Boecks schriftstellerisch-verlegerische Tätigkeit spielt Johann Hinrich Fehrs später die zentrale Rolle – insbesondere im Zusammenhang der von Boeck und Karl C. Fehrs 1916 dann mit Jacob Bödewadt begründeten Fehrs-Gilde.[77] In seinem

---

[72] Vgl. dazu Pollmann (1982) TRE Bd. 10. – Zum Verhältnis von Baumgarten und Naumann siehe den Verweis bei VomBruch (2000) S. 333 Anm. 68 auf eine monographische Darstellung.
[73] Foto vom Autor Staro1 aus Wikipedia-Commons.
[74] Details und die große Menge an unterschiedlichen Positionen und Literatur zu diesen Fragen sind in dem Wikipedia-Beitrag zu Friedrich Naumann ausgebreitet.
[75] Siehe bei Anm. 60.
[76] Boeck (1959) S. 16 u.ö.; S. 27 gibt er Fehrs' Alter beim Kennenlernen mit 60 an, so dass es sich um das Jahr 1898 handeln könnte; Goltz (1975) FS S. 45 sowie auch NN im Nachruf in „...blatt för Plattdütsche Lüüd", 1964. An anderer Stelle gibt Boeck (1959) S. 14 die Jahreszahl 1897.
[77] Siehe dazu unten den Abschnitt „5.4 Die Gründung der Fehrs-Gilde".

Festvortrag anlässlich der Verleihung des Joost-van-den-Vondel-Preises 1961 hat Boeck von sich selbst diesen Hintergrund erzählt, „...wie ich in die Kolonne der Niederdeutschen hineingekommen bin...",[78] nämlich über den Freund Karl C. Fehrs (1873-1941). Diesen hat er auch 1906 getraut.[79] Mit ihm hat er mehrfach in den Jahrzehnten ihrer Freundschaft (u.a. aber auch posthum im Verlag der Fehrs-Gilde) gemeinsam Briefe und andere Texte aus dem Nachlass von Johann Hinrich Fehrs publiziert.[80]

Der etwas ältere Bruder, Ernst G. Fehrs (geb. 1870), hatte 1903 bereits Frieda, geb. Ohland, geheiratet, wodurch die große Fehrs-Familie auch mit der Boecks in indirekter verwandtschaftlicher Beziehung stand. – Boeck gibt in dem in seinem Nachlass befindlichen Stammbaum der Fehrs-Familie den vollständigen Vornamen der Frau mit ‚Martha Dorothea Emma Frieda' an.[81]

Neben dem Haus der Fehrs-Familie ist es die Itzehoer Gaststätte ‚Stumpfe Ecke', in der auch im von Boeck selbst gegebenen Bericht über die Studentenzeit wesentliche Diskussionen, Begegnungen und „Jugendfreuden" ihren Ort hatten.[82]

Davon ist auch über 60 Jahre später bei den Laudatoren in den Festschriften für Boeck die Rede.[83]

---

[78] Goltz (1975) FS S. 45.
[79] Boeck (1959) S. 42f.
[80] Boeck (1959) S. 45.
[81] Boeck hat einen umfangreichen handschriftlichen Stammbaum der Fehrs-Sippe hinterlassen (WP_20140720_029_Fehrsstammbaum), der sich ebenfalls im LASH in Abt. 399.206 im Bestand Christian Boeck befindet.
[82] Boeck (1959) S. 17f, 40.
[83] Vgl. bei Hoffmann (1960) FS S. 12 sowie auch Goltz (1975) FS S. 35.

Von Boeck stammt auch der gesondert gedruckte Zeitungsartikel, der zu seinem Geburtstag am 10.3.1960 erschienen ist und wohl an manche von Boeck nur mündlich erzählte Anekdoten mit erinnert haben mag.[84]

3.4 Heirat

Zur Vorgeschichte der Heirat mit seiner Frau Ella (1876-1965), geborene Barbeck, aus Rendsburg liegen bisher keine weiteren genauen Informationen vor.[85] Ihr Eheschließungsdatum, am 28.8.1907, findet sich einerseits jeweils in den Sterbeurkunden beider Ehepartner.

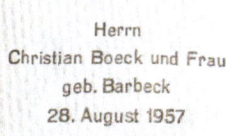

Herrn
Christian Boeck und Frau
geb. Barbeck
28. August 1957

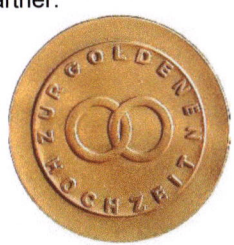

Andererseits ist aus dem besonderen, auch von der Stadt Hamburg bedachten Ereignis der 1957 gefeierten Goldenen Hochzeit[86] dieses Datum zu rekonstruieren.[87] Die beiden 50 Jahre auseinander liegenden Ereignisse bilden zugleich wichtige Einschnitte, in die äußeren Lebensbedingungen des Ehepaars.

Das Jahr der Hochzeit, 1907, fiel zusammen mit dem Neubeginn auch für die Gemeinde in Bramfeld, da dieser Bergstedter Pfarrbezirk in diesem Jahr selbstständig wurde. Der Bau eines Pastorats wurde vor die Errichtung der eigenen Kirche (1914) vorgezogen; das „Bramfeld"-Buch gibt als Kaufdatum an für das

„... Grundstück ..., auf dem Kirche und Pastorat erbaut werden sollten (31.10.1907). Zunächst wurde das Pastorat gebaut. ... Am 14. Oktober 1908 konnte der erste Gemeindepastor Chr. Boeck seinen Einzug in das neue Pastorat halten..."[88]

---

[84] Eine Passage zur „Stumpfen Ecke" ist auch zu Boecks 85. Geburtstag am 10.3.1960 in der Hannoverschen Allgemeinen Zeitung wieder abgedruckt worden; Boeck (1959) S. 16-20; Daraus auch die Überschrift in der Abbildung: WP_20140709_049.
[85] In den Personalbögen, die sich für Boeck in den Personalakten finden, ist regelmäßig vermerkt: „Verheiratet am 28.8.1907 mit Ella Barbeck, Tochter des Herrn Kaufmann Barbeck in Rendsburg." Im Personalbogen vom 12.11.1927 ist ergänzt: „I. Barbeck (+)", was als Verweis auf den Tod des Schwiegervaters zu verstehen ist. – Möglicherweise handelt es sich um Johannes Barbeck, von dem in ‚Zeit-online' (v. 7.4.1995) von Heidrun Kayser zum 100-jährigen Jubiläum des Nordostsee-Kanals ein Gedicht zur Eröffnung von 1895 wiedergegeben wurde, das zuerst in der Rendsburger Wochenzeitung abgedruckt wurde: „Nun ist das große Werk beendet, / Der letzte Spatenstich gethan, / Was groß ersonnen, groß vollendet: / ‚Die Furth vom Meer zum Ocean!' / Geschaffen zu des Reiches Wehre, / Vervielfacht sie der Flotte Kraft; / Nun grüßen sich die deutschen Meere / In engster Waffenbrüderschaft".
[86] Siehe den Bedankungsbrief zu den Glückwünschen in Archiv_Aurig_1.pdf Seite ‚1957-10-02_Boeck_GoldeneH_1' sowie die im Nachlass im LASH erhaltenen Dokumente.
[87] Im Nachlass fand sich dazu die verliehene Medaille mit ihrer Schatulle (WP_20140709_090 und WP_20140709_088) und der eingedruckten Inschrift „Herrn Christian Boeck und Frau geb. Barbeck 28. August 1957".
[88] Seeler / Seeler (1988) S. 139. Wie die Banderole um die von Boeck abonnierte Zeitung „Hamburger Correspondent" mit der Adress-Angabe „Hamburg-Ohlsdorf, Fuhlsbüttler Straße

Einen Einschnitt bildete dann 50 Jahre später für das Ehepaar nicht nur die Feier der Goldenen Hochzeit, sondern es wurde mit den beiden über 80-Jährigen auch der Verkauf ihres Hauses Wald(ing)straße 39 (dazu unten mehr[89]) an die Kirchengemeinde Wellingsbüttel gegen eine Leibrente vertraglich geregelt.

Wie es bei Ehefrauen von Pastoren häufig der Fall ist, treten sie ansonsten im Bewusstsein der Gemeinden meist hinter den Erinnerungen an ihre Männer zurück und sind nur „Frau Pastor" oder wie bei Fritz Reuter „Fru Pastur". So war es erst durch den wiedergefundenen privaten Teil des Nachlasses von Boeck möglich, Fotos auch von Ella Boeck zu erhalten, während in den Überlieferungen beider Gemeinden, in Bramfeld und in Wellingsbüttel, sie auf keinem der Fotos bisher auszumachen ist.

Bei unserer Sichtung des Nachlasses fanden wir zu unserer Überraschung unter den Utensilien, wie Boecks Brille, Schlüssel und seiner von Fa. Wempe gravierten Taschenuhr auch seinen Taschenkalender. Darein waren an seinem Todestag, dem 21.7.1964, die Bilder seiner Frau eingelegt.

Diese Situation war ‚in situ' festzuhalten, wobei unklar und die Fantasie anregend die Fragen bleiben: Waren das die Bilder, die er selbst auch zuletzt im Krankenhaus Eilbek an seinem Sterbebett hatte? Hat Ella diese beiden Bilder von sich – als junge und als gereifte ältere Frau – dort eingelegt?[90]

 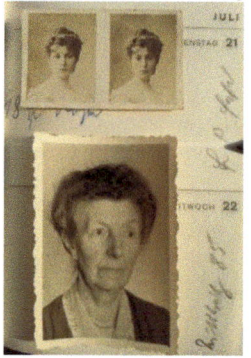 

In den Erzählungen zu Fehrs lässt Boeck seine junge Frau einmal kurz mit einer humorvoll-hintergründigen Maßnahme in Erscheinung treten, die ihre offenbar sehr zurückhaltende Art charakterisiert: es habe noch zu Lebzeiten von J.H. Fehrs (und

---

534" und der Poststempel vom 20.12.1907 auf der Briefmarke zeigt (WP_20140709_014), wohnte das junge Paar zuerst noch außerhalb des Pfarrbezirks.
[89] Siehe bei Anm. 195ff.
[90] In der Mitte WP_20140709_114; links: WP_20140709_116; rechts: WP_20140709_118.

es ist aus dem Kontext zu erschließen, dass die sehr netten Episoden mit dem 73-Jährigen zu dessen zweitem Besuch in Bramfeld ca. 1911 gehören) sich Folgendes zugetragen:[91]

> „Reizend war er im Verkehr mit meiner jungen Frau …indem er einen neckischen Ton anschlug … So fragte er im Laufe der Unterhaltung plötzlich meine Frau: ‚Und was sagte damals noch die Wahrsagerin zu Ihnen?' Er setzte, vielleicht nicht mit Unrecht, voraus, daß auch meine Frau eine der damals üblichen Jungmädchentorheiten begangen und eine Wahrsagerin befragt hatte. Meine Frau rächte sich. Fehrs hatte für die Nacht um ein Paar Haus- oder Morgenschuhe gebeten … Als ich ihn spät nachts auf sein Zimmer führte, blieb er leise lachend auf der Schwelle stehen und wies auf eine stattliche Schar von Pantoffeln und Schuhen aller Art hin, die in langer Reihe vor seinem Bette paradierten…"

Auch im Selbstbericht zur Bramfelder Geschichte der Kirchengemeinde[92] erwähnt Boeck für 1923 die resolute Pastorin sowie deren Mutter:

> „In die Krankheitszeit des Pastors fiel auch der Kommunistenputsch von Oktober 1923. … Am 2. Kampftag spielte sich am Pastorat folgender Auftritt ab: Es erschienen ortsfremde bewaffnete Kommunisten an der Küchentür und begehrten Einlaß. Das Mädchen läuft zur Pastorin und meldet ihr das. Diese … im Hause auf sich selbst angewiesen, geht an die Küchentür und ruft den Außenstehenden zu, sie möchten an die Haustür kommen. Diese öffnet sie, ihre alte Mutter und das Mädchen hinter sich und fragt: ‚Was wünschen Sie?' – ‚Wir hätten gern etwas Wasser' – ‚Wasser können Sie bekommen' (zum Mädchen: ‚Grete, holen Sie ein Glas Wasser' – ‚Könnten wir etwas mehr Wasser bekommen, auch für unsere Kameraden an der Front?' – ‚Ja, aber wie soll ich es Ihnen geben?' ‚Nun, ich gebe Ihnen einen Waschkrug, (zu einem der Kommunisten gewendet) Sie haften mir dafür, daß Krug und Glas in 10 Minuten wieder hier sind. Ich habe kein Geld, mir neue anzuschaffen' – ‚Und wenn Sie uns auch hassen, gnädige Frau!, so sind die Sachen doch in 10 Minuten wieder da' – ‚Ich hasse Sie nicht, aber Sie sollten Ihr dummes Schießen sein lassen' – ‚Wir müssen uns doch wehren, wenn wir angegriffen werden'. Nach 10 Minuten waren die Sachen wieder da. Der Auftritt hätte sich freilich anders abgespielt, wenn die Kampflage für die Kommunisten günstiger gewesen wäre."[93]

In dieser Zeit war Christian Boeck selbst schwer erkrankt und konnte über ein Jahr lang seinen Dienst nicht wahrnehmen, so dass im Visitationsbericht dieses Jahres vermerkt wird:

> „Auf der Propsteisynode in Wandsbek wurde Klage darüber geführt, dass die Verhältnisse in Bramfeld durch die lange Krankheit von Pastor Boeck für die Nachbargeistlichen … sehr schwierig geworden seien…"[94]

In langen Phasen ihrer Ehe war es aber meist umgekehrt so, dass Ella Boeck sehr häufig durch Krankheit beeinträchtigt war,[95] wie aus Anträgen zu Beihilfen für Krankenhaus- und Kuraufenthalte hervorgeht.

---

[91] Boeck (1959) S. 52f; Boeck spricht in diesem Zusammenhang von „meiner jungen Frau". Hoffmann (1960) FS 13 erwähnt in der Festschrift nur die Lebensgefährtin.
[92] Boeck (1967) Masch S.13; auch Auszug in Seeler / Seeler (1988) S. 172f.
[93] KG_Bramfeld_Chronik_T1_1907-1933_Boeck.pdf S. 13f; auch übernommen bei Seeler / Seller (1988) S. 172f.
[94] LKAK Bestand 1203 unter dem Datum vom 23.8.1923.
[95] So auch bereits ihre Erwähnung im Visitationsbericht von 1910: „Seit bald drei Jahren ist er verheiratet; leider hat die junge Frau viel Krankheit durchmachen müssen und ist recht zart;

Im Archiv der Kirchengemeinde Wellingsbüttel finden sich im Zusammenhang mit den Unterlagen zum ehemaligen Pastoren-Wohnhaus[96] beim 3.8.1965 mehrere Informationen auch über seine Frau Ella, geb. Barbeck,[97] und deren Tod. Sie hatte zuvor beim Tod ihres Ehemanns Christian zusammen mit Gustav Jürgensen, für den „Vörstand von de Fehrs-Gill", sich auf Plattdeutsch für die Anteilnahmebekundungen bedankt.[98]

Zeitlich entstammen die wenigen verfügbaren Bezugnahmen auf Frau Ella Boeck, die im vorangegangenen Abschnitt zusammengestellt sind, weitgehend Vorgriffen auf die späteren beruflichen Stationen ihres Mannes, um die es im Folgenden gehen soll.

4 Berufliche Stationen von Pastor Boeck

Sein berufliches Leben beginnt nach dem theologischen Examen und seiner oben erwähnten schriftlichen Arbeit über Claus Harms.[99] Diese markiert wohl auch seinen praktisch-theologischen Schwerpunkt und seine theologische Standortbestimmung.

Nicht aus seinem hauptberuflichen Zusammenhang stammt das ganz links wiedergegebene undatierte Bild, das nach der Bildunterschrift „Christian Boeck (1875-1964)" darstellt und in einem Beitrag von Jan Wirrer 1994 abgedruckt wurde.[100]

Der Ausschnitt oben aus einem Foto von 1922, als Boeck 47 Jahre alt war, lässt die Vermutung zu, dass das Foto links ca. 15 Jahre früher aufgenommen worden sein könnte und ihn ungefähr 1907/8 zeigt.

---

immerhin darf man annehmen, dass das neue Haus und Heim dazu beiträgt, Pastor Boeck frisch zu erhalten." LKAK Nr. 105.

[96] Siehe Abschnitt „4.4.2 Wohnort in der Wald(ing)straße" bzw. im Archiv_186_FB_302_Waldingstr.pdf unter dem Datum 3.8.1965.

[97] Die vollständige Reihe der Vornamen Ella Henriette Daniele findet sich in der Sterbeurkunde des Standesamtes Barmbek-Uhlenhorst Nr. 2403 zum Tod am 11.07.1965 ebenso wie der Hinweis auf den Geburtseintrag „Rendsburg 190/1876" und der Eheschließung „Altona I 875/1876" am 28.8.1907.

[98] Das Dankschreiben ist hinter Anm. 457 abgebildet.

[99] Zu einer weiteren Publikationsvorbereitung zu Claus Harms siehe bei Anm. 56 sowie auch in seinem Dankschreiben an die Gratulanten zum 80. Geburtstag bei Anm. 433.

[100] Wirrer (1994) SB S. 241. Der Abbildungsnachweis findet sich S. 552: „Archiv des Norddeutschen Rundfunks (Hamburg)".

Die Pose, die durch dieses Foto vermittelt wird und ihn als jungen ‚Intellektuellen' darstellt, könnte wiedergeben, wie sich Christian Boeck durchaus auch selbst gesehen hat.

4.1 Beginn in Kappeln und Kiel

Für Boecks kurzzeitige erste Tätigkeiten liegt der Kontext weitgehend im Dunkeln. Wie er sich mit seinem Anleiter in Kappeln oder dessen theologischer Orientierung auseinandergesetzt hat, ist nicht bekannt,[101] ebenso wie nirgends geschildert ist, wie er in seiner ersten Vikariats-Station im ländlich-konservativ geprägten Kappeln sich zwischen den verschiedenen Gruppierungen selbst positioniert hat.[102] Ähnlich liegen bisher über seine Kieler Zeit 1901 als Hilfsprediger keine Detailinformationen vor. Boeck erwähnt nur einmal rückschauend für die Kieler Zeit, auch dort schon „Vorbereitungsdienste ... für den Aufbau einer neuen Kirchengemeinde"[103] geleistet zu haben.

4.2 Bergstedt

Über seine längerfristige erste Pastorentätigkeit ist jedoch etwas mehr an Informationen vorhanden, insofern als dass von Bergstedt quasi sein weiterer Weg sich – aus der Rückschau – abzuzeichnen begonnen hat: „Er hatte schon seit dem 14. Oktober 1902 den Bergstedter Pfarrbezirk Bramfeld als Hilfsgeistlicher betreut."[104]

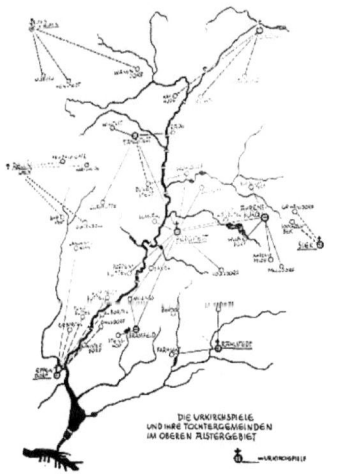

Vom Bergstedter „Mutter- oder Ur-Kirchspiel" aus haben sich in der ersten Hälfte des 20. Jh. sehr viele der Tochtergemeinden im Norden Hamburgs[105] verselbstständigt – wie zuerst

Tangstedt,
Ahrensburg,
Bramfeld

sowie dann aus Bramfeld später u.a. Wellingsbüttel.

---

[101] Evtl. ist von Boeck später mit der ‚Margarethenspende' ein Element der Armen- und Krankenpflege aus Kappeln nach Bramfeld übernommen worden, siehe unten bei Anm. 112.
[102] Kappeln wird in den 1930-er Jahren mehrfach als Ort von Auseinandersetzungen zwischen den verschiedenen völkisch orientierten christlichen Gruppen genannt und mehrfach bei Buss (2013) ZSHG erwähnt (z.B. in Anm. 78).
[103] Boeck (1967) Masch S. 29.
[104] Fiege (1982) 118 nach Boeck (1967) Masch S. 2.
[105] Siehe dazu die Skizze bei Sparmann (1963) S. 72 Abb. 23 sowie Sparmann / Jensen (1952) „Chronik des Kirchspiels Bergstedt".

Auf dem Bergstedter Friedhof findet schließlich auch der Lebensweg für Christian Boeck seinen Abschluss. In der Einladung zur Trauerfeier heißt es: „Sünnabend, den 25. Juli 1964, Klock 11, wüllt wi to'n plattdüütschen Gottesdeenst in de Kark to Hamburg-Bergstedt mit em dat letzt Mal tosamen sien."[106] Ein Foto der Grabstelle, die bis 2004 bestand, existiert leider nicht.[107]

4.3 Gemeindepastor in Bramfeld 1907/8-1933

Als erste Quelle für seine Tätigkeit in Bramfeld sind Visitationsberichte in seiner Personalakte von Interesse, die ein gewisses Gefälle über die insgesamt 31 Jahre (ab seiner Hilfsgeistlichenzeit 1902 in Bergstedt für den Pfarrbezirk Bramfeld) seines Dienstes zeigen. Parallel zu seiner Einführung in Bramfeld als Pastor der neu selbstständig gewordenen Gemeinde ist in der Akte der „Auszug aus dem Spezialkirchenvisitationsbericht der Propstei Stormarn vom 20. Dezember 1907 J.N. 679 zu J.N: 51/08 Bramfeld / 28C3 visitiert am 21. Juli 1907" vorhanden:

> „Die Visitation wurde verbunden mit der Einführung des Pastors Boeck in sein neues Amt – ein neues, sofern er daselbst fortan als selbständiger Pastor an der neu gegründeten Gemeinde zu verwalten hat – der er im übrigen als wesentlich selbständiger Hilfsgeistlicher schon seit October 1902 gedient hat. Er hat sich in diesen Jahren als ein treuer und eifriger Arbeiter bewährt, der sich auch durch die großen Schwierigkeiten nicht ermüden läßt, welche ihn die erschreckende Unkirchlichkeit seiner Gemeinde bereitet. Daß er dabei persönlich sich große Achtung und Liebe erworben hat, zeigte sich darin, daß die Gemeinde zu seinen Gunsten auf ihr Wahlrecht verzichtete. Den Verwaltungsfragen und den nicht leichten Geschäften, welche ihm seither durch die Neugründung der Gemeinde auferlegt wurden, widmet er sich mit Eifer und Geschick. Leider ist seine Frau, mit der er bald nach seiner Einführung den Ehebund schloß, gleich nachher und bis in den letzten Tagen hinein von schwerer Krankheit heimgesucht.
>
> ... hielt sich die Predigt in sehr einfachen Gedankengängen ... leicht verständlich; der innige, warme und ernste Ton des Vortrags machte sie doch recht erbaulich. ... Für die Katechese hat er weniger Begabung, es gelang ihm nicht, den Kindern recht nahe zu kommen. ..."

Das Thema der „Unkirchlichkeit" der Bramfelder Gemeinde ist ein Element, das sich auch in den weiteren Berichten spiegelt, wie etwa vom 23.6.1910:

> „Pastor Boeck arbeitet mit grosser Treue in seiner Gemeinde ... die aber im übrigen besondere Schwierigkeiten dadurch bietet, dass sie in Bramfeld selbst überwiegend sozialdemokratische Arbeiter umfasst, zu denen in Hellbrook eine grosse Anzahl Gärtner kommt. Durch beide wird die alteinheimische Bevölkerung sehr in den Hintergrund gedrängt; auch diese ist aber seit undenklichen Zeiten vom Kirchenbesuch entwöhnt; die Arbeiter wollen nicht, die Gärtner können nicht kommen ... Dagegen ist es Pastor Boeck gelungen ... auch die Gründung eines Frauenvereins mit Margaretenspende erreicht...
>
> Seit bald drei Jahren ist er verheiratet; leider hat die junge Frau viel Krankheit durchmachen müssen und ist recht zart; immerhin darf man annehmen, dass das neue Haus und Heim dazu beiträgt, Pastor Boeck frisch zu erhalten und ihm den Mut zu stärken.

---

[106] Archiv_186_FB_302_Waldingstr.pdf im Abschnitt „Belastungen" unter 25.7.1964. Siehe im Anhang S. 226.
[107] Sie wurde laut Mitteilung der Friedhofsverwaltung Bergstedt vom 1.4.2014 von der KG Wellingsbüttel aufgelöst.

Jedenfalls zeigte seine Predigt am Visitationstage einen grossen Fortschritt gegen früher. Frisch und natürlich vorgetragen, entbehrte sie nicht der Wirkung; auch war sie fleissig ausgearbeitet."[108]

Dieser Auszug gibt nicht nur einen Eindruck vom Stil dieser Zeit, sondern auch darüber, dass die im Studium und mit Naumann-Rezeption theoretisch bearbeitete „soziale Frage" im direkten Umgang mit sozialdemokratischen Arbeitern sich als praktisch schwieriger darstellte. Andererseits ist mit der Information über den „Frauenverein mit Margaretenspende" eine Initiative erwähnt, die im Rahmen von Boecks kirchlich-caritativem Einsatz für die Krankenversorgung von Armen zu sehen ist.

Die Klärung der Begrifflichkeit „Margaretenspende" ist nicht ganz leicht, zumal auch zwei Schreibweisen überliefert sind: mit ‚th' oder einfachem ‚t' wie im Zitat oben. Geografisch am nächsten zu Bramfeld ist die Bezeugung einer solchen Institution in der Gemeinde Eidelstedt. Dort liegt eine Chronik von 1926 vor, in der die Einrichtung einer Margaretenspende im Jahr 1908 erwähnt und kurz beschrieben wird:[109]

Die Margaretenspende.

Der eigentliche Gründer der Margaretenspende ist der Landmann Hans Jacobsen in Norderbrarup (Angeln), dessen Tochter Margarete nach vielen Leidensjahren an Schwindsucht starb. Während der Zeit hatte er gesehen, wieviel Sachen unbedingt notwendig in die Krankenstube gehören, die sich die meisten aus eigenen Mitteln nicht beschaffen können. Er stiftete nun zum Andenken an seine verstorbene Tochter fünf Schränke mit dem erforderlichen Inhalt und nannte die Spende nach seiner Tochter „Margareten-Spende".

In Eidelstedt gab die Familie Rentsch 1908 die Anregung zur Anschaffung einer Margareten-Spende. Sie veranstaltete in ihrem Wirtschaftslokal „Zur sächsischen Schweiz" mehrere Wohltätigkeitskonzerte, deren Ertrag für die Spende bestimmt war. Der ganze Betrag von 850 Mark wurde der Kirche überwiesen; diese schaffte nun einen Schrank mit den notwendigen Gebrauchsartikeln an.

Unter diesen sind Wasser- und Luftkissen, Eisbeutel, Duschen, Injektionsspritzen, Ohrenspritzen, Fieber- und Badethermometer, Induktions- und Inhalations-Apparate, Einnehmegläser, Schnabeltassen und andere Sachen mehr.

In einer Medizinischen Dissertation von 2008, die der ländlichen Gesundheitsversorgung in der südlichen Rheinprovinz (1869-1930) nachgeht, wird für 1902 aus Akten ebenfalls die Einrichtung von Schränken auf Grund von Margarethenspenden in Orten um Koblenz

---

[108] LKAK Bestand 1203 Nr. 115 „Stormarn vom 23. Juni 1910- J.Nr. 248-Zu J.Nr. 6127/10" gez. Chalybaeus. (PDF S. 101).
[109] Hinsch (1926) S. 212f.

berichtet und notiert: „Woher der Name ‚Margaretenspende' und die finanziellen Mittel stammen, ist aus den erhaltenen Akten nicht mehr zu erschließen."[110]

Eine volkskundliche Arbeit von Sabine Zessin hatte allerdings 1997 sich dem Thema gewidmet und den Ursprung auf die Einrichtung der Wohlfahrtseinrichtung in Schleswig-Holstein auf dem Hintergrund des schon erwähnten Schrankes in Norderbrarup zurückführen können.[111] Allerdings scheint die o.g. Namensform des Spenders verkürzt zu sein. Ein Wikipedia-Artikel unter dem Stichwort „Margarethenschrank", der weitgehend auf der Arbeit von Zessin basiert, erläutert den Namen u.a.:

„... In Gedenken an seine Tochter schenkte er 1895 seiner Heimatgemeinde einen Schrank, der alle wichtigen Dinge für die häusliche Krankenpflege enthielt und dessen Inhalt im Bedarfsfall ausgeliehen werden konnte. Jacobsen versah den Schrank mit einem Foto seiner Tochter, weshalb sich schnell der Begriff "Margarethenschrank" im Volksmund durchsetzte. ... Bis 1934 wurden allein in Dithmarschen in 49 Gemeinden Margarethenschränke aufgestellt ... schließlich auch in anderen Regionen ... Im Deutschen Reich sollen zeitweilig mehr als 750 solcher Schränke existiert haben."

In der ausführlichen Darstellung dieser Arbeit wird auch für ca. 1902 auf ein Dokument aus Kappeln verwiesen:

„Verzeichnis der in der ‚Margarethenspende' für die Kirchspiellandsgemeinde Kappeln enthaltenen Gegenstände zur Krankenpflege, ca. 1902."[112]

Möglicherweise ist also in der Institutionalisierung durch die Bramfelder Frauenhilfe ein Element zu sehen, dessen Anregung auf Boecks Vikariatszeit in Kappeln 1901 zurückgeht und bereits zur Zeit als Teil Bergstedts ihren Anfang hatte.[113] Norderbrarup liegt von Kappeln nur ca. 10 km entfernt ebenfalls in Angeln. Wahrscheinlich hat sich daraus auch für Boeck ergeben, dass er sich in den folgenden Jahren im Ersten Weltkrieg im Zusammenhang des Roten Kreuzes engagiert hat, wie die unten folgend abgebildete Plakette aus dem Nachlass Boecks vermuten lässt. Die Bildung von ‚Sanitätskolonnen' zum schnellen Krankentransport wird in der Eidelstedter Chronik als einer der nächsten Entwicklungsschritte der Armen- und Krankenpflege in den ersten Jahrzehnten des 20. Jh. erwähnt. Ebenso berichtet Krieger über die Rheinprovinz, wenn dort im Kreis Simmern andererseits in einem Beschluss argumentiert wird, es sei zwar:

---

[110] In Krieger (2008) S. 165ff gibt es einen Abschnitt „Von den Schwierigkeiten, ein Netz zu knüpfen: ‚Margaretenspenden' und ‚Sanitätskolonnen'", der mehrere ähnliche Bemühungen aufzählt.

[111] Zessin (1997).

[112] Zessin (1997) S. 72 Anm. 4.

[113] Die über 700 Einträge umfassenden alphabetische Aufstellung enthält die Nummern der Eintragung in die Norderbraruper Liste von Margarethenspenden: Kappeln (Land), Kr. Flensburg (14); Kappeln (Stadt), Kr. Flensburg (15); Bergstedt, Kr. Stormarn (59); Bramfeld, Kr. Stormarn (210); Zessin (1997) S. 147ff. Zur Erwähnung des Vaterländischen Frauenvereins in Bergstedt siehe bei Hoffmann (2015) JAV S. 26 („Der einige Jahre vor Kriegsausbruch [Erster Weltkrieg] gegründete Vaterländische Frauenverein vom Roten Kreuz ...sorgte für die Verpflegung der Verwundeten in den Lazaretten und der Kämpfer an den Fronten ...") und S. 33 zur Ortsgruppe Bramfeld.

„... von der Einführung der Margarethenspende in Rücksicht auf die immer mehr zunehmenden Telephonanschlüsse ... Abstand zu nehmen."[114]

Andereseits wird für diesen Ort bereits 1912 berichtet, dass es eine Sanitätskolonne gäbe, die einen eigenen „Kolonnenarzt" habe. Von Boeck sind Initiativen in diese Richtung wohl ebenfalls betrieben worden, so dass sich die Verleihung der Plakette auf einem solchen Hintergrund verstehen lässt. Sie ist beschriftet „Preussischer Landesverein vom Roten Kreuz 1914-15 Zur Erinnerung":

Neben den genannten Visitationsberichten, aus denen unten weiter für die 1920-er Jahre berichtet werden soll, kommt für eine Charakterisierung Boecks und für die Schilderung seines Ergehens in erster Linie der Selbstbericht in Betracht. Er ist in der von seinem späteren Nachnachfolger Arnulf Michaelis sen. zusammengestellten maschinenschriftlichen „Chronik der Kirchengemeinde Bramfeld 1907-1967" enthalten.[115]

---

[114] Krieger (2008) S. 167. Die Notiz über den Kolonnenarzt findet sich S. 170.

[115] Die vollständige Fassung, die die Vorlage für die digitalisierte Version bildet, enthält als Titel „Chronik der Gesamt-Kirchengemeinde Hamburg-Bramfeld 1907-1967" zusammengestellt von Pastor Arnulf Michaelis. Sie wurde freundlicherweise von einem seiner Söhne, Pastor Hans Michaelis, zur Verfügung gestellt. Die einzelnen Abschnitte sind von den jeweiligen Pastoren verfasst: Christian Boeck 1907-1933 <zitiert als Boeck (1967) Masch>; 1933-1951 Siegfried Seeler <zitiert als Seeler (1967) Masch>; 1952-1962 Rektor Jürgensen <zitiert als Jürgensen (1967) Masch> Rektor Gustav Jürgensen (ebda. S. 61) ist auch auf einem Foto Anfang 1940er Jahre in SA-Uniform(?) zu sehen (Stolpersteine_f_Bramfeld.pdf S. 13; Seeler / Seeler (1988) S. 120 erwähnen Lehrer Jürgensen im Zusammenhang dieser Kinderlandverschickung); er ist in späterer Zeit Vorsitzender der Fehrs-Gilde; 1963-1967 Arnulf Michaelis sen. <zitiert als Michaelis (1967) Masch> sowie eine noch rohe, handschriftliche Fassung mit Bildern und Zeitungsausschnitten als hinzugebundener Teil und betitelt mit „Chronik der Osterkirchengemeinde Hamburg-Bramfeld 1967-1978" <zitiert als Michaelis (1978) Manuskript>. Boecks Abschnitt 1907-1933 referiert an einer Stelle (S. 27)

Diese Quelle ist sowohl in der „Chronik der Kirchengemeinde Wellingsbüttel 1938-1988"[116] von deren Autor Ernst König als auch mehrfach in dem umfangreichen ortsgeschichtlichen Werk über Bramfeld zitiert, das gemeinsam von dem direkten Nachfolger Boecks als Bramfelder Pastor, Pastor Siegfried Seeler (* 23.7.1894; † 12.5.1973), und dann in erweiterter Form von seiner Schwiegertochter Ingrid Seeler (* 5.10.1928)[117] 1988 erarbeitet wurde.[118]

> Dieses letztere Buch ist insofern eine Besonderheit, als zwei wichtige Bestandteile auf frühere Publikationen von Siegfried Seeler zurückgreifen[119] und ihre Texte (mit ganz wenigen Veränderungen) in das mit zahlreichen Bildern und umfangreichen zusätzlichen Erarbeitungen durch Ingrid Seeler neu gestaltete Bramfeld-Buch übernommen sind.[120]

Zum 100. Kirchweihjubiläum am Sonntag Judika, dem 6.4.2014, ist auch eine Festschrift für die inzwischen als „Osterkirche" benannte Bramfelder Kirche erschienen.

In dieser Festschrift finden sich u.a. Fotos von Christian Boeck mit Konfirmandinnen und Konfirmanden aus der Zeit des ersten Weltkrieges. Dort ist auch das nebenstehende Gemälde von dem ersten Pastor der Gemeinde, Christian Boeck, abgedruckt.

Zusätzlich sind naturgemäß einige Informationen und Fotos zur Baugeschichte der Osterkirche sowie zu den nach der Zeit Boecks sich entwickelnden und später selbstständig werdenden Bramfelder Tochtergemeinden enthalten. Die Steilshoper Martin-Luther-King-Gemeinde, die Simeonkirchen-Gemeinde am Stühm-Süd und die Thomas-Kirchen-Gemeinde im Ortsteil Hellbrook sind jeweils in der Zeit nach dem Zweiten Weltkrieg mit eigenen Kirchengebäuden bzw. Gemeindezentren versehen worden.

---

noch auf das Abholzen von Eichen 1934, so dass wohl ungefähr in dieser Zeit (schon im Rückblick aus Wellingsbüttel) dieser Abschnitt aus den älteren handschriftlichen Aufzeichnungen entstanden sein müsste.

[116] König (1989).
[117] http://de.wikipedia.org/wiki/Ingrid_Seeler.
[118] Seeler, Siegfried / Seeler, Ingrid: Bramfeld, Hellbrook, Steilshoop-Vom Dorf zum Stadtteil-Hamburg 1988.
[119] Seeler, Siegfried: Bramfeld. Chronik eines Stormarn-Dorfes.-Hamburg, Eigenverlag 1959 sowie ders.: Steilshoop. Eine Orts- und Flurgeschichte. Hamburg 1956. Im Unterschied zu diesen weitgehend wörtlich übernommenen Werken, zu denen die ergänzenden Abschnitte von Ingrid Seeler im Inhaltsverzeichnis gekennzeichnet sind, ist das folgende Werk von Siegfried Seeler nicht explizit übernommen: Hellbrook. Blätter aus seiner Vergangenheit. 1957. Druck bei Gebr. Borchers, Lauenburg/Elbe.
[120] Eine graphische Aufbereitung der Zusammenfügungen der unterschiedlichen Verfasserabschnitte existiert in der Datei „Seeler_Seeler_(1988)_Inhalt.pdf".

Für die Bramfelder Zeit Boecks finden sich in dem „Bramfeld-Buch" von S. Seeler / I. Seeler die Eckdaten, die teils bereits genannten Stichworte:
1907 wird Bramfeld gegenüber Bergstedt mit eigener Pfarrstelle selbstständig. 14.10.1908 bezieht Boeck das Pastorat in Bramfeld. Wie später in Wellingsbüttel hat Boeck die Anfänge in die Selbstständigkeit sowie auch den dann wenige Jahre später erfolgenden ersten Kirchbau begleitet. Die Weihe der Osterkirche konnte am Sonntag Judica, dem 29.3.1914, stattfinden.[121]
Für die Zeit des kurz danach ausbrechenden ersten Weltkriegs vermerkt Boeck selbst in der „Chronik der Bramfelder Kirchengemeinde" für den Ortsteil Bramfeld:

„Die erste tiefgehende Begeisterung der ersten Kriegszeit brachte die Menschen einander näher. Es gab wirklich nach dem Kaiserwort keine Parteien mehr, sondern nur noch Deutsche. Auch in unserer von sozialen Gegensätzen so zerrissenen Gemeinde war es deutlich zu spüren. Als der Pastor es unternahm, alle Parteien und Organisationen zur Kriegswohlfahrtspflege zusammenzurufen, fand er schnell Gehör und Bereitschaft mitzuwirken, auch bei der Sozialdemokratie, die sich sonst immer möglichst ausschloß."[122]

Im Unterschied zu den Bedürfnisen im Bramfelder Kerngebiet vermerkt Boeck in dieser Kriegssituation:

„In Wellingsbüttel fanden jedoch Kriegsbetstunden statt und die winterlichen Bibelstunden, die schon seit Jahren dort monatlich stattfanden, wurden als Kriegsbetstunden ausgestaltet."[123]

Für die Gesamtgemeinde gibt es jedoch auch gemeinsame Wohltätigkeitsanstrengungen:

„Der Vaterländische Frauenverein und andere Vereine schlossen sich unter dem Vorsitz des Pastors zur Kriegshilfe zusammen, die wöchentlich, später (seit Juni 1917) vierzehntägig im Konfirmandensaal tagten."[124]

Der Frauenverein und Kirche begleiten sowohl die notleidenden Familien als auch die Trauerarbeit bei den Nachrichten über die Gefallenen.

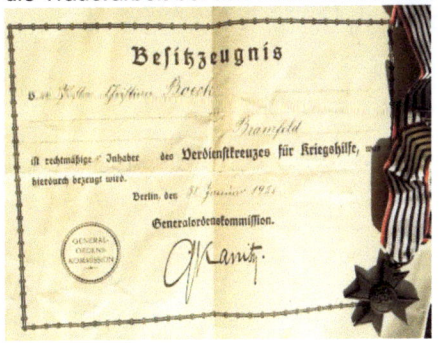

„Für jeden Gefallenen in der Gemeinde, ohne Rücksicht auf seine Zugehörigkeit zur Kirchengemeinde, wurde ein Kranz mit schwarz-weiß-roter Schleife in der Kirche aufgehängt. ... Die Emporenbrüstung wurde im Lauf der Jahre doppelt und dreifach mit Kränzen behängt. Zum Totenfest 1926 wurden die Namen der Gefallenen, nicht ganz 200, in Goldbuchstaben an der Brüstung angebracht."[125]

---

[121] Seeler / Seeler (1988) S. 139. Noch detailliertere Angaben zu den Anfängen bei Boeck (1967) Masch.
[122] Boeck (1967) Masch S. 6 [Chronik der Kirchengemeinde Bramfeld].
[123] Boeck (1967) Masch S. 7 [Chronik der Kirchengemeinde Bramfeld].
[124] Boeck (1967) Masch S. 8f [Chronik der Kirchengemeinde Bramfeld].
[125] Boeck (1967) Masch S. 9 [Chronik der Kirchengemeinde Bramfeld]. Foto eines Ordens für Boeck mit schwarz-weiß-roter Schleife von 1920: WP_20140709_079.

Der Orden von 1920 trägt umseitig die Aufschrift „Für Kriegs-Hilfsdienst". Ob es die Unterstützung von Hilfsbedürftigen oder die Ehrung der Gefallenen ist, für die Boeck diese Auszeichnung erhalten hat, ist der Urkunde leider nicht zu entnehmen.

Eines der Konfirmationsbilder ist von Boeck in dem genannten Bramfeld-Buch abgebildet und zeigt ihn 1921 zusammen mit Konfirmandinnen.[126]

Ein weiteres Bild des 87-Jährigen Boeck von 1962 zusammen mit den Bramfelder Nachfolgern Striebeck und Seeler findet sich ebenfalls in dem genannten Buch.[127]

Die Nachkriegszeit mit dem Ende des Kaiserreiches und dem konflikthaften Übergang in die Weimarer Republik u.a. mit Auseinandersetzungen mit den Soldatenräten muss für Boeck psychisch, aber auch physisch extrem belastend gewesen sein, wie indirekt aus den Chronik-Aufzeichnungen zu schließen ist, wenn Boeck u.a. berichtet,

> „...der Pastor soll abgesetzt werden, wie viele fanden, er solle an der Schule unterrichten, doch ist ein solcher Beschluß dem Pastor nie zugestellt worden, er hätte auch nur mit Gewalt durchgeführt werden können, und Gewalt ist gegen die Ausübung des geistlichen Amtes nie angewandt worden. Erwartet wurde freilich Gewaltanwendung..."[128]

Auf jeden Fall ist für Boeck eine Zeit schwerer Krankheit von 1922-1924 überliefert.[129] Sie wird von Boeck als

> „Folge der schlechten Ernährung und der Kälte ... [beschrieben]. Wenn nicht einige Gemeindeglieder hin und wieder mit Lebensmitteln ausgeholfen hätten, hätten die Angehörigen des Pastors verhungern müssen."[130] – „Die Gegnerschaft gegen die Kirche war in dieser Gemeinde immer so stark, ... sodaß Kirchenbesuch hier immer eine Art von Bekenntnis war."[131]

---

[126] Seeler / Seeler (1988) S. 140.
[127] Seeler / Seeler (1988) S. 142. Hoppe / Rambatz / Zuschlag (2003) S. 132 drucken ein weiteres ähnliches Konfirmations-Bild ab: „Konfirmation in den 1920er Jahren, in der Mitte Pastor Boeck".
[128] Boeck (1967) Masch S.9 [Chronik der Kirchengemeinde Bramfeld].
[129] Boeck (1967) Masch S.10 [Chronik der Kirchengemeinde Bramfeld].
[130] Boeck (1967) Masch S.11 [Chronik der Kirchengemeinde Bramfeld].
[131] Boeck (1967) Masch S.11 [Chronik der Kirchengemeinde Bramfeld].

In dieser Zeit der Krankheit Boecks ereignet sich auch der Kommunistenputsch 1923, für den die oben erwähnte – gut auslaufende – Episode zwischen der Pastorin und bewaffneten Kommunisten beim Pastorat berichtet wird.[132]
In dem Visitationsbericht vom 6.9.1925 ist zwar die Rede davon, dass er „nach seiner schweren Erkrankung fast völlig wieder hergestellt" sei, jedoch ist auch die vorangehende Beschreibung charakteristisch für die Veränderung seiner Situation:

> „Pastor Boeck amtiert seit Oktober 1902 in Bramfeld. Er hat immer wieder versucht das kirchliche Leben zu wecken. Bisher ohne Erfolg. Der Kirchenbesuch ist nach wie vor trostlos (10 – 20 Erwachsene). Der Pastor selbst ist müde geworden, dabei ist er erst 50 Jahre alt... Er sowohl wie seine Frau sind nicht die geeigneten Persönlichkeiten für eine reine Arbeitergemeinde, wie Bramfeld es ist, und würden nach meiner Ueberzeugung an einer anderen Stelle sicher gute kirchliche Arbeit tun. Auch würde es im Interesse der Gemeinde liegen, wenn bald einmal eine andere Kraft hier tätig wäre. Ich bitte daher, falls Pastor Boeck sich fortbewerben sollte, ihm möglichst schon im Interesse der Gemeinde entgegen zu kommen. gez. Thomsen"[133]

Anders als von Boeck gewünscht, ist es – wie er 1933 aus einer verbitterten Rückschau – an das Landeskirchamt schrieb, nicht zu einem Wechsel gekommen:

> „Dann aber hat die Kirchenbehörde es mir dadurch unmöglich gemacht, Bramfeld zu verlassen, daß sie alle meine Bewerbungen unberücksichtigt ließ mit Ausnahme einer einzigen [erfolglosen] ... Als ich anläßlich einer Visitation mit Herrn Generalsuperintendent D. Wallroth die Frage besprach, ob es nicht auch für Bramfeld besser sei, wenn es einmal einen neuen Pastor erhalte, sagte er: ‚Bleiben Sie noch, wir tun Ihnen auch mal wieder einen Gefallen'. Das hat die Kirchenbehörde, wie ich dankbar gestehe, auch mehrfach getan, wenn ich ... auf finanziellem Gebiet an sie herantrat, zu denen Krankheit und die hier herrschenden Teuerungsverhältnisse mich mitunter zwangen."[134]

Auf dem Hintergrund der o.g. gewissen Ermüdung und Frustration über die Kirchenbehörde, die ihm nicht bei einem gewünschten Wechsel geholfen hat, hat Boeck in den 1920-er Jahren, nachdem Inflation und die ersten Wirren überstanden waren, sich den ihm mehr liegenden Tätigkeitsfeldern zugewandt.

---

[132] Siehe dazu oben bei Anm. 93.
[133] LKAK Bestand 1203 Nr. 185 (S. 101).
[134] LKAK Bestand 1203 Nr. 198 (S. 109).

So wird etwa am 8.3.1925 eine im Krieg eingeschmolzene Glocke durch eine neue ersetzt und bei der Wiederweihe der ehemalige Weihspruch „Ehre sei Gott in der Höhe" mit einem etwas abgewandelten Spruch seines Freundes und Studienkollegen (sowie inzwischen ebenfalls als Pastor in Hörnerkirchen amtierenden) Karl C. Fehrs versehen:

„Kriegessturm riß mich vom Turm / Ihr ward zur Wehr für Deutschlands Ehr / in Not und Schanden geringer entstanden, / ruft doch mein Mund wie einst [/nun nicht] all Stund: / Ehre sei Gott in der Höhe!"

Zur Erklärung erläutert Boeck, dass anders als die vorherige Glocke die neue alle Viertelstunde schlüge.[135]

Erwähnenswert und wohl charakteristisch für Boecks damalige Haltung gegenüber dem vergangenem Kaiserreich, Krieg und ‚Deutschlands Ehr' ist sein Einsatz für das Ehrenmal. Die Diskussionen in Bramfeld über einen angemessenen Ort bewegten sich zwischen den verschiedenen weltanschaulichen und politischen Interessenvertretern über Jahre kaum von der Stelle (auf dem kirchlichen Friedhof?, am alten Teich?, im öffentlichen Raum des Dorfkerns?, auf dem Kirchengelände?). Schließlich war es für das Kirchengrundstück vorgesehen, konnte aber wegen Inflation nicht realisiert werden. So dass Boeck damals konstatierte:

„So ist Bramfeld bis jetzt um sein Ehrenmal gekommen. Ein Ersatz ist es, daß in der Kirche die Namen sämtlicher Gefallenen angebracht sind. Wellingsbüttel schuf sich 1931 ein sehr schönes Gefallenendenkmal am dortigen Kuhteich, das am Totensonntag vom Pastor geweiht wurde."[136]

Während Boeck sich mit diesem Hinweis in seinem Einsatz für die Ehrung der Gefallenen als in Wellingsbüttel wohl verstanden darstellt, ist interessant, dass in der von Fiege 1982 zu diesem Ereignis 1931 gegebenen Darstellung die Aktivität des Pastors nicht erwähnt wird.[137] Von einer „Weihe" durch Boeck ist nicht die Rede, sondern es ist nur auf die Komponente der „Einweihung" durch den damaligen Gemeindevorsteher Dwenger verwiesen. Noch anders wurde in dem (von Fiege genutzten) handschriftlichen Heimatbuch von Gustav Matthiessen von 1935 die Feier beschrieben:

„Am Totensonntag 1931 versammelte sich die ganze Gemeinde zu einer ersten Weihestunde, zu der als Trägerin der neuen Gesinnung die Sturmabteilung, S.A., der

---

[135] Boeck (1967) Masch S. 15 [Chronik der Kirchengemeinde Bramfeld]. Zur Bedeutung von Fehrs siehe oben im Abschnitt „3.3.Studium und Vikariat" und unten ab Kapitel „5 Boecks außerberufliche Aktivität".

[136] Boeck (1967) Masch S.15f [Chronik der Kirchengemeinde Bramfeld]. Zum Bericht Boecks über das Bramfelder Ehrenmal und schließlich 1935 die Errichtung am Kleinen See siehe Seeler / Seeler (1988) S. 177f. (Foto S. 177).

[137] Fiege (1982) S. 109f (mit Abbildung 96).

hiesigen nationalsozialistischen deutschen Arbeiterpartei zum ersten Male öffentlich in geschlossener Gruppe antrat."[138]

Das bei Fiege überlieferte Bild zeigt allerdings nur eine Formation, deren Uniformen der Feuerwehr zuzuordnen sind und nicht die typische SA-Kleidung darstellen. Möglicherweise ist aber auch z.T. an eine personelle Übereinstimmung zwischen SA und Freiwilliger Feuerwehr zu denken.[139]

In der Passage zu seinem Ausscheiden in Bramfeld von 1933 ist in Boecks Selbstbericht zu lesen, wie er seine eigene politische Gesinnung und die Situation beim Übergang nach Wellingsbüttel beschrieben hat. Dieser Abschnitt ist deshalb von besonderem Interesse:

"Als am 30. Januar 1933 die Hakenkreuzfahnen hochgingen, erhielt auch Bramfeld ein anderes Gesicht. Auch hier hatten sich nationalsozialistische Kämpfer gefunden. In den Vorbereitungskämpfen hat es auch hier Wunden, wenn auch glücklicherweise keine Toten gegeben. Der Pastor durfte sich in Bramfeld der neuen Bewegung nicht anschließen. Das hätte einen Sturm gegen die Kirche erregt, der gefährlich geworden wäre. Noch als am Totenfest 1932 die Nationalsozialisten zum ersten Mal in ihrer Tracht im Gottesdienst erschienen, hatte das zur Folge, daß ein Vater aus Empörung darüber, daß die braune Tracht in der Kirche geduldet wurde, sein Kind aus dem Konfirmandenunterricht nahm. Im übrigen sei es gesagt, daß trotz der politischen Spannung der vorhergehenden Jahre der Pastor seine Zugehörigkeit zur deutschnationalen Volkspartei nie verleugnet hat, auch keinen Anstoß damit erregte, weil er sich für verpflichtet hielt, innerhalb der Gemeinde sich jeder politischen Tätigkeit zu enthalten. Das Recht freilich, außerhalb durch Schriftstellerei zur politischen Gesundung zu wirken, ließ er sich nicht nehmen."[140]

Hier taucht das einzige Mal innerhalb von Boecks Selbstbericht für die „Chronik der Kirchengemeinde Bramfeld" seine schriftstellerische Tätigkeit und zugleich deren

---

[138] Matthiessen (1935) Masch S. 165.
[139] Wehrführer Tamm war bis 1933 auch Ortsgruppenleiter der NSDAP und Sturmführer der SA; auch ein weiteres Bild, das als Ausriss in der Bibliothek des Alstervereins in einem Ordner ‚Wellingsbüttel' ohne Quellenangabe aufbewahrt ist, zeigt aus etwas anderer Perspektive die Szene – jedoch auch nur mit den Musikanten der Feuerwehr. Bildunterschrift: „Einweihung des Ehrenmals in Wellingsbüttel. Entwurf und Platzgestaltung von Rud. Matzen, Architekt, B.D.A. Phot. Schweig." (Scan031_1960_002_Einweihung des Ehrenmahls).
[140] Boeck (1967) Masch [Chronik der Kirchengemeinde Bramfeld 1907-1967] S. 28. – Dieser Abschnitt wird auch bei Seeler / Seeler (1988) S. 184 zitiert.

Zielrichtung „zur politischen Gesundung zu wirken" auf. Seine zuvor zuletzt vorangehende Publikation von 1929, auf die er möglicherweise indirekt Bezug nimmt, ist in der Zeitschrift „Volk und Rasse" erschienen und schildert Johann Hinrich Fehrs unter der Überschrift „Ein Dichter nordischer Art".[141] Wie Boecks deutsch-nationales Engagement in der Weimarer Zeit im Zusammenhang des sehr komplizierten Geflechts der verschiedenen völkischen Strömungen und zur DNVP sowie zu den Bemühungen um die Niederdeutsche Sprache und Fehrs-Gilde einzuordnen ist, wird unten weiter nachzugehen sein.[142] Deutlich ist aus dem direkt nachfolgenden Abschnitt, dass er 1933 die „Gesundung" wohl als gleichsinnig mit der erwähnten „neuen Bewegung" versteht:

> „Wie mit einem Schlage waren die Gestalten meist Jugendlicher, die das Straßenbild beherrschten, verschwunden. Der Druck gegen die Kirche hörte auf. Neue Möglichkeiten ergaben sich für sie unter den neuen Verhältnissen. Taufen, Konfirmationen, Trauungen wurden nachgeholt, Wiedereintritte vollzogen. Die Kirchenvertretung – weniger der Kirchenvorstand – wurde unter dem Druck der Deutschen Christen teilweise erneuert."[143]

Zur Kirchenwahl im Juli 1933 hatte Boeck mit den NSDAP-Funktionären in Bramfeld und Wellingsbüttel eine entsprechende Einheitsliste abgestimmt, die der Kirchenvorstand Bramfeld am 10.7.1933 beschlossen hat.[144] Wieweit diese kirchenpolitische Neuausrichtung ging, erhellt aus dem folgenden Abschnitt:

> „Im Sommer 1933 faßte der bisherige Pastor, der 31 Jahre in der Gemeinde tätig gewesen war, den Entschluß, sich pensionieren zu lassen. Der Grund dafür war seine Schwerhörigkeit, die ihn besonders beim Konfirmandenunterricht behinderte, und gerade für den Winter 1933/34 stand eine besonders große Zahl von Konfirmanden bevor, weil die zahlreichen Geburten nach dem Kriegsende sich zum ersten Mal auszuwirken begannen. Außerdem erschien ein Pastorenwechsel beim Beginn neuer Möglichkeiten und Entwicklungen besonders günstig. War es für den alten Pastor psychologisch schwer, den Teig, in dem er so lange geknetet, noch einmal umzuformen, so war für den neuen die Bahn zu einer neuen Art der Arbeit frei.
>
> Wie eine Fügung mußte es dem abgehenden Pastor erscheinen, daß die Verhältnisse des gerade in diesem Jahr ungewöhnlich schnell heranwachsenden Bezirks Wellingsbüttel dort eine kirchliche Versorgung forderten und daß das Landeskirchenamt und die Kirchenvertretung in freundlichster Weise zustimmten, als der Pastor sich erbot, die Hilfsgeistlichenstelle in Wellingsbüttel zu übernehmen, zumal ein anderer Hilfsgeistlicher z.Zt. nicht zur Verfügung stand. Konnte er doch nun enden, wie er einst in Kiel und in Bramfeld angefangen hatte: Vorbereitungsdienste tun für den Aufbau einer neuen Kirchengemeinde."[145]

---

[141] Boeck (1929) VuR; siehe bei Anm. 521.

[142] Siehe zur „Differentialdiagnostik" im Blick auf die Vielfalt „völkischer" Ansätze bei Breuer (2010²) S.183ff den Abschnitt „Völkische in der DNVP". Allgemein zu den Entwicklungen innerhalb der DNVP und schließlich 1933 ihr Ende durch die nationale ‚neue Erhebung' siehe auch Behrens (1973) Diss.

[143] Boeck (1967) Masch [Chronik der Kirchengemeinde Bramfeld 1907-1967] S. 29. Zu den kirchenpolitischen Spaltungen des sog. ‚Kirchenkampfes' zwischen ‚Deutschen Christen' (=DC) und ‚Bekennender Kirche' (= BK) siehe unten den Abschnitt 4.4.1 Kirchenpolitischer Kontext.

[144] Siehe dazu bei Gleßmer / Engler (2016) S. 66 bei Anm. 171.

[145] Boeck (1967) Masch S. 29.

Wie weit sein Nachfolger, Siegfried Seeler (geb. 1894, + 12.5.1973), als Pastor in Bramfeld (1.12.1933 bis 1.12.1962) sich dem von Boeck vorgezeichneten Bild des Neuanfangs 1933 einfügen lässt, ist nicht ganz sicher.

Die Quellenlage ist z.Z. wesentlich durch die posthum erfolgte Materialaufbereitung im bereits genannten Bramfeld-Buch von 1988 geprägt, und darin wird von seiner Schwiegertochter nach der Darstellung zur NS-Zeit im Abschnitt „Widerstand" als erste Person Siegfried Seeler benannt.[146] Sein Sohn hat in einer romanhaften Biografie seinen Vater als Glied der Bekennenden Kirche dargestellt.[147] Wie weit diese Sichtweisen zutreffen, wird weiter zu problematisieren sein. Von Siegfried Seeler liegen auf jeden Fall zahlreiche weitere Materialien und Veröffentlichungen vor.[148]

Zurück zum Wechsel Boecks von Bramfeld in den neu abgegrenzten Pfarrbezirk Wellingsbüttel im Jahr 1933. – Denn dieser kommt keineswegs zufällig zustande. Vielmehr hatte Boeck ja mehrfach zuvor gegenüber seinen Visitatoren den Wunsch geäußert, aus Bramfeld in eine andere Pfarrstelle wechseln zu können, was jedoch in den Berichten bis 1925 nicht befürwortet – und danach nicht realisiert wurde. Da Bewerbungen um andere Stellen so nicht von Erfolg gekrönt sein konnten, ist ein Ventil zum Ausgleich gegenüber der Unzufriedenheit im Pfarramt anscheinend seine schriftstellerische Tätigkeit gewesen. Um diese gerade in seine Bramfelder Zeit fallenden wichtigen Stellungnahmen im Zusammenhang der Fehrs-Gilde soll es unten gehen. Diese lassen parallel seine deutlich stärker werdende Pointierung einer sich radikalisierenden politisch-völkischen Sichtweise erkennen.[149] – Für seinen kirchlichen Werdegang hilft schließlich nach einer Absprache im Kirchenamt ein amtsärztliches Gutachten zum vorzeitigen Weg aus der Bramfelder Gemeinde – in den doch politisch deutlich anders gearteten Teil, der dann unter Mithilfe des Kirchenamtes 1933 als eigener Pfarrbezirk eingerichtet wird, worin auch der ab 31. März 1933 neue NSDAP-Ortsvorsteher Emil Salzmann unterstützend tätig wurde.[150]

4.4 Hilfsgeistlicher für den Bezirk Wellingsbüttel 1933-1938

Das Argument der Behinderung in der Konfirmandenarbeit durch Schwerhörigkeit ist für Boeck wohl neben den geschilderten ideologischen Spannungen nur die eine – für die Öffentlichkeit bestimmte – Seite der Motivation für seinen Abschied aus Bramfeld gewesen. Die Schwerhörigkeit hat ihn jedenfalls nicht davon abgehalten, sich nach seiner vorzeitigen Pensionierung mit 58 Jahren unmittelbar anschließend als Hilfsgeistlicher für den Bezirk Wellingsbüttel zur Verfügung zu stellen.

---

[146] In Seeler / Seeler (1988) S. 190f.
[147] Seeler (2002) S. 424ff.435; vgl. bei Anm. 286.
[148] Seeler (1967) Masch [Chronik der Kirchengemeinde Bramfeld 1907-1967] S. 38f. – siehe unten bei Anm. 284.
[149] Siehe unten zu Boeck (1925) „Kritische Selbsthilfe" und den Aufsatz Boeck (1929) VuR in der Zeitschrift ‚Volk und Rasse'.
[150] Zu Salzmann siehe unten bei Anm. 215.

Dort hält er seine Antrittspredigt am 2. Advent, dem 10.12.1933, im Herrenhaus.

Diese Predigt ist als gedruckte Fassung erhalten und in mehrfacher Hinsicht von Interesse.[151] Denn es wird gleich im zweiten Absatz des Textes ein wichtiger Hintergrund für die Entwicklung genannt:

> „Die Zeit war reif. Das sieht man daran, wie alles ineinander griff. Wir danken dem Gemeindevorsteher dieses Ortes, von dem die erste Anregung ausging".

Erst danach folgen in der Erwähnung das Landeskirchenamt, die Bramfelder Gemeinde und der Besitzer des Herrenhauses. Die theologische Wendung „die Zeit ist reif" begegnet in der Predigt mehrfach zur Einleitung weiterer Gedanken. So wird auch die politische Situation explizit benannt:

„Die Zeit ist reif. Eine neue Zeit ist für unser Volk gekommen. Es ist eine Lust zu leben. Wie rauscht es in der Tiefe! Längst verschüttete Quellen brechen auf. Ein Neues wird mit Macht.

Da brauchen wir Gottes Geist. Er muß dieses Neuwerden durchdringen, wenn es zu etwas Bleibendem werden soll. Das weiß auch unser Führer. Wenn er selten davon spricht, mitunter bricht es mit Urgewalt aus seiner Seele. So wenn er ruft: Ich lasse dich nicht, du segnest mich denn! Hätte er sein Werk durchsetzen können, ohne den starken Glauben?"[152]

Entsprechend zu Boecks literarischem Engagement für das ‚Stammesbewusstsein' der Niederdeutschen bringt er auch in der Predigt seine Sicht zum Ausdruck:

„Wie jedes Volk, so ist auch jeder Stamm, wie unser niederdeutscher Stamm, ja jeder Ort etwas Besonderes für sich. Das gilt auch für diesen Ort. Auch er hat sein eigenes Gepräge. Wie verschieden zum Beispiel Bramfeld und Wellingsbüttel. Ich denke nicht an das Äußere, sondern der Geist dieser beiden Orte, die ich so gut kenne, steht mir vor der Seele. Ich werte auch nicht. ... Ob Wellingsbüttel ... seine alte Weise behalten wird? ...Und doch ist es wahrscheinlich. Denn es ist so, als wenn der Geist eines Ortes am Boden selber haftet und immer wieder durchschlägt, mag die Zeit bringen, was sie will, mögen die Geschlechter sich wandeln, kommen und gehen."[153]

Soweit der Auszug aus Boecks Antrittspredigt. – Durch das Archiv der Kirchengemeinde Wellingsbüttel sind wesentliche, weitere Unterlagen aus der Vorgeschichte des zum 1. Dezember 1933 vollständig vollzogenen Wechsels erhalten. Sie zeigen, dass ab Anfang Mai 1933 und dem Dienstantritt des neuen kommisarischen Gemeindevorstehers und Ortsgruppenleiters Emil Salzmann, auf den die

---

[151] Siehe den Wiederabdruck der vollständigen Predigt im Anhang. – Die von König (1989) gedruckte Chronik bietet zwar das Deckblatt jedoch nicht den Text selbst.
[152] Boeck_1933_Antrittspredigt_Archiv_051_FB_002_Chronik_I_1933.pdf S. 3. Zu der Wendung „Es ist eine Lust zu leben" siehe unten Boeck (1905) DeutKult S. 525 bei Anm. 466.
[153] Boeck_1933_Antrittspredigt_Archiv_051_FB_002_Chronik_I_1933.pdf S. 4.

Predigt ohne Namensnennung verweist, gemeinsam mit Boeck die Vorbereitungen für die kirchliche Abtrennung des eigenen Bramfelder Pfarrbezirks Wellingsbüttel sowie damit zugleich der Schaffung einer zusätzlichen Hilfsgeistlichenstelle betrieben wurde. Dabei spielen einerseits die neu beflügelten Bemühungen der politischen Gemeinde und ihr Bemühen um den gesteuerten Aufbau der örtlichen Infrastruktur eine große Rolle, wie er durch die vielen Neuzuzüge notwendig wird. Einerseits ist ein Schulneubau in mehreren Ausbau-Phasen vorgesehen. Andererseits soll dann dem ersten Schul-Bauabschnitt nachfolgend die unentgeltlich geplante Bereitstellung eines Bauplatzes für die Kirche erfolgen. In den für diesen Ortsaufbau gut koordinierten und werbenden Schreiben von Boeck und Salzmann um die Zustimmung der jeweils externen Entscheidungsträger und Mittelgeber nehmen beide Planungen sich gegenseitig stützende Funktion ein.[154]

Das Ergebnis der innerhalb eines Vierteljahres erfolgten, intensiven Bemühungen kann Boeck bereits am 30.8.1933 dem Bischof Mordhorst „gehorsamst" berichten, dass nämlich vom Kirchenvorstand Bramfeld – dessen Vorsitzender Boeck ja noch ist –

> „...es als glückliche Lösung angesehen würde, wenn ich Hilfsgeistlicher in Wellingsbüttel würde. Die Gemeinde würde es auch verstehen und gewiß begrüßen."[155]

Von einer vorzeitigen Pensionierung u.a. wegen Schwerhörigkeit ist in diesen Unterlagen nicht die Rede. Allerdings scheint dem Schreiben auch ein direktes Gespäch Boecks mit der bischöflichen „Ew. Magnificenz" Mordhorst vorangegangen zu sein, bei dem die ‚Quasi-Rochade' vorbesprochen wurde. Immerhin hat dieses Vorgehen Boeck auch – unter Umgehung des Dienstweges – erlaubt, dem „Ew. Hochwürden" Propst Boje in Wandsbek im Nachherein (aber unter gleichem Datum 30.8.1933) eine Kopie seines Schreibens an den Bischof „zur gefälligen Kenntnisnahme" zukommen zu lassen. Darin wurde die (zu erwartende) Zustimmung des Landeskirchenamtes zwar suggeriert, sie war jedoch faktisch noch nicht erfolgt. Mit dem Argument des Zeitdrucks im Blick auf die persönliche Wohnsituation Boecks konnte von ihm eine Sitzung in Bramfeld am 7.9.1933 anberaumt werden, bei der unter Teilnahme des Propstes Boje und des Oberkonsistorialrats Carstensen vom LKA[156] von der kurz zuvor neu gewählten DC-Kirchenvertretung einstimmig der Beschluss gefasst wurde, ...

> „...der Anstellung eines Hilfsgeistlichen in Wellingsbüttel zuzustimmen. Sie erklärte sich mit der Übertragung dieses Amtes auf den zum 1. November aus Bramfeld scheidenden Pastor Boeck einverstanden und bewilligte die sächlichen Kosten in einer bestimmten

---

[154] Dazu liegen zahlreiche entsprechende Schreiben im Archiv_051_FB_002_Chronik_I_1933.pdf vor: Boeck an LKA (30.5.1933); LKA an Synodalausschuss Wandsbek (13.6.1933); Boeck an LKA (13.7.1933); Salzmann an ATAG (18.7.1933); davon Durchschrift in Salzmann an Boeck (18.7.1933); Boeck an Salzmann (26.7.1933) u.a. wegen Kontakt zu Hamburgs Bürgermeister Krogmann; Salzmann an LKA (7.8.1933) und Kopie davon in Salzmann an Boeck (7.8.1933); Boeck an LKA (8.8.1933); Boeck an LKA (9.8.1933); Synodalausschuss Propstei an KV Bramfeld (15.8.1933); Boeck an Synodalausschuss Propstei (16.8.1933).
[155] Archiv_051_FB_002_Chronik_I_1933.pdf zum 30.8.1933.
[156] Zu Carstensen und Entnazifizierung 1945 vgl. Linck (2013ff) Bd. 1 S. 65f (mit Anm.68).

Höhe unter der Voraussetzung, daß das Landeskirchenamt die persönliche Vergütung des Hilfsgeistlichen übernimmt."[157]

Boeck hat diese Verlautbarung tags darauf für die Presse aufbereitet und damit gleichsam Fakten geschaffen bzw. diese jetzt beschleunigt, und damit quasi ‚Revanche' geübt für den früher aus seiner Sicht vom LKA verhinderten Wechsel auf eine andere Stelle. Seine Klage darüber ist in seinem Schreiben „betr. Versetzung in den Ruhestand" vom 31.7.1933 oben teils zitiert.[158] Doch haben sich im LKA die Verhältnisse nach der ‚braunen Synode' vom 15.8.1933 und dem Ermächtigungsgesetz vom „12. September 1933"[159] bis zum Herbst 1933 deutlich geändert, wie das Schreiben des LKA mit Datum vom 27.10.1933 zeigt:

> „An Herrn Gemeindevorsteher Salzmann in Wellingsbüttel bei Hamburg.... und sprechen Ihnen bei dieser Gelegenheit für die Arbeit, die Sie bisher schon im kirchlichen Interesse geleistet haben, unseren Dank aus."[160]

So beginnt ab November 1933 für Boeck und auch für die als eigener Pfarrbezirk durch einen Hilfsgeistlichen betreute Gemeinde tatsächlich eine neue Zeit, wie sie die zitierte Antrittspredigt benennt.[161] Ab diesem Zeitpunkt steht zugleich für die Gemeinde in Wellingsbüttel als eine Informationsquelle das ‚Gemeinde-Blatt' zur Verfügung, auf das König hingewiesen hat – als

> „einen zeitgeschichtlich bedeutsamen Schatz: das fast lückenlos vorliegende Bündel vierseitiger, im DIN-A4-Format aufgemachter Gemeindeblätter aus der Zeit November 1933 ... bis Februar 1941, ... es fehlen lediglich die Ausgaben Januar bis März, Mai und Juni 1934 und Januar 1940".[162]

Die sich wandelnden Überschriften spiegeln zugleich den Wandel der Zuordnung zu Bramfeld wieder: Zuerst 1933 noch „Gemeinde-Blatt Kirchspiel Bramfeld (Bramfeld, Wellingsbüttel, Steilshoop)", dann ab 1934-04 bis 1938-08 überschrieben „Gemeinde-Blatt Wellingsbüttel (Kirchspiel Bramfeld)" und ab 1939-09 „Gemeinde-Blatt Kirchspiel Wellingsbüttel" sowie schließlich ab 1939-03 „Gemeindeblatt der Lutherkirchengemeinde Hamburg-Wellingsbüttel". Diese Dokumente sind möglicherweise auch über die Gemeinde hinaus von Bedeutung, weil die ersten drei der Din-A4-Seiten jeweils auf G. Christiansen (Pastor in Altona)[163] zurückgehen, der allgemeinere Dinge – aus der Sicht der Deutschen Christen und Reichskirche – in diesem Medium publiziert hat, während nur ein Teil auf der letzten der vier Seiten das lokale Gemeindegeschehen in Wellingsbüttel betrifft. Daraus stammen die im Anhang zu findenden Stichworte

---

[157] Archiv_051_FB_002_Chronik_I_1933.pdf in der Formulierung vom Folgetag, 8.9.1933, in einer ‚Pressemitteilung', mit der in der Öffentlichkeit Fakten geschaffen wurden. Der Wortlaut des Beschlusses wurde dagegen erst am 14.9.1933 an das LKA übersandt.
[158] Siehe bei Anm. 134.
[159] Siehe in Reumann (1988) S. 239.
[160] Archiv_051_FB_002_Chronik_I_1933.pdf zum 27.10.1933.
[161] Siehe bei Anm. 151.
[162] König (1989) S. 31; die Sammlung aus dem Archiv steht inzwischen digitalisiert im Archiv auf der Gemeindewebseite und sowie unten in ausgewählten, wichtigen Passagen unten als Abschnitt „10.9 Das Gemeinde-Blatt (1933 – 1941)" im Materialanhang bereit.
[163] siehe u.a. in Reumann (1988) SB S. 60, 66.

oder ganzen Passagen und Zitate. Deren Auswahl notiert besonders diejenigen Elemente, die die Entwicklung der Gemeinde im Blick auf Selbstständigkeit, Kirchbau oder in Stellung zu den Entwicklungen im theologisch-(kirchen-)politischen Kontext betreffen.

4.4.1 Kirchenpolitischer Kontext

Parallel zum politischen Machtwechsel 1933 vollzieht sich auch innerhalb der Kirchen eine teils von außen aufgenötigte und teils von innen aus verschiedenen Motiven mitgetragene grundlegende Veränderung. Ähnlich der politischen Ebene gab es die Bemühung, streng hierarchische Strukturen, das Führer-Prinzip, einzuführen, indem etwa innerhalb der Ebene der Evangelischen Landeskirchen die Einführung bzw. Stärkung des Bischofsamtes sowie auf der Reichsebene durch Installation eines Reichsbischofs klare Weisungen herbeigeführt werden könnten. Aus Sicht des NS-Regimes würde das natürlich die „Gleichschaltung" beträchtlich erleichtern, wie sie bei anderen gesellschaftlichen Organisationen und Vereinen betrieben wurde. – Innerhalb der Evangelischen Kirchen, in denen allerdings die Tradition und das Prinzip der Synoden und entsprechend diskursive Entscheidungsvorgänge etabliert waren, ergab sich eine Konfliktsituation, in der sich die verschiedenen Ausrichtungen teils unversöhnlich im sogenannten „Kirchenkampf" gegenüberstanden.[164] Es konturierten sich u.a. zwei Sichten, die aus der Rückschau plakativ einerseits den Deutschen Christen (DC) und andererseits der Bekennenden Kirche (BK) zugeordnet werden. Allerdings sind Bandbreite und Nuancierungen des kirchenpolitischen Spektrums wesentlich differenzierter, als es die rückschauenden Benennungen leicht vermuten lassen.[165]

4.4.1.1 Auseinandersetzungen in der SH-Landeskirche

In Schleswig-Holstein, wozu Wellingsbüttel kirchlich – auch nach der politischen Eingliederung in Hamburg – gehörte, hat der Machtkampf zwischen den verschiedenen kirchlichen Gruppierungen sowie Einzelpersonen insbesondere die Jahre 1933 – 1935 geprägt.[166]

Bei König kommt der Kirchenkampf in Schleswig-Holstein nicht explizit durch den Chronisten zur Sprache, sondern nur indirekt durch den unkommentierten Abdruck einiger wichtiger Dokumente, die in Auswahl aus den Archivalien widergegeben werden:[167]

- LKA-Schreiben 26.3.1934[168]
- Schreiben des Landesbischofs vom Bußtag 1934.[169]

---

[164] Siehe dazu u.a. die zahlreichen auch regionalgeschichtlich sehr differenzierenden Bände der 1958 begonnenen Reihe „Arbeiten zur Geschichte des Kirchenkampfes" (Vandenhoeck & Ruprecht).
[165] Siehe z.B. Meier (1984²).
[166] Siehe insgesamt Reumann (1988) SB.
[167] Alle Dokumente digitalisiert in: Archiv_052_FB_004_Chronik_II_ab_1933_.pdf
[168] König (1989) S. 34ff mit „Wort des Reichsbischofs an die Pfarrer" Ludwig Müller

- Schreiben des Landesbischofs vom 3.12.1934.[170]
- Landeskirchliche Front „Rechtsgrundlage der ‚Bekenntnissynode'" (ohne Datum wohl vom 7.10.1934).[171]
- Landeskirchliche Front „Mitteilung Nr. 1" vom 3.1.1935.[172]

Der „Osterbrief des Landesbischofs" vom 11.04.1934.[173] findet sich dagegen nicht bei König.[174] – Wichtig ist es, den diesen Dokumenten vorangehenden Stimmungswechsel, der sich im zweiten Halbjahr 1933 auch in der Schleswig-Holsteinischen Kirche vollzogen hat, zu bedenken:

> „Für die Kirchenwahlen am 23. Juli 1933 wurden in der Regel Einheitslisten in den Gemeinden aufgestellt, so daß sich eine Wahlhandlung erübrigte. Die Sitze für die Kirchgemeindevertretungen verteilten sich auf 87 Prozent Deutsche Christen und 13 Prozent Evangelium und Kirche. In die Landessynode kamen bei einer Zahl von 79 gewählten Synodalen 75 Mitglieder der Deutschen Christen hinein..."[175]

Einen Kurzüberblick über den dadurch ausgelösten Veränderungsprozess mag der folgende Textauszug geben:

> „Die ‚braune' Landessynode wurde von der Kirchenbehörde für den 12. September nach Rendsburg berufen. ... Eine Anzahl von Vorlagen nahm man auf Antrag des Sprechers der DC-Fraktion, des Konsistorialrats Nikolaus Christiansen, ohne Aussprache an. ... Eine Synodaldebatte über die kirchliche Lage war nicht zugelassen. ... Baron v. Heintze, der Schöpfer der Verfassung von 1922, befürwortete das Führerprinzip, das den Entwurf charakteristisch prägte. ... Die Synode nahm auch ein Ermächtigungsgesetz an und bildete einen Landeskirchenausschuß, der mit allen Vollmachten ausgerüstet war ... Der Antrag, das Amt der Bischöfe von Schleswig und Holstein aufzuheben und mit der Wahrnehmung der Geschäfte ... Paulsen zu beauftragen, wurde ebenfalls widerspruchslos angenommen. ... Im Landeskirchenausschuß führte zunächst Präsident v. Heintze, später Landesbischof Paulsen den Vorsitz. Die Bischöfe Mordhorst und Völkel wurden mit Wirkung vom 1. Januar 1934 in den Ruhestand versetzt. ... Ein Kirchengesetz vom 5. Oktober 1933 behielt bis auf weiteres dem Landesbischof allein die Besetzung der Pfarrstellen vor. ... Damit war die Handhabe gegeben auch eine Reihe von Pröpsten in ein Pfarramt zu versetzen. ... Diese Propsteien wurden mit Deutschen Christen besetzt."[176]

Dieser Wechsel zu streng hierarchischem Kirchenregiment spiegelt sich in den Archivmaterialien der Kirchengemeinde sehr deutlich, wenn dort in einem Schreiben des LKA v.Heintze am 20.12.1933 mitteilt:

> „Wir haben leider Veranlassung, darauf aufmerksam zu machen, dass selbstverständlich alle Eingaben, Anträge, Gesuche und Beschwerden von Geistlichen und Beamten unserer Landeskirche, ihrer Propsteien, ihrer Gemeinden und Kirchengemeindeverbänden an die Reichskirchenregierung, oder an den Herrn Reichsbischof oder an einen der Herren Mitglieder des Geistlichen Ministeriums nur im Dienstwege, d.h. durch die Hand der

---

[169] König (1989) S. 37ff.
[170] König (1989) S. 40.
[171] König (1989) S. 41-44.
[172] König (1989) S. 45.
[173] Buss (2013) ZSHG S. 19 Anm. 79.
[174] Siehe aber den Abdruck in Bielfeldt (1964) S. 222.
[175] Meier (1984²) S. 360.
[176] Meier (1984²) S. 363ff.

unmittelbar vorgesetzten Dienststelle an uns einzureichen sind. Wir werden in Zukunft jeden Verstoss als Disziplinwidrigkeit ahnden."[177]

Damit ist erkennbar, dass und wie die Hierarchie durchgesetzt werden sollte und wurde. Allerdings stellt sich im Laufe der folgenden Monate heraus, dass sowohl zur Linken als auch zur Rechten die durch die Landessynode abgenickten und vom Landeskirchenausschuss reklamierten neuen Strukturen und Weisungsrechte keineswegs einheitlich und unbestritten hingenommen wurden. So stellt am rechten Rand der radikal antisemitische Bund der Deutschkirche, z.T. als „Irrlehre" gebrandmarkt, vor Probleme der Integration in die neue SH-Landeskirche. Allerdings hat diese Richtung starken Rückhalt bei NS-Größen:

„Wirkungsvolle Unterstützung erhielt er dabei aus höchsten Parteikreisen, vorneweg durch den mächtigen NSDAP-Gauleiter und schleswig-holsteinischen Oberpräsidenten Hinrich Lohse. Im Zusammenspiel mit ihm erwirkte Peperkorn, dass der neuen, auf 19 Mitglieder begrenzten, Landessynode sieben Synodale der deutschkirchlichen Richtung angehörten.[178] Paulsen sah sich nunmehr gezwungen, seine Position zu differenzieren. Zwar weigerte er sich weiterhin, dem Bund das Heimrecht zuzugestehen, da mit diesem die Anerkennung von dessen Lehre verbunden sei, allerdings könne den Mitgliedern des Bundes, ‚soweit sie Glieder unserer Landeskirche sind,... das Heimrecht in der Kirche nicht bestritten werden'."[179]

Wieweit für Boeck eine Beziehung zu dem erwähnten Gauleiter Hinrich Lohse darüber hinausgeht, dass er seine Ansprache von 1922 am Gedenkstein für Johann Hinrich Fehrs in Möhlenbarbeck in die Sammlung „Plattdütsche Reden" aufgenommen hat, wird weiter unten abzuwägen sein.[180]

4.4.1.2 Propstei Stormarn

Die kirchliche Situation in Schleswig-Holstein und der Propstei Stormarn und insbesondere die Gegebenheiten bei den Umbrüchen in der Preußischen und Weimarer Zeit sowie dem nationalsozialistischen Regime sind monographisch von Schreyer 1981 beschrieben worden.[181] Vor allem die Rolle des in Wandsbek am 6. November 1933 eingeführten Propstes Gustav Dührkop wird geschildert.[182]

---

[177] Archiv_052_FB_004_Chronik_II_ab_1933.pdf Seite 1933-12-20_LKA_1.
[178] Reumann (1988) S. 192.
[179] Buss (2013) ZSHG S. 19f mit Quellenangabe in Anm. 83: „Paulsen an die Landesgeistlichen am 13.07.1935. LKAK, 98.40, Nr. 233". Zu Hinrich Lohse siehe auch Buss (2013) ZSHG Anm. 87 im Zusammenhang der deutschkirchlichen Itzehoer Konfirmation.
[180] Siehe dazu unten in Kapitel 4.3 den Abschnitt „1934f mit Albrecht Janssen: Das unbekannte Niederdeutschland" und 1935 „Plattdütsche Reden"
[181] Schreyer (1981) S. 95-111. Dort u.a. auch ein weiterer Hinweis auf die Bautätigkeit in nationalsozialistischer Zeit der Architekten Hopp und Jäger 1938 bei Errichtung der Friedenskirche in Berne.S.123.
[182] Zu den Lebensdaten (*18.6.1988, †6.9.1967) siehe Schreyer (1981) S. 119. – Zusätzlich zu den Ausführungen über Dührkop in Schreyer (1981) finden sich im Stormarnspiegel Nr. 53 (1982) S. 3-8; Nr. 56 (1983) S. 3-6; Nr. 148 (2001) S.32-34; Nr. 155 (2002) S. 3 teils textgleiche und teils weitere Details zur Bearbeitung dieses dunklen Kapitels. Dank gilt W. Wieprecht für seine Unterstützung beim Auffinden und Bereitstellen dieser Materialien.

Zu „Propst Gustav Dührkop, ein Anhänger der radikalen nationalkirchlichen Deutschen Christen"[183] ist mehrfach publiziert worden.[184] Insbesondere wird ausführlicher als bei Schreyer[185] sein Verhalten dargestellt beim Vorgehen 1938 gegen seinen Wandsbeker Amtsbruder Bothmann, der mit einer ‚nicht-arischen' Frau verheiratet war und deshalb erst von Dührkop in Wandsbek aus dem Amt gedrängt wurde, und zudem bei Bothmanns späterer Tätigkeit in der Hamburgischen Landeskirche 1942, als er von Dührkop erneut denunziert wurde. – Jedoch auch bereits vor und zu Beginn der nationalsozialistischen Machtergreifung 1932/1933 spielt der frühere Altonaer Pastor Dührkop als Repräsentant der DC in Schleswig-Holsten eine wichtige Rolle. Am 1. November 1933 wurde er zum Propst für die Propstei Stormarn in Ersetzung von Propst Boje ernannt.[186] Entsprechend dem neuen kirchlichen ‚Führerprinzip' setzte der inzwischen ebenfalls neue Landesbischof Paulsen sowohl Pröpste als auch Pastoren ein, so dass auch für Stellenbesetzungen in den Gemeinden die DC-Ausrichtung gesteuert werden konnte.

In seinem neuen Amt als Propst in Wandsbek ist durch die Hand Dührkops das oben zitierte LKA-Schreiben vom 20. Dezember 1933 auf dem Dienstweg weitergeleitet – wie am 23.12.1933 durch Faksimile auf dem Wellingsbütteler Exemplar bestätigt und von Boeck die Kenntnisnahme handschriftlich gegengezeichnet. – Ähnlich ist das einen Tag später vom LKA herausgehende Schreiben, mit einer Mahnung nicht etwa – wie vorgekommen – von Kanzeln eine Erklärung der ‚Pastoren-Not- und Arbeitsgemeinschaft' zu verlesen, von Dührkop zum Anlass genommen, in einem vervielfältigten Schreiben „Lieber Herr Amtsbruder..." am 24.12.1933 einen ‚Weihnachtsgruß' mit abschließendem deutschem Gruß und Heil Hitler sowie u.a. dieser Warnung vor dem „aufreizende[n] Rundschreiben" weiterzureichen – zusammen mit „28 Thesen, die zur Verteilung in der Gemeinde" gedacht sind.[187]

Mit Datum vom 2. Februar 1934 ergeht eine Aufforderung vom LKA, weil

„sämtlichen Geistlichen unserer Landeskirche Hetzschreiben aus voraussichtlich kommunistischer Quelle mit Poststempel Altona bezw. Hamburg zugegangen" seien:[188] die Herren Geistlichen werden aufgefordert, die handschriftlichen Umschläge „an das Polizeipräsidium in Kiel –Politische Abteilung– umgehend einzusenden ...[und] die

---

[183] Linck (2011) AEA S. 81.
[184] Linck (2007) IHZG.
[185] Zu Alf Schreyer (*1915; †4.8.1993) und seinem Werdegang von der „Lehre in der Hanseatischen Verlagsanstalt als Kaufmännischer Buchhandlungsgehilfe" und später dann dort als Schriftleiter in der Zeit vor 1945 „bis hin zur Leitung der Abteilung ‚Allgemeine Kirchenverwaltung'" in der Propstei Stormarn siehe Wieprecht (2011) CD unter Seite B_96. Zur Hanseatischen Verlagsanstalt in der Nazizeit siehe Lokatis (1992) bzw. die Rezension von Hering (1994) ZVHG S. 263-264 bzw. auch das bei der völkischen Vorläuferin publizierte Büchlein von Boeck (1925).
[186] Meier (1984²) S. 363f mit Anm. 1275 auf S. 601.
[187] Archiv_052_FB_004_Chronik_II_ab_1933.pdf Seite 1933-12-24_Dührkp_1. – Leider sind die 28 Thesen nicht an dieser Stelle im Archiv enthalten.
[188] Archiv_052_FB_004_Chronik_II_ab_1933.pdf Seite 1934-02-02_LKA_1.

verbrecherischen Absichten der Hintermänner nicht gedankenlos durch ein Verbreiten des Inhalts zu fördern."[189]

In den von Dührkop weitergeleiteten Unterlagen findet sich u.a. als Kuriosum auch eine Abschrift eines Schreibens vom 25.5.1934, das das „Kirchenstatistische Amt der Deutschen Evangelischen Kirche" in Berlin „[A]ngesichts der bislang festzustellenden Geburtenabnahme in weiten Kreisen und der damit zusammenhängenden Überalterung des deutschen Volkes..." den Pfarrhäusern zugehen lässt. Darin geht es um die Angaben zum Kinderreichtum der vorbildlichen Pfarrersfamilien.

„... Um diese ... nach vielen Richtungen hin Vorbild gebende Stellung des Pfarrhauses im Volksleben zu betonen ..., tut es Not, die Stellung statistisch zu belegen, die das evangelische Pfarrhaus inmitten der gegenwärtigen Bevölkerungsbewegung einnimmt."[190]

Was wohl das u.W. kinderlose Ehepaar Boeck sich bei einem solchen Schreiben gedacht haben mag, das ihm durch Dührkop auf dem Dienstweg „zum Bericht" weitergeleitet wurde?

Als Propst in Wandsbek hat Dührkop ‚seinen' Pastoren am 17.11.1934 in Bezug auf die Auseinandersetzungen der verschiedenen kirchlichen Gruppierungen des Kirchenkampfes u.a. einen der „Maulkorb-Erlasse", eine „Verordnung des Reichsministers des Inneren" vom 6.11.1934 weitergeleitet:

„Ich untersage daher bis auf weiteres alle Veröffentlichungen in der Tagespresse, Flugblättern und Flugschriften, die sich mit der evangelischen Kirche befassen, ausgenommen amtliche Kundgebungen der Reichskirchenregierung".[191]

Durch die auf landeskirchlicher Ebene gebildete „landeskirchliche Front", die vorgeblich der Befriedung des Kirchenkampfes zwischen den Gruppierungen dienen sollte, wurden mit Schreiben vom 3.1.1935 die Pröpste als Multiplikatoren für einen Prozess beauftragt, der vorsah, „in allen Gemeinden des Landes Evangelisations- und Aufbauwochen nach einem einheitlichen Thema und Plan zu halten".[192] Da jedoch auch die anderen Pröpste – und nicht nur Dührkop – alle der DC-Richtung angehörten, ist damit nur scheinbar eine ideologisch offene Situation geschaffen worden.

4.4.1.3 Lokaler Kontext im Gemeindebezirk Wellingsbüttel

Bereits im Gemeinde-Blatt vom Januar 1935 wird eine 14-tägliche Arbeitsgemeinschaft angekündigt, bei deren Zusammenkünften

---

[189] Ebda.
[190] Archiv_052_FB_004_Chronik_II_ab_1933.pdf Seite 1934-05-25_DEK_1.
[191] Archiv_052_FB_004_Chronik_II_ab_1933.pdf Seite 194-11-17_Dührkop_1. Bereits zu Beginn des Jahres hatte es am 4.1.1934 eine als „Maulkorberlaß" gekannt gewordene Verordnung gegeben, die allerdings eine etwas andere Ausrichtung hatte, nämlich „alle Kritik an der Reichskirchenregierung zu verbieten"; siehe dazu Strohm (2011) S. 40.
[192] Archiv_052_FB_004_Chronik_II_ab_1933_.pdf. Dort auch Listen von bzw. für Veranstaltungen der Propstei.

„... jedesmal ein Kapitel aus der Bibel besprochen wird. Erstrebt soll dabei werden, die Grundlagen unseres persönlichen Glaubens fester zu legen, auch mit den geistigen Strömungen unserer Zeit auseinanderzusetzen."

In den folgenden Gemeinde-Blättern wird regelmäßig auf die Arbeitsgemeinschaft und ihre Ausrichtung auf „Fragen des Glaubens und der Weltanschauung" hingewiesen. Im August 1935 wird nach der Sommerpause erstmalig eine längere Erläuterung zum Ziel der Arbeitsgemeinschaft von Pastor Boeck geliefert:

„Die Kirchliche Arbeitsgemeinschaft wurde auf Veranlassung einiger Gemeindeglieder ins Leben gerufen. Sie sollte ein vorhandenes Bedürfnis befriedigen, eine bestimmte Aufgabe erfüllen. Kurz gesagt, handelte es sich darum, in dem heutigen Weltanschauungskampfe sich auf das Wesentliche unseres Glaubens zu besinnen und sich in ihm zu befestigen. Unsere Zeit hallt wider von Angriffen gegen das Christentum. Da muß jeder Christ wissen, was denn nun der Inhalt seines Glaubens ist und wie er ihn den Angriffen gegenüber vertreten kann.

Das ist um so nötiger, als die Angreifer oft ein Bild vom Christentum entwerfen, das dessen Wesen gar nicht entspricht. Die Gegner setzen eine Art Strohpuppe zusammen, die sie Christentum nennen, und haben es dann leicht, dies ihr eigenes Gebilde zu besiegen. Da ist wirklich nötig festzustellen, was denn eigentlich Christentum ist.

Aber auch wir Christen selber brauchen es, daß wir uns der Grundlagen unseres Glaubens vergewissern. Die Zeit, die hinter uns liegt, die man die liberalistische nennt, die Zeit, in der die Freiheit zur Willkür ausartete, hat so viele Meinungen und Gedanken hervorgebracht, daß auch in den Köpfen der Christen die verschiedensten Vorstellungen von dem, was Christentum ist, herrschen. Auch hier gilt es zu klären, richtig zu stellen, das Wesentliche des Glaubens herauszustellen.

Dazu soll die Arbeitsgemeinschaft dienen. Es soll in ihr wirkliche Arbeit geleistet werden. Sie dient nicht unmittelbar der Andacht, der Erhebung oder wie man das bezeichnen will, was man Erbauung im landläufigen Sinne nennt. Sie will aber im ursprünglichen Sinn erbauen (Eph. 2,19-22), d.h. den einzelnen einfügen in den Bau des Reiches Gottes (Fortsetzung folgt.)"

Das Gemeinde-Blatt vom September 1935 liefert die theologisch argumentierende Fortsetzung und das vom Oktober den stärker den weltanschaulichen Kontext berührenden Schluss:

„Es sind die ersten acht Kapitel des Römerbriefes besprochen worden. Jede Aussprache wurde mit einer Einführung begonnen, die bald dieser, bald jener Teilnehmer übernahm. In einer Sitzung wurde ein Referent (sic) über Rosenbergs Schrift gegen die Dunkelmänner gehalten und dieses besprochen. Auch bei der Besprechung der einzelnen Römerbriefkapitel kamen bald die Fragen der Gegenwart zur Sprache. Es ist nicht möglich, alles aufzuzählen, was im einzelnen erörtert wurde, nur einiges sei erwähnt: Religion und Rasse, Jesus und Rasse, Paulus und Rasse, Erbsünde, Kulturentwicklung, Christentum und Deutschtum usw. Die Frage wurde aufgeworfen, ob Paulus etwas anderes verkündet hat als Jesus. Immer zielten die Gedanken auf den Mittelpunkt: Was ist denn eigentlich das Wesen des Christentums? Indem jeder mit seinen Ansichten zutage kam, gab es anfangs oft ein buntes Bild der Meinungen, aber einzelne klare Grundgedanken wurden doch immer wieder erarbeitet.

Die Frage nach dem Wesen des Christentums wird stets von neuem in unseren Zusammenkünften auftauchen. Unsere Zeit will sich mit dem Christentum erneut auseinandersetzen. Da wird es immer wieder nötig sein, herauszustellen, was der Kern des Christentums ist. Dann gilt es aber auch, die Ansichten der Gegner kennenzulernen und zu ihnen Stellung zu nehmen. Dies wird im kommenden Winter eine der Aufgaben unserer Arbeitsgemeinschaft sein."

Im November-Gemeinde-Blatt wird angekündigt, dass die Thematik erweitert werden soll. Die Arbeitsgemeinschaft:

„... wird sich jetzt in die Verkündigung Jesu vertiefen. Es wird vielfach behauptet, daß Paulus dem Christentum einen neuen Inhalt gegeben hat. Diese Behauptung soll überprüft werden, indem Jesu Verkündigung und die Lehre des Paulus miteinander verglichen werden. Man könnte diese Behauptung mit einer bloßen Handbewegung abtun, aber es ist besser, ihr auf den Grund zu gehen und über alle Fragen, die damit zusammenhängen, sich Klarheit zu verschaffen. Wer Neigung hat, sich mit diesen Dingen zu beschäftigen, ist herzlich eingeladen."

Der kirchen-politische Kontext ist jedoch für den Gemeindebezirk Wellingsbüttel – mit Ausnahme der genannten und einigen wenigen weiteren einschlägigen Passagen im Gemeinde-Blatt[193] – für die Zeit vor dem o.g. „Maulkorberlass" relativ wenig dokumentiert. Externe Quellen, wie etwa Briefwechsel mit eigenen Standortbestimmungen zur kirchlichen und/oder politischen Situation von Gemeindegliedern, sind bisher nicht veröffentlicht worden. Und auch die eigene Position hat Boeck in diesen sehr offen gehaltenen Hinweisen auf die Themen nicht schriftlich für die Gemeinde offengelegt. Nur durch die gedruckten Predigten, die dann auch 1937 zur Einweihung der Kirche und seinem Abschied aus der Gemeinde 1938 vorliegen,[194] ist im kirchlichen Rahmen seine positive Stellungnahme zum Nationalsozialismus dokumentiert. Das greift jedoch zeitlich voraus...

4.4.2 Wohnort in der Wald(ing)straße 39

Der Wechsel Boecks von Bramfeld, wo das Pastorat für seinen Nachfolger Pastor Seeler frei gemacht werden musste, in das Haus in der damaligen Waldstraße 39 (heute Waldingstraße) erscheint als ganz selbstverständlicher Vorgang in den bisherigen Publikationen.

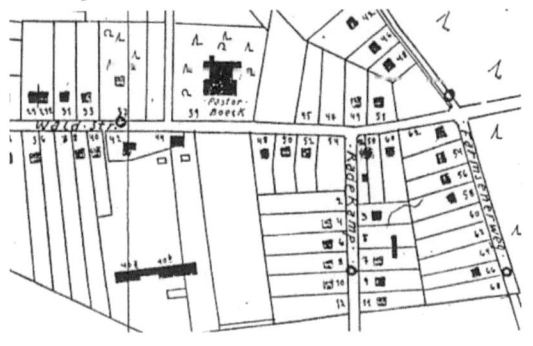

Ausschnitt aus einer Karte (wohl von ca. 1937 / 1938), die in drei A3-Kopien als Vorlage von Dr. Jürgen Kux zur Verfügung gestellt wurde und die u.a. für Waldstraße 39 das Haus von ‚Pastor Boeck' ausweist.[195]

---

[193] Siehe oben zu 1937-04_4, wo für den 16.3.1937 von P. Boeck vermerkt ist:„Vortrag über die kommende Kirchenwahl und die kirchliche Lage...".
[194] Siehe dazu jeweils unten sowie im Anhang.
[195] Von einer Version dieser Karte ist auch ein Ausschnitt (mit abgeschnittener Legende) bei Rackowitz / Baudissin (1993) S. 108 abgebildet.

Der spätere Ortschronist Fiege berichtet 1982 in der „Geschichte Wellingbüttels" an zwei Stellen – zuerst unter dem Aspekt der drei größeren Gewerbebetriebe am Ort:

106 Haus des Pastors Christian Boeck an der Waldingstraße

Fiege (1982) S. 119 Bild 106 zeigt das Haus des Pastors Christian Boeck an der Waldingstraße (in einer Abbildung aus der früheren Zeit vor 1933 des Vorbesitzers M. Westendarp).

„Der als ‚Stockmeyer' bekannte Hamburger Großindustrielle Heinrich Adolf Meyer hatte in der Rönnheidstraße 44 – 60 in Barmbek eine Elfenbeinfabrik gegründet. Sein Nachfolger, der Kommerzienrat Max Westendarp, eröffnete 1911 in Wellingsbüttel ein Zweigwerk und baute dort auch an der Waldingstraße eine Villa. Das Werk lag am Elfenbeinweg. Darin wurden Klaviertasten, Billardkugeln und Halsketten hergestellt. Es bestand in geringem Umfang noch nach dem letzten Kriege, wurde dann zu Wohnungen umgebaut und schließlich abgerissen. Kürzlich wurde das Gelände mit Einfamilienhäusern bebaut. Die Westendarpsche Villa erwarb Pastor Boeck; auch sie besteht nicht mehr."[196]

An der zweiten Stelle bei Fiege geht es dann um den Wechsel von Boeck nach Wellingsbüttel:

„Nach dem Ausscheiden aus dem Amt hielt er als ‚Hilfsgeistlicher' regelmäßig Gottesdienst im Saal des Herrenhauses. Seinen Wohnsitz nahm er in dem Landhaus an der Waldingstraße, das der Besitzer des Elfenbeinwerkes, Max Westendarp, 1910 erbauen ließ."[197]

Das Archiv der Kirchengemeinde Wellingsbüttel verfügt über einige weitere Bilder des Gebäudes aus der Zeit des Vorbesitzers Max Westendarp. Sie zeigen u.a. die charakteristische und in die Augen fallende Verzierung der Straßen-Pforte mit zwei Hunden, von denen der eine schwarz und der andere weiß glasiert war:

---

[196] Fiege (1982) S. 87. – Heinrich Adolf Meyer ist der älteste der Söhne von Heinrich Christian Meyer sen. (1797-1848; genannt Stockmeyer). Heinrich Ad. schied aus der Firma seines Vaters aus und eröffnete 1864 eine eigene Fabrik, nahm 1873 „seinen Schwager Heinrich Westendarp in die Geschäftsleitung auf[genommen] und übergab ihm 1899 den Betrieb" Rednak (1994) NDB S. 294f. Zum Kontext der Elfenbeinfabrik und der Genealogie der Familie Westendarp siehe Gleßmer (2016) JAV.

[197] Fiege (1982) S. 119. – Details zum älteren Elfenbeinwerk in der ehemaligen Rönnhaidstraße (jetzt Adolph-Schönfelder-Straße) in Hamburg-Barmbek siehe „Hamburg und seine Bauten" Bd. I S. 705f.: „Das Elfenbeinlager hat einen Wert von 3-4 Millionen Mark". Für den Hinweis und weitere Informationen zur Familie Meyer-Westendarp danke ich Herrn Jürgen Ellermeyer.

Diese Pforte und ihr doch relativ ungewöhnlicher ‚Blickfang' ist insofern von Interesse, als er in den Jahren Boecks deutlich verändert wurde, wobei jedoch die beiden Hunde erhalten blieben.
Warum die Veränderung möglicherweise ein bemerkenswerter Vorgang ist, soll unten weiter erklärt werden.[198]

In der „Chronik der Kirchengemeinde Wellingsbüttel" zitiert Ernst König aus Boecks „Wort zum Abschied" vom Bramfelder Gemeindebezirk aus dem „Gemeinde-Blatt" von November 1933:

„Das Landeskirchenamt hat Herrn Pastor Seeler in Lauenburg zum Pastor der Gemeinde Bramfeld ernannt. Bis er sein Amt antritt (3. Dezember, 1. Advent 1933), werde ich von Wellingsbüttel aus, wohin ich Anfang November ziehe (Waldstraße 39), die ganze Kirchengemeinde bedienen. Vorher fange ich auch mit den Gottesdiensten in Wellingsbüttel nicht an. Für sie hat das H.F. Kirsten-Testament einen Raum im dortigen Herrenhaus zur Verfügung gestellt..."[199]

Von dem Gebäude, das auch viele Jahre als „Gemeindehaus" und als Postadresse für viele Schriftstücke der Fehrs-Gilde fungierte, existiert auch in der Festschrift von 1975 ein weiteres Foto von dem Haus, in dem manche Besucher Boeck kennengelernt haben:[200]

---

[198] Zum Bild siehe im Archiv_386_FB_007_Chronik_in_Bildern S. 8.
[199] König (1989) S. 31; vgl. Archiv_330_FB_178_Gemeinde_Blatt_1933f.pdf S. 1933-11_4. Das Bild von der Straßenseite bei König (1989), Bildtafel XXX (Waldingstraße 39).
[200] Goltz (1975) FS S. 20.

Das Haus ist (relativ lange) nach Boecks und seiner Frau Ellas Tod 1964 bzw. 1965 im Jahr 1975 abgerissen worden und das Grundstück von der Kirchengemeinde Wellingsbüttel, die das Anwesen von Boeck erworben hatte, dann aufgeteilt und „durch die Eintragung von Erbbaurechten zugunsten Privater"[201] nutzbar gemacht worden.

In der Gegenwart (2016) ist nur noch einer der Torpfosten erhalten und von der Straße aus bei Hausnr. 39a mit dem oberen Teil aus einem Wall in der Hecke ragend zu sehen. Die drei unterschiedlichen Phasen zeigen die folgenden Abbildungen:

Vor 1933 Nach 1933 Foto 2013

Das Nebeneinander zeigt, dass es in der Zeit nach 1933 der obere Teil der Torpfosten erneuert wurde, wobei zwar der Hund wiederum auf dem Pfosten plaziert, jedoch in dem obereb Mauerteil eine neue Aufmauerung durchgeführt

---

[201] König (1989) S. 203.

wurde. Die dabei eingefügte markante Dekoration des Pfostens mit einer gemauerten Raute, wie sie am deutlichsten in dem modernen Farbfoto zu sehen ist, regt zwar wegen einer gewissen Ähnlichkeit zum Hakenkreuz zu Vermutungen an. Diese lassen sich jedoch bisher nicht durch Analogien erhärten.
Immerhin ist durch die Beschriftungen der Archiv-Fotos erkennbar, dass bei den Überlieferern ein Bewusstsein dafür bestand, dass es eine markante Veränderung gegeben hat. So wird bei einer Abbildung, die wie oben in der winterlichen Aufnahme an dem Torpfosten das Rauten-Dekor zeigt, in einer Beischrift, die vom Chronisten Ernst König stammt, der folgende Verweis notiert:

„wie nebenstehend, doch zu Zeiten Pastor Boecks (ab November 1933) s. neue Pforte".

Ähnlich ist in einer Liste zu einer früheren Zusammenstellung der Bild- und Ton-Medien aufgelistet:

„Vier Aufnahmen im Postkartenformat: die (neue) Pforte mit den Hunden im Winter".[202]

Von wann die Veränderung und Abbildungen der ‚neuen Pforte' genau stammen, ist jedoch nicht ersichtlich, sondern nur, dass es eine Aufmauerung im oberen Teil der Torpfosten gegeben hat und dass die ‚neue Pforte' als mit der Zeit der Wohnungsnahme Boecks ab November 1933 in Verbindung stehend gesehen wurde.[203]

Diese wohl deutliche Markierung eines Neuanfangs mit einem Dekor, das mit seiner Gestaltung durchaus (auf dem Hintergrund der politischen Entwicklung Boecks) zu Fantasien Anlass geben kann, stellt zugleich auch vor weitere Fragen:

a) Wieso konnte Boeck 1933ff den doch vermutlich kostbaren Besitz von Westendarp „erwerben" und dann schließlich 1957 die Kirchengemeinde diesen „übernehmen"[204] und weiter nutzen?

b) Was hat sich als Alternative für Westendarp als Wohnort ergeben?

Für die Frage b) lässt sich aus dem Adress- und Personenverzeichnis von Wellingsbüttel eine Antwort finden. Denn dort ist Westendarp ab 1934 mit der Adresse Waldstraße 40 verzeichnet, also ein Wohnort, der auf der anderen Straßenseite liegt und die postalische Adresse der unter dem Namen Heinr. Ad. Meyer firmierenden Elfenbeinbleiche verwendet wird. Auch deren Telefonnummer ist ab 1935 für Max Westendarp angegeben.

---

[202] Ebenfalls in einem Briefcouvert im Archiv_386_FB_007_Chronik_in_Bildern.pdf
[203] Für die Rekonstruktion ist noch ein Hinweis in der Liste des Bildarchivs über die Herkunft der älteren Fotos ggf. wichtig: „Einige der Bilder stammen von der (zweiten) Frau von Geh[e]imrat Westendarp, damals Hamburg-Nienstedten, Jürgensallee 46, jetzt nicht mehr im Hamburger Telefonbuch". – Nach Ausweis einer „Handzeichnung nach den Katasterkarten" des Vermessungsbüros Hansen vom 19.6.1934 war Kommerzienrat Heinrich Max Westendarp noch als Eigentümer „von einem Teile der in der Grundsteuermutterrolle des Gemeindebezirks Wellingsbüttel auf Artikel Nr. 376 im Grundbuche Band 5 Blatt 129 als Eigentum von Westendarp, Heinrich Max, Kommerzienrat eingetragenen Grundstücken" der amtliche Stand. Die Grundstücksgröße für das Flurstück 3679/116 wird in der Zeichnung mit 6394 qm angegeben. – In Archiv_028_FB_388_Auszüge_aus_Grundbuch.pdf zwei Grundbucheintraungen vermerkt: 8.4.1934 und 15.10.1935.
[204] so die Formulierung bei König (1989) S. 203.

Für die Situation der von Fiege als ‚Elfenbeinfabrik' bezeichneten gewerblichen Einrichtung hat sich der Kontext in diesen Jahren beträchtlich geändert, wie ich separat andernorts beschrieben habe.[205] Die von Fiege erst für die Nachkriegszeit vermerkte Veränderung in der Nutzung des Areals ist nur z.T. richtig.[206] Vermutlich hat er sich wie in zahlreichen anderen Fällen auf Berichte von örtlichen Informanden gestützt, die ihre Sicht über den ehemaligen Besitz des ‚Hamburger Großindustriellen' geäußert haben.[207] Der Sachverhalt scheint eher auf eine ‚Verdrängung' von Westendarp wegen eines angenommenen ‚nicht-arischen' Familien-Hintergrundes zu beruhen. 1932 wurden Vermutungen geäußert, dass die Firma des „Hamburger Großindustrielle[n] Heinrich Adolf Meyer"[208] auf jüdischen Wurzeln basiere. Allerdings ist eine solche Diskussion bisher nicht in den Dokumenten über Wellingsbüttel überliefert.

Wie für (Heinrich) Max Westendarp (*1870) sich möglicherweise die Sachverhalte antijüdischer Agitation in der Zeit 1932/1933 dargestellt haben, ob ggf. beim Boykott-Aufruf am 1. April 1933 die Fabrik in der Rönnhaidstraße 60[209] oder das Zweigwerk von Heinr. Ad. Meyer in der Waldstraße 40 Gegenstand öffentlicher antijüdischer Beachtung waren, ist mangels Quellen bisher nicht erkennbar. Dass Nationalsozialisten bei und nach der Machtübernahme 1933 bereits Listen mit Personen führten, die als jüdisch bekannt oder vemutet waren,[210] – und mit kirch-

---

[205] Gleßmer (2016) JAV.

[206] Im Mitteilungsblatt „Unsere Gemeinde" findet sich eine Seite mit einem „Verzeichnis der Handels- und Gewerbetreibenden sowie der freien Berufe" [Nr. 5 Januar (1935) S. 4]. Dort findet sich keinerlei Eintrag für die Elfenbeinfabrik. Unter der Adresse Waldstraße 40 findet sich der Betrieb des Landschaftsgärtners Joh. Kock.

[207] Hinweis auf indirekte Kenntnis der Sachverhalte um die Elfenbeinwaren-Fabrikation zeigen auch seine Fehlschreibung der ‚Rönnhaidstraße' als ‚Rönnheidstraße' sowie die Fehlidentifikation des ehemaligen Besitzers Heinrich Adolf Meyer: er sei der „als ‚Stockmeyer' bekannte Hamburger Großindustrielle" gewesen (S. 87 – siehe dazu oben Anm. 196).

[208] So die Formulierung bei Fiege (1982) S. 87.

[209] Zum Stichwort Elfenbein(fabrik) siehe. Heinr. Ad. Meyer Hamburg. Gewerbe- und Industrie-Ausstellung. Hamburg 1889. Mit 8 Tafeln und einigen Textabbildungen. Hamburg 1889. https://archive.org/details/elfenbeingewerb00hambgoog sowie auch oben Anm. 211.

[210] Mindestens vier Bände einer als „Semi-Kürschner" bekannten Zusammenstellung von Tausenden von Namen jüdischer Personen existiert in der 1929 zuletzt aktualisierten Fortschreibung eines antisemitischen Werkes, das bereits auf mehrere Jahrzehnte sammelnder Aktivitäten zurückblicken kann. Wie Kürschners Gelehrtenlexikon ist zuerst 1913 von Ph. Stauff dieses Machwerk in erster Auflage begonnen, das dann unter dem Titel „sigilla veri" fortgeführt wurde. Dass mit dem Anspruch „Siegelabdrücke der Wahrheit" zu bieten, tatsächlich diffamierende und denunzierende Sachverhalte zusammengetragen wurden, geht aus dem Untertitel hervor: „Lexikon der Juden, =Genossen und =Gegner aller Zeiten und Zonen, insbesondere Deutschlands, der Lehren, Gebräuche, Kunstgriffe und Statistiken der Juden sowie ihrer Gaunersprache, Trugnamen, Geheimbünde, usw." – „Unter Mitwirkung gelehrter Männer und Frauen aller in Betracht kommenden Länder im Auftrage der ‚Weltliga gegen die Lüge' in Verbindung mit der ‚Alliance chrétienne arienne' Herausgegeben von E. Ekkehard". Für 1931/2 war eine Neuauflage vorgesehen, die die Bände bis zum Buchstaben Z vervollständigen sowie zusätzliche Aktualisierungen enthalten sollte, um die die Leser auch in vielfältigen Zusendungen gebeten werden. Diesen wird Anonymität bei ihren Denunziationen zugesichert (Bd. 1 S. 60).

licher „Amtshilfe" dieses System der Ausgrenzung weiterentwickelt haben, wird in den letzten Jahren immer deutlicher.[211]
Da Boeck am 13.9.1933 noch die Idee geäußert hatte, dass er eventuell im Herrenhaus eine Wohnung beziehen könnte, so muss sich in der kurzen Spanne bis November eine neue Perspektive ergeben haben.[212]

Das Protokollbuch der Gemeindevertretungs-Sitzungen notiert für den nicht-öffentlichen Teil am 19.9.1933: „Eine längere Aussprache entspinnt sich über den Fall »Steuerrückstand Westendarp«".[213]

4.4.3 Kooperation mit der politischen Gemeinde

Die gute Kooperation zwischen den Akteuren der kirchlichen und der politischen Seite wird sehr deutlich im Zusammenhang erst der Abgrenzung und später Verselbstständigung des ehemals Bramfelder kirchlichen Gemeindebezirks und der Beschaffung eines Grundstücks für den Kirchbau. König[214] findet dafür sehr positive Worte:

> „Mit welcher unermüdlichen und immer freundlichen Beharrlichkeit, mit welchem Geschick – begünstigt durch manches, wohl auch unerwartete Entgegenkommen – die Initiatoren, voran Pastor Boeck, in einfühlsamer Weise unterstützt vom damaligen Vorsteher der politischen Gemeinde Wellingsbüttel, Salzmann, die vordringliche Aufgabe, einen

---

[211] siehe dazu Gailus (2008) SB. Gegen die Vermutung von jüdischem Kapital hinter der ‚New-York Hamburger Gummi-Waaren Compagnie Aktiengesellschaft' (NYH) in Barmbek, die indirekt mit den Firmen der Brüder H.C. Meyer jr. und Heinr. Ad. Meyer zusammenhing (siehe dazu im Einzelnen die Darstellung bei Ellermeyer (1997) SB im Katalog des Museum der Arbeit) musste sich die NYH in nationalsozialistischer Zeit erwehren; vgl. ebda S. 105f. Herrn Ellermeyer sei auch für ein ausführliches Gespräch zur Familiengeschichte Meyer-Westendarp hinter den Firmengeschichten gedankt sowie den Hinweis oben in Anm. 197
[212] Der Perspektivwechsel könnte sich aus dem Zusammenspiel mit dem Ortsgruppenleiter Salzmann ergeben haben. Dieser hatte ebenfalls in Wellingsbüttel ‚Wohnung genommen', wobei die Umstände zum Auszug des Rechtsanwaltes John B. Levy aus dem Haus Hamburgerstraße 128 bisher noch nicht genügend geklärt sind (siehe dazu bei Anm. 220).
[213] StAHH 423-318 A1 Band VI S. 85. Am 16.5.1935 wird auf S. 126 notiert, es hätten „die Instandsetzungsarbeiten des neuen Verwaltungsgebäudes ... insgesamt RM 3849,84 gekostet. Dieser Betrag soll dadurch aufgebracht werden, daß die Resthypotheken ... der Gemeinde auf den verschiedenen Grundstücken Waldstr. Radekamp etc. an die Sparkasse des Kreises Stormarn abgestoßen werden."
[214] König (1989) S. 40.

geeigneten Kirchplatz zu finden und verfügbar zu machen, lösten – die umfangreichen Akten geben in beredter Weise Zeugnis".

Allerdings ist in ‚beredter Weise Zeugnis' den Unterlagen nur dann für diese besondere Kooperation zu entnehmen, wenn zusätzlich geschildert wird, wie eng und auf einander abgestimmt sich offenbar das Zusammenspiel sowohl von Boeck mit dem NSDAP-Ortsgruppenleiter Emil Salzmann als auch mit seinem Nachfolger ab März 1934 Emil Kaiser darstellt.[215] Zu beiden Personen sind nicht sehr viele Biografische Details veröffentlicht, so dass die bisher verfügbaren Informationen über diese Kooperationspartner Boecks exkursartig zusammengestellt werden sollen:

Emil Salzmann scheint vor 1933 nicht öffentlich in Wellingsbüttel aktiv gewesen zu sein. Das Hamburger Adressverzeichnis gibt 1931 und 1932 als Wohnort Martinistraße 3 und als Beruf „Telegr. Ob.-Bauf." an. Ab 1933 erscheint Salzmann dann im Wellingsbüttel-Adressbuchteil unter Hamburgerstr. 128 (heute Wellingsbütteler Weg) – zuerst als „Tel.-O.-Bauf.", 1934 als „Gemeindevorsteher", und dann ab 1935-1938 als „Telegr.-Insp."; erstmalig nach dem Krieg wieder ab 1956f an derselben Adresse als „Beamt a.D.".

Im „Nachrichtenblatt der Gemeindeverwaltung Wellingsbüttel" (verantwortlich Emil Kaiser) vom 27.7.1935 wird Salzmann innerhalb des Rechenschaftsberichts rückblickend auf die Wahl zur Gemeindevertretung vom 12. März 1933 als einer der drei gewählten NSDAP-Vertreter erwähnt:

1. Sturmführer Emil Tamm, Buchtstraße

2. Arbeiter Christian Sühring, Lübeckerstraße

3. Telegraphenoberbauführer Emil Salzmann, Hamburgerstraße

Der NSDAP-Vertreter Salzmann wurde dann nach der Gleichschaltung auch für die Ortsgemeinde zu einem wichtigen Träger der Hitler-Bewegung, wie von Fiege aus den Unterlagen der politischen Gemeinde zitiert wird:

---

[215] Der genaue Zeitpunkt des Wechsels von Salzmann war bisher nicht ganz klar. [Im Monatsblatt „Unsere Gemeinde" Nr. 7 vom Juli 1935 S. 2 findet sich im Rückblick auf das Rechnungsjahr 1934 der 15. März 1934 als Antrittsdatum des Nachfolgers]. Die Briefwechsel von Boeck mit Salzmann, sprechen diesen zuletzt im 23. Februar 1934 als „Herrn Gemeindevorsteher" in einem Dankschreiben an, das sich auf die am Vortag niedergeschriebenen Bedingungen der Zusammenarbeit zwischen Kirchen- und politischer Gemeinde zurückbezieht. Salzmann schrieb u.a., dass er Boeck weiterhin als Ansprechpartner direkt angesprochen wissen will, „weil nur Ihnen die Entstehung der Kirchengeschichte in Wellingsbüttel bekannt ist und Sie große Kenntnis von Land und Leuten hier haben." – Boeck dankt und formuliert zum Abschluss: „Ich darf nochmals die Gelegenheit ergreifen, Ihnen für die großzügige Arbeit zu danken, die Sie für den Aufbau des kirchlichen Lebens und für die Gründung der künftigen Kirchengemeinde in Wellingsbüttel geleistet haben. Ihr Name wird untrennbar mit der Gründung der Kirchengemeinde verbunden bleiben." (Archiv_051_FB_002_Chronik_I_1934f.pdf). Allerdings erfährt Salzmann in Königs „Chronik der Kirchengemeinde..." nicht diese Wertschätzung: so ist er nicht in den Listen unter den Kirchenvorstehern bei König (1989) S. 373f vermerkt. Anders dagegen in der Festschrift von 1987 S. 45 (KG_Wellingsbüttel_1987_50_Jahre.pdf), vgl. auch Archiv_330_FB_178_-Gemeinde_Blatt_1940f.pdf Seite 1937-04_4. Zu Kaiser und seiner ebenfalls sehr hohen Wertschätzung durch Boeck siehe den Nachruf im Gemeinde-Blatt vom Juni/Juli 1940 Archiv_330_FB_178_Gemeinde_Blatt_1940f.pdf Seite 1940f_06f_4 sowie Biehl (1940) JAV.

„Am 31. März 1933 dankte der Ortsgruppenleiter Salzmann für seine Wahl zum Gemeindevorsteher und brachte ein dreifaches Sieg-Heil auf den Reichskanzler und Reichspräsidenten aus."[216]

Warum Salzmann nur eine kurze Zeit diese Funktion des Gemeindevorstehers wahrnehmen wollte, ist nicht klar. Fiege notiert:

„... Salzmann war Postbeamter und wurde von der Reichspostdirektion mit Gehalt beurlaubt. Als er im August 1933 von dem Amt zurücktrat, beschloß die Gemeindevertretung, ihn zu behalten, und bot der Reichspostdirektion an, ihr das Gehalt Salzmanns zurückzuerstatten. Aber Salzmann hatte sich von vornherein nur für eine kurze Amtszeit zur Verfügung gestellt und blieb bei seinem Beschluß."[217]

Allerdings ist Salzmann faktisch bis Ende Februar 1934 im Amt geblieben, wie auch von Boeck in seinem Dankschreiben vom 23.2.1934 vorausgesetzt wird.[218] – Fieges Information basieren aber möglicherweise auf einem Schreiben Boecks, das im Kontext der Entnazifizierung von Salzmann dessen NSDAP-Rolle heruntergespielt und (trotz besseren Wissens) auch nur die kurze Amtszeit nennt.[219]

Möglicherweise ist für Salzmann eine Veränderung und Aufstieg zum Inspektor in seiner beruflichen Situation von größerem Interesse gewesen. – In diesem Zusammenhang ist bisher ebenfalls noch unklar, ob und wie der Bau des neuen Hauses für das Telegraphenamt Hamburgerstraße 101 (also fast gegenüber zu Salzmanns Wohnort Nr. 128) unter seiner Mitwirkung vonstatten gegangen ist.

Der Ausschnitt aus ‚Frauens Spezialkarte' von 1932/3 zeigt das Gebäude noch nicht.

Auch für das Haus, in dem Salzmann selbst seit 1933 wohnt, bestehen noch Unklarheiten über die Umstände, unter denen es dort zur Wohnungsnahme gekommen ist. Für 1932 war für Hamburgerstraße 128 im Adressbuch noch verzeichnet: „Levy, J. B., Dr.". – Es handelt sich um den Rechtsanwalt Dr. John Behrend Levy (*30.11.1876; †17.6.1941), für dessen Kanzleiräume für 1932 im Hamburger Adressbuch „Kaiser-Wilhelm-Straße 20/26" angegeben wird. In den Folgejahren wechseln die Angaben über Feldstraße 60, Grindelhof 40, Grindelberg 29, Schlüterstraße 5 in einer für entrechtete jüdische Personen sehr typischen Weise.

Rackowitz / Baudissin geben unter den ehemaligen jüdischen Bürgern Wellingsbüttels für Levy an: er

---

[216] Fiege (1982) S. 115f mit Zitat aus StAHH A1 Bd. 6 S. 34.
[217] Fiege (1982) S. 116. – Was Fiege zur Angabe des Rücktrittsdatums gebracht har, ist quellenmäßig nicht belegt. – Dieses frühe Datum wurde auch in den Entnazifizierungsunterlagen (u.a. von Boeck) bezeugt, widerspricht jedoch dem schriftlich dokumentierten Datum des Wechsels zum Ortsvorsteher Emil Kaiser am 15.3.1934 (siehe oben Anm. 215).
[218] Siehe bei Anm. 215.
[219] Dazu weitere Details bei Bräuninger (2016) eDiss S. 208 mit Anm. 791ff. Sie hat mich freundlicherweise auf diese entsprechenden Dokumente hingewiesen.

"lebte mit seiner Familie nur kurz, etwa 1932 bis 1935, in Wellingsbüttel ... 1935 zog er in das Grindelviertel ...als letzte Adresse [wird] Marcus-Nordheim-Stift, ein jüdisches Altersheim, in der Schlachterstraße ... angegeben, wo er am 17.6.1941 starb."[220]

In der gedruckten „Chronik der Kirchengemeinde Wellingsbüttel 1938 – 1988" begegnet Salzmanns Name nur relativ selten: Zum einen im Zusammenhang mit dem Schreiben vom 18. Juli 1933 an die ATAG, das in Kopie wiedergegeben wird[221] und durch das dokumentiert ist, dass vor dem Wechsel Boecks als Hilfsgeistlicher nach Wellingsbüttel die Bemühungen um die Einrichtung eines eigenen Pfarrbezirks und einer künftig selbstständigen Gemeinde gemeinsam vorangetrieben wurden. Dieses wohl koordinierte Zusammenspiel ist noch deutlicher, wenn man den Briefwechsel im Archiv studiert, wo die zeitliche Nähe von Schreiben an staatliche und kirchliche Stellen, die von beiden Seiten in gleicher Intention herausgegangen sind, sowie Kenntnisgabe von Durchschriften auch direkten Kontakt und einen „kurzen Draht" der Kommunikation voraussetzen.

Zum anderen wird für Salzmann – nach seiner Zeit als Ortsvorsteher – wenn auch nur stichwortartig dessen Ansprache bei der Richtfeier des Kirchengebäudes am 7.8.1937 erwähnt[222] und vor allem dann seine Berufung durch das Landeskirchenamt, das ihm bereits 1933 für seine Bemühungen um die Kirchengemeinde gedankt hatte,[223] ins dreiköpfige Bevollmächtigten-Gremium (mit C.H. Bischoff und F. Peemöller[224]). Dieses Gremium fungierte nach dem Selbstständigwerden der Kirchengemeinde 1.7.1938 als vorgezogener „Ersatz" für den noch zu wählenden Kirchenvorstand. Es wurde – rechtzeitig vor der Pastorenwahl – zum 1.9.1938 als Beschluss-Instanz eingesetzt.[225]

In den zuletzt genannten Fällen war Salzmann als Privatmann – aber mit einer bekannten politischen Ausrichtung – jeweils tätig. Dieser Sachverhalt und eine engere innere Beziehung zur Gemeinde kommt auch gelegentlich im Gemeinde-Blatt zum Ausdruck, wenn dort aus der Gemeinde berichtet wurde:

1937_03_4: „...Die Herren Salzmann und Südekum haben die Kasse der Evangelischen Frauenhilfe geprüft und für richtig befunden."[226] – Auch die Protokolle des Bauausschusses zeigen seine kontinuierliche Mitwirkung für den Kirchenbau.

Der Phase des gemeindlichen Engagements ist aber auch ein Kirchenaustritt gefolgt, wie er in der Regel von höheren Funktionsträgern vom NS-Regime verlangt wurde.[227]

Damit kann der speziell die Person Emil Salzmann betreffende Exkurs zum Abschluss kommen. Allerdings betrifft er in mehrfacher Hinsicht auch Boeck, weshalb er ja auch eingeschoben ist. Der Sachverhalt der NS-Gesinnung

---

[220] Rackowitz / Baudissin (1993) S. 117f; weitere Details u.a. über Ehe, Kinder und Austritt aus der jüdischen Gemeinde 1924 sowie neue Zuordnung durch das Statistische Landesamt 1933 als „israelitisch" siehe ebda.; zur Löschung aus der Liste der Rechtsanwälte 1.4.1937 siehe Morisse (2013²) S. 152; Dank für den Literaturhinweis auf Morisses Werk und Recherchehilfen gilt Frau Beate Meyer!
[221] König (1989) 49ff.
[222] König (1989) S. 55.
[223] Siehe oben das Zitat aus einem Dankesschreiben bei Fußnote 160.
[224] Zu Peemöller siehe bei Fiege (1982) S. 116 mit Anm. 360.
[225] König (1989) S. 90ff.
[226] siehe auch zur Richtfeier 1937-09_4: „Am 7. August fand die Richtfeier der Kirche in den Formen des alten Handwerksbrauches statt... Ansprachen (Pastor Seeler, Bischoff, Salzmann, der Unterzeichnete [Boeck])" und 1938-10_4 zur Ernennung des Bevollmächtigtenausschusses aus Peemöller, Salzmann, Bischoff und deren Stellungnahme gegenüber LKA bzw. dessen Präsidenten.
[227] Gailus (2008) SB.

Salzmanns und Kirchenaustritt spielt in der gemeindlichen Diskussion auch nach dem Zusammenbruch des NS-Regimes und Kriegsende 1945 noch weiter eine Rolle und wird unten nochmals zur Sprache kommen. Die Schilderung von Boecks enger Beziehung zu Emil Salzmann ist zudem auch für das dunkle Kapitel, das sich um seine Wohnungnahme im Haus in der Wald(ing)straße 39 in Wellingsbüttel rankt, ein wichtiges Element für seine Biografie und für seine Gemeinde, in der das Haus von 1933-1937 teils als ‚Pastorat' und teils als ‚Gemeindehaus' bezeichnet wurde.

Nur sehr kurz kann und soll der Exkurs zu Salzmanns Nachfolger als Ortsvorsteher **Emil Kaiser** ausfallen, der ab März 1934 amtierte (später Gemeindeschulze genannt und noch später mit der Deutschen Gemeindeordung vom 30.1.1935 ‚Bürgermeister').

Emil Kaiser war vor seiner Wellingsbütteler Tätigkeit zuvor etwa ein Jahr lang in Bramfeld in entsprechender Funktion als Vertretung des NSDAP- und SS-Mitglieds Dr. Caesar angestellt:

„Auf der Sitzung der Gemeindevertretung vom 8.5.1933 stellte Dr. Caesar den 29jährigen Emil Kaiser vor als neuen kommissarischen Leiter der Amts- und Gemeindeverwaltung, die inzwischen zusammengelegt worden waren. Emil Kaiser stammte aus Bad Oldesloe, wo er eine Ausbildung in der Verwaltung durchlaufen hatte. Als Polizeiobersekretär war er wegen ‚schwerster Verletzung der Dienstpflicht' nur knapp seiner Entlassung aus dem Staatsdienst entgangen und mit einer Geldbuße von 9 RM davongekommen. Er hatte seinen NSDAP-Kameraden mehrfach die Termine von politischen Haussuchungen im voraus verraten und ihnen ebenfalls mitgeteilt, welche Personen und Organisationen in der Gemeinde Waffen besaßen. Auf ‚eigenen Wunsch' war Emil Kaiser in die Wohfahrtsabteilung versetzt worden.

Emil Kaiser blieb ... nur ein Jahr lang in Bramfeld. Dann übernahm er die Ortsdienstelle Alstertal. Im Mai 1940 fiel er als Soldat in Belgien."[228]

Der Übergang von E. Salzmann zu E. Kaiser verlief im Verhältnis zu Boeck bruchlos. Vermutlich kannte Boeck aus dem halben Jahr seiner Bramfelder Zeit, die sich mit der dortigen Tätigkeit Kaisers zwischen Mai und November 1933 überlappte, diesen bereits. In dieser Zeit, am 11. (oder 19.?) August 1933, findet „der sogenannte Propagandamarsch, den die NSDAP mit ihren politischen Gegnern ... durch die Straßen Bramfelds veranstaltete",[229] statt. 20-30 SPD- und KPD-Mitglieder wurden von 100-200 Uniformierten NSDAP-Angehörigen gedemütigt und gezwungen, NSDAP-Flugblätter zu verteilen sowie deren Lieder zu singen und den deutschen Gruß zu verwenden.

„Der Zug bewegte sich vom ‚Bramfelder Hof' (Gaststätte Klempau gegenüber der Osterkirche) ... zurück zum Gasthof Klempau. Hier hielt der Ortsgruppenleiter der NSDAP, Emil Kaiser, eine Ansprache, in der er sagte, daß die Zwangsteilnehmer >heute

---

[228] Seeler / Seeler (1988) S. 187. Vgl. Fiege (1982) S. 117 („Sein Nachfolger wurde Senatsrat Schallehn") sowie ‚Nachruf' im Juni 1940 im kirchlichen Gemeinde-Blatt (Archiv_330_FB_178_Gemeinde_Blatt_1940f.pdf Seite_1940-06_4). – Emil Kaiser ist möglicherweise auf einem Bild von 1935 bei einem Fest der Strenge-Schule zu sehen (siehe Fiege (1982) S. 122 Darstellung 111 bei Anm. 234.

[229] Seeler / Seeler (1988) S. 188. Hier und S. 189 wird der 19.8.1933 als Datum angegeben. Nach den Prozess-Unterlagen von 1948 scheint es sich um den Samstag, 11.8.1933, gehandelt zu haben, siehe zuletzt im Faltblatt Stolpersteine_f_Bramfeld.pdf S. 7f.

noch mit einem blauen Auge davongekommen seien, daß man sie aber auch hätte totschlagen können.< Nachdem der Befehl zum Wegtreten gegeben war, wurde wieder geschlagen. Der ganze Vorgang dauerte 2-3 Stunden."[230]

Ob Boeck spätestens vom Pastorat neben der Kirche aus diesen Vorgang direkt mitbekommen hat oder nicht, ist aus den bisherigen Unterlagen nicht bekannt. Jedenfalls ist ihm dieser Vorgang von 1933 nicht wichtig, um ihn in der Kirchenchronik zu erwähnen ...

Bürgermeister Emil Kaiser, Wellingsbüttel.

Die Tätigkeit Kaisers in Wellingsbüttel[231] war u.a. darauf gerichtet, hier das Ortsamt nicht nur für den Stadtteil im engeren Sinn unter seine Kontrolle zu bringen, sondern mit der Bezeichnung Ortsamt Alstertal ihn auch mit Poppenbüttel, Sasel und Hummelsbüttel zusammenzuführen.
Ein Artikel in den Norddeutschen Nachrichten vom 4.4.1937 zeigt in der Beilage „Norddeutsche Illustrierte" S. 4 eine bebilderte „Kleine Topografie des Hamburger Alstertals" mit u.a. seinem Bild sowie mit dem Wellingsbütteler Rathaus (Rabenhorst 11) als „Verwaltungsmittelpunkt unserer drei Gemeinden".

Zu solchen Zentralisierungsbestrebungen für Wellingsbüttel hatte sich auch vor ihm Emil Salzmann bereits u.a. gegenüber dem LKA geäußert.
Von Kaiser konnte die Einweihung des ersten Bauabschnitts des Schulneubaus der heutigen „Schule Strenge" 1934 vollzogen werden. Unter dem Namen des damals noch lebenden Führers des Nationalsozialistischen Lehrerbundes, Hans-Schemm, wurde am 1. Advent 1934 die Schule – unter anderem in Anwesenheit Boecks und mit Verweis auf die ersten Schritte zum Neubau durch seinen Amtsvorgänger Salzmann – von Kaiser eingeweiht.[232] Der zusammenfassende Bericht im offiziellen Nachrichten-Blatt der Gemeindeverwaltung „Unsere Gemeinde ... Nr. 3-15. Dezember (Julmond) 1934 – Für den gesamten Inhalt verantwortlich Gemeindeschulze Emil Kaiser" gibt die wesentlichen Inhalte der Weiherede des Kreisschulrats Boysen über Schemm wieder. Sie gipfeln in der Werte-Reihe „Rasse, Wehr, Persönlichkeit, Gott".[233]

---

[230] Seeler / Seeler (1988) S. 188f.
[231] Das Blatt „Unsere Gemeinde" von Nr. 7 vom Juli 1935 S. 2 gibt an, dass „durch Erlaß vom 18. Oktober 1933 ... die Einrichtung einer hauptamtlich besoldeten Gemeindevorsteherstelle in Wellingsbüttel verfügt" wurde und für den früheren Amtssitz Poppenbüttel (mit Hummelsbüttel) „mit Schluß des Rechnungsjahres 1934 der Sitz des Amtsbezirks nach Wellingsbüttel verlegt" wurde.
[232] Siehe Schmidt (2010) Bd. 1,242; Bd. 2, 834.
[233] Z.T. abgedruckt in der 50-Jahres-Festschrift S. 11 der später in „Schule Strenge" umbenannten Schule; siehe Schule Strenge (1984)

Auf dem Foto bei Fiege (1982) S. 122 vom Schulfest 1935 ist Kaiser vermutlich in der ersten Reihe der Personengruppe hinter Lehrer Hinrichsen ganz links in SA-Uniform zu sehen. (Die Vermutung wurde von Frau I. Schmidt am 16.4.2014 bestätigt.)[234]

111 Schulfest am 1. Mai 1935 mit Lehrer Hinrichsen

Im Verwaltungs- und Haushaltsbericht 1935 verweist Kaiser auf das Engagement Boecks: „Pastor Boeck stellt eine Sammlung alter Urkunden von Wellingsbüttel für die Gemeinde zusammen."[235]

Wie die Abbildung der entsprechenden Passage zeigt, wird direkt im Anschluss über Kulturaktivitäten berichtet, die auch zu den Interessenschwerpunkten Boecks gehören:[236]

```
Das vom Lehrer i.R. Mathiessen im Jahre 1934 aufgestellte
Heimatbuch fand die beste Beurteilung seitens der Gaudienst-
stelle der N.S.Kulturgemeinde. Nachdem Mathiessen hierfür im
Laufe des Jahres 1935 noch wertvolle Photographien aus Vergan-
genheit und Gegenwart unseres Ortes gesammelt hat, wird es
demnächst in Druck gegeben werden können. An der Orts Kriegs-
chronik wird gearbeitet. Pastor Boeck stellt eine Sammlung
alter Urkunden von Wellingsbüttel für die Gemeinde zusammen.
Der Beirat für Schul- und Kulturwesen ist im verflossenen
Winterhalbjahr dazu übergegangen, Kulturabende in Form der
Veranstaltungen der Niederdeutschen Bühne u.a. zu gestalten.
Wir haben aber auch dem Erleben unserer Zeit Ausdruck gegeben,
indem wir durch Straßenbenennungen der Saarabstimmung und der
Memelwahl gedachten, und durch die gleiche Ehrung von Johann
Hinrich Fehrs und Herzog Widukind unserer Verbundenheit mit
dem kämpferischen Niedersachsentum Ausdruck gaben.
```

erwähnt werden ausdrücklich Veranstaltungen der Niederdeutschen Bühne sowie über die neuen Straßenbenennungen, die „dem Erleben unserer Zeit Ausdruck gegeben ... [haben] ... und durch die gleiche Ehrung von Johann Hinrich Fehrs ... unserer Verbundenheit mit dem kämpferischen Niedersachsentum Ausdruck gaben."

---

[234] Abbildung aus Fiege (1982) S. 122 Darstellung 111.
[235] Zu Boecks Vorbereitungen einer Geschichte Wellingsbüttels siehe auch Stormarn (1938) S. 657.

Eine Liste der alten und weiterer neuer Straßennamen, die z.T. ähnlichen Absichten der NS-Zeit entsprechen, Veränderungen nach dem Groß-Hamburg-Gesetz sowie nach dem Ende der NS-Zeit, findet sich bei Fiege.[237]

Das in der Abbildung erwähnte Heimatbuch von Gustav Matthiessen,[238] das „die beste Beurteilung seitens der Gaudienststelle durch die N.S.Kulturgemeinde ... [fand und] ... demnächst in Druck gegeben werden können" sollte, ist jedoch dann nicht gedruckt erschienen. Es lag zwar als eine von Fiege häufig zitierte Quelle bis 1982 diesem Autor für sein Wellingsbüttel-Buch vor, war jedoch nur handschriftlich in einem einzigen Exemplar in der Bibliothek des Alstervereins verfügbar.[239] – Dieses zwischenzeitlich dann verschwundene und 2013 wieder aufgetauchte (und digitalisierte) Heimatbuch ist auch für die Biografie Boeck insofern von besonderem Interesse, als sich ein gewisser Wettbewerb mit Matthiessen zeigt, der möglicherweise auch der Grund dafür ist, dass dieses Buch nie den Druck erlebt hat.

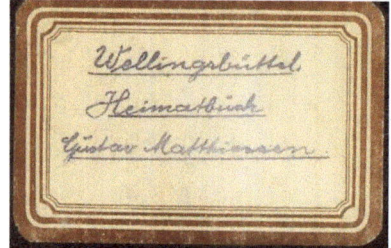

Es ist von dem im Ruhestand befindlichen Lehrer Gustav Matthiessen „im Auftrag der Gemeinde verfaßt", wie es auf dem inneren Titelblatt heißt, und sicher nicht zufällig mit Datum 20. April 1935 derart bereit gestellt worden, dass „Nachträge und Berichtigungen ... jederzeit von der Gemeindeverwaltung entgegengenommen und verwertet" werden können.[240]

In einem Artikel, der im monatlichen und offiziellen Mitteilungsblatt „Unsere Gemeinde" im Januar 1935 unter dem Titel „Wellingsbüttel. Woher die Wellen?"

---

[236] Scan033_Verwaltungs_u_Haush_bericht_1935_003.
[237] Die Abbildung in Wellingsbüttel_1935f_Unsere_Gemeinde.pdf. Zur Liste der Straßennamen siehe Fiege (1982) 117f. Freundlicherweise hat auch Herr Klaus-Peter Plett, Wellingsbüttel, umfangreiche Listen u.a. mit Straßennamen zur Verfügung gestellt, die u.a. das Datum der Umbenennungen mit beinhalten.
[238] Aus diesem Manuskript Matthiessen (1935) Masch wurde oben bei Anm. 138 bereits die Passage von 1931 zum Ehrenmal für die Gefallenen zitiert.
[239] Siehe zu diesem zwischenzeitlich vermissten handschriftlichen Heimatbuch bei Gleßmer / Gleßmer (2010) JAV S. S. 157 sowie 190 mit Anm. 32. In einem Schreiben, des früheren Vorsitzenden des Alstervereins, Dr. Ernst Reusch, vom 10.7.1983 wird im Zusammenhang einer juristischen Auseinandersetzung der anfängliche Verbleib so beschrieben: „Der Weg, den das strittige Manuskript gegangen war, ist uns genau bekannt und belegt. In Kiel gelangte es in die Hände eines Historikers, der die Arbeit mit abqualifizierenden Glossen versah und dem Autor zurückschickte. Gustav Matthiessen trug sich mit der Absicht, das Manuskript zu vernichten, übereignete es dann jedoch seinem Kollegen Adolf Griem, damals Vorstandsmitglied im Alsterverein... dessen Ehefrau ... dem späteren Mitglied unserer Schriftleitung, Dr. Walter Rehders. Vor mehreren Jahren besuchte ich letzteren in Kellinghusen, erhielt das Manuskript ausgehändigt, das somit in das Archiv kam..." Von dort konnten der um Herausgabe bemühte Angehörige das Manuskript „... gegen Vorlage dieses Schreibens persönlich ausgehändigt bekommen.".
[240] Matthiessen (1935) Masch S. 5.

abgedruckt wurde,[241] sind bereits einige Elemente der geologischen Mutmaßungen aus diesem Manuskript vorab veröffentlicht. – Zusätzliche Berichtigungen sind tatsächlich diesem Exemplar in mehreren Notizen auf den freigelassenen geraden Seiten des Manuskriptes beigefügt worden, die nicht von der Hand des Verfassers selbst stammen. So regt sich vor allem bei der Etymologie des Namens Wellingsbüttel ein deutlicher Widerspruch, der den ganzen Anfangsteil betrifft – und dessen These ja bereits durch den genannten Artikel der interessierten Gemeinde-Öffentlichkeit bekannt war. Der Verfasser bemüht sich, die neuen Erkenntnisse der Geologie und Formung der Landschaft durch die eiszeitlichen Vorgänge so zu beschreiben, dass gleichsam die verschiedenen Eiszeiten sich in zurückbleibenden Geschiebe-Wellen niedergeschlagen hätten. Nicht nur das Erscheinungsbild der Erdoberfläche Wellingsbüttels verdanke sich diesen Vorgängen, sondern auch der erste Namensbestandteil.

Auf Seite 8 des Manuskriptes finden sich jetzt von drei verschiedenen Schreibern Notizen, davon die letzte vom Verfasser als Entgegnung zu den voranstehenden Einwänden gegenüber seiner Etymologie. Die erste, kurze Eintragung stammt möglicherweise von der Hand Gustav Schwantes: „Wellingsbüttel = Waldingsbüttel. Über die büttel-Orte jetzt xx Falkers in der Zeitschr. f. schlesw.-holst. Geschichte Band 62 (1934). – Die büttel-Dörfer nicht sächsische Gründungen"

Der nächst folgende Einspruch ist wohl von der Handschrift her Boeck zuzuordnen. Er hatte sich 1936 in einem Artikel der Norddeutschen Nachrichten „Die Bedeutung des Namens Wellingsbüttel" ausdrücklich mit der wohl abwegigen Etymologie auseinandergesetzt. So passt die Zuschreibung der Randnotiz zu Boeck auch inhaltlich. Er hat sich geradezu lustig gemacht:

> „In Hummelsbüttel könnte man gar den altbekannten Schlachtruf der Hamburger wiederfinden wollen, … So hat Wellingsbüttel auch nichts mit Wellen zu tun, weder mit denen der Alster noch mit den Geländewellen, auf denen seine Feldmark ruht".[242]

Zurück zu Kaiser und zur Kooperation mit der politischen Gemeinde, in der das Dreiecksverhältnis Kaiser – Matthiessen – Boeck auch an einer anderen Stelle wichtig geworden ist, nämlich in Bezug auf das Gemeindewappen. Im „Gemeinde-Blatt" lässt Kaiser als öffentliche Würdigung verlauten, dass der Ort durch

> „die Mitarbeit des Lehrers i.R. Matthiessen zu einem eigenen Gemeindewappen kommen [konnte], das unterm 7. Januar 1935 … vom Preuß. und Reichsminister des Innern verliehen wurde."[243]

Auch die Bemühung um das Heimatbuch wird namentlich genannt, während „[d]aneben … die Aufstellung einer Orts- und Kriegschronik" nicht explizit namentlich zugeordnet wird (wie im maschinenschriftlichen, internen Bericht oben).

---

[241] Unsere Gemeinde, 1935, Nr. 5, S. 2-3.
[242] Boeck_1935ff_NorddNachrichten.pdf.
[243] Die Gemeinde Nr. 7 (1935) S. 2.

> Durch die Mitarbeit des Lehrers i. R. Matthiessen konnten wir auch zu einem eigenen Gemeindewappen kommen, das unterm 7. Januar 1935 der Gemeinde vom Preuß. und Reichsminister des Innern verliehen wurde. Der Lehrer i. R. Matthiessen hat weiter in mühseliger Arbeit in diesem Jahre ein Heimatbuch für die Gemeinde Wellingsbüttel aufgestellt, welches zur Zeit noch der Regierung zur Begutachtung vorliegt. Daneben wurde die Aufstellung einer Orts- und Kriegschronik in Angriff genommen.

Im Unterschied zu dieser Darstellung durch den Ortsgruppenleiter hat Fiege den Wappen-Entwurf ausdrücklich Boeck zugeordnet – ohne überhaupt Matthiessen zu nennen: demnach sei erst vom

> „Reichsminister des Inneren 1937 der Gemeinde das Recht, ein Wappen zu führen [erteilt worden]. ... Unter Beratung durch Pastor Christian Boeck entschied man sich für ein Wappen, das in mehrfacher Hinsicht die Geschichte des Ortes widerspiegelt."[244]

Die Quelle für die andere Jahreszahl und Zuordnung ist leider bei Fiege nicht vermerkt.

4.4.4 Bau der Lutherkirche

Für den im Aufbau befindlichen Ort gehen die Bemühungen um einen künftigen Bauplatz für ein Kirchengebäude-wie bereits geschildert-auf den Sommer 1933 und Vorarbeiten zurück, die gemeinsam vom damaligen Ortsgruppenleiter und Gemeindevorsteher Emil Salzmann und Pastor Boeck im Zusammenhang der Einrichtung des eigenen Gemeindebezirks im Kirchspiel Bramfeld betrieben wurden. – Aus der Rückschau konnte Boeck 1960 den Sachverhalt, wie es zum Grundstück für den Kirchbau gekommen ist, wie folgt im Heft „Heimat-Woche Wellingsbüttel 1960" beschreiben:

> 1937 wurde die Kirche gebaut auf einem Grundstück, das die nationalsozialistische Gemeindevertretung der Kirche zum Geschenk gemacht hatte. —

Dieses ist allerdings nur eine ‚Kurzfassung' für einen etwas langwierigeren Vorgang, der von 1933 bis 1935 dauerte, bis die den Grund besitzenden früheren Eigentümern dem Wunsch nachgekommen waren, das Land als Schenkung zu überlassen...
Denn faktisch waren die ersten von Salzmann 1933 initiierten Bemühungen ein Jahr später beim Übergang seiner Funktion auf Emil Kaiser noch nicht zum Abschluss gekommen. Das Luftbild von 1934 zeigt noch weitgehend freies Feld am künftigen Bauplatz (an der in der Mitte des Bildes gelegenen Straße Up de Worth):

---

[244] Fiege (1982) S. 118.

Ausschnitt aus der Luftaufnahme des StAHH: Bergstedt 8b-34 (09.07.1934).jpg

Zu rekonstruieren, wie sich die weitere Entwicklung bis zum Bau der Lutherkirche vollzogen hat, stehen uns mehrere zeitgenössische Quellen zur Verfügung: vor allem das kirchliche Gemeindeblatt und die Protokolle des Bauausschusses. König zitiert aus dem Gemeindeblatt April 1936 zur Kirchbauausschreibung u.a. wie folgt:

> „...die Zeit des Experimentierens, die vor 1933 Blüten trieb, ist vorbei. Auch Anschluß an einen der alten kirchlichen Stile (romanisch, gotisch usw.) ist nicht das Gegebene. Wir wünschen eine Kirche, die ohne Künstelei aus dem Geist Christi Raum [] gestaltet und zugleich schlichter Ausdruck unseres Zeitempfindens ist, aus dem wir fühlen, daß Gott unserem Volke neue Aufgaben gestellt hat."[245]

Diese Passage, deren Anfang später häufig zitiert wurde, stammt aus der April-Ausgabe 1936 des Gemeinde-Blattes und resümiert bereits den Konsens, der im Bauausschuss über die Anforderungen für die Ausschreibung zum Kirchbau gefunden wurde. In den Protokoll-Büchern zu den Treffen und Tätigkeiten des Bau-

---

[245] König (1989) S. 52] – König schlägt im Zitat eine Konjektur bei der Wendung „Raum gestaltet" vor: „ soll statt >Raum< wohl >heraus< heißen". Ob diese eher erbauliche Veränderung dem Original gerecht wird, erscheint jedoch als zweifelhaft, wenn man im Text des folgenden Jahres die vielfältigen Zusammensetzungen mit dem Wort Raum betrachtet, die König (1989) S. 53f im Zusammenhang mit dem direkt anschaubaren Kirchenmodell zitiert:
„... klare Gestaltung des Grundrisses und damit aller Bauteile: Chorraum, Schiff und Vorraum... ohne Künstelei etwas von niederdeutschem Bauwesen ... Ständer des niedersächsischen Bauernhauses... So kommt beides in diesem Bau zur Wirkung, der christliche Gedanke, dem er dienen soll, und das Heimatgefühl, das in ihm seinen Ausdruck findet."

ausschusses der Kirchengemeinde ist jedoch wesentlich ausführlicher dokumentiert, wie die Meinungsbildung sich vollzogen hat.[246]
Die Gemeinde konnte sich anhand des Kirchenmodells, das um den Jahreswechsel 1936 / 1937 im Herrenhaus ausgestellt wurde, ein erstes Bild (s.u.) von dem geplanten Kirchbau machen. Auch für diejenigen, die das Modell nicht direkt vor Ort ansehen konnten, wurde ausführlich von Pastor S. Seeler in einem Artikel der Norddeutschen Nachrichten am 22.1.1937 berichtet. Dort geht es vor allem um das Baugelände, das der Gemeinde geschenkt worden sei, sowie dessen vermutete ältere Vorgeschichte:

„Dieser Kirchplatz ist nicht nur schön, sondern auch geschichtlich interessant, denn auf ihm liegt ein großes mit alten Bäumen bestandenes Hünengrab, das unter Naturschutz steht. Über dies *Hünengrab* auf dem Knasterberg (Flurbezeichnung) gehen nun im Volksmund allerlei Erzählungen und Ueberlieferungen um. Viele alte Wellingsbütteler nennen diesen Hügel den *Russenhügel* ...alte dort stehende Bäume gehen auch über die Zeit der Freiheitskämpfe (1813) zurück. Der Hügel ist älter ... Es ist ohne Frage ein Hünengrab oder gar ein Opferaltar ... Vorgeschichtliche Funde sind bisher nicht in dem Hügel gemacht worden ... Aber in der Nähe des Knasterberges auf dem Kritenberg wurden vorgeschichtliche Funde aufgedeckt. Vor einigen Monaten wurde der Hünenhügel von Professor Rothmann-Kiel untersucht. Von ihm wurde festgestellt, daß der Hügel nicht aus gewachsenem Boden besteht, sondern ein alter aufgegrabener Grabhügel ist. ... So ist auch das Hünengrab auf dem Knasterberg dem Straßenbau zum Opfer gefallen. Wir aber wollen dieses vorgeschichtliche Denkmal sorgsam hüten und pflegen. Neben diesem Naturdenkmal soll nun die neue Kirche für Wellingsbüttel erbaut werden. Die Kirche wird so gelegt werden, daß der Blick auf den alten baumbestandenen Hünenhügel ... frei bleibt.

Bei der Beschaffung des Bauplanes der zu erbauenden Kirche hat uns der Gedanke geleitet, daß Wellingsbüttel eine bodenständige Heimatkirche haben muß und nicht eine moderne Stadtkirche. Die Menschen, die die Großstadt verließen, suchten dörfliche Ruhe ... Zu dieser innersten Einstellung ... gehört dann auch wohl eine Bauart ihres Gotteshauses, wie sie nun für die neue Kirche in Wellingsbüttel beschlossen ist."[247]

Der Bericht von P. Seeler ist u.a. deshalb so ausführlich zitiert worden, weil dieser Bericht auch eine der Textquellen bildet, die von H. Fiege in seiner „Wellingsbütteler Geschichte" zugrunde gelegt worden sind.[248] Diese wird jedoch nicht explizit nach der Quelle in den NS-nahen Norddeutschen Nachrichten zitiert, sondern von ihm nach selektiver Sichtung von Material ‚alter Wellingsbütteler' (aber ohne die Abbildung des ursprünglichen Kirchenmodells) wiedergegeben.
Das in der Originalquelle enthaltene Bild vom Modell zeigt den Gebäude-Entwurf von der Nordost-Seite, wobei zwar nicht sehr deutlich, aber erkennbar das Modell in den Gefachen unterhalb der sechs Emporen-Fenster jeweils ein besonderes Mauer-Dekor enthält:

---

[246] Archiv_031_FB_030_Bauausschuss_I.pdf und Archiv_033_FB_031_Bauausschuss_II.pdf.
[247] Seeler (1937) NorddNachr.
[248] Vgl. bei Fiege (1982) S. 119 das Zitat, das dem oben zitierten letzten Absatz (mit der Differenz ‚denn' statt ‚dann') und die bei seiner Anm. 368 angegebene Quelle „(Siegfried Seeler, 1936 (Sammlung Else Siefke, Mappe Kirche)".

Die neue Kirche für Wellingsbüttel

Foto: Frege.

Die ‚Platzhalter' im Foto vom ausgestellten Kirchenmodell unterscheiden sich z.T. von denen in zwei späteren Bauzeichnungen (die allerdings nur auf die Südwest-Seite bezogen sind) – mit Ausnahme des ‚Donnerbesens' und einem Kreuz in den linken Fächern des Modells:

Zeichnung v. 2.4.1937 im Maßstab 1:50[249]

Datiert durch Stempel „Geprüft Kiel, den 26.4.1937. Konsistorialbaumeister"[250]

---

[249] KG_Osterkirche_Nr_478.pdf S.34.

Aber weder die im Modell vorhandenen noch die späteren Dekor-Elemente der Bauzeichnungen entsprechen den tatsächlichen Mauer-Ausfachungen, die sich in den alten Fotos der fertiggestellten Kirche erkennen lassen (hier liegen zu beiden Seiten Fotos vor s.u.[251]) und die denen der Gegenwart weitestgehend entsprechen, Ausführlich sind die weiteren Details und Zeitabläufe zum Kirchbau in der separaten Darstellung über „Die Lutherkirche in Hamburg-Wellingsbüttel als Bau- und Kunstwerk der Architekten Bernhard Hopp und Rudolf Jäger" geschildert und sollen nur ganz grob hier im Hinblick auf die Anteile von Pastor Boeck skizziert werden.[252]

Bild links stammt aus dem Bramfeld-Buch.[253]

Es unterscheidet sich von der Abbildung bei König (1989) im Anhang Nr. VII dadurch, dass dort nicht die Personengruppe links u.a. mit Propst Dührkop zu sehen ist.

Grundsteinlegung der Lutherkirche in Wellingsbüttel am 23. Mai 1937 durch Pastor Seeler. Links im Bild Propst Dührkop.

Zu den verschiedenen Fotos, die zur Grundsteinlegung zu früheren Zeiten verfügbar waren,[254] kommt inzwischen das folgende hinzu:

---

[250] WP_20150205_056 KG_Wellingsb_Nr_353 „Masstab = 1:100 Ansicht Westen". (wie auch KG_Osterkirche_Nr_478.pdf S.24). Darin in Sütterlin: „Fachwerk und Gebälk mit Mauerwerk gehörig vermauert".
[251] Das Foto von der Südwest-Seite (HAA_ORh_0.50.1_(0403) siehe bei Anm. 3) ist auch auf Postkarten verwendet worden. Eine Aufname von der Nordost-Seite haben die Architekten zu Werbezwecken für sich selbst drucken lassen (siehe Gleßmer / Engler (2016) S. 122 mit Anm. 321). Die entsprechenden Ausschnitte aus beiden siehe unten bei Anm. 258.
[252] Siehe bei Gleßmer / Engler (2016).
[253] Seeler / Seeler (1988) S. 141.
[254] Siehe bei Anm. 2 zu einem z.Z. nicht mehr verfügbaren Foto, dass erwähnt wird bei Ulrich (2015) SB sowie Ulrich (2016) Masch.

Es ist ebenfalls in den Norddeutschen Nachrichten (vom 24.5.1937) erhalten und mit der Unterschrift versehen „Pastor Seeler macht die ersten Hammerschläge". Der begleitende Text zieht eingangs den Vergleich für die „festfrohe Versammlung. Gleich wohl jener Gemeinde, die sich einst an gleicher Stätte bei dem Hügelgrab aus der Bronzezeit sammelte zur Gottesehrung! ...Zum Schluß ... spricht Propst Dührkop (Wandsbek). Er erhebt die Feiernden... zu einer größeren Schau, stellt ... hinein in das neue Deutschland, dessen Führer zum ‚Aufwärts' unseres Volkes uns alle gerufen habe. ..."

Zwischen der Grundsteinlegung am 23. Mai und dem August 1937 ist sehr schnell der Rohbau der Kirche erfolgt, so dass der Bauausschuss bereits am 18.8.1937 nachmittags 5 Uhr in der Kirche tagen konnte.

An diesem Tage wird auch die – aus den Bauzeichnungen und dem Kirchenmodell durch ‚Platzhalter' bereits vorgesehene - Mauerwerks-Dekoration der Außenfassade erstmals im Protokoll im Sinne der jetzt zu konkretisierdenen Dekor-Elemente erwähnt. Sie sind in einer Zeichnung festgehalten sowie handschriftlich durch Pastor Seeler mit Erläuterungen versehen:

Kennt man die Realisierung der Symbole im Mauerwerk, die ein Hakenkreuz mit nach rechts gerichteten Haken bietet, so ist das Protokoll etwas irritierend. Es zeigt das Hakenkreuz ‚linksgerichtet'.

Anscheinend sind die Symbole auch vor der Erläuterung gezeichnet worden, wie besonders die Beschriftung für die Nordostwand „5 Doppelkreuz" zeigt.

Es stellen sich so die Fragen: Wie ist es zu diesen Symbolen gekommen? Warum weicht die Realisierung ab?

Einerseits ist also Pastor Seeler als Vorsitzender des Kirchenvorstandes und des Bauausschusses besonders als einer der für die Ausgestaltung Verantwortlichen zu benennen. Pastor Boeck hat jedoch ebenfalls selbst wohl einen besonderen Sinn für eine Kennzeichnung mit einem in Stein gemauerten Dekor besessen, wie die Aufmauerung der ‚neuen Pforte' vor dem Haus Wald(ing)straße 39 oben bereits deutlich gemacht hat. Dieses Haus ebenso wie das Wellingsbütteler Torhaus war bzw. ist in Fachwerk-Technik gebaut und die Kirchen-Gestaltung ähnlich einem Niedersachsenhaus wird seiner Sicht entsprochen haben.

Aus der Bibliothek Boecks ist auch eines der Rezensions-Exemplare erhalten, die er als Schriftwart der Fehrs-Gilde erhalten hat:

> Hilde von Beckerath: Das niederdeutsche Dorf / ein Heimatbuch. G. Westermann; Braunschweig und Hamburg 1922[255]

Darin sind allerdings mindestens drei verschiedene Typen von Dorfkirchen dargestellt, die keineswegs ein einheitliches Gepräge bieten. Unter den 28 Abbildungen von Dorfkirchen findet sich nur eine einzige, die wie die Bauernhäuser im Kirchenschiff (bzw. an der Ost-Gibelseite ausgemauertes) Fachwerk zeigt. Jedoch auch für Boeck prägend sein könnte die Behauptung der Autorin S. 28 es sei der:

> „…Uranfang des Gotteshauses … aus dem Geist und Aufriß des Sachsenhauses heraus entwickelt…"

Aber auch von Pastor Seeler ist aus seinen Veröffentlichungen bekannt, dass er besondere Aufmerksamkeit den Hausmarken der Gehöfte und Familien in den von ihm beschriebenen Dörfern gewidmet hat.[256] Andererseits ist der Architekt Bernhard Hopp bei dieser Sitzung des Bauausschusses am 18.8.1937 zugegen gewesen und könnte selbst die Symbole in das Protokollbuch eingetragen haben, zumal davon mindestens acht bereits von ihm in der Ausstellung „Symbol und Form" 1932/1933 verwendet wurden. Darunter befand sich auch das linksläufige Hakenkreuz.[257]

Was jedoch leider immer noch nicht mit absoluter Sicherheit geklärt werden konnte, ist die Frage, wie nun das rechtsläufige Hakenkreuz im Mauerwerk zustande gekommen ist. Vermutlich ist an die örtliche Ebene zu denken, da die im Bauausschuss teils kirchlichen und teils politischen Vertreter (darunter auch Emil Salzmann) mit den beiden Pastoren übereinstimmend positiv dem NS-System gegenüberstanden und entsprechend keinen Anstoß an dieser ‚zeitgemäßen' Darstellung genommen haben.

---

[255] Ein weiteres Prüfexemplar enthält Heinrich Ehl: Norddeutsche Feldsteinkirchen, 1926.

[256] Siehe dazu im Literaturverzeichnis Seeler (1959); Seeler (1969). Von der Mitarbeit des Bramfelder Kirchenvorstandes berichtet eine Zusammenstellung von dortigen Familiennamen mit Hausmarken, die in den Norddeutschen Nachrichten von 15.12.1936 „Alte Hausmarken als Hausschmuck".genannt wird. „Leider haben die Jahrzehnte vor dem Umbruch die Fühlung mit Blut und Boden verloren gehen lassen. … Sippenzeichen [als] sinnvollen Schmuck … so die dauernde Erinnerung an die im Wesen unzerreißbare Bindung auch der Familien unserer Tage mit dem Blut und dem Boden ihrer Ahnen wachgehalten werden."

[257] Siehe dazu Gleßmer / Engler (2016) S. 92ff.

Die oben erwähnten älteren Fotos, die kurz nach der Fertigstellung der Kirche gemacht wurden, erlauben es, Ausschnitte zu machen, die in Kombination mit den neueren Fotos aus der Gegenwart, das Mauer-Dekor unterhalb der Fenster zeigen:

Ausschnittsvergrößerung aus dem Foto der Südwest-Seite (2,8° gedreht)

| 1. Donner-besen | 2. Kreuz | 3. Lebens-rune | 4. Gott-zeichen (Trinität) | 5. Dreizack (Heilige Dreiheit) | 6. Haken-kreuz |

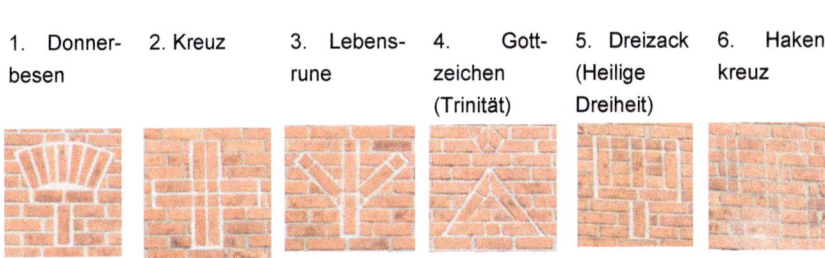

Das Foto von der Nordost-Seite ist z.T. durch die damals bereits angepflanzten Bäume überdeckt, jedoch in einigen Details identifizierbar, so dass die heutzutage nicht mehr reproduzierbare Gesamt-Seitenansicht zu erahnen ist:

Ausschnittsvergrößerung aus dem Foto der Nordost-Seite

| 6. Todes-rune | 5. Doppel-kreuz | 4. Hingabe | 3. Lebens-schiff | 2. Lebens-baum | 1. Symbol d. Wassers (Taufe) |

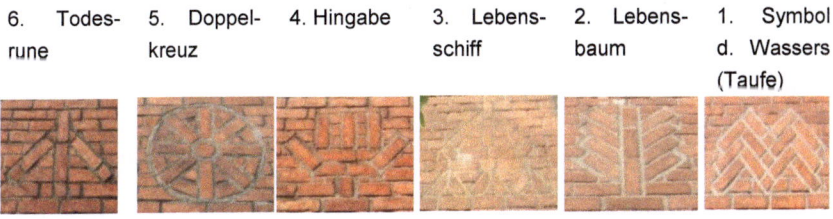

Das Repertoire in acht der 12 Elemente entpricht solchen Symbolen, die im oben[258] erwähnten Beitrag Hopps im Begleitheft der Ausstellung „Symbol und Form" bereits 1932/33 abgebildet waren; allerdings dort – wie auch im Protokoll des Bauausschusses – das Hakenkreuz-Symbol mit nach links gerichteten Haken. Dass die Architekten für ihr eigenes Werbefoto die Nordost-Seite ausgewählt haben, die sich von rechts nach links wie ein christlicher

---

[258] Siehe dazu bei Anm. 257.

Lebenszyklus lesen und deuten lässt, während in der Gemeinde die andere Seite u.a. für Postkarten verwendet wurde, lässt immerhin Gewichtungen erahnen.

Viele weitere Dinge der Ausstattung werden im Bauausschuss im Einzelnen besprochen wie Altar, Kronleuchter, Kanzel und ihre Ausrichtung, Dachpfannenfarbe und Heizung. Zu einem großen Teil sind diese auch bei König zusammen mit den Stiftern aufgeführt[259]. Ein weiteres Detail soll hier ergänzt werden:

> 22.9.1937: „1. Es wird beschlossen, an dem Orgelbodenbalken das Lutherwort einschnitzen zu lassen: ‚Für meine Deutschen bin ich geboren, ihnen will ich dienen.' Die Schrift soll vergoldet werden."[260]

Die Kirchweihfeier wird nach einigem Hin und Her wegen des Terminkalenders des Landesbischofs auf den 28.11.1937 festgelegt, obwohl die Glocken zu diesem Zeitpunkt noch nicht fertig sind. Für die Kirchweihfeier existieren sowohl textliche[261] als auch Darstellungen in Form eines Films[262]. Über die bei König gegebenen Details hinaus sind u.a. folgende Dinge bemerkenswert, die den Kontext beleuchten:

In dem Film von der Einweihung, der durch eine nachträgliche Zusammenführung mit einer Tonaufnahme aus der Zeit der kriegsbedingten Glockenablieferung 1942 auch als kurzer Ton-Film auf DVD verfügbar ist, wird u.a. die Szene der Schlüsselübergabe sowie die Kirche mit Hakenkreuz-Beflaggung (jedoch ohne Kirchenfahne) gezeigt.

In dem Tonbeitrag ist außer dem Lutherlied „Ein feste Burg" auch ein Ausschnitt aus dem O-Ton der Ansprache von Boeck enthalten. Dieser schließt mit dem Liedelement „... das Reich muss uns doch bleiben".

---

[259] König (1989) S. __.
[260] Diese Inschrift fand sich zwar entgegen der Beschlusslage nicht auf einem Balken, vielmehr hat sie dann über dem Lutherbild ihren Ort ursprünglich gefunden, wurde aber auch von dort entfernt; vgl. bei Anm. 274
[261] Siehe u.a. die gedruckte Gottesdienstordnung und das Deckblatt der vervielfältigten Predigtfassung bei König (1989) S. 61-63. Die vollständige Predigtfassung von Pastor Boeck siehe Archiv_051_FB_002_Chronik_I_1934f.pdf Seite 1937-11-28_1.Predigt_1ff sowie zu den weiteren Inhalten der Weiherede durch Landesbischof Paulsen und die Ansprache durch Kirchenpropst Dührkop sowie zur Schlüsselübergabe an Pastor Seeler auch den Artikel in den Hamburger Nachrichten vom Montag, dem 29.11.1937.
[262] Siehe dazu im Anhang „10.9 Das Gemeinde-Blatt (1933 – 1941)".unter 1938-04-4.

Erkennbar sind in der kurzen Filmsequenz[263] auch die Hauptagierenden: Die Pastoren Boeck und Seeler sowie Landesbischof Paulsen, Präsident des LKA Dr. Kinder und Propst Dührkop. Bei letzterem ist am Ornat nicht nur sein Propstenkreuz zu erkennen, sondern unter dem Herzen auch seine Kriegsauszeichnung aus dem 1. Weltkrieg.[264] Dazu würde es passen, seine Geste vor dem Einzug in die Kirche als ‚Deutschen Gruß' zu deuten. Textlich ist jedoch der 2012 neu zusammengesetzte Film primär auf den Namen der Lutherkirche und das Erklingen des Lutherliedes „Ein feste Burg ist unser Gott" ausgerichtet.

Allerdings klingen in der zur Einweihung gedruckten Predigt von Boeck mehrfach Elemente an, die seine Kunst zeigen, einerseits Kirche und Politik zu trennen, jedoch andererseits in Andeutungen sehr deutlich zu sein. Kennzeichnend ist allerdings, dass der Chronist, E. König, zwar das Deckblatt der gedruckten Predigt wiedergibt und auch den Satz aus dem Predigttext (2.Kor 5,17) zitiert: „Darum, ist jemand in Christo, so ist er eine neue Kreatur; das Alte ist vergangen, siehe, es ist alles neu geworden!"[265]. Er überlässt aber einem anderen Autor, Alf Schreyer, die Auswahl unverfänglicher, ja geradezu bekenntnishafter Sätze aus der Predigt.[266] Boeck selbst benutzt jedoch das Bibelwort zuerst als Rückbezug auf seine Verwendung auch 23 Jahre zuvor bei der Einweihe der Bramfelder Kirche und fährt dann fort:

> „Wie klingt es heute anders auf dem Hintergrund anderer Zeit. Heute ist alles neu geworden, eine neue Bewegung, ein neuer Staat, ein neues Volk. Brauchen wir da noch eine Erneuerung durch die Religion?"

Darauf folgen zwar die von Schreyer zitierten und scheinbar „unmissverständlichen" Boeck-Sätze, die das Ende der Ersatzreligionen ansagen: „...Einst werden alle diese kommenden und gehenden Religionen wie ein Alptraum von uns abgeschüttelt werden." Aber damit ist Boeck nicht am Ende seiner Ausführungen und rhetorischen Fragen. Es geht vielmehr wie folgt weiter:

> „Ernster ist die andere Frage: Wird nicht der Nationalsozialismus selbst zu einer Religion? Es ist die Art der Deutschen, daß sie das, was sie ganz mit dem Herzen ergreifen, zu einer Religion machen wollen. Aber der Nationalsozialismus ist keine Religion. Wohl aber kommt die Bewegung aus solchen Tiefen, daß sie sich nach dem Religiösen hin öffnet und in ihm ihre Ergänzung fordert. Warum finden sie denn immer noch nicht zusammen,

---

[263] Archiv_386_FB_007_Chronik_in_Bildern.pdf enthält eine mehrseitige Liste von E. König mit diversen Bild- und Ton-Materialien. Dort ist auch auf S. XII unter Nr. 3 der folgende Verweis enthalten: „16mm-AGFA-Film von der Einweihung der Lutherkirche am 1. Advent 1937. Patentanwalt Dr. G. Knoth, Up de Worth". Das Personen- und Adressverzeichnis 1937 gibt die Hausnummer Up de Worth 24 an. Die DVD-Fassung ist unter www.atase.de beziehbar.

[264] Dieser Sachverhalt ist insofern von Interesse, als auch bei der Amtseinführung von Pastor Seeler (alias Hardekop) in der romanhaften Darstellung durch seinen Sohn Hans-Joachim Seeler (2002) S. __ Pastor Seelers Anlegen des EK I als Wunsch Dührkops sowie die Ausschmückung der Bramfelder Kirche mit Nazi-Emblemen als eine besondere Überraschung von dessen Seite dargestellt wird.

[265] König (1989) S. 59

[266] König (1989) S. 59 verweist auf „Alf Schreyer (a.a.O. S. 12)" – womit auf den bereits zuvor Seite 55 genannten Abschnitt dieses Autors in der Festschrift zurückverwiesen wird: „50 Jahre Lutherkirche Wellingsbüttel 1937 – 1987".

die neue Bewegung und das Christentum? Weil sie zu nahe miteinander verwandt sind. Die Stunde aber wird kommen, das sage ich aus der Macht dieses Augenblicks heraus, wo sie sich wieder finden, Jesus Christus und unser Volk. Sie gehören von Anbeginn zu einander, denn durch das Christentum sind die germanischen Stämme zum deutschen Volk geworden."[267]

Der dann folgende Ausflug in die Geschichtsphilosophie, bei dem der Historiker Treitschke[268] mit der Ansicht bemüht wird, „die modernen Völker haben eine Quelle stetiger Erneuerung im Christentum", erfährt von Boeck die zeitgenössische Ergänzung:

„Treitschke kannte noch nicht die tragende Bedeutung der Rasse für die Geschichte. ... Die Rasse formt den Körper des Menschen und seine Seele, aber frei von außen kommt der Geist. Der ist der Schöpfer und Erneuerer... So flehen wir: Komm heiliger Geist du Schaffender. Sende uns den Mann, der wie Luther, nach dem diese Kirche heißt, die alte ewige Wahrheit in der Sprache unserer Zeit so einfach, klar und entschieden sagt, daß jeder, der guten Willens ist, sie hören und verstehen muß. Es ist Advent. Wir warten. In diesem Geist des Hoffens und Glaubens stellen wir unsere Kirche mitten hinein in die Zeit."

Boeck hält mit dieser Advents-Hoffnung – in aller Mehrdeutigkeit – für eine christliche Komponente im Zeitgeist den Raum offen, ähnlich wie es in einer Passage kurz vor Ende der Predigt anklingt:

„Wo aber Verantwortung ist, da muß auch Freiheit sein. ... Mag auf den meisten Lebensgebieten heute das Autoritätsprinzip herrschen – und es muß dort herrschen – auf dem Gebiet des Glaubens kann nur Freiheit gelten. Kein Papst, kein Mensch hat hier zu befehlen, Zwang ist hier ausgeschlossen. So stehn wir allein mit unserer Verantwortung vor Gott."[269]

Gemeint ist von Boeck anscheinend rein individuelle Verantwortung, die dem Einzelnen gegenüber dem obliegt, zu dem als „Lieber Vater" gebetet wird, wie es die den Kirchraum Verlassenden am letzten Querbalken (damals) lesen konnten.[270] Insgesamt bietet die Kirchweih-Predigt Boecks eine Vielfalt von Anknüpfungs-

---

[267] Archiv_051_FB_002_Chronik_I_1934f.pdf Seite 1937-11-28_1.Predigt_3.

[268] Gemeint ist Heinrich v. Treitschke (siehe dazu u.a. Treitschke; H_v_wikipedia.pdf). Boeck erwähnt äußerst selten wissenschaftlichen Gewährsläute, neben seinem Büchlein zu Schleiermacher ist es Treitschke, der außer in der Einweihungspredigt auch bereits __ begegnet. – Eine anonyme Bezugnahme (‚aus einem Sonntagsblatt') auf Treitschke im Kontext der Darstellung Luthers als Begründer des Deutschtums findet sich in „Hamburgische Kirchenzeitung" 12,1 (1936) S. 16 im Zusammenhang der Apologetik des Christentums gegen die nationalsozialistische Propaganda. Sie wird mit folgenden Worten angeführt: „das Christentum sei ein Fremdkörper im deutschen Leben; erst wenn es wieder ausgemerzt sei, könne der Tag der Deutschen anbrechen! Unsere Jugend hört das. Sie hört es fast an jedem Tag." – Vermutlich ist hier die spätere antikirchliche Phase der NS-Propaganda – und insbsondere die über die HJ wirksame – gemeint, der selbst Bischof Tügel im folgenden Heft 12,2 (1936) S. 33-34 unter dem Titel „So geht es nicht! Ein offenes Wort an die Schulungsleitung der H.J. in Hamburg" entgegentritt und an die früheren Worte des Führers vom 1.2.1933 sowie ähnlich am 17.8.1934 in Hamburg erinnert.

[269] Archiv_051_FB_002_Chronik_I_1934f.pdf Seite 1937-11-28_1.Predigt_1 bzw. 4.

[270] Alle 14 an den sieben Querbalken von hinten und vorn angebrachten Inschriften finden sich bei König (1989) S. 79.

punkten für die Hörer verschiedener Richtungen an. Allerdings wird diese Mehrdeutigkeit in den Darstellungen, die Schreyer – und in seinem Gefolge auch der Chronist König – anbieten, kaum erkennbar, wenn Boeck einlinig interpretiert wird: „Er wies unmißverständlich auf die der Kirche und dem Glauben drohenden Gefahren hin..." Aus dem vollständigen Predigttext ergibt sich im Gegenteil gerade keine „unmißverständliche" Formulierung: sie gibt breiten Raum für eine positive Stellungnahme zum Nationalsozialismus und daneben auch die (eventuell so zu deutenden?) Bestandteile, die vor den „der Kirche und dem Glauben drohenden Gefahren" von seiten einiger Vertreter des Nationalsozialismus warnten. Insofern lohnt der Blick auf den gesamten Predigttext und eine eigene Lektüre.[271]

Eine der Überzeugungen, die dem im § 24 des NSDAP-Parteiprogramms behaupteten ‚positiven Christentum' Glauben schenkt, gründet auf einem theologischen Postulat, das Boeck in der Predigt artikuliert hat:

> „Wohl aber kommt die Bewegung aus solchen Tiefen, daß sie sich nach dem Religiösen hin öffnet und in ihm ihre Ergänzung fordert."

Diese Sicht wurde von den Deutschen Christen geradezu zu einem Glaubensartikel erhoben, gegen den sich u.a. (der spätere Hamburger Bischof) Volkmar Herntrich 1935 gewendet hat und daraus einen längeren DC-Abschnitt zitiert, der um eine ähnliche Formulierung kreist:

> „Geheimnisvoll brechen Quellen auf aus den Urgründen unserer Art. Der Gottesborn der Heimat spendet wieder Kraft..."[272]

Das vollständige Zitat mag zugleich auch die Gestaltung des Mauerdekors erläutern:

> „Nach ungezählten Religionskriegen und Wirren ist das deutsche Volk im Aufbruch und will heimkehren zu sich selbst, zu seiner Artseele, auf daß sein Glaube lebe und sich gestalte nach der Erkenntnis der Einheit von Blut und Boden. Jahrtausendwende ist angebrochen! Deutschen Volkes Glaubenswende! Die Rune des aufsteigenden Lebens, der leuchtenden kraftspendenden Sonne, das Hakenkreuz, steht sieghaft und verheißend über den geeinten deutschen Ländern, über dem Dritten Reich. Geheimnisvoll brechen die Quellen auf aus den Urgründen unserer Art. Der Gottesborn der Heimat spendet wieder Kraft allen, die heimfanden aus seelischer Fremde. Befreit von aller artfremden Verirrung, regt sich in ihnen deutsche Glaubenskraft!"

---

[271] Siehe die Kopie des vollständigen Predigttextes im Anhang „10.5 .Kirchweih-Predigt vom 28.11.1937".

[272] Herntrich (1935) S. 13, zitiert aus einem Aufruf der „Deutschen Glaubensbewegung" 1934.

Wie in der Predigt von Boeck eingangs erwähnt, fehlen dem Kirchneubau noch wichtige Bestandteile:

> „... die Glocken, die Rufer über das Land hin, es fehlt die Uhr, das pochende Herz, das die Zeit kündet und an die Ewigkeit mahnt; es fehlt die Orgel, die das sagen soll, was sich in Worten nicht ausdrücken läßt."

Sie und andere Bestandteile kommen relativ schnell durch den Einsatz von zahlreichen Bürgern und Institutionen zusammen. Sie sollen hier insoweit benannt werden, als aus ihnen sich wiederum Referenzen auf die besondere Situation der Zeit z.T. ablesen lassen:

- In die größte der drei Glocken, die 1350 kg schwere es-Glocke, wurde das Hakenkreuz als Symbol und als Textbeschriftung „Ein feste Burg ist unser Gott" eingearbeitet, die kleinste trägt ein Kreuz und „Erhalt uns Herr, bei deinem Wort", die mittlere das Lutherwappen und „Gelobet seist du, Jesu Christ".[273]
- Das Lutherbild (mit dem zuerst ausgewählten, oben genannten Text).[274]

In den Hamburger Nachrichten erschien an dem der Einweihung folgenden Tag, dem 29.11.1937, ein kurzer Artikel, der u.a. herausgestellt hat, dass es „ein für Landsiedlungen musterhafter, eisenloser Fachwerkbau" sei – und als äußeres Kennzeichen der Einweihung die vom Turm wehende Hakenkreuzfahne sowie Boecks Bezugnahme auf die ‚Volksgemeinschaft' nennt:

---

[273] König (1989) S. 60. – Während beim Ziegelstein-Emblem an der Süd-West-Seite bisher nicht klar ist, wie der Entwurf zustande gekommen ist, so ist deutlich P. Seelers Wirken beim Glocken-Auftrag an die Firma als handschriftlicher Zusatz erkennbar.

[274] Zum Lutherbild gehört auch eine Inschrift, die auf einem Foto erhalten ist. Sie ist eigentlich vom Bauausschuss ursprünglich als Orgelbalkeninschrift gedacht gewesen (siehe dazu Anm. 260). – Wilhelmi (1939) BarmBote zitiert sie: „‚Für meine lieben Deutschen bin ich geboren. Ihnen muss ich dienen', steht über dem Bild" (zitiert nach König (1989) S. 77). – Die neueren Bilder zeigen über dem Lutherbild deutlich sekundär freigelegte Steinreihen. Das zwischenzeitlich von P. Hoberg beschaffte Alpirsbacher Kreuz war erst im Altarraum (ab 25.10.1950; Archiv_Aurig_1.pdf Seite 1950-10-21_Hoberg_a_KV1) aufgestellt und ab 1971 vor dem mit einer Platte abgedeckten Lutherbild. Die genauen Zeitpunkte der Wieder-Freilegung des Lutherbildes und Entfernung der Inschrift sind bisher noch unklar. Von Seeler (1967) Masch (KG_Bramfeld_Chronik_T2_1933-1951_Seeler.pdf) S. 40 wird angegeben: „Auf meinen Vorschlag erhielt die Wellingsbütteler Kirche den Namen Lutherkirche. Luther zu Ehren wurde dann auch ein Lutherbild auf die Wand links vom Chorraum gemalt, dieses Bild stiftete die Bramfelder Gemeinde. Es wurde von Hoppe-Hamburg gemalt." – Wahrscheinlich geht die Schreibung „Hoppe" auf einen Fehler bzw. die handschriftliche Eigenart von S. Seeler zurück, wie er den Namen Hopp schreibt. – Im Protokollbuch des Bauausschusses ist nach Fertigstellung der Kirche am 26.3.38 im Zusammenhang einer Restforderung von Hopp und Jäger vermerkt: „Der Kirchenvorstand-Bramfeld bewilligt für Lutherbild und Spruch 200,- RM" (Archiv_031_FB_030_Bauausschuss_I.pdf S. 22).

Hamburger Nachrichten. Montag, 29. November

Kirchweihfeier in Wellingsbüttel

An dem vom Sonnenglanz bestrahlten Advent-sonntag fand die Einweihung der Lutherkirche in Wellingsbüttel, ein für Landsiedlungen mustergültiger, einsamer Fachwerkbau, statt. In großer Zahl waren die Bewohner des Ortsteils um die Kirche versammelt, als der Landesbischof eintraf, begrüßt von Posaunenchören hoch vom Turm, von dem die Hakenkreuzflagge wehte. Der Architekt des Baues, Jäger, übergab mit Glück- und Segenswünschen die Schlüssel der Kirche dem Präsidenten des Landeskirchenamts Dr. Kinder (Kiel), der sie mit richtungsgebenden Worten dem Vorsitzenden des Kirchenvorstandes, Pastor Seeler weitergab, der darauf hinwies, daß der Bau, bei dem viele Schwierigkeiten zu überwinden gewesen seien, ein Zeichen dafür sei, wie tief verankert Liebe und Treue zur Evangelischen Kirche seien. Der Sprecher dankte allen Behörden, allen Stellen von Staat und Partei, wie allen Helfern, darunter auch dem Evang. Frauenverein, für die Förderung des Werks, die auch in Stiftungen zum Ausdruck gekommen sei. Dann zog die Gemeinde ein, die den Raum bis auf den letzten Platz füllte. Jubelnd erklang das Eingangslied.

Landesbischof Paulsen (Kiel)

hielt die Weiherede auf Grund der Worte Petrus': „Herr, wohin sollen wir gehen? Du hast Worte des ewigen Lebens." „Herrlich antwortete diese junge Gemeinde heute", so sagte der Bischof u. a., „auf die Frage: „Nein, wir gehen nicht fort, wir bleiben hier." Die Kirchen, die in dieser Zeit des Umbruchs, des großen geistigen Ringens erbaut worden sind, werden einst in der deutschen Kirchengeschichte echte Zeugen evangelischen Glaubens und der Treue und Liebe sein. Eine Haltung, eine Überzeugung gibt nach Luther uns Christen die Kraft: das ist die Freudigkeit. Sie soll hier eine Stätte haben. Nachdem der Landesbischof Gott und allen treuen Helfern an diesem Neubau gedankt hatte, weihte er die neue Lutherkirche ein.

Nach Glaubensbekenntnis, schönem Chorlied, (Luthers „Verleih' uns Frieden") und Gemeindegesang: „Ein feste Burg ist unser Gott" hielt Pastor Boeck eine von Freude erfüllte Predigt, die neue Kirche verkörpere Glaube und Heimat. Das Alte sei vergangen, es sei alles neu geworden. Menschen aller Kreise aus Hamburg hätten sich in Wellingsbüttel angesiedelt. Hier bilde sich eine wahre Volksgemeinschaft.

Kirchenpropst **Dührkop** (Wandsbek) sagte in seiner Schlußansprache etwa: Die neue Kirche bezeuge die Liebe Gottes; hier solle der Christ Kraft und Wärme mitnehmen. Die Stimme Gottes verkünde hier: Ich will dich nicht verlassen. Der Glaube gebe die Kraft, durchzuhalten und Treue zu bewahren. Mit feierlichen Choralgesängen schloß die Handlung.

Zwei Veröffentlichungen sind dem neuen Kirchengebäude zeitnah gewidmet worden, wobei die eine von Boeck selbst stammt und im Zusammenhang der Darstellung der Architekten Hopp und Jäger durch den Schriftleiter der Zeitschrift ‚Kunst und Kirche' Martin Kautzsch dort unter dem Titel „Die Voraussetzungen des Kirchenbaus in Hamburg-Wellingsbüttel" beigefügt ist.[275] Boeck nimmt darin u.a. Stellung zu einer Frage, die in Wellingsbüttel zur – von der Tradition der Ostung abweichenden – Ausrichtung des Kirchgebäudes gestellt wurde:

> „Ausgezeichnet ist der Platz sodann dadurch, daß er ein vorgeschichtliches Hügelgrab aus der Bronzezeit, mit großen Bäumen bestanden, trägt. Natur- und Denkmalschutzbehörde verlangten Rücksicht auf diese Hügelanlage. Das hatte zur Folge, daß die Kirche sich in die Längsachse des Geländerechtecks legen mußte. Damit war die Orientierung ausgeschlossen, da der Platz nicht von Ost nach West läuft."[276]

Die Frage der Orientierung wurde bereits August 1936 in einem Gespräch im Bramfelder Kirchenvorstand mit dem Architekten Fritz Döhling behandelt, der in der Vereinigung Niederdeutsches Hamburg im ‚Fachausschuss für Heimat- und Naturschutz' zuständig war.[277] – Dieser Beitrag Boecks soll hier nur kurz genannt und unten in der chronologischen Liste seiner Veröffentlichungen etwas weiter mit

---

[275] Siehe Kautzsch (1939) KuK sowie Boeck (1939) KuK.
[276] Boeck (1939) KuK S. 89.
[277] Siehe dazu bei Gleßmer / Engler (2016) S. 76 Anm. 209 mit Bezug auf Töteberg (1994) SB S. 134.

seinem Bezug auf die germanophile Bezugnahme auf das Hügelgrab referiert werden.[278]

Einen gewissen ‚Gegenpol' zu Boeck stellt die zweite zu nennende Veröffentlichung dar, die auch bereits in der „Chronik der Kirchengemeinde Wellingsbüttel" genannt und zitiert wird.[279] Es bleiben aber wesentliche Kritikpunkte des Pastorenkollegen Heinrich Wilhelmi unerwähnt, die sich u.a. im Zusammenhang der Besprechung der bildhaften Ausgestaltung der Kanzel finden. Wilhelmi deutet die Arbeit des Künstlers als erzieherische Aufgabe, nämlich gegenüber dem Prediger, die ihn von einer Gefahr abhält:

„Ich könnte mir wohl denken, daß die Predigtpulte moderner Art den, der daraufsteht zu einer Art zu ‚predigen' verführen, die keine ‚Predigt', d.h. keine Verkündigung des Evangeliums mehr ist: daß aber die Bilder-Kanzeln ihn ‚bei der Stange halten'; unbewußt, ganz gewiß, aber doch fühlbar, weil sonst-durch die Bilder-der Abstand bald offenbar würde zwischen seinem Auftrag, woran seine Kanzel mahnt, und der Art, wie er ihn ausführt."[280]

Die wohl absichtlich gegebene – wenn auch etwas verklausulierte-Botschaft Wilhelmis an die Predigerkollegen dieser Kanzel nutzen den Künstler J. Manshardt quasi als Botschafter des Evangeliums.[281]

Während bei Boeck sehr deutlich die Annäherung an die vom NS-System gepflegte germanophile Denkweise zum Ausdruck kommt, ist bei Wilhelmi ausdrücklich sehr kritisch zu Elementen Stellung genommen, die dieser Denkweise zu sehr entgegenkommen. So fragt Wilhelmi in Bezug auf das Lutherwort:

„War es richtig, in heutiger Zeit, gerade dies Wort zu wählen, das außerhalb des Zusammenhangs mißverständlich ist und jedenfalls heute grausam mißbraucht wird?"

Während diese Kritik sehr vorsichtig formuliert ist und noch fast im Bereich einer rhetorischen Frage bleibt, so wird die Fortsetzung noch grundsätzlicher:

„Dieselbe Frage muß auch bei den sehr ‚nordischen' Band- und Flechtmustern der Decke gestellt werden ... und erst recht bei den Runen, Donnerbesen usw. in den Backsteinmustern der Außenwände. Ist das nicht des Guten zuviel? Gehört das Alles, gerade in einer Zeit, wo es als heidnisch reklamiert wird, in oder an eine Kirche?"[282]

Diese für die damalige Zeit sehr offene und dadurch mutige Kritik, die die Möglichkeit bezeugt, dass eine Darstellung aus bekennender Perspektive durchaus damals gegeben war, ist leider beim ausführlichen Zitat Wilhelmis in der Chronik der Lutherkirche nicht mit aufgenommen worden.[283]

---

[278] Siehe bei Anm. 551.
[279] König (1989) S. 76.
[280] Wilhelmi (1939) BarmBote S. 225.
[281] Zur Position Wilhelmis als Mitglied der Bekennenden Kirche siehe dessen Buch Wilhelmi (1968) sowie bei Overlack (2007) u.a. S. 260 Anm. 496 und S. 219 ein Bild des Pastors.
[282] Wilhelmi (1939) BarmBote S. 226.
[283] König (1989) S. 77.

4.4.5 Kontakt zu Nachbargemeinden

Die Darstellung von H. Wilhelmi stellt vor die Frage, ob Boeck in seiner Annäherung und Identifizierung mit dem NS-System eher als Einzelfall zu sehen ist, oder ob ähnliche Gewichtungen auch bei Pastorenkollegen der Umgebung auszumachen sind. Das kann sicher nicht erschöpfend geschehen und würde auch den Rahmen einer Biografie sprengen. Doch ist andererseits für eine biografische Einschätzung auch wichtig, einschätzen zu können, wie die Verhältnisse im Umfeld sich darstellen.

4.4.5.4 Bramfeld

Boecks Weg vom Pastor in Bramfeld zu seiner Tätigkeit als Hilfsgeistlicher im 1933 eingerichteten Pfarrbezirk Wellingsbüttel ist oben beschrieben. In den 1933 folgenden Jahren bis zur Selbstständigkeit der Gemeinde in Wellingsbüttel am 1. Juli 1938 war nominell Bramfeld auch für Wellingsbüttel noch verantwortlich. Im praktischen Alltag war jedoch die Regel, dass für Wellingsbütteler Angelegenheiten auch Pastor Boeck direkt angesprochen bzw. angeschrieben wurde. Dabei spielte allerdings auch eine Rolle, wie die zunehmend hierarchisch und auch nach dem Führer-Prinzip sich organisierende Kirchenadministration der Landeskirche und der Propstei in Wandsbek zum Einhalten des Dienstweges positioniert hatten. Hier war also ein gutes Zusammenwirken mit seinem Nachfolger, Pastor Siegfried Seeler (1894-1973),[284] sowie der Bramfelder Kirchenvertretung und Kirchenvorstand mit Pastor Boeck in Wellingsbüttel Voraussetzung für einen Erfolg der weiteren Bemühungen.[285]

Wieweit dabei das Bild von Seeler zutrifft, das im Bramfeld-Buch von 1988 gezeichnet wurde, sollte oben offenbleiben. – Immerhin gibt es Anhaltspunkte dafür, dass das posthum entwickelte Bild, an dem auch der Sohn Hans-Joachim Seeler mit seinem z.T. biografischen Roman „Sterley" Anteil hat, bemüht ist, Verbindungen zu Nationalsozialisten und Deutschen Christen möglichst zu minimieren. Darin stellen fiktive theologische Gespräche zwischen der zentralen Figur, Pastor Hardekopf (alias Siegfried Seeler), mit dem Studienfreund Pastor Hans Assmussen (alias Asmussen), der wesentlich das ‚Altonaer Bekenntnis' mitformuliert hatte, Hardekopf als Sympathisanten dar.[286] Bereits für Ende März

---

[284] Von Siegfried Seeler liegen zahlreiche Publikationen vor: Seeler (1937) NorddNachr, Seeler (1938), Seeler (1959), Seeler (1969).
[285] In einem Briefwechsel vom 11. bzw. 12.12.1934 ist eine gewisse Konkurrenz zwischen Seeler, der von „privaten Verhandlungen" Boecks mit dem LKA spricht, und Boeck fragt, „... warum haben Sie mir ... nicht mitgeteilt, was Sie wußten?" erkennbar, wer mit dem Landeskirchenamt zu korrespondieren hätte. (Archiv_051_FB_002_Chronik_I.pdf); doch scheint die Aussprache beider zur Klärung geführt zu haben.
[286] Seeler (2002) S. 424ff. S. 435 werden Martin Niemöller und die ‚Bekennende Kirche' erwähnt: „Für Hans Hardekopf war es selbstverständlich, sich dieser Bewegung anzuschließen...". S. 441 wird Hardekopf in den Mund gelegt: „Ich habe das Altonaer Bekenntnis mit unterschrieben und fühle mich als ‚bekennender Christ', wenn ich so formulieren darf. ... Als Deutscher bin ich Christ, aber deutscher Christ kann ich nicht sein."

1933 wird der erste Besuch bei dem alten Pastor Bork (alias Boeck) in Bramfeld erzählt, dem in den Mund gelegt wird: „…jetzt, wo der Führer Reichskanzler geworden ist, wird hoffentlich bald alles anders und besser werden…", während Hardekopf seine Meinung nicht äußert.[287] Immerhin erlaubt die Terminierung des Besuches und die implizite ideologische Distanzierung des Pastors vom neuen NS-Staat vor der Geburt des dritten Kindes im Mai, dessen Namensnennung als ‚Adolf' auf die verwandtschaftliche Namensgebung zurückzuführen.[288] Besonders instruktiv ist die romanhaft ausgestaltete Amtseinführung in Bramfeld, in der Hardekopf quasi vom Propst Dührkop damit überrascht wird, dass die Kirche mit nationalsozialistischen Emblemen ausgeschmückt wurde.[289]

Als weitere zentrale Figur wird die ihm ab 1929 angetraute Ehefrau Elisabeth dargestellt (also des Autors Mutter), die als älteste Tochter des Lauenburgischen Pastors Max Helmeke (alias Schneider) zwar von den – bereits in der Lauenburger Zeit Hardekops (1923-1933) liegenden – nationalsozialistischen Aktivitäten ihrer Familienangehörigen weiß, jedoch selbst davon erzählerisch distanziert bleibt. Auch für ihre Bramfelder Zeit ab 1933 wird zwar ihre Leitungsfunktion in der Winterhilfe und die regelmäßigen Besprechungen mit ihrem Mann über die Aktivitäten und Vorfälle im Ort keineswegs mit anstößigen Elementen in Verbindung gebracht.[290] Wie sich im Rückblick z.B. auf das Ergehen des jüdischen Bramfelder Bürgers Paul Goldschmidt (1874-1943) zeigt, war eine Anzeige wegen vorgeblich betrügerischer Ablieferung von Winterhilfs-Abgaben 1935 Vorwand für ‚Aktionen' von SA und HJ.[291] Vorgänge dieser Art, die dem Pastoren-Ehepaar ‚qua' Engagement für das Winterhilfswerk bekannt gewesen sein *müssen*, finden weder in der Selbstdarstellung einen Niederschlag, noch begegnen sie in den späteren, sekundären Berichten der Tradenten des Seeler-Bildes im Zusammenhang mit dem Pfarrhaus.

Im Selbstbericht der Gemeindechronik ebenso wie in der 1959 von Seeler allein veranstalteten Ausgabe des älteren Buches „Bramfeld" ist geradezu erstaunlich, wie die NS-Zeit ausgeblendet wird. Nachdem von den Gedenktafeln für die Gefallenen des 1. Weltkrieges in der Osterkirche berichtet wird, kommt er auf das in der NS-Zeit errichtete Ehrenmal zu sprechen, dessen Fehlen in Bramfeld Boeck bei seinem Weggang 1933 noch bedauert hatte:[292]

---

[287] Seeler (2002) S. 428f.
[288] Seeler (2002) S. 429.
[289] So in Kurzdarstellung in Seeler / Seeler (1988) S. 190; ausführlich wird diese Episode erzählerisch ausgeführt für den Alias Pastor Hardekopf in Seeler (2002) S. 437ff. Dort spielt auch das Anlegen der Ehrenauszeichnung aus dem 1. Weltkrieg eine Rolle. – Dührkop selbst hat anscheinend ein solches Zeichen 1937 bei der Einweihung der Lutherkirche in Wellingsbüttel am Ornat, wie in der Filmdokumentation gut zu sehen ist. Zur Wiederholung der Darstellung von I. Seeler (2007) BrKZ in der Bramfelder Kirchenzeitung Nr. 16 (2007) S. 20f. – Bei seiner Hochzeit wird allerdings für Hardekopf das Anlegen seines EK I erzählt (S. 388).
[290] Seeler (2002) S. 440
[291] Stolpersteine_f_Bramfeld.pdf S. 5 und Seeler / Seeler (1988) S. 197f. Im Selbstbericht von Seeler (1967) Masch S. 38f finden sich Seelers biografischen Daten in einer Art Lebenslauf. (Erstaunlicherweise wird Dührkop hier als ‚Dürkop' verschrieben).
[292] Siehe dazu oben am Ende des Abschnitts „4.3 Gemeindepastor in Bramfeld 1907/8-1933".

„Das Ehrenmal in den Anlagen um den kleinen Teich soll uns ebenfalls an die Opfer des 1. Weltkrieges erinnern. Die Chronik dieses Krieges ist die Chronik großer Siege, bitterer Opfer, des Hungers, ist die Chronik der Niederlage und des Bruderkampfes. Und nun zu der Chronik des 2. Weltkrieges. Es ist die Chronik berauschender Siege, die uns vergessen ließen, daß der Krieg für uns hinter ihnen beginnen werde..."[293]

Die dann folgenden Charakteristiken der Leiden des 2. Weltkrieges, die ausschließlich unter dem Blickwinkel der eigenen Bevölkerung und Stadt geschildert werden, mutet für einen heutigen Leser erschreckend einfach und verdrängend an.

Diese Sichtweise auf Boecks Bramfelder Nachfolger als Pastor basiert auf den posthum zusammengestellten Informationen, die von nahen Verwandten stammen und schon deshalb ein Problem darstellen. Sie schildern ihn fast gänzlich frei von NS-Sympathien. Dabei ist der Sohn und ehemalige Oberkirchenrat sicherlich bemüht, Zeitgeschichte nachvollziehbar zu erzählen. Seinem Vater werden dabei allerdings keine kompromitierenden Worte in den Mund gelegt – sondern durchgängig friedliebende, wenn andere Personen sich etwa aggressiv nationalsozialistisch oder antijüdisch äußern. Ob dieses Bild sowie die Umstände und Chronologie seines Wechsels nach Bramfeld zum 1. November 1933 Realität beschreibt, erscheint als fraglich. Vermutlich werden – ähnlich wie in den Darstellungen der „Chronik der Wellingsbütteler Gemeinde" von 1989 über Pastor Boeck – die weitergehenden Verstrickungen in die NS-Ideologie aus verständlicher Rücksichtnahme nicht zur Sprache gebracht.

4.4.5.5 Klein-Borstel

Für die Nachbargemeinde in Klein Borstel ist der Sachverhalt ganz anders.[294] Hier liegt einerseits ein Schreiben von Pastor Boeck vor, in dem er gegenüber dem Hamburgischen Landeskirchenamt den geplanten Kirchbauplatz als zu nah an dem zuvor schon für die entstehende Lutherkirche kritisiert und verhindern will. Allerdings blieb er mit seiner Intervention erfolglos.

Andererseits ist für den in Klein-Borstel dann neu als Hilfsgeistlichen beginnenden Pastor Rudolf Timm (1911-1942) deutlich, dass er seine NSDAP- und SA-Mitgliedschaft selbst öffentlich mit einem gewissen Stolz vertreten hat. – Allerdings hat er auch bei seiner Meldung zum Zweiten Examen 1936 seinen theolgischen Standpunkt als den der Bekennenden Kirche bezeichnet, was im Nebeneinander aus der Rückschau kaum verständlich erscheint. Andererseits zeigt seine Haltung die mögliche Bandbreite von Positionierungen, die für Theologen denkbar gewesen sind.

Der oben bereits zitierte BK-Pastor H. Wilhelmi, der sowohl den Kirchbau in Wellingsbüttel als auch den in Klein-Borstel 1939 besprochen hat, bietet für die

---

[293] Seeler (1959) S. 170.
[294] Zur Entstehung der Klein-Borsteler Gemeinde und zum Bau der Kirche Maria-Mgdalenen 1938 vgl. ausführlich bei Gleßmer / Jäger (2016a).

Maria-Magdalenen-Kirche übrigens keine vergleichbar kritischen Anmerkungen zu diesem Bau oder der dort vertretenen theologischen Position.

4.4.6 Führung der Kirchengemeinde zur Selbstständigkeit

Diese Beschreibungen von Pastorenkollegen im Nahbereich sollen keineswegs eine falsche Relativierung befördern. Aber sie können deutlich machen, wie unterschiedlich Selbst- und Fremdbeschreibungen aus den verschiedenen Perspektiven auf ältere und jüngere Theologen dieser Zeit ausfallen können. Für Pastor Boeck, der am 10.3.1938 bereits 63 Jahre alt wurde, war mit dem Kirchbau und der bevorstehenden (und dann ab 1.7.1938 erfolgten[295]) Selbstständigkeit der Gemeinde der Zeitpunkt gekommen, für einen Nachfolger zu sorgen und seinen endgültigen Ruhestand vorzubereiten.

Um diese Zeit im Frühjahr 1938 drängten er und die Wellingsbütteler Vertreter im Kirchenvorstand der ja noch zu Bramfeld gehörigen Gemeinde auf die baldige Verselbstständigung ihrer Gemeinde, damit sie selbst mit an der Auswahl des künftigen Pastors teilhaben könnten. Mit einem Schreiben dieser Wellingsbütteler Vertreter, das am 28.5.1938 mit „Betr. Ausschreibung der hiesigen Pfarrstelle o.V." an das LKA gerichtet ist, wird angegeben, dass sie – vor der erwarteten Entscheidung zur Verselbstständigung – von der bereits erfolgten Ausschreibung der Pastorenstelle nur durch Zufall Kenntnis erhalten hätten und

> „wir nicht wissen, ob vor dem Endtermin für die Bewerbungen, der schon am 9. Juni ist, rechtzeitig ein Stück des Kirchl.Ges. u.V.Bl. erscheint, haben wir uns erlaubt ... im Deutschen Pfarrerblatt auf die Tatsache der Ausschreibung hinzuweisen." [296]

Pastor Boeck schaltete deshalb eine kleine Anzeige, die mit Datum vom 31.5.1938 im Deutschen Pfarrerblatt abgedruckt wurde:[297]

Es wird darauf hingewiesen, daß die **Pfarrstelle in Hamburg-Wellingsbüttel** zur Landeskirche Schleswig-Holstein gehörend, Villenvorort, besetzt werden soll. Bewerbungen sind bis zum 9. Juni an den Synodalausschuß, z. H. von Herrn Propst Dührkop in Hamburg-Wandsbek, zu richten. Auskunft erteilt auf Wunsch Pastor i. R. Boeck in Wellingsbüttel, Post Hamburg-Fuhlsbüttel, Waldstr. 39.

Missfallen erregte diese Anzeige vermutlich besonders deshalb, weil Boeck sich in den Vorgang quasi ‚eingemischt' hatte, dessen Durchführung der Kirchenleitung sowie dem Synodalausschuss und insbesondere dem Propst Dührkop oblag.

---

[295] Seeler (1959) S.179 = Seeler / Seeler (1988) S. 141. Siehe die Abbildung der Urkunde bei König (1989) S. 87.
[296] KG_Osterkirche_Nr_357_T1.pdf S. 37.
[297] Deutsches Pfarrerblatt Jg. 42,22 (1938) S. 370. – Das nächste Heft 23 ist auf den 7.6.1938 datiert, so dass eine Anzeige darin kaum für den Bewerbungsschluss am 9.6.1938 effektiv gewesen wäre.

In einem Schreiben des LKA vom 11.6.1938 schreibt Dr. Kinder auf diese Anzeige und den genannten (und auf den 1.6.1938 datierten) Brief Boecks bezogen:

„Der ... Hinweis auf die Besetzung der Pfarrstelle in Hamburg-Wellingsbüttel muss als ein unzulässiger Eingriff in die Rechte der kirchlichen Aufsichtsbehörde zur Ausschreibung ... zurückgewiesen werden. Wenn der Hinweis im Pfarrerblatt auch nicht ausdrücklich als Ausschreibung bezeichnet ist bzw. diese Bezeichnung vermeidet, kommt der Hinweis doch tatsächlich in seiner praktischen Auswirkung einer Ausschreibung gleich. ... Zur Sache selbst ist darauf hinzuweisen, dass die Ausschreibung der Pfarrstelle in Stück 6 des am 23. Mai 1938 ausgegebenen Kirchlichen Gesetz- und Verordnungsblattes veröffentlicht ist und daher rechtzeitig zur Kenntnis der Geistlichen der Landeskirche gebracht ist, was Pastor i.R. Boeck bekannt sein müsste. ... Im übrigen bemerken wir, dass die Entscheidung über die Besetzung der Pfarrstelle dem Landeskirchenamt bzw. dessen Präsidenten zusteht. ... Wir ersuchen, Herrn Pastor i.R. Boeck hiervon in Kenntnis zu setzen."[298]

Die Aufforderung zur Weiterleitung dieser LKA-Botschaft auf dem Dienstweg richtet sich an Propst Dührkop. Der seinerseits hat auf der Rückseite dieses Schreibens handschriftlich eine Notiz hinterlassen, die sicherlich in dem (bisher noch nicht aufgefunden) Schreiben an Boeck ihren Niederschlag gefunden haben wird:

„Diese, bisher nicht übliche, dem nationalsozialistischen Geist ins Gesicht schlagende, unmögliche Handlungsweise dürfte bestimmt nicht im Sinne der Kirchenvorsteher sein."[299]

Mit der überregionalen, reichsweiten Veröffentlichung wurde für die damit konfrontierten kirchlichen „Führer"-Persönlichkeiten der Kreis potenzieller Bewerber über den Kreis der ihnen persönlich und/oder aus Personalakten bekannten Schäfchen bzw. Hirten erweitert. Ihr Unwillen und ihr weiteres Verhalten ist daraus erklärbar.

Die Abschiedspredigt von Boeck am 15. Sonntag nach Trinitatis, am 28.9.1938, ist Lukas 11,1-4 und dem Vater Unser gewidmet. – Hier sind im Unterschied zur Einweihungspredigt, bei der die auswärtigen DC-Honoratioren, Landesbischof Paulsen, Leiter des Landeskirchenamtes Kinder und Propst Dührkop sowie der Bramfelder Pastor Seeler zugegen waren, wohl nur örtliche Gottesdienstbesucher, Kern- und Boeck vertraute Personal-Gemeinde, anwesend. Allerdings ist auch diese Predigt als gedruckte Vervielfältigung erhalten und wohl zur Zirkulation in der Gemeinde und für die Nachwelt gedacht. (Am 1.4.1938 hatte Boeck seine ortsgeschichtliche Darstellung im Band 1 der „Wellingsbütteler Urkunden" begonnen[300]).

Unsicher ist, ob und wie genau die Anspielungen Boecks in seiner Abschiedspredigt am 28.9.1938 auf die zeitgeschichtlichen Umstände (die sich deutlich weniger als im vorjährigen Einweihungstext finden), möglicherweise auf diesem Hintergrund zu deuten sind:

„... Seit ungefähr einem Jahr aber war es entschieden, daß ich bald gehen würde. Nur das war mein Anliegen, die Gemeinde einigermaßen in geordneten und wohleingerichteten Verhältnissen zu hinterlassen. Einmal schien es, als wenn mir diese Mög-

---

[298] KG_Osterkirche_Nr_357_T1.pdf S. 32.
[299] KG_Osterkirche_Nr_357_T1.pdf S. 33.
[300] Siehe dazu unten S. 166.

lichkeit genommen werden sollte. Ich danke der Gemeinde, daß sie damals in einer kritischen Stunde für mich eingetreten ist, so daß ich doch das Werk einigermaßen zu Ende führen konnte. Jetzt ist der Abschied zuletzt ganz schnell gekommen, vor acht Tagen wußte ich noch nicht davon.

Ich habe es unterlassen, eine Abschiedspredigt öffentlich anzukündigen. Ihr wißt, es ist nicht meine Art, viel Aufhebens von den Dingen zu machen. Das ist vielleicht ein Fehler, jedenfalls nicht zeitgemäß. Mir lag von jeher am meisten daran, in den Herzen der Besten einen Rückhalt zu finden. So ist es nur unter der Hand bekannt geworden und ich selbst habe hier und da die Freunde darauf hingewiesen, daß ich heute zum letzten Mal predige."[301]

Um was es sich ganz genau handelt, das Boeck die Möglichkeit zu einer geordneten Übergabe beinahe nicht erlaubt hätte, ist nicht sicher. Zu vermuten steht aus dem Zusammenhang des plötzlichen und acht Tage zuvor noch unbekannten Abschiedstermins, dass es sich um die Vorgänge der Einsetzung des ersten Pastors Rudolf Scheuer handelt. In der September-Ausgabe des Gemeindeblattes hatte Boeck noch geschrieben:

„Nach den geltenden Bestimmungen ist der neue Pastor durch das Landeskirchenamt bzw. dessen Präsidenten zu ernennen. Es hat uns aber der Präsident zugesagt, uns drei Pastoren zu bezeichnen, unter denen wir einen auswählen können. So werden bald drei Pastoren hier Gastpredigten halten, von denen die Kirchenvertretung einen zu wählen hat, den dann das Landeskirchenamt ernennt. Die Namen der drei Pastoren sind uns bisher noch nicht mitgeteilt."

Noch nicht einmal eine Woche nach der ersten (nahezu unangekündigten und dann einzigen) Gastpredigt am 11.9.1938 durch P. Rudolf Scheuer wurde dieser am 17.9.1938 vom LKA auf die neue Pfarrstelle in Wellingsbüttel berufen. Vermutlich – aber in den erhaltenen Quellen bisher so nicht belegt – hat es Protest und Erinnerung an die von Boeck öffentlich notierte Zusage des LKA-Präsidenten gegeben.[302] Unter den Zeitumständen hätte der Propst, der dann 14 Tage später eigentlich selbst die Amtseinführung Scheuers durchführen wollte, Boeck seines Amtes entheben können. Möglicherweise spielt Boecks Rückbezug, dass „die Gemeinde ... in einer kritischen Stunde für mich eingetreten ist" auf eine solche im Raum gewesene Situation und den Gemeinderückhalt an.[303]

Auch bei der Wahl des ‚Vater Unsers' für seine Abschiedspredigt ist unsicher, ob Boeck eventuell diesen Text als unterschwellige ‚Protestfolie' gewählt hat. Boeck

---

[301] Die Abschiedspredigt (Archiv_Aurig_1.pdf S. 13f) findet sich unten im Anhang vollständig.

[302] König (1989) S. 90 gibt an: „Nachdem im vorangegangenen Mai die neue Pfarrstelle zur Besetzung ausgeschrieben war, meldeten sich 29 Bewerber, von denen drei der engeren Wahl zu Gastpredigten geladen werden sollten".

[303] In einem handschriftlichen Schreiben (im Kontext von Unstimmigkeiten im Blick auf die Kirchenvorstandswahl 1959) an Pastor Hoberg vom 14.7.1959 nimmt Boeck Bezug auf einen Vorgang, „der mich vor 2 Jahrzehnten beinahe ins KZ gebracht hätte". Hintergrund sind verschiedene Behauptungen über einen Gesprächsverlauf, der mit der Bezichtigung von Unwahrhaftigkeit verbunden wurde. Sowohl von der vorauszusetzenden Zeit 1938/39 als auch von der Situation der von Boeck überlieferten Zusage des LKA-Präsidenten (die jedoch so nicht realisiert wurde, sondern anscheinend zu einer extrem schwierigen Situation für Boeck führte) passt die rückschauende Anspielung von 1959.

hatte 1938 gerade am ersten Band seiner ‚Wellingsbütteler Urkunden' gearbeitet. Jedenfalls kannte er den Bittbrief von 1839, also ein Jahrhundert früher, der von Wellingsbüttel an den dänischen König gesandt wurde und überliefert ist:

> In der Wiedergabe bei Rackowitz / Baudissin ist sehr schön der fortlaufende Text des Vater Unsers in Majuskeln zu sehen, der in dieses Schreiben eingebettet ist, das vordergründig, um Rücknahme der zu hohen Belastungen bittet, und hintergründig diese als unchristliche Schikanen des Landesvaters herausstellen will.[304]

In seiner Abschiedspredigt dankt Boeck den verschiedenen Gruppen und Personen der Gemeinde und hebt als besonderen Schluss die Anfänge 1933 hervor:

> „Ich danke vor allem dem Mann, der dadurch, daß er die Schenkung des Kirchplatzes veranlaßte, den Grund zur Entwicklung der Gemeinde gab. Ohne diese seine Tat hätten wir heute die Kirche noch nicht."[305]

Nicht namentlich, jedoch für alle Eingeweihten war damit der Dank an Emil Salzmann gerichtet, der allerdings 1938 mit Rücksicht auf seine NS-Karriere aus der Kirche ausgetreten war.

4.5 Boeck als ‚Altenteiler' in Wellingsbüttel 1938-1964

Für Christian Boeck geht mit dem Ausscheiden aus der Wellingsbütteler Hilfsgeistlichen-Stelle ein wesentlicher letzter Abschnitt seiner beruflichen Laufbahn zu Ende. – Jedoch bleibt er im Haus Waldstraße 39 wohnen und ist für zahlreiche Personen weiterhin Ansprechpartner, zumal er viele der Familien über Jahrzehnte bereits kennt und zum Teil in der Folgezeit im Zweiten Weltkrieg während längerer Zeiten auch in Vertretung der ‚ins Feld gezogenen' Pastoren amtiert. Der als Boecks Nachfolger amtierende neue Pastor Rudolf Scheuer (1907-1941) konnte dieses Amt nur kurzzeitig ausfüllen, da er bald zu Wehrübungen eingezogen wurde und im Krieg bereits am 3.10.1941 gefallen ist. Auch die in Vertretung jeweils entsandten Pastoren waren meist nur kurzzeitig während des Krieges in Wellingsbüttel, weil sie selbst eingezogen wurden oder anderweitig noch dringendere Vertretungen wahrnehmen mussten. So ist dann zeitweilig auch Propst Dührkop als Vertretung in der Gemeinde. Aber immer wieder war Boeck zwischenzeitlich gefragt bzw. hat sich angeboten, was auf Grund eines Kompetenzgerangels mit Kirchenvorstehern auch sehr unangenehme Seiten für alle Beteiligten hatte. Immerhin war Boeck beim Kriegsende 1945 als 70-Jähriger auch zum Teil herausgefordert, das Ende des NS-Systems gedanklich zu verarbeiten. Davon zeugt eine aktenkundige Begebenheit, bei der es um seinen ehemaligen und neuen Mitstreiter Emil Salzmann ging, der wieder in die Kirche eingetreten war.

Im Juni 1945 war die Predigtstätte noch verwaist und der vertretende Pastor Boeck hatte sich zur Frage der bekannt gewordenen Informationen zu den Konzentrationslagern geäußert. Dazu hatte es auch eine Meinungsäußerung von Emil Salzmann gegeben, dessen zwischenzeitlicher Kirchenaustritt (zumindest dem KV-

---

[304] Rackowitz_Baudissin_1993_700_Jahre_Wellingsbüttel_Inhalt_Auswahl.pdf S. 84.
[305] So auf der vierten Seite der gedruckten Abschiedspredigt; siehe im Anhang.

Vorsitzenden und früheren Kassenführer C.H. Bischoff) bekannt war. Das Protokoll einer folgenden Kirchenvorstandssitzung, bei der kontrovers über diese Thematik gesprochen wurde, ist zum Verständnis der späteren Auseinandersetzung und Reaktion Boecks nötig. Es findet sich als Transkription in der folgenden, langen Fußnote.[306]

Dieses Protokoll hat Pastor Boeck fast zwei Jahre später am 4. März 1947 zu einer maschinen-schriftlichen Erklärung veranlasst, die dem Protokollbuch nachträglich zum 15.6.1945 beigefügt ist:

„Ich, Pastor i.R. Boeck, erkläre hiermit, dass ich nach Einsichtnahme in die Protokolle der Kirchenvorstandssitzungen aus den Jahren 1943-45 feststellen muss, dass diese mir nicht immer den Eindruck reiner Objektivität machen, dass aber das Protokoll über die Sitzung vom 15. Juni 1945, das von C.H. Bischoff allein unterschrieben ist, also wahrscheinlich dem Kirchenvorstand gar nicht vorgetragen wurde, geradezu gehässig ist, nicht nur gegen mich, sondern auch gegen Salzmann. Ich halte nach wie vor die Aussprachen über meine Predigten, zu denen ich meine Zuhörer (also auch die in der Kirche anwesenden

---

[306] Transkription des handschriftlichen Eintrags am 15. Juni 1945 zur Thematik, der im Anschluss an die Gemeindevertretersitzung im Protokollbuch Archiv_298_FB_022_-Protokoll_KV.pdf S. 70f vermerkt ist:
„Vorstandssitzung an der auch Herr P. Boeck teilnimmt.
Der Vorsitzende trägt folgenden Fall vor: Am letzten Sonntag habe Herr Pastor Boeck in seiner Predigt gesagt: „Wenn von dem, was die Militärregierung über die Konzentrationslager verbreitet hat, nur 10 % wahr sind, dann ist es schon schlimm". Man müßte mit solchen Äußerungen doch wohl recht vorsichtig sein. Man dürfe an den Bekanntmachungen der Militärregierung keine Kritik üben.
Herr P. Boeck antwortete dazu: „Ich habe über das Thema „Warum ließ Gott das d.[eutsche] Volk so leiden" gesprochen und mich darum allerdings so geäußert, wie Herr Bischoff sagt. Ich danke für die Anregung. Ich habe keineswegs Kritik üben wollen und habe nur gemeint, auch wenn nur 10 % wahr seien, dann wäre es ja sehr furchtbar traurig!
Der Vorsitzende fragt dann weiter:
In der am letzten Mittwoch in dem Vorraum der Kirche von Herrn P. Boeck veranstalteten Besprechung über die Predigt, an der 22 Personen teilnahmen, – zu der der Vorstand nicht eingeladen war, warum er – der Vorsitzende trotzdem teilgenommen hätte – sei Salzmann, der aus der Kirche ausgetreten, aber an diesem Tage – angeblich aus innerer Überzeugung – wieder eingetreten war, anwesend gewesen. Dieser habe dann das Wort genommen und gesagt: >Herr P. Boeck wir haben ja schon vorher über das Thema gesprochen. Ich habe den Glauben an Gott verloren und Sie haben in der Predigt gesagt, wenn nur 10 % von dem wahr sei, was über die Konzentrationslager gesagt würde, dann sei es schon sehr schlimm. Ich behaupte, dass nichts Wahres daran ist, es ist nur alles Propaganda<. Man merkte deutlich, dass aus Salzmann der alte Nationalsozialist sprach. Er ist oder war Ob. Postinspektor und ist 1931 in die Partei eingetreten.
Der Vorstand hält den von P. Boeck veranstalteten Mittwochabend mit seiner Aussprache für äußerst ungeschickt. Insbesondere wendet er sich einmütig mit Worten, die an Deutlichkeit nichts zu wünschen übrig lassen, gegen das Ungeschick, dem Herrn Salzmann so weit das Wort zu geben, wie es geschehen ist. Einer der soeben, nach schwerer betreffender Vergangenheit wieder in die Kirche eingetreten ist, darf zurzeit nicht so in der Gemeinde das Wort bekommen, wie es ihm von P. Boeck eingeräumt worden ist. Alle Mitglieder des Kirchenvorstandes sind sich hierin einig. Der Se[e]lsorger in P. Boeck hätte wissen müssen, daß die Dinge, die Herrn Salzmann heute bedrücken, in die Sprechstunde des Pastors und nicht vor die Öffentlichkeit gehören. So bedeutet Herr Salzmann unbedingt für die Kirchengemeinde eine gewisse Gefahr, die mit allen Mitteln verhindert werden muß. C.H. Bischoff."

Kirchenältesten) aufforderte, für sehr wertvoll in jener seelisch verstörten Zeit. Ich lehne die Beurteilung meiner seelsorgerlichen Tätigkeit als einer ungeschickten ab, weil sie von einer Seite erfolgt, der ganz gewiss kein sachkundiges Urteil darüber zusteht."[307]

Die Nachkriegsstellungnahme Boecks gegenüber dem Kirchenvorstand – auch zugunsten von Salzmann – zeigt die Verbundenheit, die vermutlich auch an dessen Wiedereintritt mit Anteil hatte. Diese Verbindung hat auch in den nächsten Jahren weiter bestanden, wie sich aus einem kleinen Detail 12 Jahre später ergibt.[308]

Das Beispiel von Emil Salzmann ist sicher nur ein besonderes Element, wie der ‚Altenteiler' Boeck noch in das öffentliche Leben der Gemeinde einbezogen gewesen ist. Daneben hat er regelmäßig als Dozent Volkshochschulkurse am Ort gegeben,[309] die Themen der Literatur und der Geschichte (u.a. zur Ortsgeschichte Wellingsbüttels[310]) betrafen und die von seinen ehemaligen Gemeindegliedern aus Verbundenheit, aber auch auf Grund der allseits bewunderten Gelehrsamkeit des alten Pastors besucht wurden.[311] Insofern war der Rückzug aus dem Pfarramt und der Übergang zum tatsächlichen Ruhestand fließend, da er auch gegenüber den nachfolgenden Pastoren als Gesprächspartner oder gelegentlich als Sprachrohr anderer Meinungen fungierte.[312]

Die weiteren Ereignisse im letzten Lebensjahrzehnt – seine Ehrungen für die Bemühungen um die Niederdeutsche Sprache ebenso wie die oben bereits erwähnte Trauerfeier in Bergstedt 1964 – setzen die Schilderung seines bisher nur beiläufig erwähnten außerberuflichen Engagements für die Fehrs-Gilde voraus. Um diese soll es deshalb im folgenden Kapitel gehen.

5 Boecks außerberufliche Aktivitäten: die Fehrs-Gilde

Boecks Einsatz für die Kirchen- und Ortsgemeinde Wellingsbüttel ist von den ortsansässigen Vereinen durch die Namensgebung der ‚Christian-Boeck-Allee', die von der Friedrich-Kirsten-Straße zum Wellingsbütteler Torhaus führt, gewürdigt worden.[313] Auch darin drückt sich die allseits dieser Persönlichkeit entgegen gebrachte Wertschätzung aus.

---

[307] Archiv_298_FB_022_Protokoll_KV.pdf S. 71.

[308] Im Zusammenhang der Kirchenvorstandswahl 1959 sind von zwei Seiten Wahlvorschlagslisten aufgestellt und mit den notwendigen fünf Unterschriften von Gemeindegliedern eingereicht worden. Eine der Listen ist (mit einer gewissen Parteinahme) über den Ruheständler Boeck koordiniert worden und trägt als eine der fünf auch die Unterschrift von Emil Salzmann. Das ist sicher erkennbar, denn Salzmanns Unterschrift findet sich wiederholt auch im Zusammenhang der handschriftlichen Protokolle des Bauausschusses 1936/1937.

[309] Hoffmann (1960) FS 17.

[310] 1947 konnte sein „Kurzer Abriß der Geschichte Wellingsbüttels" erscheinen. 1951 der zweite Band der „Wellingsbütteler Urkunden".

[311] Uta Rüppel (2010) JAV zur Geschichte der Brücke über die Alster.

[312] Zu den weiteren Anteilen Boecks an innergemeindlichen Auseinandersetzungen siehe Bräuninger (2016) eDiss S. 209ff (zu Salzmann; versehentlich steht S. 210 Salzmann sei 1933 aus der Kirche ausgetreten; es muss heißen ‚1938'); .

[313] Siehe Kahl / König (1992) JAV S. 88-91 und das Bild bei Anm. 460.

5.1 Literarische Aktivitäten in den ersten Amtsjahren

Versucht man über das umfangreiche literarische Schaffen Boecks sich einen Überblick zu verschaffen, so fällt auf, das zwar mengenmäßig alles, was mit Fehrs und der Fehrs-Gilde und später dem Verlag zu tun hat, dominiert. Aber durchaus überraschend war die Feststellung aus seinem Nachlass, dass aus seinen ersten Amtsjahren Rezensionen zu diversen Themen vorliegen. Dabei handelt es sich auch nicht primär um theologische Themen, zu denen er Bücher rezensiert hat, sondern die unten chronologisch angelegten Liste in Kapitel „7. Publikationen von Christian Boeck" zeigt, dass ein sehr viel breiteres Interessen-Spektrum vorhanden gewesen sein muss. Dabei scheint das Interesse am Genossenschaftswesen ein Nachklang der in seiner Studienzeit zuerst traktierten „sozialen Frage" gewidmet zu sein. Parallel dazu ist durch seinen persönlichen Bezug (um den es unten in Abschnitt „5.3 Boecks Weg zu J.H. Fehrs" gehen soll) dann sein Engagement für Fehrs und die Fehrs-Gilde zu einem fast exklusiven Schwerpunkt seines außerberuflichen Tuns geworden, das ihm in den späteren Lebensjahren die vielen Ehrungen eingebracht hat.

5.2 Johann Hinrich Fehrs und die Fehrs-Gilde

Weit über den Ortsteil Wellingsbüttel hinaus sind seine Verdienste, wie die bereits oben erwähnten Ehrungen u.a. mit dem Bundesverdienstkreuz, mit demjenigen Engagement verbunden, das im Zusammenhang seiner verschiedenen Funktionen für die Fehrs-Gilde erfolgt ist.

Die moderne Internetseite stellt diesen Verein wie folgt vor: „Die Fehrs-Gilde wurde 1916 kurz nach dem Tode von Johann Hinrich Fehrs gegründet. Sie wollte zum einen das Werk des Dichters lebendig erhalten und zum andern die niederdeutsche Sprache generell fördern. ... Später hat sie Nachdruck vornehmlich auf die Herausgabe anspruchsvoller plattdeutscher Bücher gelegt und 1949 den Verlag der Fehrs-Gilde gegründet. Dieser Verlag wurde 1989 in den Wachholtz Verlag integriert. Dort wird die Arbeit in enger Verbindung zwischen Gilde und Verlag in der ‚Edition Fehrs-Gilde' fortgesetzt. Die ‚Literatur' im Untertitel des Namens weist auf diese Tätigkeit hin".[314]

Der Autor Johann Hinrich Fehrs hat sich primär in seiner zweiten Lebensphase in zahlreichen Veröffentlichungen sowohl in Hochdeutsch als auch in niederdeutscher Sprache literarisch betätigt. Er ist nicht unwesentlich durch die Fehrs-Gilde und ihre über den Tod des Dichters 1916 hinaus wirkende Publikationstätigkeit der Öffentlichkeit bekannt gemacht worden. Möglicherweise wäre sonst durch die Zeitläufe ein größerer Bekanntheitsgrad von Fehrs' Schaffen unterblieben, weil durch die noch andauernde Zeit des Ersten Weltkriegs bis 1918 und durch die nachfolgende Zeit der Umwälzungen der beginnenden Weimarer Republik andere Dinge im öffentlichen Interesse gestanden hätten. Drei Personen, der Sohn Karl C.

---

[314] aus: http://www.fehrsgilde.de/hd_verein.htm abgerufen 18.12.2013. (Siehe auch http://de.wikipedia.org/wiki/Johann_Hinrich_Fehrs).

Fehrs (1873-1941), Jacob Bödewadt (1883-1945)[315] und Christian Boeck (1875-1964), sind es, die vor allem im Rahmen der von ihnen gegründeten Fehrs-Gilde als Propagandisten gewirkt haben.[316]
Heutzutage erlaubt eine übersichtliche Bibliographie der Schriften von Johann Hinrich Fehrs darüber Informationen[317] und es findet sich etwa auf der Website „Plattdeutsche Bibliographie Biographie" (PBB) ein Ausweis seines niederdeutschen Schaffens.[318] Der beste Kenner von Fehrs' Gesamtwerk sowie auch von dessen Rezeptionsgeschichte und der Bedeutung der Fehrs-Gilde ist einer der Herausgeber der 1986ff erschienenen fünfbändigen Fehrs-Ausgabe „Sämtliche Werke in zeitlicher Reihenfolge": nämlich Kay Dohnke, der auch 1982 bereits die erste umfassende Bibliografie zu Fehrs in ‚Steinburger Hefte 4/1982' erarbeitet hatte.[319]
Bei Institutionen, die wie die Fehrs-Gilde 2016 ihr 100jähriges Bestehen feiern können,[320] ist es nicht anders zu erwarten, als dass sich Akzentsetzungen im Laufe der Zeit verändern, wie es ja bereits in der modernen Selbstvorstellung mit dem Hinweis auf die Verlagstätigkeit ab 1949 anklingt. Dieser Wandel hängt wesentlich mit der Person von Christian Boeck in mehrfacher Hinsicht zusammen, dessen „nebenberuflicher" Lebensweg im Folgenden nachgezeichnet werden soll.

5.3 Boecks Weg zu J.H. Fehrs

Noch in der Abschlussphase seines Studiums ist Boeck in das Haus der Fehrs-Familie gekommen. In den Bemerkungen, die Boeck in sein 1959 erschienenes Buch („Herausgegeben mit Hilfe der Evangelisch-lutherischen Kirchengemeinde

---

[315] Dohnke / Hopster / Wirrer (1994) S. 467.
[316] Töteberg (1987) SB S. 253: „Bödewadt gründete …noch im Jahr 1916, die Fehrs-Gilde, und Boeck wurde Schriftführer. Nach Bödewadts Rücktritt als Vorsitzender 1921 übernahm später Boeck das Amt und hielt es bis 1964 inne." Dohnke (1985) SB S. 87: zu Boeck „Seit 1938 Vorsitzender der Fehrs-Gilde … und von 1924 bis 1942 Schriftleiter des Mitgliederorgans Blätter der Fehrs-Gilde". Alle drei sind auf dem Foto von 1938 bei Anm. 400 zu sehen.
[317] Dohnke (1982).
[318] http://www.ins-bremen.de/pbub/autoren-index.html.
[319] Das Gustav Hoffmann überreichte Exemplar dieses Heftes habe ich aus dessen Nachlass dankend erhalten. Herrn Dohnke danke ich auch für weitere Unterstützung und Erlaubnis, aus seiner dem Kreisarchiv Itzehoe überlassenen Sammlung Materialien zu nutzen. Von ihm sind auch weitere wichtige Beiträge zu Niederdeutsch in der völkischen und nationalsozialistischen Bewegung für die Biografie Boecks verarbeitet – wie z.B. Dohnke (1985) SB.
[320] Eine Festschrift zum 75jährigen Jubiläum ist herausgegeben von Kahl (1991). Dort ist zwar die Rede davon, dass „kaum eine der niederdeutschen Vereinigungen … je so eindeutig politisch Stellung bezogen und sich zu zeitpolitischen Fragen so offen bekannt [hat], wie die Fehrs-Gilde. Das haben wir heute festzustellen und zu interpretieren, aber darüber haben wir nicht zu rechten. Verschwiegen werden aber darf diese Tatsache nicht, denn sie gehört mit zu dem, was wir die ‚Niederdeutsche Bewegung' nennen, und sie gehört mit zu unserem Selbstverständnis und zu unserer und zur Geschichte der Fehrs-Gilde". – Weitere, explizite Hinweise auf die Beziehung zum Nationalsozialismus oder auf die damals bereits vorliegenden rezeptionsgeschichtlichen Arbeiten wie in Dohnke (1985) SB und in Dohnke / Ritter (1987) fehlen dieser Festschrift.

Wellingsbüttel") „Erinnerungen an Johann Hinrich Fehrs" eingestreut hat, wird darauf verwiesen, dass Fehrs 60 Jahre alt war, als er den 1838 Geborenen kennenlernte, an einer Stelle wird für den ersten Kontakt das Jahr 1897 angegeben.[321] Durch seinen Studienfreund Karl C. Fehrs hatte sich dieser Kontakt mit dem alten Herrn in Itzehoe ergeben, der dem früh verwaisten Chistian Boeck aus dem Nachbarort Heiligenstedten zu einem väterlichen Freund und Gesprächspartner wurde.

Ob auch möglicherweise das Interesse an der mit Christian gleichaltrigen Schwester des Studienfreundes, Anna Elisabeth (1875-1962) – genannt Mieschmit ihrer Musik einen zusätzlichen Anziehungspunkt für den 22-Jährigen dargestellt hat, lässt sich nur vermuten. Auf jeden Fall ist die Verbindung zu ihr lebenslang erhalten, wie die Korrepondenz zeigt, die beide bis ins hohe Alter gepflegt haben. Ihr, die er mit „Liebe M.[iesch]" anredet, sind auch von „Kr[ischan]" die Erinnerungen an Ihren Vater zugeeignet. – Im Unterschied zu Christian, der wie berichtet, 1907 Ella Barbeck geheiratet hat, ist sie jedoch unverheiratet geblieben und „erwählte ... die Musik zum Lebensberuf".[322]

Dieses Buch mit seinen „Erinnerungen an Johann Hinrich Fehrs" als Boecks erste Publikation im Zusammenhang seiner ‚literarischen Nebentätigkeit' zu nennen, ist weder aus einer chronologischen Rückwärtsperspektive noch auch aus einem zeitlich voranschreitenden Nachzeichnen seiner Biografie korrekt. Es gibt weitere Beiträge von Boeck nach 1959 und es lassen sich die frühesten gedruckten Texte von ihm bis 1905 zurückverfolgen. Eine solche chronologische Besprechung soll erst in Kapitel 7 unten folgen. Trotzdem ist es angemessen, mit diesem Text zu beginnen, denn hier stellt Boeck quasi einen autobiografischen Rahmen zu seinem Engagement für Fehrs und niederdeutsches Schrifttum selbst her.

Die Gespräche mit J.H. Fehrs über die von diesem verfassten Gedichte und Erzählungen haben aber zur ersten Buchveröffentlichung Boecks geführt, die er 1908 unter dem Titel „Johann Hinrich Fehrs" veröffentlicht hat. Insbesondere der 1907 abgeschlossene niederdeutsche Roman „Maren" findet darin bereits Berücksichtigung. Dessen Textfassung war über die Jahre ihrer Bekanntschaft immer weiter überarbeitet und gewachsen sowie von Fehrs zuvor frisch veröffentlicht worden.

Für einen heutigen Leser sind viele Beschreibungen Boecks, die sich als literaturwissenschaftlich verstanden wissen wollen, und vor allem Boecks Bewertung des Dichters, der qualitativ nur mit Goethe vergleichbar sei,[323] schwer mitvollziehbar. – Trotz grundsätzlich positiver Besprechung von Boecks Buch hat auch damals bereits Jacob Bödewadt (1883-1945) in seiner ebenfalls noch 1908 erschienenen Rezension zu Boecks Büchlein ausdrücklich zu diesem Vergleich formuliert, „daß

---

[321] Siehe bei Anm. 76 den Bezug auf Boeck (1959) S. 27 sowie die Jahreszahl S. 14.

[322] Boeck (1959) S. 24; dort auch die weitere Charakteristik: "Unter fünf Brüdern war sie herangewachsen. ... Aber sie war kein Haustöchterchen. Selbständigen Geistes ... hatte sie sich den eigenen Weg vorgezeichnet." (Eine weitgehend ‚formulierungsgleiche' Beschreibung findet sich auch bei Koch (1987) SB S. 32f, ohne Zitation von Boeck).

[323] Boeck (1908) S. 32, siehe das Zitat bei Anm. 476.

dergleichen nur der guten Sache schaden kann".[324] Diese Überschätzung lässt sich teils wohl aus der besonderen, gegenseitigen Zuwendung und Verehrung durch den jungen Pastor erklären, der selbst früh verwaist und dem ‚ersatzweise' J.H. Fehrs ein väterlicher Freund geworden war. Immerhin hat Bödewadt es in der Folgezeit tatsächlich mit unternommen, wie in seiner Kritik zu Boeck vorgeschlagen, um

„... zu schnellerer und allgemeinerer Anerkennung des Dichters bei[zu]tragen, ... die besten seiner Geschichten in einem Band ‚ausgewählte Erzählungen' zusammenzustellen; ... in der Tat eine Sammlung von Meisternovellen ..."[325]

Abb. 16: Pflanzung der ‚Johann Hinrich Fehrs-Eek' 1912. An dieser Stelle wurde 1956 das Gebäude der Itzehoer Stadtwerke errichtet

[326]

Bödewadt ist einer der wichtigen Motoren auch für die weitere Anerkennung von Fehrs geworden. Letzterer war zwar im Mai 1912 öffentlich geehrt worden, als der „Plattdeutsche Provinzialverband für Nordelbingen ... seine Verbandstagung" in Itzehoe abhielt, wo der Verband „am Ochsenmarktskamp eine Doppeleiche und einen Denkstein setzte".[327] Im Jahr darauf verlieh die Stadt Itzehoe dem Jubilar zu seinem 75. Geburtstag am 10. April 1913 auch „das so seltene Ehrenbürger-

---

[324] Bödewadt (1907f) MQu S. 106.
[325] Bödewadt (1907f) MQu S. 106.
[326] Bild aus Dohnke / Ritter (1987) S. 40. – S. 291 wird im Verzeichnis der Abbildungen angegeben: „Pflanzung der ‚Johann Hinrich Fehrs-Eek' (Postkarte aus dem Jahre 1912) Sammlung Kruse".
[327] Irmisch (1960) S. 408 (zur späteren Veränderung dort S. 452).

recht".[328] Ebenfalls anlässlich des 75. Geburtstags kommt 1913 mit der herausgeberischen Unterstützung von Bödewadt die erste größere Fehrs-Zusammenstellung „Gesammelte Dichtungen in vier Bänden" heraus. In Boecks rückschauender Betrachtung stellt er Bödewadts Engagement als eine ihm willkommene Entlastung dar:

> „In den letzten Jahren seines Lebens bin ich nicht mehr so häufig mit Fehrs zusammen gekommen. Eine große und schwierige Gemeinde, der Bau einer Kirche [1914 in Bramfeld], die gehäufte Arbeit während des Krieges nahmen meine Kraft ganz in Anspruch. ... Auch deswegen durfte ich den väterlichen Freund vernachlässigen, weil inzwischen Jacob Bödewadt literarisch sich seiner angenommen und menschlich ihm nahegetreten war. Er schrieb sein Buch über Fehrs [1914] und veranstaltete die schöne Gesamtausgabe der Dichtungen ... in unermüdlicher Arbeitskraft und selbstloser Hingabe ist er für Fehrs eingetreten, um den [!] Dichter den Weg in die Öffentlichkeit zu bahnen."[329]

Was so rückschauend nur anerkennend klingt, könnte jedoch in der erzählten Zeit durchaus auch stärkere Aspekte einer Konkurrenz enthalten haben. Michael Töteberg gibt folgenden kurzen Abriss der Ereignisse:

> „Boeck und Bödewadt haben mit einer Vielzahl von Artikeln und mit der Fehrs-Gilde als institutionalisierter Sachwalterin des Erbes das Bild des Dichters nachhaltig geprägt, ohne daß ihre Legitimation irgendwo angezweifelt wurde. Pastor Boeck hielt bei der Beerdigung von Fehrs die Grabrede; Bödewadt verteilte eine ‚nicht gehaltene Grabrede' als Flugblatt. Bödewadt gründete bald darauf, noch im Jahr 1916, die Fehrs-Gilde, und Boeck wurde Schriftführer. Nach Bödewadts Rücktritt als Vorsitzender 1921 übernahm später Boeck das Amt und hielt es bis 1964 inne."[330]

Im Kreisarchiv Itzehoe finden sich die beiden genannten Grabreden als separate Drucke, die in das genannte Buch von Boeck über Fehrs von 1908 locker eingelegt sind. Beide Grabreden sind auch im Vergleich zueinander von Interesse, weil sie etwas von der sich im Laufe der Zeit bei Boeck stattfindenden Veränderung deutlicher nachvollziehbar machen.

Die Grabrede von Boeck kreist – wie in der Textgattung von einem Pastor nicht anders zu erwarten – um ein Bibelwort aus Psalm 1,3. Es findet sich auch auf dem Fehrs-Grabstein auf dem Friedhof in Itzehoe:

> „Er ist wie ein Baum gepflanzet
> an den Wasserbächen, der seine
> Frucht bringet zu seiner Zeit,
> und seine Blätter verwelken nicht,
> und was er macht[,] das gerät wohl."

Die Grabrede ist dem Anhang beigefügt.[331]

---

[328] Irmisch (1960) S. 408.
[329] Boeck (1959) S. 65.
[330] Töteberg (1987) SB S. 253. Zu dem auf Bödewadt 1921/1922 folgenden Vorsitzenden Dr. O. Wachs siehe bei Anm. 352.
[331] Siehe im Anhang unter 10.3; zur Todesanzeige in der Zeitung siehe oben bei Anm. 81.

Im Unterschied zu Boeck ist die von Bödewadt verteilte Grabrede in einem ganz anderen Ton auf die Weiterwirkung des verstorbenen Dichters gerichtet. Bödewadt hat sie „Dank und Gelöbnis – Abschiedsgruß am Grabe von Johann Hinrich Fehrs am 20. August 1916" überschrieben. Sie soll als Ganze abgebildet werden:[332]

Der Kreisausschuß
Kreisarchiv

Dank und Gelöbnis

Abschiedsgruß am Grabe von

Johann Hinrich Fehrs

am 20. August 1916.

An diesem Grabe, an dem wir so tief erschüttert stehen wie an keinem noch, das sich in dieser Erntezeit des Todes vor uns aufgetan hat, bittet auch die Jugend ihrem väterlichen Freund und Führer ein Wort nachsagen zu dürfen in die Ewigkeit, in die er nun eingegangen ist.

Für ihn, den jetzt Vollendeten, kam der leichte sanfte Tod so schön, wie er sich das immer gewünscht hatte. Uns aber traf das unerwartet plötzliche Ende mit um so schwererer Wucht. Noch vermögen wir es kaum zu fassen, daß dieses leuchtende Auge nie mehr auf uns ruhen, dieser gütige Mund nie mehr zu uns sprechen, dieses wahrhaft edle Herz nicht mehr für uns schlagen soll. Wir wissen es freilich wohl: der Gestorbene ist nicht tot für uns, in seinem Werk lebt er unsterblich weiter, durch sein Werk wird er künftig noch viel weiter wirken, als er es bisher schon tat. Denn zu seiner großen und tiefen Kunst haben ungezählte Lebende noch nicht hingefunden, aus ihr werden viele noch ungeborene Geschlechter Erquickung und Erhebung trinken, so lange niederdeutsche Art Bestand und Geltung hat.

Aber so froh und gewiß wir dessen auch sind: er, dessen Leib jetzt hier zu unsern Füßen gebettet wird, war uns mehr als nur ber ragende niederdeutsche Klassiker, der feines Stammes, seines Volkstums stolze Eigenart in den trauten Lauten seiner Muttersprache zur Unvergänglichkeit erhöht hat, der in wunderbar anschaulichen, von tieferlebter Weltweisheit und von innerlichstem Gottvertrauen erfüllten Dichtungen uns ein immer neu ergreifendes Spiegelbild unsers aus heimischer Erde zum heimischen Himmel emporstrebenden Stammestums geschenkt hat. Er war uns mehr als der Schöpfer dieser blutvollen Kunstwerke; er war uns ein lebendes Symbol. Nicht Zufall noch Laune ließ ihn so manches Mal sich selber in seine Erzählungen leibhaftig einführen in der Gestalt Johann=Ohms; diese kaum verhüllte Selbstdarstellung war einfach der unwillkürliche Ausdruck jenes so seltenen Zusammenklangs zwischen Künstler und Mensch, jener einzigartigen Uebereinstimmung zwischen schaffendem Schauen und alltäglichem Eigenleben, wodurch er selbst zur wundervollsten Verkörperung besten niederdeutschen Wesens, wodurch er zur Idealgestalt des rein germanischen Deutschen schlechthin wurde. So war er uns auch als Mensch im Alltag ein ebenso leuchtendes Vorbild, wie er es in seinen Dichtungen vor uns aufstellte. Und war doch bei aller Hoheit seines Wesens zugleich ein so wahrhaft gütiger, so treu besorgter väterlicher Freund, wie seinesgleichen nirgends sonst gefunden ward. War allein schon durch die Tatsache seines Da=Seins denen, die ihm hatten nahetreten dürfen, eine Verheißung und eine Erfüllung.

Nun wird sein aufmunterndes und beruhigendes, sein anfeuerndes und sänftigendes Vater= und Führerwort nie mehr so leibfestlar und herzenswarm aus Brief und Rede zu uns klingen. So wollen wir ihm in dieser Stunde, da wir sein Sterbliches bestatten, noch einmal laut danken für dies Allerpersönlichste, was er uns geschenkt hat und was dereinst unverlierbar in uns weiterleben wird wie das, was er für sein ganzes Volk in seinen Werken niedergelegt hat. Daß er von uns gegangen ist, das lastet als der schwerste Verlust an Menschenwert, der uns je betroffen hat, auf uns: daß solch ein einziger Mensch mit einer leibhafte Wirklichkeit gewesen ist, dieses Erlebniswunder kann uns auch sein Tod nicht rauben.

Wie der große, zeitlose Dichter, so lebt auch der große, grundgute Mensch, der er war, unsterblich fort in den Herzen der Seinen – in beidem bleibt er unser niederdeutscher Herzog allezeit. Seiner uns würdig zu erweisen in Wort und Tat, in Fühlen und Handeln, in der Arbeit an uns selbst und an unserm Volk, damit seine reiche Lebensarbeit üble Früchte tragen kann – und unser steter Dank an ihn sein. Das ist das Gelöbnis, das wir an seinem Grabe im Namen des vornehmlich durch ihn zum Selbstbewußtsein erwachten und zugleich für das durch uns noch zur Selbstbesinnung zu erweckende Niederdeutschtum ablegen. Treu sein, wie er es war – dazu helfe uns sein Geist!

Jacob Bödewadt

In diesem Text Bödewadts wird für Fehrs eine unsterbliche Weiterwirkung mit den Begriffen wie „niederdeutsche Art" und „Stammestum" und die Verklärung zu einer „Idealgestalt des rein germanischen Deutschen" hoch stilisiert. Diese völkische Denkweise, die bei Boeck schriftlich zuvor keinen vergleichbar starken dokumentarischen Niederschlag gefunden hatte, scheint jedoch seine künftige Sichtweise durchaus mit geprägt zu haben, wie sich unten weiter zeigen wird. Für

---

[332] Abbildung mit freundlicher Genehmigung durch das ‚Gemeinsame Archiv des Kreises Steinburg und der Stadt Itzehoe', wo das Exemplar im Buch unter der Signatur 2011 abgelegt ist.

Bödewadt dagegen ist bereits aus dem Jahr zuvor – allerdings ohne Bezug auf Fehrs – in einer

> „1915 erschienenen Kleinschrift *Weltkrieg und Niederdeutschtum* (die Reihe hieß ‚Plattdütsche Volksböker' ...) ... von Englands ‚Rasseverrat' ..." [geschrieben worden;] „der Krieg habe das ‚Niederdeutschtum aus halber Vergessenheit hervorgeholt und vor aller Augen gestellt'. Der ‚äußere Verlauf des Feldzuges' habe ‚die weit über die Grenzen des Reiches hinausgehende Verbreitung niederdeutscher Art den meisten Menschen erst zu Bewusstsein' gebracht. ‚Im Westen in Vlandern, im Osten in den baltischen Provinzen kämpfen unsere Heere auf altniederdeutschem Boden ...' Das deutsche Schwert habe in der ‚germanisch-niederdeutschen Westmark [...] seine Arbeit zum großen Teil gleich zu Beginn des Weltkrieges getan [...]'. In dieser Denklinie hatten sich im Kriege renommierte Wissenschaftler geäußert ..."[333]

Entweder nach gemeinsamer Planung oder vielleicht auch mehr oder weniger einseitig vorbereitet hat Bödewadt die anderen Beteiligten in Zugzwang gebracht, wenn er in der verteilten Grabrede für die Zukunft die ‚Erweckung' ankündigt:

> „Das ist das Gelöbnis, das wir hier an seinem Grabe im Namen des vornehmlich durch ihn zum Selbstbewußtsein erwachten und zugleich für das durch uns noch zur Selbstbesinnung zu erweckende Niederdeutschtum ablegen. Treu sein, wie er es war – dazu helfe uns sein Geist!"

Immerhin hatte er bereits durch die über 1000 Personen umfassende Subskriptionsliste, die für die o.g. und 1913 erschienene Fehrs-Ausgabe der „Gesammelten Dichtungen ..." zusammengekommen waren, einen beträchtlichen Stamm an potenziellen Ansprechpersonen für die Gründung der Fehrs-Gilde.[334] Möglicherweise wurden von ihm auch die Blätter bereits vorbereitet, die den Zweck des zu gründenden Vereins beschreiben:[335]

Aufruf zum Beitritt zur Fehrs-Gilde

Eine Reihe von Textpassagen dieses Aufrufs entsprechen deutlich der Grabrede, die Bödewadt am 20.8.1916 verteilt hatte. Darüber hinaus sieht dieser weitere Text

> „... während des Weltkrieges noch die schönste Bestätigung des Wertes der Ideale, denen zeitlebens all sein Sinnen und Schaffen gegolten hatte: was er in seinen wunderbar anschaulichen, von tieferlebter Weltweisheit und innerlichem Gottvertrauen erfüllten Dichtungen immer neu gestaltet hat, das unverfälschte deutsche Volkstum, das bewährt sich jetzt in der gewaltigsten Prüfung der Geschichte als unerschütterlich stark und unanfechtbar echt. ... von dem Bewußtsein und der Überzeugung getragen, mit der Förderung und Pflege des von Fehrs zur künstlerischen Unvergänglichkeit erhöhten, aus heimischer Erde zum heimischen Himmel emporstrebenden Stammestums zugleich dem gesamten deutschen Volk und Vaterland zu dienen; denn auf seiner Stämme kraftvoller

---

[333] Zitiert nach Köstlin (1994) SB S. 47 mit Bezug auf die am Schluss angesprochenen Wissenschaftler wie Borchling.
[334] Eine umfassende Liste mit Honoratioren aus Politik, Wissenschaft und anderen Institutionen (primär aus SH und HH) schmückt auch die Vorrede Bödewadts zur Fehrs-Ausgabe von 1913 (dokumentiert u.a. im Kreisarchiv Sammlung Dohnke 2.22 S. 6).
[335] LASH_371_Nr_827_Fehrs_Gilde.pdf Blatt 3 (S. 6).

Eigenart beruht, wie jetzt jedermann vor Augen steht, Alldeutschlands unvergleichliche Macht und Größe. ..."

Dem Aufruf (wohl erst für die Verwendung nach der Gründung) angefügt ist eine Liste des Vorstands sowie des sehr umfangreichen Beirats, in dem weitgehend diejenigen Honoratioren aufgeführt sind, die auch bereits in den „Gesammelten Dichtungen..." in Bödewadts Vorwort als ‚Werbeträger' genannt sind.

5.4 Die Gründung der Fehrs-Gilde

Als erster Vereinssitz der Fehrs-Gilde ist Itzehoe in den Unterlagen des Landesarchivs SH vermerkt. Eine Kopie der Satzung ist dort einem Antrag auf einen Druck-Zuschuss für das Jahrbuch von 1919 beigefügt und zeigt das Datum der Beschlussfassung vom 21. Oktober 1916:

Beschlossen in Neumünster am 21. Oktober 1916, erweitert in Itzehoe am 30. September 1917.

Eingetragen in das Vereinsregister beim Kgl. Amtsgericht Itzehoe unter Nr. 25.

Darin wird in § 5 für den engeren Vorstand festgelegt, dass dieser für drei Jahre gewählt und von drei Personen (Vorsitzender, Schriftwart, Kassenwart) gebildet wird. § 7 erklärt:

„Willenserklärungen der Gilde sind gültig, wenn der Vorsitzende und ein weiteres Mitglied des engeren Vorstandes dem Namen der Fehrs-Gilde ihre Namensunterschrift hinzufügen."

Boeck ist in den ersten Jahren als Schriftwart des Vereins tätig und fungiert insofern entsprechend § 7 bei den folgenden zwei Antrags-Unterschriften gemeinsam mit dem Vorsitzenden:

Der Vorstand der Fehrs-Gilde

Der o.g. Antrag zeigt zwei Unterschriften, wobei „J. Bödewadt Vorsitzender" und Boeck als „stellv. Vorsitzender" unterzeichnet haben.[336]

Doch konnte Boeck in dieser Anfangsphase der Fehrs-Gilde, in der Bödewadt den Vorsitz inne hatte,[337] vermutlich nicht sehr viel Neues mit beitragen. 1917/1918 wird

---

[336] LASH_371_Nr_827_Fehrs_Gilde.pdf S. 3ff.

[337] Vermutlich von Bödewadt ist auch der Text über die Fehrs-Gilde, der anlässlich einer Veranstaltung zum 80. Fehrs-Geburtstag am 10.4.1918 vom ‚Plattdütsch Vereen Quickborn to Berlin' in seiner Einladung abgedruckt wurde: „Wer je in diesen Tagen weltgeschichtlicher Prüfung und Bewährung sich seines niederdeutschen Stammestums dankbar-stolz bewußt war, wer je auf die geheimnisvollen Stimmen, die als Ahnenerbe ihm im Blute rauschen,

immerhin sein Fehrs-Büchlein von 1908 nochmals gedruckt und als jährliche Gildegabe an die Mitglieder versandt.[338]

Johann Hinrich Fehrs Gedächtnisfeier

Bei der Feier zum 80. Geburtstag von J.H. Fehrs am 10.4.1918 hält Boeck jedoch auch die als Punkt 4 im Tagesprogramm ausgewiesene ‚Gedächtnisrede'[339] Das auf dem Deckblatt von Bödewadt verwendete Bild des Fehrs-Geburtshaus in Mühlenbarbek bzw. die genutzte Foto-Vorlage stellt vor einige Probleme. Er hatte sie bereits mehrfach zuvor in Veröffentlichungen abgedruckt.[340] Allerdings finden sich dabei zum Teil widersprüchliche Angaben, um die es im Folgenden gehen soll.

Dieser Frage nachzugehen ist auch für die Boeck-Biografie von Interesse. Boeck hat 1958 in einem Beitrag zur 120. Wiederkehr des Geburtstages von Fehrs sich ebenfalls noch einmal als 83-Jähriger mit Mühlenbarbek beschäftigt.[341] Die über Jahrzehnte zuvor tradierte Abbildung birgt aber – wie erwähnt – Probleme:

---

demütig-dienstbereit gelauscht hat, der trete zu uns..." Kreisarchiv Sammlung Dohnke 2.22 S.12.
[338] Im Bestand des Gemeinsamen Kreis- und Stadtarchivs finden sich unter „IZ 1950-Stadtarchiv Itzehoe 1867-1950" lfd. Nr. 1232 u.a. Mitgliedskarten.
[339] Itzehoe_Kreisarchiv_Sammlung_Dohnke_2_22_WP_20160817_001.pdf S. 51.
[340] Bödewadt (1912f) MQu S. 110 sowie in Bödewadt (1914) S. 26.
[341] Siehe dazu Boeck (1958) NorddRundsch sowie bei Anm. __.

Zu dem Haus existiert nämlich auch eine Zeichnung des Hamburger Malers Heinrich Stegemann (1888-1945), die er mit dem Datum Febr. 1917 beschriftet und seiner Bekannten, „Frl. Dehtlefs zum Geburtstag 1925" geschenkt hat.[342]

Es ist mit „Mühlenbarbeck" betitelt und zeigt deutlich dasselbe Gebäude wie dasjenige, das auf dem von Bödewadt genutzten Foto zu sehen ist. Allerdings unterscheiden sich beide durch Seitenvertauschung.

Der folgende Exkurs schildert einen kleinen Aspekt der aus den Bildern erkennbaren Überlieferungsprobleme:

In der Fehrs-Biografie, die Bödewadt 1914 veröffentlicht hatte und in der das (auch 1918 verwendete) Foto – wie fünf andere – auf separaten Seiten eingeheftet ist, wird als Unterschrift die Angabe, „Geburtshaus des Dichters in Mühlenbarbeck (Nach einem Gemälde von H. Nielsen in Itzehoe)" S. 26 beigefügt. In dem zugehörigen Textabschnitt wird von einem gemeinsamen Mühlenbarbekbesuch beim Geburtshaus mit J.H. Fehrs berichtet: „Aber vielfache An- und Umbauten haben es so verändert, daß wir das ... Gemälde H. Nielsens ... kaum wiedererkennen."[343] Dass selbst Fehrs sein Geburtshaus nicht in der Abbildung wiedererkennen konnte, ist nicht verwunderlich. – Ich habe das andere, oben abgebildete Bild von Heinrich Stegemann einigen Personen gezeigt, die die Fehrs-Tradition und auch das überlieferte Geburtshausbild kannten, ohne dass sie das Stegemann-Bild zuordnen konnten. Das ändert sich aber, sobald eine Seitenvertauschung vorgenommen wird:

---

[342] Das Bild findet sich im Nachlass von Dr. Gisela Hopp (1926-2015); WP_20150918_066.
[343] Bödewadt (1914) S. 11f.

Das Beispiel der (bisher) ältesten erhaltenen Darstellung, die auf Postkarten abgedruck ist, ist oben in einem Ausschnitt (aus Itzehoe[344]) verwendet; nicht wiedergegeben ist das einmontierte Dichterbild im Lorbeerkranz sowie die darin gebotenen Jahreszahlen 1838 und 1908. Die Kartendrucke müssen demnach anlässlich seines 70. Geburtstags 1908 angefertigt worden sein:

Ein zweites Exemplar der Postkarte in Hamburg unterscheidet sich von dem abgebildeten dadurch, dass darin das Laub der Bäume nicht koloriert ist, sondern es in den Grautönen des Schwarz-Weiß-Fotos belassen wurde, während der grüne Lorbeerkranz und die braun-gelbe Färbung des Hausgiebels auf beiden Kartenexemplaren gleich ist.[345]

Durch die stärkere Färbung des Exemplars aus Itzehoe erklärt sich möglicherweise, eine andere der zwei fehlerhaften Angaben Bödewadts:

1. Er nennt den Namen des Malers eines Ölbildes des Geburtshauses, das sich gegenwärtig in Itzehoe im Kreismuseum Prinzesshof befindet,[346] als „H. Nielsen". Übereinstimmend wird dafür sonst Julius Nielsen (1861-1933) als Maler angegeben.[347]

2. Bödewadt hält die von ihm reproduzierte Abbildung für ein Produkt „nach einem Gemälde" von Nielsen. Diese Entstehungsrichtung ist jedoch nicht möglich. Die Abhängigkeit ist sicher umgekehrt.

Dass das Ölbild nach derselben Vorlage erstellt wurde, die auch in der Postkarte verwendet wurde und die die Szene mit dem Hühner-fütternden Kind vor dem Haus als Foto festgehalten hat, ergibt sich daraus, dass das Ölbild nur einen an den Seiten verkleinerten Ausschnitt aus der Vorlage verwendet hat. – Wann dieses mehrfach verwendete Vorlagen-Foto vor dem 10.3.1908 entstanden ist, bleibt bislang unsicher.[348] – Dass aber ein Foto am Anfang der Geburtshaus-Bild-Überlieferung gestanden hat, ist sicher. Und dabei könnte eine Seitenverkehrung der (damals verwendeten) Glasplatte relativ leicht beim ersten Druck der Karten unterlaufen sein, die in der Folge dann fortgesetzt werden ‚musste'. Die Späteren hatten sicher wenig Interesse an einer nach-

---

[344] Es handelt sich um kolorierte Foto-Reproduktionen. Für eine digitale Kopie (Fehrs_Mühlenbarbek_1997-366.jpg) danke ich Frau Dr. Chmielewski vom Kreismuseum Prinzesshof.

[345] Für die Nutzung eines weiteren Exemplars ist Frau Dr. Ulrike Möller zu danken: eine im Ersten Weltkrieg geschriebene Karte („Verlag: Hugo Gosau, Itzehoe. (1001.)"; vom 10.3.1915 von Gustav F. Meyer an Paul Wrieder) in der Niederdeutschen Bibliothek der Carl-Toepfer-Stiftung. Beide Karten unterscheiden sich in der Kolorierung mit Grüntönen.

[346] Inv. Nr. 1986-505; auch hier ist Frau Dr. Chmielewski für eine digitale Kopie zu danken.

[347] Zu J. Nielsen siehe Irmisch (1960) S. 438. [Von dem Ölgemälde findet sich im Kreismuseum auch eine SW-Abbildung sowie ähnlich bei Dohnke / Ritter (1987) S. 13 Abb. 3.] Nielsen war Illustrator mehrerer Fehrs-Bücher: zu Lüttj Hinnerk (1905) siehe Dohnke / Ruge (1986ff) Bd. 1 S. 346; zu Maren (1907) siehe Dohnke / Ruge (1986ff) Bd. 3 S. 559.623. Nicht ausgeschlossen ist, dass auf ihn auch die Vorlage für die Eiche im Logo der Fehrs-Gilde zurückgeht, vgl. die Fehrs-Notiz bei Dohnke / Ruge (1986ff) Bd. 4.1 S. 17.

[348] Möglicherweise stammt es von dem Fotografen Detlev Vahlendick (1866-1946). Über das Museum Kellinghusen und die Hilfe von Herrn H.-G. Bluhm sind einige Fotos des Fotografen zugänglich, die für die noch offenen Fragen zur Herkunft des ersten Fotos möglicherweise eine Spur bieten, denn er hat sowohl Fehrs-Portrait-Aufnahmen als auch Fotos des Fehrs-Hofes in Mühlenbarbek angefertigt. Ein drittes Bild aus dem Vahlendick-Repertoire zeigt das Arbeitszimmer des Dichters im Klosterhof, wohin Fehrs 1908 übersiedelte. So könnte der Zeitpunkt aller drei Aufnahmen etwa dieser Periode zugeordnet werden – und auch zu der Postkarten-Vorlage zum 70. Geburtstag zeitlich passen.

träglichen Richtigstellung, die über das 1914 von Bödewadt beschriebene ‚Wiedererkennungsproblem' hinausging. Die Zeichnung des Malers Heinrich Stegemann vom Febr. 1917 bildet insofern einen wichtigen Anhalt für eine sehr späte Richtigstellung.

Zurück zur Fehrs-Gilde in ihrer Anfangsphase:
Auf dem Briefpapier wie im o.g. Schreiben vom 2.3.1919 wird im Kopf der Ehrenvorstand genannt, der auch in der Zeit der Weimarer Republik noch die Reputation der Fehrs-Gilde bei ‚Hoheiten' verdeutlicht:

Bei der im Ehrenvorstand genannten Prinzessin Marie handelt es sich um die fürstliche Äbtissin, die im Prinzesshof von 1894 bis 1941 residiert hat.[349] Möglicherweise geht deren Bereitschaft, ihren Namen für die Fehrs-Gilde einsetzen zu lassen, u.a. auch auf die besondere Familienbeziehung Boecks zu den Hoheiten zurück.[350] Auf jeden Fall hatte Fehrs 1908 ja auch im Bereich des Klosterhofes ausnahmsweise als männlicher Bewohner Wohnung nehmen können.

Boeck scheint in den Dokumenten erst wieder 1921 zu erscheinen: in einem Schreiben vom 21.3.1921 an den Provinzialausschuss in Kiel geht es erneut um einen Zuschuss zu Druckkosten, den er diesmal für den Vorstand allein unterschrieben hat.[351] In der Ankündigung des Gilde-Tages und der Mitgliederversammlung am 20.-21.8.1921 in Kellinghusen berichtet er dann Ende Juli 1921 als stellvertretender Vorsitzender, dass für den ausgeschiedenen Bödewadt ein neuer Vorsitzender zu wählen wäre. Wie im folgenden Jahr in einer Mitteilung vom Februar 1922 zu lesen ist, wurde „Landrat [a].D. Dr. Wachs einstimmig zum Vorsitzenden gewählt".[352]

---

[349] Irmisch (1960) S. 187.
[350] Siehe dazu bei Anm. 51.
[351] LASH_371_Nr_827_Fehrs_Gilde.pdf Nr. 20 [S. 36].
[352] LASH_371_Nr_827_Fehrs_Gilde.pdf Nr. 23 [S. 43]. Ab dieser Zeit werden die Mitteilungen für den Vorstand regelmäßig unterschrieben von „Wachs Jensen Boeck". Dr. Otto Wachs (1874-1941) ist „Landrat a.D. in Hanerau" (siehe LASH_371_Nr_827_Fehrs_Gilde.pdf Nr. 23).

Am 10.4.1922 wird im Geburtsort von J.H. Fehrs ein Gedenkstein in der Mühlenbarbeker Ortsmitte eingeweiht.

Neben den Mitgliedern der Fehrs-Familie und des neuen Vorstands ist u.a. auch noch Jacob Bödewadt sowie Hinrich Lohse anwesend, wie das unten folgende Bild von 1922 zeigt.

Der Bildausschnitt links aus dem Jahr 2013 ist einem im Internet veröffentlichen Foto entnommen.[353]

Das folgende Gruppenbild um den Fehrs-Stein, das bei der Einweihung fotografiert wurde, zeigt u.a. Hinrich Lohse, den späteren Gauleiter und SH-Oberpräsidenten in Kiel. Er hielt eine Ansprache, die Boeck 1935 mit in die Sammlung ‚Plattdütsche Reden' aufgenommen hat.[354]

---

[353] Autor: Nightflyer (Mühlenbarbek,_Denkmal_fürJohann_Hinrich_Fehrs_NIK_2032.jpg).
[354] Dazu siehe unten bei Anm. 535. Das folgende Bild aus LASH Abt. 399.206 Nr. 168(1).

Die Ausschnittsvergrößerung aus dem Bild von der Einweihung des Fehrs-Steins 1922 erlaubt es, die einzelnen Personen genauer zu erkennen, die für die Fehrs-Gilde dieser Zeit wichtig waren:

Der Ausschnitt zeigt in der hinteren Reihe v.l.:

Lohse, Jensen, Bödewadt und Boeck;

davor in der Mitte Dr. Wachs.

Der ebenfalls in Mühlenbarbek geborene Hinrich Lohse (1896-1964) hat – selbst Mitglied der Fehrs-Gilde – für die niederdeutsche Bewegung und Boecks Engagement in der Fehrs-Gilde – wohl eine bedeutende Rolle gespielt. Aber auch bei Boecks späteren Bemühungen um den Kirchenbau in Hamburg-Wellingsbüttel, dem andere Personen im NS-Apparat Schwierigkeiten bereitet haben, ist wohl Lohses Einfluss wichtig geworden.[355]

Auf diesem Hintergrund sollen im folgenden kurzen Exkurs Details zu Lohse erwähnt werden:[356]

> **Hinrich Lohse** stammte wie Fehrs aus Mühlenbarbek und ist Boeck sicher spätestens seit der in die Sammlung aufgenommenen Rede bekannt – aber wahrscheinlich länger.[357] Die von dem damals 26-jährigen Lohse 1922 gehaltene plattdeutsche Rede ist zwar noch ohne sehr deutliche parteipolitische Bezugnahmen ausgestattet.[358] Doch hat Lohse, nachdem er 1923 in die NSDAP eintrat und dann ab 1925 Gauleiter für Schleswig-Holstein wurde, mehrfach auch plattdeutsche Reden im Partei-Kontext gehalten.[359] Kurz

---

[355] Siehe Bräuninger (2016) eDiss S. 82ff zu den bauverzögernden Konflikten mit dem Bramfelder Amtsvorsteher Hans Richter, dem Stormarner NSDAP-Kreisleiter Erich Friedrich sowie der Einflußnahme Boecks via Dr. Wachs auf den Regierungspräsidenten in Kiel – und vielleicht auch mittels der Kontakte zum Oberpräsidenten und Gauleiter Hinrich Lohse.

[356] Vgl. dazu Hopster / Wirrer (1994) SB S. 97A46 mit dem Text Anm. 46 auf S. 114: „Mit dem an hervorragender Stelle im Staate stehenden Mitglied der Fehrs-Gilde dürfte der Gauleiter des Gaues Schleswig-Holstein Hinrich Lohse gemeint gewesen sein..."

[357] In der Online verfügbaren Fehrs-Genealogie wird als einer der Paten zu Johann Hinrich ein Marx Lohse genannt. Bei dem Eintrag für den nur zwei Jahre älteren Marx Lohse, der ab 1869 mit der Schwester Anna Catharina Doris Fehrs verheiratet ist, vermutet der Genealoge: „Bei der Taufe von Johann Hinrich Fehrs, *10.04.1838 ist (ein) Marx Lohse aus Mühlenbarbek, Pate. Ich vermute er ist der Vater von diesem Marx Lohse. Es gibt Hinrich Lohse, *02.09.1896 in Mühlenbarbek, +25.02.1964 in Mühlenbarbek, Gauleiter der NSDAP in SH" (http://www.online-ofb.de/famreport.php?ofb=NLF&ID=I192153&nachname=LOHSE&lang=de) abgerufen am 18.3.2014). – Als Eltern für Hinrich (*1896) kämen eventuell Marx Heinrich Lohse und Martha (geb. Jarren) in Frage, die zwar erst seit 1900 verheiratet sind, jedoch auch eine 1899 geborene Tochter Dora sowie einen als Max Andreas benannten Sohn (*1901) sowie zwei weitere, jedoch ‚unbenannte' Kinder haben.

[358] Der Text ist abgedruckt in Boeck (1935) (siehe oben bei Anm. 385) sowie in der Tagespresse zur 100-Jahrfeier des Geburtstags von J.H. Fehrs 1938.

[359] Vgl. zu Lohses plattdeutschen Propaganda-Reden bei Dohnke (1994) SB S. 165-168.

nach der Machtergreifung wurde er Ende März 1933 Oberpräsident der Provinz Schleswig-Holstein, ab 1941 parallel dazu Reichskommissar für das Ostland. Insbesondere wegen der Beteiligung an den Greueltaten im „Ostland" wurde er nach 1945 wegen des Genozids verurteilt.[360]

Für die Niederdeutsche Bewegung waren Lohses verschiedenen Tätigkeiten, die auch schon in die Zeit vor 1933 zurückreichen, in den Führungsebenen der für die kulturelle Gleichschaltung verantwortlichen Organisationen und insbesondere seine persönliche Beziehung zu Alfred Rosenberg wichtig. Davon ist indirekt auch Boecks Taktieren im Sinne der Fehrs-Gilde beeinflusst.[361] [Unten wird Lohse im Kontext der Feier des 100-jährigen Geburtstages von J.H. Fehrs und Einweihung des Fehrs-Steins 1938 in Itzehoe nochmals in Zusammenhang mit Boeck in Erscheinung treten.]

Zurück zu Boeck: Im Febr. 1923 wird die Krankheit des Schriftwarts genannt, die bereits seit dem Herbst 1922 andauert:

„Infolge der langdauernden schweren Erkrankung unseres Schriftwarts haben wir darauf verzichten müssen, im Herbst vorigen Jahres einen ausführlichen Jahresbericht unseren Mitgliedern zugehen zu lassen."[362]

Und im November wird daraus eine weitere Konsequenz für die Fehrs-Gilde gezogen:

„Da der Schriftwart, Herr Pastor Boeck, leider seit langem krank darnieder liegt, wurde Herr Pastor Fehrs für die Dauer der Behinderung des Schriftwarts zum stellvertretenden Schriftführer gewählt."[363]

Auch der Vereinssitz wird nach Kiel verlegt. Der neue Vorsitzende und ehemalige Landrat Dr. Otto Wachs war ab 1921 beim Bezirksverwaltungsgericht in Schleswig tätig und ab 1922 im Vorstand der SH-Landesbank in Kiel tätig.[364] Als Adresse des Vorstandes erscheint seitdem ‚Kiel, Sophienblatt 23'. Boecks Unterschrift findet sich dabei erstmalig wieder ab 22. Dezember 1924.[365]

Ab dieser Zeit beginnt dann auch die hauptsächlich von Boeck als Schriftwart besorgte regelmäßige Herausgabe der „Blätter der Fehrs-Gilde" in einer selbstständigen Publikationsform, die lückenlos u.a. aus dem Nachlass Boecks vorhanden ist:[366]

„Für den Inhalt verantwortlich: Christian Boeck in Bramfeld bei Hamburg."

5.5 Selbstverständnis der Fehrs-Gilde vor 1945

Nachdem anfänglich „Beachtung in der universitären Literaturforschung" auch nach dem Tode von J.H. Fehrs zu verzeichnen war, findet diese erste Phase der

---

[360] zur Funktion im Reichskommisariat Ostland und Genozid siehe Wikipedia; Lebensdaten: *2. September 1896 in Mühlenbarbek; † 25. Februar 1964 ebenda.
[361] Siehe dazu ausführlich die Diskussion um die Zuordnung zur Vereinigung Quickborn sowie zum „Kampfbund für deutsche Kultur" bei Hopster / Wirrer (1994) SB S. 79ff.
[362] LASH_371_Nr_827_Fehrs_Gilde.pdf Nr. 28 [S. 50].
[363] LASH_371_Nr_827_Fehrs_Gilde.pdf Nr. 35 [S. 60].
[364] Siehe https://de.wikipedia.org/wiki/Otto_Wachs_(Landrat).
[365] LASH_371_Nr_827_Fehrs_Gilde.pdf Nr. 37 [S. 64].
[366] Darunter auch die von G. Hoffmann besorgte gebundene Ausgabe. Zuvor waren Mitteilungen an die Mitglieder in der „Niederdeutschen Rundschau" abgedruckt worden.

Verarbeitung seines Schrifttums ihren Höhepunkt ungefähr zur Zeit, in der die von Bödewadt vorangetriebenen

> „... Vorarbeiten zur noch mit Fehrs gemeinsam geplanten großen Werkausgabe ..., die schließlich 1922/23 erscheint [zum Abschluss gekommen sind]. ... In den folgenden Jahren sorgt neben einigen Veröffentlichungen anläßlich von Geburts-, Gedenk- oder Todestagen eigentlich nur noch die Fehrs-Gilde, durch ihr Mitgliedsorgan *Blätter der Fehrs-Gilde* (1923-1942 und 1949) für eine kontinuierliche Beschäftigung mit Vita und Oeuvre des Dichters."[367]

Für Bödewadt ist diese Zeit, in die die Abstimmung in der deutsch-dänischen Grenzlandfrage fällt Signal, sich primär der Agitation in dieser Problematik zuzuwenden. Jetzt ist es immer mehr auch Boeck, der sich publizistisch für den Vorstand und die Propagierung der auf Fehrs zurückprojizierten völkischen Ideen sowie schließlich implizit spätesten 1929, aber auch explizit ab 1933 im nationalsozialistischen Sinne äußert. Um diese Entwicklung in der Wirkungszeit Boecks und die Rückfrage nach der Bedeutung seines literarischen Engagements außerhalb seines Pastoren-Berufes, das er selbst bei seinem Übergang von Bramfeld 1933 nach Wellingsbüttel benannt hatte,[368] gilt es, das ältere Quellenmaterial kurz nachzuzeichnen.

So findet sich in den unten weiter zu betrachtenden Fehrs-Gilde-Büchern, an denen Boeck vor 1945 mitgewirkt hat, regelmäßig auf den abschließenden Seiten etwas, was heutzutage in Neudeutsch ‚mission statement' genannt werden würde: ein expliziter Verweis auf die damaligen Zielsetzungen der Fehrs-Gilde.

Vor der Gründung der Fehrs-Gilde existierte in Itzehoe bereits eine „Plattdütsche Vereenigung ‚Doppeleek'" und die erste öffentliche Ehrung von J.H. Fehrs mit der Pflanzung der Doppeleiche am Ochsenmarktskamp nimmt 1912 dieses Symbol auf.[369]

Die Fehrs-Gilde hat anscheinend bereits zur Gründungszeit ein Logo verwendet, dass zwar auch auf die territoriale Idee zurückverweist, aber sich doch umfassender als nur die Schleswig-Holstein-Perspektive auf Deutschtum bezieht:

Das Emblem der Fehrs-Gilde zeigt nur einen knorrigen Eichbaum auf einer Anhöhe und kräftige Wolken im Hintergrund. Dieses wird zwar nicht ausdrücklich erläutert. Doch gibt es für diejenigen, die Affinität zum niederdeutschen Sprachraum haben, ein deutliches Signal: es referiert auf das Gedicht von Fritz Reuter (1810-1874) „Ick weet enen Eekboom ...".

---

[367] Dohnke (1982) SteinbHefte S. 1.
[368] Siehe oben am Ende des Abschnitts „Gemeindepastor in Bramfeld 1907/8-1933" bei Anm. 140.
[369] Vgl. oben bei Anm. 327 sowie zum Symbol einen kurzen Artikel in Wikipedia zu „Doppeleiche" und die dorigen Hinweise auf moderne Problematisierungen zu „SH-Mythen" durch den Verein für Schleswig-Holstinische Geschichte.

Dieser Text wird auch bereits 1912 zur Charakterisierung von Fehrs verwendet:
„Sin Wark wird as Reuter sin Eekbom noch stahn, wenn ‚wedder mal dusend von Johren vergahn.' Schreben den 12. Mai 1912 an den Dag, as in Itzehoe de Johann Hinrich Fehrs-Eek plant't würd."[370]

An diesen Reuter-Text wird (wohl Bödewadt) mit Bewusstsein als Hintergrundsfolie gedacht haben:

Ick weet enen Eekboom, de steiht an de See,	Ik weet enen Eekboom vull Knorr'n un vull Knast,
De Noordstorm, de bruust in sien Knäst,	Up den fött keen Biel nich un Äxt.
Stolt reckt he de mächtige Kroon in de Höh,	Sien Bork is so rug, un sein Holt is so fast,
So is dat al dusend Johr west,	As wär he mol bannt un behext.
Keen Minschenhand,	Nix hett em daan,
De hett em plant,	he ward noch stahn,
He reckt sick von Pommern bet Nedderland.	Wenn wedder mal dusend von Johren vergahn.

Dieses Gedicht wird in unterschiedlichen Formen überliefert. Bei dem oben angeführten Text handelt es sich um eine Auswahl, die mit dem Hinweis auf die nochmals 1000 Jahre endet. Sie ist einer modernen Website entnommen, von der anzunehmen ist, dass sie Sympatien dem ‚Tausendjährigen Reich' entgegenbringt. Eine ursprüngliche Langform des Reuter-Gedichtes mit fünf Strophen hat dagegen mit einem anschließenden fiktiven Dialog zwischen König und einem Arbeitsmann, der die ‚plattdeutsche Art' verkörpert, eine ganz andere Zielrichtung. Es geht um die Freiheitsbewegung in der Mitte des 19. Jh.:

Gau gifft em de König sien Dochter de Hand:	denn weet ik en saeker Staed.
"Gott saegen di, Gesell, för dien Raed !	´keen eegen Aart frie winnt un wahrt,
Wenn de Stormwind eerst bruust	bi de´n is in Noot een to´n Besten verwahrt!"
dör dat düütsche Land	

In diesem Spannungsfeld zwischen der Freiheitsbewegung im 19. Jh. und dem ‚Tausendjährigen Reich' findet sich auch die Fehrs-Gilde mit ihrem Emblem und dem von Fehrs aktualisierten Schrifttum, dessen ‚erzählte Zeit' zu einem großen Teil – insbesondere in dem umfangreichen Roman „Maren" – um die Ereignisse in der Mitte des 19. Jh. kreist.

Für die ‚Erzählzeit' der plattdeutschen Inhalte insbesondere in den 1920er und 1930er Jahren sind die beiden am Beispiel des „Eekboom" angedeuteten Rezeptionsebenen von Interesse. Denn ausweislich der oben erwähnten „mission statements" lässt sich eine Veränderung im Laufe der Zeit erkennen: auf eine eher völkisch zu nennende Phase folgt deutlich eine nationalsozialistisch geprägte Phase in der Zielsetzung der Fehrs-Gilde.

---

[370] De Eekbom (Berlin) 30. Jg. Nr. 19. 1.10.1912 S. 151 „Joh. Hinr. Fehrs as Ihrenvörsitter" zitiert nach einer Kopie in der Sammlung Dohnke 2.23 (S. 30).

5.5.1 Veröffentlichungen vor 1933

Die völkische Orientierung wird deutlich in den Formulierungen zur Zielsetzung der Fehrs-Gilde in den 1920er Jahren – und ihren sich mit dem ‚Zeitgeist' ergebenden Veränderungen. Im folgenden sind die Ergänzungen in spitzen Klammern kenntlich gemacht, die sich zwischen 1922/1923 und 1925/1926 ergeben haben. Der Grundtext von 1923 stammt aus „Von Groth zu Fehrs", während die <Erweiterung> bzw. {Veränderung} im Vergleich zu dem von der Fehrs-Gilde 1925 herausgegebenen Buch „Niederdeutsche Dichter und Denker" sichtbar werden. Dort heißt es:

> „Die Fehrsgilde stellt sich die Aufgabe, das Lebenswerk des niederdeutschen Dichters Johann Hinrich Fehrs unserem Volke ganz zu eigen zu machen und gleichgerichtetes Streben zu fördern. Von seiner Persönlichkeit als Wahrzeichen ausgehend, will sie niederdeutsche Kultur auf allen Gebieten völkischen Lebens erkennen, erhalten und ausbauen helfen. <Pflege des Stammestums zur Vertiefung des deutschen Volkstums ist ihr Ziel.>
>
> Auf dieser Grundlage will die Fehrs-Gilde {So will sie einen} Vereinigungspunkt aller Niederdeutschen mit Kulturwillen werden, die sich um den Namen Fehrs sammeln mögen. Über ganz Niederdeutschland innerhalb und außerhalb der Reichsgrenzen erstreckt sich ihr Arbeitsgebiet. Außerdem sucht sie die Niederdeutschen, die zerstreut außerhalb dieses Gebietes leben, in sich zu vereinen, um sie im Bewußtsein ihres Niederdeutschtums zu stärken."[371]

Etwas später, 1928, stellt sich die Fehrsgilde mit einem beträchtlich umgeänderten Text am Buch-Abschluss vor:

> „Fehrsgilde, Verein der Niederdeutschen:
>
> Aus ihrer Satzung:
>
> Die Fehrsgilde, ausgehend von der Persönlichkeit und dem Lebenswerk des Dichters Johann Hinrich Fehrs als eines Wahrzeichens niederdeutscher Art, stellt sich die Aufgabe, niederdeutsche Kultur auf allen Lebensgebieten unseres Volkes erkennen, erhalten und ausbauen zu helfen.
>
> Aus ihrem Merkblatt:
>
> Die Fehrsgilde ist eine Gemeinschaft niederdeutscher Männer und Frauen zur Vertiefung und Fortentwicklung niederdeutscher Kultur auf der Grundlage unseres Stammestums.
>
> Sie will das Niederdeutsche auf allen Lebensgebieten zum echten Ausdruck bringen.
>
> Sie will das Stammesbewußtsein in den einzelnen niederdeutschen Stämmen pflegen.
>
> Sie will das Gemeinschaftsgefühl im gesamten Niederdeutschtum stärken.
>
> Sie will mit allen diesen Bestrebungen unserer gesamtdeutschen Kultur durch Betonung ihrer völkischen Grundlage dienen"[372]

Die Veränderungen der Zielsetzung, wie sie in den drei Beispielen aus den 1920-er Jahren deutlich wird, hat ihre markante Fortsetzung in der Folgezeit, als völkisches Denken mit der neuen Bewegung die ‚Volksgemeinschaft' zu einer wichtigen ideologischen Grundlage gemacht hatte. – Eine zeitliche Periodisierung, die mit

---

[371] In Fehrs-Gilde (1925) SB S. 259.
[372] Fehrs-Gilde (1928) S. 262.

dem nächsten Abschnitt zu 1933-1945 suggeriert wird, könnte durchaus auch anders vorgenommen werden. So werden mit guten Gründen bei Dohnke die Jahre 1929-1945 als zeitliche Begrenzungen einer neuen Phase gewählt:

> „1929 war also weder der völlige Endpunkt einer sachorientierten Auseinandersetzung mit Fehrs, noch der Anfangspunkt für den Einfluß rechtsextremer Ideologien auf die Fehrsliteratur. Trotzdem findet sich in diesem Jahr ein zentraler Wendepunkt, der es legitim macht, den nationalsozialistisch dominierten Zugriff auf Fehrs' Werk schon jetzt zu konstatieren: Christian Boeck äußert sich in einem Beitrag in der Vierteljahresschrift für deutsches Volkstum ‚Volk und Rasse' über den Schriftsteller auf eine Weise, die in der Fehrsliteratur kaum ihresgleichen hat..."[373]

Details zu diesem Beitrag Boecks von 1929, in dem Fehrs als „ein Dichter nordischer Art" dargestellt wird, sollen unten bei der chronologischen Beschreibung seiner Publikationen weiter beschrieben werden.

5.5.2 Veröffentlichungen zwischen 1933 – 1945

An die – auf den ersten Blick – relativ allgemeine Beschreibung als ‚nordisch' greift auch die Beschreibung zum „Wesen der Fehrs-Gilde" in den Blättern der Fehrs-Gilde von 1933/34 zurück. Boeck versucht damit zugleich einen Ausgleich herzustellen, für eine von ihm dargestellte Spannung in der Wirkung der Fehrs-Gilde, die über den niederdeutschen Raum hinausgeht:

> „Es zeigte sich, daß Fehrs über alle deutsche Lande hin einen Stamm von Verehrern hatte ... Das wäre nicht bei jedem Dichter möglich gewesen, so gemeindebildend konnte nur ein Dichter wirken, der in seiner Eigenart so bestimmt und klar war und dessen Wesen für viele die Erfüllung eines gewissen Lebensbedürfnisses war. ... Sie fühlten: das ist Blut von unserem Blut und Seele von unserer Seele. Es ist die nordische Seele, die hier spricht."[374]

Boeck löst für seine Leser die geschilderte Spannung zu einer allein auf Niederdeutsch beschränkten Perspektive als Wesen der Fehrs-Gilde dadurch, dass er eine Seelen-Verwandtschaft und „Gesinnungs-Gemeinschaft" (S. 2) annimmt, die „wie Fehrs das deutsche Volkstum in seinem besten Gehalt widerspiegeln" (S. 4) und damit die ‚nordische Rasse' der Deutschen zu einem Oberbegriff wird:

> „Alle Volkstumsarbeit, wenn sie wirklich zu den letzten Grundlagen vorstößt, trifft auf die Gegebenheiten der Rassen ... Wir dürfen sagen, daß die Fehrs-Gilde im Rahmen ihrer Arbeitsmöglichkeiten dem Bestreben des heutigen Staates, die Rasse als eine der Grundlagen des Volkstums zu erkennen und die wertvollen Rassebestandteile zu pflegen, vorgearbeitet hat. Es war daher wohl begründet, als die Fehrs-Gilde seiner Zeit in Hamburg bei der Verteilung der Arbeitsgebiete im Kampfbund für deutsche Kultur und im Reichsbund Volkstum und Heimat (siehe unten) darauf bestand, daß ihr das Amt für Rasse und Stammestum zugewiesen wurde. Was sie als einzige der niederdeutschen Organisationen bisher auf diesem Gebiet geleistet hat, berechtigte sie zu dieser Forderung".[375]

Von Boeck wird mit dem Verweis ‚siehe unten' auf einen weiteren Abschnitt des Heftes verwiesen, in dem es um den „Stand der Fehrs-Gilde" angesichts der

---

[373] Dohnke_1987a_SB.pdf S. 271f.
[374] BdFG 11. Jg. (1933f) S. 2.
[375] BdFG 11. Jg. (1933f) S. 6f.

Gleichschaltungen des NS-Staates geht. Diese würde eine Auflösung und direkte Eingliederung in die NS-Organisationen bzw. „Neuorganisation der niederdeutschen Bewegung" (S. 8) zur Folge haben. Die damit zusammenhängenden komplexen Fragen der Kräfteverhältnisse – etwa zwischen Alfred Rosenbergs ‚Kampfbund für deutsche Kultur' einerseits und dem eher dessen Intimfeind Josef Goebbels verpflichteten ‚Reichsbund Volkstum und Heimat' andererseits – sind historisch-rückschauend ausführlich im Beitrag von Norbert Hopster und Jan Wirrer in einem 1994 erschienenen Sammelband beschrieben worden.[376] Dabei spielt Boeck als Funktionär der Fehrs-Gilde eine wichtige Rolle, die an mehreren Dokumenten mit Boecks Unterschrift auch direkt ablesbar ist. Insbesondere aufschlussreich ist eine Ergebenheitsadresse „an den Herrn Reichskanzler" vom 11.4.1933, in der inhaltlich ähnlich wie bereits oben in den Ausführungen von Boeck formuliert wird, es sei ...

> „durch den nationalen Aufbruch das Ziel langjähriger Arbeit der niederdeutschen Bewegung erfüllt: deutsches Wesen und deutsche Art wieder in den Mittelpunkt unseres geistigen Lebens zu rücken."[377]

Diese Formulierung aus dem Schreiben an Hitler zusammen mit dem Brief an Goebbels ist auch in Zeitschriften öffentlich abgedruckt worden, wobei die Namen der Unterzeichner jeweils als wichtiger Bestandteil vorweg genannt und dem zitierten Satz vorangestellt werden.

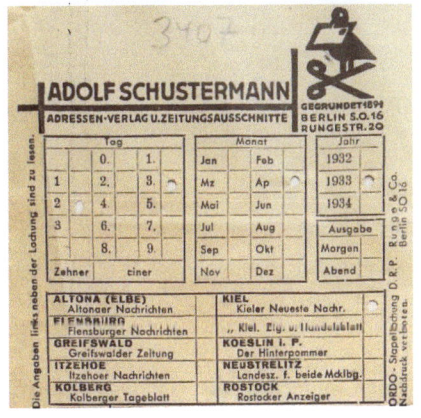

Erhalten ist im Archiv der Vereinigung Quickborn, die einen Zeitschriften-Dokumentationsdienst abonniert hatte, ein Ausschnitt aus den Kieler Neuesten Nachrichten vom 23.4.1933, den der folgende Abdruck zeigt:[378]

---

[376] Hopster / Wirrer (1994) SB.
[377] Hopster / Wirrer (1994) SB S. 85.
[378] Original in der Niederdeutschen Bibliothek der Carl-Toepfer-Stiftung im Archiv der Vereinigung Quickborn unter der Nr. 3407 (WP_20160901_076). Frau Dr. Ulrike Möller sei auch hier besonders gedankt für die Möglichkeit der Einsichtnahme und Unterstützung bei der Recherche.

Die Niederdeutschen an Adolf Hitler und Reichsminister Dr. Goebbels

Der Ausschuß für niederdeutsche Kultur hat sich mit folgendem Schreiben an den Reichskanzler gewandt:

Der Ausschuß für niederdeutsche Kultur, gebildet von der Fehrs-Gilde, Kiel (Landrat a. D. Dr. Wachs, Pastor Boeck) und dem Quickborn, Hamburg, den umfassendsten niederdeutschen Vereinigungen, sieht durch den nationalen Aufbruch das Ziel langjähriger Arbeit der niederdeutschen Bewegung erfüllt: deutsches Wesen und deutsche Art wieder in den Mittelpunkt unseres geistigen Lebens zu rücken.

Die niederdeutsche Kultur, insbesondere die plattdeutsche Sprache, hat bewiesen, daß sie hingebungsvoller Pflege wert ist; denn das Plattdeutsche, die bodenständige Sprache der Bauern und Tagelöhner, Handwerker, Schiffer, Fischer und Seeleute, hat einen schützenden Wall gegen zersetzende Einflüsse jeglicher Art gebildet, hat sich im Grenzkampfe als gefürchtete Waffe gegen die Dänen, wie sie selbst bekennen, und neuerdings auch gegen die Polen erwiesen und hat die Bevölkerung der rein plattdeutschen Gebiete — so in Schleswig-Holstein, Oldenburg, Ostfriesland — dem Gedanken der nationalen Bewegung aufgeschlossen, so daß sie hier am frühesten über die absolute Mehrheit verfügte.

Ferner hat die Pflege der niederdeutschen wie jeder landschaftlichen Kultur die gesamte deutsche Kultur gestärkt,

denn der Weg zu Deutschland führt nur über die Heimat.

Wir bitten den Herrn Reichskanzler, die zuständigen Stellen anzuweisen, daß sie die niederdeutschen Stämme nachdrücklich unterstützen und fördern in ihrem Streben, eigene Art und Sprache zu erhalten auf allen Gebieten geistigen Lebens, in Kirche und Schule, Presse, Rundfunk, Bühne, Wissenschaft und Kunst.

Der Ausschuß für niederdeutsche Kultur.

Niederdeutschland und der Norddeutsche Rundfunk.

Gleichzeitig hat der Niederdeutsche Ring, der u. a. durch die Fehrs-Gilde, Kiel, den Niederdeutschen Bühnenbund, Flensburg, und den Plattdeutschen Landesverband Schleswig-Holstein, Hamburg und Lübeck vertreten wird, an den Reichsminister Dr. Goebbels folgende Eingabe gerichtet:

Die Verbände des Niederdeutschen Ringes, die den Raum von Westfalen bis Pommern, von der Königsau bis zum Harz umspannen, begrüßen es freudig, daß durch die nationale Revolution dem Rundfunk endlich ein ausgesprochen deutsches Gepräge gegeben worden ist. Insbesondere begrüßen wir es, daß Sie, hochgeehrter Herr Reichsminister, betont haben, daß die kulturellen und wirtschaftlichen Dinge landschaftlichen Charakters nach wie vor den Landessendern als Eigenaufgabe zugewiesen werden sollen.

Der Norddeutsche Rundfunk hat die niederdeutsche Kultur immer stark berücksichtigt, was alles Artfremde und Zersetzende fremd ist. Es ist nicht umsonst, daß gerade die niederdeutsche Bevölkerung am frühesten der nationalen Bewegung aufgeschlossen wurde. Mit den aus Blut und Boden erwachsenen Volkskräften unterstützt der Norddeutsche Rundfunk die Deutschen im Grenzkampf gegen Dänen und neuerdings gegen Polen erfolgreich, selbst die dänischen Kampforganisationen haben bekennen müssen, daß das Dänische vor dem Plattdeutschen, nicht vor dem Hochdeutschen Bauerntum zurückweicht. Auch die Annäherung zwischen den niederdeutschen Stämmen und das Verständnis aller deutschen Stämme untereinander ist durch das Einbeziehen der landschaftlichen Kultur erheblich gefördert worden. Alle deutsche Kultur zieht einen wesentlichen Teil ihrer Kraft aus Heimatboden und Stammestum. Daher hat die niederdeutsche Bewegung seit langem betont, daß Vaterlandsliebe dort am tiefsten wurzelt, wo sie aus Heimatliebe hervorwächst. Wird die landschaftliche Kultur beschränkt, so verarmt die Gesamtkultur.

Aus dieser Grundeinstellung heraus bitten wir Sie, hochgeehrter Herr Reichsminister, die deutschen Sender zu verpflichten, heimatliches Volkstum zu berücksichtigen und insbesondere das niederdeutsche Gepräge des Norddeutschen Rundfunks zu verstärken.

Der niederdeutsche Ring.

1935 macht sich der Unterschied bereits in der Benennung der Gilde erkennbar. Sie musste als „Eingetragener Verein" natürlich eine neue Rechtsstellung innerhalb des gleichgeschalteten nationalsozialistischen Kulturwesens haben, um ihre Druckschriften vertreiben zu können. Insofern gibt auch die veränderte Zielsetzung dieser Gleichschaltung Ausdruck:

> „Fehrs-Gilde; Verein der Niederdeutschen E.V.
>
> Ist 1916, bald nach dem Tode des Dichters Johann Hinrich Fehrs, gegründet. Sie will niederdeutsche Art auf allen Lebensgebieten pflegen und das Stammesbewußtsein stärken zur Vertiefung unseres deutschen Volkstums.
>
> Nach Hitlers Wort sind die deutschen Stämme gottgewollte Bausteine unseres Volkes, sie sind ein Teil seiner Substanz und werden daher bleiben, solange es ein deutsches Volk gibt.

> Aus den Stämmen entspringt der innere Reichtum unseres Volkes, sie sind auch Quellen seiner Verjüngungsfähigkeit. Alle niederdeutschen Männer und Frauen, die diesen Wert ihres Stammestums erkennen, gehören in die Fehrs-Gilde..."[379]

Noch etwas stärker ist die religiöse Überhöhung in der plattdeutschen Formulierung sichtbar, die sich in der im nächsten Abschnitt zu besprechenden ‚programmatischen Sammlung' findet: Der Fehrs-Gilde ginge es darum, das Andenken an den Dichter zu

> „hęgen un wåhrn un dat Nedderdütsche in uns wecken un wåk to holen, to'n Segen för uns' dütsches Volkstum. Adolf Hitler hett seggt: De dütschen Stämm sünd na Gott sien Willn Busteen to dat dütsche Volk, se hört to sien egentliches Wesen un ward bliben, so lang as dat dütsches Volk gifft."[380]

Hier handelt es sich mit der Zitierung Hitlers jedoch nicht nur um ein allgemeines, formales Zugeständnis an den Zeitgeist, das etwa notwendig wäre, um für den Verein das weitere Wirken im Rahmen der inzwischen gleichgeschalteten (oder verbotenen) Vereine und Publikationsorgane zu erreichen. Die Sammlung versteht sich auch inhaltlich als auf den Geist der neuen Bewegung ausgerichtet.

5.5.3 „Plattdütsche Reden rutgeben vun de Fehrs-Gill", 1935

Boeck schildert in der „Vorręd" als ‚Schriftwart vun de Fehrs-Gill' (S. 5-11) die Chancen und Schwierigkeiten, die öffentlichen plattdeutschen Reden begegnen: „Dat is denn ok nich licht, den Nedderdütschen dör Ręden up wat to stüern" (S. 7). In einer Zitation und Anlehnung an Kant betont Boeck den Unterschied zwischen rhetorischen Verführungen einerseits und andererseits einem Sprecher, der „bei einer fruchtbaren, zur Darstellung seiner Ideen tüchtigen Einbildungskraft lebhaften Herzensanteil am wahren Guten nimmt" (ebda). – Dieses Kriterium des ‚wahren Guten' aus dem Herzen ist es, auf das es ankäme:

> „Ok de Nedderdütsche lett en Ręd gellen, wenn se würkli deep ut Hartensgrund kommt, wenn se en gråde und grote Sak de Lüd verklårt. De gröttste Rędner in uns' Tiet is keen Neddertütschen, he stammt ut den Südoosten vun uns' Volk, åber de Neddertütschen verståt em, un sien Ręd hett ęhr œwertügt." (S. 8)

Hier wird bisher nur indirekt auf Hitler Bezug genommen, der jedoch dann im Folgenden ausdrücklich mit seinen – positiv gewerteten – Reden im inneren Zusammenhang mit den im Buch gesammelten plattdeutschen Reden genannt wird:

> „De meisten vun düsse Ręden sünd vœr 1933 holen. 1933 keem de grote Umswung, dår wår dat anners in Dütschland. Aber ümmer werr findt wi in de Ręden wat, dat düdt dårup hen, dat wat Nies kåmen mutt, datt lett as en Lengen nå dat, wat Adolf Hitler uns toletzt bröcht hett. Is dat Tofall? Ne, datt ligt dåran, dat in dat Plattdütsche de Seel vun uns' Volk to Woort kommt." (S. 9).

Die Liste der Autoren in der Sammlung „Plattdütsche Reden", vereint bekanntere und unbekanntere Namen:

---

[379] Boeck / Janssen (1935) S. 180.
[380] Fehrs-Gilde (1935) S. 115; es wird in der plattdeutsche Version die Wendung „zur Vertiefung" mit „to'n Segen" wiedergegeben.

- Martin Cornils (Propst in Itzehoe)[381]
- Emil Wagner († Pastor in Cadenberge)[382]
- Gustav Struck (Dr., Direktor städtische Bibliothek Lübeck)[383]
- Hermann Quistorf (Lehrer in Hamburg)[384]
- Hinrich Lohse (Gauleiter und Oberpräsident in Kiel)[385]
- Johann Saß (Dr., Lehrer in Hamburg)[386]
- Rudolph Kinau (Schriftsteller in Hamburg-Finkenwerder)[387]
- Friedrich Pauly (Dr., Direktor Oberversicherungsamt Schleswig)[388]
- Fidde Biehl (Kaufmann und Kunstmaler Hamburg-Wellingsbüttel)[389]
- Otto Ernst († Schriftsteller Altona)
- Gustav Graveley (Gemüsebauer Kirchwerder)
- Hermann Oeser (Apotheker Hamburg)[390]

Das Arrangement der Texte ist wohl nicht zufällig. Als den ‚schweren Schluss' der Redensammlung hervorgehoben lässt Boeck den Apotheker Hermann Oeser mit einer Agitations-Ansprache von 1935 zu Wort kommen.[391] Darin ist geradezu das geheime ideologische Motto der niederdeutschen Reden-Sammlung (und der damaligen Fehrs-Gilde) zum Ausdruck gebracht: „... uns' Modersprak is dat grote

---

[381] In der Propstei Münsterdorf / Itzehoe findet 1935 die umstrittene deutschkirchliche Konfirmation statt (vgl. bei Anm. 179).
[382] Zu Emil Wagner liegen bisher keine detaillierteren Informationen vor außer der Quelle: http://lostbooks.chikano.net/index.php/Niedersachsen-1904#Inhalt_Heft_02: „Rede des Pastor Wagner, Cadenberge – gehalten auf dem Trachtenfest" In: Niedersachsen-1904. Illustrierte Halbmonatsschrift für niederdeutsches Leben, niederdeutsche Kultur, Kunst und Literatur. 10. Jahrgang, Heft 01 – 06.
[383] Gustav Struck: Die Bedeutung der Dialektliteratur für die wissenschaftlichen Bibliotheken; In: Zentralblatt für Bibliothekswesen Bd. 50, 1933: 573-580; sowie G.S.: Niederdeutsches Lübeck / Bdch. 1. Die Auswahl 1937.
[384] Zu Quistorf siehe Töteberg (1994) SB S. 124; 131 mit Anm. 22 (S. 145): „'Niederdeutsche Welt' (Lübeck), 11 (1936), H. 10, S. 336." sowie Goltz (1994) SB S. 344 und „Tausend Jahre Plattdeutsch. Proben niederdeutscher Sprache und Dichtung vom Heliand bis 1900". Herausgegeben von Conrad Borchling und Hermann Quistorf.-Hamburg: Verlag der Fehrs-Gilde, 1927; Bd. II; 1929; Hermann Quistorf/Johannes Saß: Niederdeutsches Autorenbuch.-Hamburg-Wellingsbüttel: Fehrs-Gilde, 1959
[385] Zu Lohse siehe den Exkurs oben bei Anm. 356.
[386] Johannes Saß: Regeln für die plattdeutsche Rechtschreibung; Hamburg: Meißners Verl., 1935, Ausg. mit Erl. sowie J.S.: Plattdeutsches Wörterverzeichnis mit den Regeln für die plattdeutsche Rechtschreibung.-Hamburg: Meißners Verl., 1935.
[387] Zu R. Kinau und seinem Engagement siehe u.a.Goltz (1994) SB 342ff und Diebner (1994) SB S. 441f.
[388] Lebensdaten: 1875-1954; siehe http://d-nb.info/gnd/116066911.
[389] Zu Friedrich Biehl – siehe Helene Brammer, geb. Biehl., Wellingsbütteler Weg 102 in Archiv_259_FB_393_Finanzierung.pdf Seite 1956-05-30_Duncker_2
[390] Zu Oeser siehe unten bei Anm. 391.
[391] Zur weiteren Agitationstätigkeit für die NSDAP siehe Dohnke (1994) SB S. 162ff sowie die Beschreibung ebda. S. 162: „Hermann Oeser dürfte wohl der aktivste plattdeutsche Parteiredner der NSDAP nach Hans Kummerfeld gewesen sein".

Band to Bloot un Born" (S. 108). – Aber auch die Einbeziehung der Rede von Hinrich Lohse bei der Einweihung des Fehrs-Steines in Mühlenbarbek 1922 ist sicher auf dem Hintergrund des politischen Taktierens zwischen zwei NS-Richtungen zu sehen.

Von den im ‚Ausschuss für niederdeutsche Kultur' zusammengeführten Organisationen, der Fehrs-Gilde (Kiel) und der Vereinigung Quickborn (Hamburg), ist das oben zitierte Schreiben vom 11.4.1933 an den Reichskanzler überliefert, in dem für deren Vorstände Dr. Wachs und Pastor Boeck einerseits sowie Dr. A Strempel und Felix Schmidt andererseits Adolf Hitler ihre Übereinstimmung im nationalen Aufbruch versichern und auch um Unterstützung durch den Reichsminister für Volksaufklärung und Propaganda bitten:

> man sieht darin „das Ziel langjähriger Arbeit der niederdeutschen Bewegung erfüllt: deutsches Wesen und deutsche Art wieder in den Mittelpunkt unseres geistigen Lebens zu rücken. ... Wir bitten nun den Herrn Reichskanzler, die zuständigen Stellen anzuweisen, dass sie die niederdeutschen Stämme nachdrücklich unterstützen und fördern in ihrem Streben, eigene Art und Sprache zu erhalten auf allen Gebieten geistigen Lebens, in Kirche und Schule, Presse, Rundfunk, Bühne, Wissenschaft und Kunst."[392]

Boeck kann, wie bereits erwähnt, für die Fehrs-Gilde deren Weiterexistenz in relativer Selbstständigkeit erreichen und ihrerseits zugleich die Übernahme von Leitungsfunktionen für Schleswig-Holstein anbieten.[393] Allerdings scheint der letztere Punkt insofern nicht realisiert worden zu sein,[394] als dass die NSDAP-Konkurrenz-Organisation ‚Reichsbund Volkstum und Heimat' im Laufe der weiteren Entwicklung die Oberhand gewann und die Fehrs-Gilde diesem

> „als selbständiges Gebilde für das gesamte niederdeutsche Gebiet angegliedert zu werden beantragt hat."[395]

Die Protektion und Zusammenarbeit mit Hinrich Lohse, die als Hintergrund für die skizzierten Auseinandersetzungen um die Gleichschaltung bzw. partielle Selbstständigkeit der Fehrs-Gilde zu berücksichtigen sind, hängen wohl wesentlich auch mit der persönlichen Beziehung Boecks zu diesem NS-Führer zusammen.

5.5.4 1938 und der 100. Fehrs-Geburtstag

Der 10.4.1938 als 100. Fehrs-Geburtstag[396] war für die Begehung öffentlicher Feiern ein ungeeigneter Termin, weil an diesem Tag der Anschluss Österreichs vollzogen wurde, und damit sich der für die Öffentlichkeit gewünschte Aufmerksamkeits-Gewinn nicht eingestellt haben würde. Deshalb wurden die großen Veranstaltungen auf andere Tage verlegt:

---

[392] Zitiert nach dem Faksimile bei Hopster / Wirrer (1994) SB S. 85.
[393] Siehe das Schreiben Boecks vom 16.5.1933 im Faksimile bei Hopster / Wirrer (1994) SB S. 89.
[394] Siehe aber auch das Faksimile bei Hopster / Wirrer (1994) SB S. 92.
[395] Hopster / Wirrer (1994) SB S. 97 (aus: Stand der Fehrs-Gilde 1933/34, S. 8f). – Siehe S. 92 auch zum Antrag an Gauleiter Lohse durch den Kreisleiter der NSDAP Flensburg, Dr. Sievers, vom Kampfbund aus J. Bödewadt zu beauftragen.
[396] Siehe dazu auch Boecks Veröffentlichungen aus diesem Anlass im Abschnitt 7.31.

„Der 100. Geburtstag selber fiel auf den Tag des Großdeutschen Reiches, den 10. April, an dem das deutsche Volk Österreichs Heimkehr ins Reich durch das Abstimmungsbekenntnis zur Politik des Führers bestätigte. So konnte der eigentliche Erinnerungstag selber nicht zur Geltung kommen. Aber umrahmt haben ihn manche Veranstaltungen."[397]

Die Koordination der Ersatz-Termine setzt gute Beziehungen zu den einschlägigen NS-Institutionen voraus. In Hamburg etwa sind die Einladungen für die „Eröffnung der Johann Hinrich Fehrs- und Robert Garbe-Ausstellungen am Mittwoch, dem 27. April 1938, 10 Uhr im Hörsaal der Bibliothek der Hansestadt Hamburg, Speersort..." auf Bütten gedruckt und entsprechend anders terminiert worden.

> Die Vereinigung Niederdeutsches Hamburg
> gibt zu diesen Ausstellungen
> ein kleines Heft heraus, das Johann Hinrich Fehrs
> und Robert Garbe gewidmet ist.
>
> Es wird außerdem darauf hingewiesen, daß die
> Vereinigung Quickborn
> ein Johann Hinrich Fehrs-Sonderheft ihrer „Mitteilungen aus dem
> Quickborn" zum 100. Geburtstage des Dichters,
> der ihr Ehrenmitglied war, herausgegeben hat.
>
> Beide Hefte werden den Gästen bei Eröffnung der Ausstellungen überreicht.
> Ferner werden einige „Blätter der Fehrs-Gilde" verteilt, in denen
> ein Fragment aus dem Nachlaß des Dichters veröffentlicht ist.

Auf der Innenseite heißt es im von der Fehrs-Gilde verantworteten Teil:

„Pastor Christian Boeck führt in Leben und Werk des Dichters ein".

Zudem wird auf ein Sonderheft der Vereinigung Quickborn zum 100. Geburtstag von Fehrs verwiesen.[398]

Die *Blätter der Fehrs-Gilde* vom Gildejahr 1938/39 zählen mit dem „Rückblick auf Fehrs' 100. Geburtstag" zahlreiche weitere Veranstaltungen und Publikationen auf, die „das Bewußtsein von der Bedeutung des Dichters Fehrs lebendig zu halten, zu vertiefen und zu verbreiten" reichsweit gedacht waren.

Bei der Hamburger Veranstaltung gab es noch eine Überraschung insofern, als ein Preis angekündigt wurde, ...

> „...den die Vereinigung Niederdeutsches Hamburg mit Zustimmung des Herrn Reichsministers für Volksaufklärung und Propagada für eine plattdeutsche Prosadichtung gestiftet hat und der den Namen Johann Hinrich Fehrs tragen wird."[399]

Die guten Beziehungen zu den verschiedenen NS-Größen werden auch bildhaft deutlich, wenn man das Foto betrachtet, das Boeck und Hinrich Lohse nebeneinander am Sonntag, dem 21. August 1938, bei der Einweihung des Fehrs-Gedenksteins anlässlich der Itzehoer 700-Jahrfeier und des 100. Geburtstages 1838 im Itzehoer Stadtpark (damals Adolf-Hitler-Park) zeigt. Gauleiter Lohse war Schirmherr dieser Festwoche:[400]

---

[397] BdFG 16, Jg. (1938f) S. 5.
[398] Siehe u.a. Boeck (1938) MQu; Boeck (1938) SB.
[399] BdFG 16, Jg. (1938f) S. 10.
[400] Töteberg (1987) SB S. 258 Abb. 103. Für die Erlaubnis zur Nutzung des von Lichtenberg fotografierten Bildes aus der Sammlung Dohnke (S. 293) ist K. Dohnke besonders zu danken.

Abb. 103: Praktizierte Kulturpolitik bei der Einweihung des Fehrs-Gedenksteines in Itzehoe 1938 (v. l. Jacob Bödewadt, Johann Fehrs, Hans Viktor Fehrs (mit Hut), Karl C. Fehrs (mit Hut in der Hand), Anna Elisabeth Fehrs (halb verdeckt), Gattin von Gustav Fehrs, Willi Ehlers (NS-Presse), Christian Boeck, Gauleiter Hinrich Lohse

Weitere Fotos von dieser Veranstaltung sind erhalten, auf denen Lohse am Rednerpult zu sehen ist.[401] Das folgende zeigt auch den Fehrs-Gedenkstein:[402]

Ob Boeck – als Vorsitzender der Fehrs-Gilde – dort ebenfalls eine Rede gehalten hat, wie die Papiere unter seinem Arm sowie seine Positionierung neben dem prominenten Redner Lohse auf dem Foto oben annehmen lassen könnten, erscheint z.Z. als nicht wahrscheinlich. Jedenfalls vermerkt das Programm der Feier nur die Weiherede des Oberpräsidenten und nichts vom Vorsitzenden der Fehrs-Gilde.

---

[401] Dohnke (1994) SB S. 166. Es soll auch eine Filmaufnahme dieses Ereignisses gegeben haben, die jedoch in der Nachkriegszeit vorsätzlich vernichtet wurde.
[402] Foto DA_Fehrs_Dichter_1986-624 mit Dank an Frau Dr. Chmielewski vom Kreismuseum Prinzesshof. Der Künstler des Bronzereliefs ist nach BdFG 16. Jg (1938f) S. 7 Heinrich Mißfeldt.

11,30 Uhr: Adolf-Hitler-Park:

Johann Hinrich Fehrs, der große niederdeutsche Dichter, geboren am 10. April 1838 in Mühlenbarbek, gestorben am 17. August 1916 in Itzehoe, Ehrenbürger der Stadt Itzehoe
1. „Die Himmel rühmen", Hymne v. L. v. Beethoven
2. Weihe des Fehrsgedenksteines durch Gauleiter Oberpräsident Hinrich Lohse
3. Musik

15 Uhr: Der große Festzug:

„Itzehoe, 700 Jahre Stadt"

Bilder aus Itzehoes Vergangenheit und Gegenwart.

Die plattdeutsche Ansprache, die Lohse 1938 gehalten hat, ist allerdings nicht von der Fehrs-Gilde abgedruckt worden, wie die von 1922. Sie ist jedoch in Zeitungsartikeln enthalten, die über dieses Ereignis der Festwoche berichten. Die Rede schließt mit einem Rückgriff auf die letzte Strophe des Fehrs-Gedichtes „Sorgen".[403]

De sik alleen op Gott verlett,	Bruuk du dien Knaken, sei dien Sa[a]ten
Mien gode Fründ, de is verlaten,	Un sprick ganz li[e]sen dien Gebe[tt] –
Den is de Himmel ganz verslaten,	De sik alleen op Gott verlett,
De sik alleen op Gott verlett.	Mien gode Fründ, de is verlaten.

„Dat geev wedder Kraft un Moot, denn kann dat wedder losgahn.

Mit düssen Grundsatz sünd wi Nationalsozialisten ganz wied kamen, un dar wöllt wi ok bi bliven. So hett he uns nie bloß sien Tied fasthal'n, he hett ok uns mit sien Wark in een Tied bisiet stahn, wo heel veel Lüd de Globen an de Heimat, an Volk un Vaderland verlorn gahn weer. Un so steiht he ok hüt blangen uns in't Dritte Riek un ward dar ümmer stahn'n, denn sien Welt is dütsch, se kümmt ut Bloot un Ras, un darum war sien Wark wiederleben, so lang as de Nationalsozialismus besteiht. So wööt wi em ok dörch düssen Steen, den ik hiermit weih do, een beeten von den Dank afdregen, den wi un de, de dar na uns kamn, em schülli sünd."

Dass die Ansprache von Hinrich Lohse, mit dieser Art der Heranziehung der letzten Strophe des Fehrs-Gedichtes, nicht von Pastor Boeck in eine weitere Publikation der Fehrs-Gilde einbezogen wurde, ist durchaus nachvollziehbar.[404]

---

[403] Hier nach Dohnke / Ruge (1986ff) Bd. 5 S. 372f mit abweichender Schreibung bei Lohse in eckigen Klammern. Für Kopien der Zeitungsausschnitte von 1938 mit den Hinweisen zur Festveranstaltungswoche anlässlich „der 700-Jahr-Feier der Stadt Itzehoe" (Irmisch (1960) S. 431ff) ist besonders Herrn Hermann Schwichtenberg zu danken.
[404] Zur christlichen Weltanschauung dieses Gedichtes gegenüber anderer Deutung vgl. Hoffmann (1957) S. 62f.

Eine etwas andere Aufnahme von dieser Einweihungsfeier des Fehrs-Steines in Itzehoe 1938 lässt unter Boecks Arm zwar Papiere erkennen. Sie wirken jedoch weniger wie ein Redemanuskript, sondern eher wie eine Zeitung.[405] Die ‚Schleswig-Holsteinische Tageszeitung' überliefert in einem Artikel von Heinrich Hornig am 20./21. August 1938 nur einen Bericht zum Fehrs-Begräbnis am 20.8.1916, wobei von Boeck (ohne Namensnennung) indirekt die Rede ist und seine frühere Ansprache von 1916 auf Plattdeutsch zitiert wird:

> „De Preester verstünn den Dichter un sien hoge Kunst. In slichte, fromme Wöör wies he uns noch mal den sien Levensdaat. En Spruch ut den eersten Psalm reep he em na:
> ‚He is as en Boom. De steit an den klaren Beek und driggt gode Frucht to sien Tiet. Sien Bläder verdröögt ni, un wat he hett, dat hett Aart!'..."

Parallel dazu wird von J.H. Fehrs das hochdeutsche, kaisertreue und erzählende Gedicht „Itzehoe" von 1867 in der Tageszeitung abgedruckt.[406]

5.5.5   1938/39 Boeck als Vorsitzender

Die Mitgliederversammlung am 23. November 1938 fand für das Gildejahr 1937/38 in Elmshorn statt:

> „Sie brachte einschneidende Veränderungen in der Zusammensetzung des Vorstandes, da der bisherige Vorsitzende, Landrat a.D. Dr. Wachs, sein Amt niedergelegt hatte und der bisherige Kassenwart, Rechtsanwalt Dr. Maßmann, dessen Amtszeit abgelaufen war, bat, wegen Arbeitsüberlastung von einer Wiederwahl abzusehen. ... Zum Vorsitzenden wurde der bisherige Schriftwart, Pastor i.R. Christian Boeck (Hamburg-Wellingsbüttel), zum Schriftwart Gewerbeoberlehrer Hermann Quistorf (Hamburg) zum Kassenwart Lehrer Gustav Jürgensen (Hamburg-Bramfeld) gewählt."[407]

Für die biografische Darstellung von Boeck ist das Kürzel „i.R." wichtig, weil durch die oben geschilderte bisherige berufliche Tätigkeit kurz nach dem Selbstständigwerden der Gemeinde Wellingsbüttel (1.7.1938) für ihn mit dem Abschiedsgottesdienst am 28.9.1938[408] und der überraschend schnellen Entscheidung für einen Nachfolger, Pastor R. Scheuer, sein Ausscheiden aus dem Dienst in den (mehr oder weniger endgültigen) Ruhestand erfolgt ist.
Bereits im vorangegangenen ersten Heft des 16. Jahrgangs, das am 8. November 1938 abgeschlossen wurde, war angekündigt worden:

---

[405] Bildausschnitt aus dem Gemeinsamen Kreisarchiv ‚x 42763'. Bereits am Samstag, dem 20.8.1938 (dem 22. Todestag von J.H. Fehrs) fand am Grab des Dichters eine Feierstunde statt. Möglicherweise stammt daher die plattdeutsche Version von Boecks Gradrede 1916.
[406] Text bei Dohnke / Ruge (1986ff) Bd. 5 S. 67.
[407] BdFG 1938f S. 32 (abgeschlossen 2. August 1939).
[408] Siehe oben bei Anm. 305.

„Die Kanzlei der Fehrs-Gilde ist nach Hamburg-Wellingsbüttel, Waldstraße 39 verlegt worden, da unsere bisherige langjährige Kanzleiverwalterin ... sich aus Gesundheitsgründen genötigt sieht, ihr Amt niederzulegen."[409]

Vermutlich ist, nachdem zuvor 1937 Dr. Wachs aus dem Berufsleben ausgeschieden war,[410] im Vorstand die entsprechende ‚Rochade' mit dem Wechsel des Kanzleisitzes von Kiel nach Hamburg schon verabredet gewesen. Entsprechend haben sich auch Hamburger im neuen Vorstand zusammengefunden.

5.5.6 Johann-Hinrich-Fehrs-Preis

Der im Zusammenhang mit der 100-Jahrfeier zu Ehren von J.H. Fehrs ausgelobte Preis, der für einen Prosatext vergeben werden sollte, hatte natürlich auch ein entsprechendes Preisgericht zur Voraussetzung. Die Arbeiten der Bewerber wären

„... bis zum 31. Dezember eines jeden Jahres (erstmalig 1938) bei der Geschäftsstelle der Vereinigung Niederdeutsches Hamburg einzureichen. ... Die eingereichten Arbeiten werden beurteilt von Prof. Hans Teske, Otto Specht, Dr. Bruno Peyn, Christian Boeck, Prof. Dr. Schulte-Herringhausen und einer vom Leiter des Westfälischen Heimatbundes zu ernennenden Persönlichkeit."[411]

Zum Fehrs-Preis des Jahres 1939 wird dann vermerkt, sie sei als Gildegabe für 1940/41 zu verteilen.

„... die mit einem Teil des Fehrspreises 1939 ausgezeichnete Erzählung ‚Helk Köster' von Johannes Kruse. Sie spielt in der bäuerlichen Welt Dithmarschens und behandelt Schicksal und Verhängnis einer art- und geistesfremden Ehe. (Verlag der Fehrs-Gilde und Otto Meißners Verlag, Hamburg)."[412]

Nachdem sich Boeck im Ruhestand in Wellingsbüttel auch stärker wieder der Arbeit an der geplanten Heimatchronik zuwenden und den Band I der „Wellingsbütteler Urkunden" noch 1938 herausbringen konnte, widmete er sich auch den anderen außerkirchlichen Vereinen verstärkt. So verwundert es nicht, wenn auch im Vorwort des Jahrbuchs des Alstervereins von 1942 erwähnt wird, dass mit einer Lesung „aus der mit dem Fehr[s]preis 1939 ausgezeichnete Erzählung ‚Helk Köster' von Johannes Kruse"[413] auch die Mitgliederversammlung des Alstervereins begonnen wurde. Johannes Kruse hatte bereits 1940 als Autor für den Alsterverein einen Artikel „Bergstedter Familiennamen aus Jahrhunderten" veröffentlicht,[414] und Kruse wird Boeck (auch als den ehemaligen Bergstedter Pastor, der dort 1902 begonnen hatte) sicher zuvor schon als Informanten gekannt haben.

---

[409] BdFG 1938f S. 17.
[410] In den BdFG (1940f) findet sich dann der Nachruf auf den inzwischen Verstorbenen. Hier wird als Amtszeit 1921-1939 angegeben.
[411] BdFG (1938f) S. 12.
[412] BdFG (1940f) S. 13.
[413] JAV 26 (1942) S. 5f. Die Erzählung ist durch die Fehrs-Gilde 1940/41 gedruckt worden: Johannes Kruse: Helk Köster. En Tiet- un Levensbild ut de Masch. – Hamburg Verlag der Fehrs-Gilde / Otto Meißners Verlag, 1941.
[414] JAV 24 (1940) S. 63ff.

Wellingsbüttel:

Wilhelm Behrens, Architekt
Christian Boeck, Pastor i. R.
Julius Gundlach, Sparkassenbeamter
Max Iden, Musiklehrer
Friedrich Paulsen, Kaufmann
Friedrich Peemöller Wwe., Fabrikant
Max Schleu, Vizekonsul
B. Schulz Wwe., Gasthaus „Zur Linde"
Wilhelm Siefke, Kaufmann

Links: Wellingsbüttel-Auszug aus dem Mitgliederverzeichnis des Alstervereins aus JAV 24 (1940) S. 157.

Boeck, der eines der Wellingsbütteler Mitglieder des Alstervereins gewesen ist, hat über die Lesung von Johannes Kruse und den Verweis auf den an diesen verliehenen Johann Hinrich Fehrs-Preis auch hier publizistisch im Sinne der Zielsetzung der Fehrs-Gilde gewirkt.

Bereits 1935 hatte Boeck für den Stadtteil Wellingsbüttel die Benennung der „Johann-Hinrich-Fehrs-Straße" erreicht und war als Fehrs-Propagandist erfolgreich in seinem Werben für diesen Schriftsteller.[415]
Der Alsterverein, in dem selbst die Pflege plattdeutscher Mundart durch die Gründungsfigur, Ludwig Frahm, verankert wurde, ist auch ideologisch mit der Fehrs-Gilde auf einer Linie, wie das Zitat aus dem Frahm-Heft von 1935/36 zeigt:[416]

> Wir Männer vom Alster-Verein beschlossen im Januar dieses Jahres, unserem Ehren-Vorsitzenden Ludwig Frahm, dem Hauptbegründer unserer Gemeinschaft, zu seinem 80sten Geburtstage, am 25. Juli 1936, unsere Dankesschuld für seine selbstlose Erzieherarbeit für Volkstum und Heimat sichtlich zu bekunden. Dieses Bekenntnis sollte dadurch zum Ausdruck kommen, daß wir ein 21stes Jahrbuch als
>
> **Ludwig-Frahm-Heft**
>
> herausbringen wollten. Auf diese Weise sollte der Nestor der holsteinischen Heimatschriftsteller die Freude erleben, lieben Freunden und vielen Verehrern unter seinen Landsleuten eine Auswahl aus seinen Erzählungen mit diesem Büchlein eigenhändig zu schenken.
> Nun ist es anders gekommen: der alte Kämpfer für Blut und Boden, der Erzieher zur Volksgemeinschaft, hat sich acht Wochen vor seinem 80sten Geburtstage zu seinen Vätern gesellt. Am 4. Juni haben wir ihn auf dem Friedhof zu Bergstedt in die stormarnsche Erde, an der er so innig hing, gebettet. Den Plan

Die oben aus dem Auszug der Mitgliederliste des Alstervereins gelisteten Namen wie Boeck, Peemöller und Siefke, die auch für den Kirchbau in Wellingsbüttel zusammengearbeitet hatten, lassen erkennen, wie das Geflecht von Gleichgesinnten mit eine wesentliche Rolle für das Wirken von Boeck in dem in dieser Hinsicht dörflichen Wellingsbüttel gespielt hat.

---

[415] Siehe dazu das Protokoll der politischen Gemeinde bei Anm. 236.
[416] JAV 21 (1935f) S. 3.

6 Die letzten Jahre von Pastor Christian Boeck

Das Kapitel 4 oben, in dem es um „Berufliche Stationen von Pastor Boeck" ging, ist mit einem Ausblick auf „Boeck als ‚Altenteiler' in Wellingsbüttel 1938-1964" vorzeitig beendet, weil erst sein außerberufliches Engagement berichtet werden musste. Erst danach sind wichtige Teile seines letzten Lebensabschnittes verstehbar. Die Nachkriegssituation – und Boeck war 1945 bereits 70 Jahre alt – stellte in mehrfacher Hinsicht vor neue Probleme: einerseits waren die lebenspraktischen Fragen wie die Einquartierungen von Ausgebombten und Flüchtlingen zu meistern, andererseits ging es um die Fortführung der Arbeit der Fehrs-Gilde.

Beide Bereiche sind durch eine glückliche Fügung insofern zu einer besseren Situation gelangt, als durch den Kontakt von C. Boeck zur Niederdeutschen Abteilung des Germanischen Seminars der Universität Hamburg und insbesondere zu Prof. Walter Niekerken sich neue Möglichkeiten angebahnt haben. Boeck hat in dem ersten nach dem Krieg erschienenen Heft der Blätter der Fehrs-Gilde über die Einrichtung „Niederdeutsches Studentenlager" berichtet, bei dem er sich zwar nicht selbst nennt, sondern indirekt von sich schreibt:

> „Ein Vorstandsmitglied der Fehrs-Gilde nahm während einiger Tage an dem Lager teil und konnte sich von dem freundschaftlich-kameradschaftlichen Ton, der alle Teilnehmer verband, überzeugen und an dem gemeinsamen Streben, niederdeutscher Sitte und Brauchtum zu leben, sich erfreuen."[417]

Dieser Besuch und Vortrag des Fehrs-Propagandisten hatte für Boeck persönlich und für die Fehrs-Gilde einen wichtigen Kontakt zur Folge, den der damalige junge Lehramts-Kandidat (und späteres Vorstandsmitglied) Gustav Hoffmann wie folgt beschrieben hat:

> „Das durchdachte und gehaltvolle Referat des alten Mannes imponierte mir ebenso wie die Persönlichkeit selbst. Und so kam es, dass ich spontan der Einladung des Mannes folgte, ihn zu besuchen, wenn einer der Studierenden Interesse an dem Werk des Dichters Johann Hinrich Fehrs hätte. Vierzehn Tage später bin ich nach kurzer telefonischer Vereinbarung zum ersten Mal im Hause von Christian Boeck in der damaligen Waldstraße, späteren Waldingstraße. Ich sehe mich noch bei ihm sitzen, in dem Salon vor einem nicht brennenden Kamin. Vor uns stehen eine Flasche Wein und zwei Gläser... er hört zu. Er ist schwerhörig und besitzt einen Hörapparat, dessen Hörteil er mit der einen Hand an sein Ohr hält. Mit diesem Abend beginnt eine herzliche Freundschaft, die bis zum Tode von Christian Boeck anhält."[418]

Für Hoffmann entsteht aus diesem Kontakt u.a. seine Dissertation über Johann Hinrich Fehrs, die schließlich (nach einigen unrühmlichen Auseinandersetzungen in der Universität Hamburg, die bis 1953 dauern) 1957 in überarbeiteter Form im Druck erscheinen konnte.[419] – Auch bereits 1949 trägt Hoffmann zu dem wieder

---

[417] Boeck (1949) BdFG S. 17. (Diese Art der Veranstaltung ist allerdings nicht neu, sondern greift auf bereits in der NS-Zeit praktizierte Sommerlager zurück.)
[418] Hoffmann (2006) Masch S. 200.
[419] Hoffmann (1957). Die maschinenschriftliche Fassung wurde bereits am 30.10.1950 abgeschlossen; Hoffmann (2006) Masch 211. Das private Korrekturexemplar befindet sich in der Bibliothek für Universitätsgeschichte.

begonnenen ersten Heft 46 *Blätter der Fehrs-Gilde* eine Textedition bei: „Ein Brief von Klaus Groth an Tim Kröger".[420]

Zudem ist aus dem Kontakt zwischen Christian Boeck und Gustav Hoffmann eine intensive Zusammenarbeit für die Fehrs-Gilde und dem neu konzipierten „Verlag der Fehrs-Gilde"[421] erwachsen, für dessen „unbezahltes Lektorat ... viele, viele Manuskripte junger und älterer niederdeutscher Schriftsteller durchzulesen, zu beurteilen, zu bewerten ... sehr, sehr viel Zeit",[422] auch von dem letzteren erforderte.

Ab 1950 wohnte die junge Familie Hoffmann, die auf Grund der besonderen Wohnungsnot der Nachkriegszeit zuvor per Einquartierung in Klein Borstel untergebracht war, für sieben Jahre mit im Hause der Boecks in der Waldstraße 39 in Hamburg-Wellingsbüttel.[423] ‚Onkel Boeck' hat sowohl die (wenige Tage vor seinem 75. Geburtstag), am 5.3.1950 geborene zweite Hoffmann-Tochter getauft als auch diese kleine ‚Maren Christine' als Taufpate und als liebevoller Märchenerzähler die kleinen ‚Ersatz-Enkelinnen' begleitet.

6.1 Öffentliche Ehrungen

Mit dem besonderen Verhältnis zu Dr. Gustav Hoffmann hängt auch ein wesentlicher Teil dessen zusammen, was Christian Boeck an öffentlichen Ehrungen zuteil geworden ist. Was die erste öffentliche Ehrung angeht, so ist allerdings die zeitliche Abfolge und sein Anteil nicht eindeutig zu rekonstruieren.

6.1.1   1955 Das Bundes-Verdienstkreuz für den 80-Jährigen

Sicher ist, dass über Dr. Hermann Biermann-Rathjen (FDP), der in der Nachkriegszeit als Hamburger Kultursenator amtierte, die Verleihung des Verdienstkreuzes anlässlich des 80. Geburtstages am 10.3.1955 zustande gekommen ist. Die Verleihungsurkunde durch den Bundespräsidenten Theodor Heuss ist wenige Tage zuvor am 25.2.1955 gefertigt worden:[424]

---

[420] Hoffmann (1949) BdFG S. 2-6.
[421] Zum „Verlag der Fehrs-Gilde" sind verschiedene Jahrezahlen seiner Gründung im Umlauf, die darauf beruhen, dass die Lizenz zu verschiedenen Zeiten die Erlaubnis zum Verlegen unterschiedlicher Bücher beinhaltete: bereits von der britischen Militärregierung stammt „die Lizenz zu einem Verlag für plattdeutsche Erzählungen und plattdeutsche Lyrik", siehe BdFG 20 (1949) S.20; hier wird auch als kurz bevorstehend das Vorhaben eines gemeinnützigen Verlages mit ehrenamtlichen Mitarbeitern berichtet.
[422] Hoffmann (2006) Masch S. 201.
[423] Das Kapitel „Sieben Jahre in Wellingsbüttel 1950-1957" aus den privaten Lebenserinnerungen in Hoffmann (2006) Masch S. 207-230 steht freundlicherweise auch der Fehrs-Gilde für historische Rückfragen zur Verfügung. Gesprächsnotizen aus dem März 2013 mit Dr. Gustav Hoffmann und UG sind von ihm autorisiert worden; sie finden sich im Anhang. Ein „Klein-Borstel-Kapitel" ist abgedruckt auch in Gleßmer / Jäger (2016a) im Anhang.
[424] Sie befindet sich inzwischen im LASH und ist oben bereits bei Anm. 11 zusammen mit dem Orden abgebildet

Die fünf Jahre später zum 85. Geburtstag erschienene Festschrift „Hart, warr nich mööd" von Hoffmann / Jürgensen (1960) FS S. 2 <ohne Seitenzahl> zeigt Christian Boeck mit dem Bundesverdienstkreuz.

Diese Auszeichnung ist nach G. Hoffmann durch die alte Verbindung zum „Naumann-Kreis"[425] und zur FDP zu Stande gekommen.[426] – In der Festschrift kommen u.a. auch alte Bekannten Boecks aus der niederdeutschen Bewegung zur Sprache, wie etwa der Mitunterzeichner der erwähnten Ergebenheitsadresse an den Reichskanzler vom 11.4.1933, A. Strempel.[427] – Wahrscheinlich haben aus dem Kreise der Gratulanten auch andere die Wahl des Titels der Festschrift als Referenz auf H.F. Blunck verstanden, auf die aber erst Hans Ehrke 1964 ausdrücklich hingewiesen hat.[428]

Naturgemäß hat die Ehrung auch öffentliche Aufmerksamkeit in den Medien gefunden, wie beispielhaft die beiden Zeitschriftenausrisse aus dem Nachlass zeigen:[429]

---

[425] Der Verweis auf den „Naumann-Kreis" ist mehrdeutig; siehe etwa den entsprechenden Artikel „Naumann-Kreis" unter https://de.wikipedia.org/wiki/Naumann-Kreis. Der Name dieses Kreises, der die FDP von Seiten alter Nationalsozialisten unterwandern wollte, ist auf Werner Naumann bezogen. Boeck verband auf jeden Fall eine persönliche Bekanntschaft mit Kreis-Mitgliedern wie „Heinrich Haselmayer, Alter Kämpfer seit 1927, SA-Mann, Kampfbund für deutsche Kultur in Hamburg".

[426] Siehe dazu im Anhang Seite 215ff „Gespräche mit G. Hoffmann (24. und 31.3.2014)".

[427] Vgl. bei Anm. 392 und bei Anm. 575.

[428] Ehrke (1964) Moderspr S. 34. Der Titel der Festschrift von 1960 nimmt seinerseits einen Titel von H.F. Blunck von 1920 auf (vgl. dazu die Rezension von Specht (1920f) MQu), und zollt damit dem alten Weggefährten (vgl. Boeck (1924f) BdFG) und Präsidenten der Reichsschrifttumskammer einen gewissen Tribut (vgl. auch bei Anm. 564 den Beitrag Boeck (1954) SB für H.F. Blunck). Der Fortbestand von Netzwerken der NS-Zeit in der Nachkriegszeit lässt sich nur erahnen.

[429] Die Abbildung links (WP_20140720_011) aus Stör-Bote „Tageszeitung für die Stadt Kellinghusen und Umgebung" 76. Jahrgang Nr. 59 sowie rechts: Hamburger Abendblatt vom 11.3.1955 Nr. 59.

Verdienste um unseren Heimatdichter Johann Hinrich Fehrs
Pastor i. R. Christian Boeck erhielt das Bundesverdienstkreuz

Am 10. März 1875 wurde in Heiligenstedten der verdienstvolle Leiter der Fehrs-Gilde, Pastor i. R. Christian B o e c k, geboren. Aus Anlaß seines 80. Geburtstages wurde ihm für die unermüdliche Förderung und Pflege der niederdeutschen Sprache, für die er sich jahrzehntelang tatkräftig einsetzte, vom Hamburger Senat das ihm vom Bundespräsidenten verliehene Verdienstkreuz überreicht. Die engen Beziehungen zu unserem Mühlenbarbeker Heimatdichter Johann Hinrich Fehrs, der später jahrzehntelang in Itzehoe ansässig war, gehen auf seine Studienzeit zurück, wo der Sohn von Fehrs ein Studienfreund des jungen Boeck war. Seit dieser Zeit hat er sich mit aller Kraft für das Werk dieses Dichters eingesetzt. So gründete er um 1930 eine Buchgilde zur Förderung plattdeutschen Schrifttums und später den Verlag der Fehrs-Gilde, in der er z. B. die gesammelten Werke von Johann Hinrich Fehrs herausbrachte. Das Hauptwert von Fehrs, der plattdeutsche Roman „Maren", wurde mehrmals durch seine Initiative gedruckt, zuletzt 1954 in der Buchdruckerei H. J. J. Hay. Aber auch andere niederdeutsche Dichter wurden durch die Fehrs-Gilde gefördert, so Budich, Claudius, Groth, Heitmann u. a. Hervorzuheben sei noch die Herausgabe eines plattdeutschen Gesangbuches und einer plattdeutschen Gottesdienstordnung, sowie für den Unterricht in den Volksschulen das Heft „Ut'n Bökerschapp'.

Durch sein unermüdliches Wirken verschaffte er dem Werk des von ihm so geschätzten Dichters einen würdigen Platz in der Literatur.

Heute lebt Pastor i. R. Christian Boeck in Wellingsbüttel bei Hamburg, Waldingstraße 39, wo er lange Jahre eine Pfarrstelle innehatte.

Der Fehrs-Biograph

Seit fünfzig Jahren steht Christian B o e c k, dessen 80. Geburtstag wir gestern vermerkten, in vorderster Front der niederdeutschen Bewegung. Schon der junge Student der evangelischen Theologie an der Universität Kiel wurde zu einem begeisterten Kämpfer für heimatkundliche Stammeskunde, Sprache und Literatur. Die Begegnung mit Johann Hinrich Fehrs mag den entscheidenden Anstoß gegeben haben. Als 1916, im Todesjahr des Dichters, die Hamburger Fehrs-Gilde ins Leben gerufen wurde, gehörte Boeck zu den Gründern dieser literarischen Gesellschaft, die sich um die Bewahrung niederdeutscher Art hohe Verdienste erworben hat. Damals wirkte er bereits seit neun Jahren als Pastor in Hamburg-Bramfeld.

Christ. Boeck

Mit ungebrochener Kraft ging der 70-jährige 1945 an den Wiederaufbau der Fehrs-Gilde, der er einen Verlag zur Förderung des plattdeutschen Schrifttums angliederte. Der gesamte Überschuß dieses Unternehmens dient der Herausgabe niederdeutscher Dichtungen. Bisher sind über dreißig Bände erschienen. An eigenen Schriften veröffentlichte er eine Fehrs-Biographie.

L.

Die öffentliche Anerkennung drückt sich auch durch die zahlreichen Geburtstags-Gratulationen aus, die im Nachlass erhalten sind.[430]

---

[430] Siehe LASH 399.206 Nr. 110 und 55.

Hamburg-Wellingsbüttel, den 21. 3. 55
Waldingstraße 39

80 Jahre alt zu werden ist kein Verdienst, zumal für einen Pastor. Wenn ich recht weiß, ist es der schleswig-holsteinische Kirchenvater Claus Harms, der gemeint hat, ein Pastor dürfe nicht alt werden, er habe sich vorher aufzuzehren. Bedenkt man das, kann ein Geburtstag zum Bußtag werden, und wenn man an einem solchen Tage auch noch in die Lage versetzt wird, sich oft beschämt zu fühlen, gerät man in eine Grenzsituation. Da hat geholfen die große Freundlichkeit und Güte, die ich von seiten so vieler Freunde, Gleichgesinnter und Mitstrebender erfahren durfte. Nun muß ich von Herzen danken. Ich habe es empfunden, daß Goethe recht hat, im Alter bleibt Idee und Liebe. Das sagen auch die ersten vier Worte vom 1. Cor. 14, 1, die wie in einer Pfeilspitze das gewaltige 13. Kapitel zusammenfassen: Strebet nach der Liebe.

Herzlichen Dank und Gruß!

Chr. Boeck

Eine gedruckte Bedankung für Glückwünsche zum 80. Geburtstag durch Boeck hat er jeweils mit „Herzlichem Dank und Gruß!" versehen und persönlich unterschrieben, wie die nebenstehende aus dem Archiv der alten Kirchenvorsteher-Familie Aurig in Wellingsbüttel, die auf den 21.3.1955 datiert ist.[431]

6.1.2   1957 Die Goldene Hochzeit

Die öffentliche Aufmerksamkeit, die Boeck zuteil geworden ist – ebenso wie seine persönlichen Verbindungen zu Repräsentanten der Hansestadt – haben dafür gesorgt, dass seine Frau und er auch zu ihrer Goldenen Hochzeit am 28.8.1957 mit einer besonderen Ehrung bedacht wurden.

Diese Aufmerksamkeit wurde bereits erwähnt und mit der Medaille und dem Eindruck im Inneren der kleinen Schatulle, die sich im Nachlass Boecks befindet, oben abgebildet.[432]

In Verbundenheit mit zahlreichen Mitgliedern der Kirchengemeinde und der Fehrs-Gilde gedachten auch viele von diesen des besonderen Ereignisses der Goldenen Hochzeit des Pastoren-Ehepaars. Dafür bedankte sich Boeck mit der folgenden

---

[431] Archiv_Aurig_1.
[432] Siehe oben bei Anm. 86

Karte, die vermutlich an eine größere Zahl von Gratulantinnen und Gratulanten gegangen ist, da er den „Druck zu Hilfe rufen" musste:[433]

HAMBURG-WELLINGSBÜTTEL, den 2.10 1957
Waldingstraße 39

Zu unserer Goldenen Hochzeit, die wir aus Gesundheitsgründen auswärts begehen mußten, hat uns bis in unsere Verborgenheit hinein ein solcher Strom von Wohlwollen und Güte erreicht, daß es uns leider nicht möglich ist, allen lieben Menschen, die unser gedacht haben, handschriftlich zu danken. Wir müssen den Druck zu Hilfe rufen. Das Ganze aber wollen wir unter das Wort stellen, auf das uns ein verehrter Gesinnungsfreund (ein Mediziner übrigens, nicht etwa ein Theologe) verwiesen hat: „Es ist Gnade, der wir alle bedürfen". Wir sind von Herzen dankbar.

6.1.3 1960 Ehrungen zum 85. Geburtstag

Die Auszeichnung mit dem Bundesverdienstkreuz ist nicht die einzige große Ehrung geblieben. Vielmehr ist zum 85. Geburtstag am 10.3.1960 – auch wieder wesentlich durch die Bemühungen insbesondere von G. Hoffmann – die oben erwähnte umfangreiche Festschrift zusammen mit dem alten Fehrs-Gilde-Mitglied und Vorstands-Kollegen,[434] dem Bramfelder Rektor Gustav Jürgensen, erstellt

---

[433] Archiv_Aurig_1.pdf.
[434] BdFG (1938f) S. 32 wird G. Jürgensen (aus Bramfeld) im Vorstand als Schriftwart aufgeführt.

worden. Sie wurde bei einem festlichen Akt im Patriotischen Gebäude überreicht, zu dem die Fehrs-Gilde die Einladungskarten zu „Feier und Empfang" drucken lassen hatte, die die beiden Festschrift-Herausgeber für den Vorstand gezeichnet hatten:

Folge   Begrüßung

Ansprache und Überreichung der „Festschrift für Christian Boeck" durch den Kultursenator der Freien und Hansestadt Hamburg, Herrn Dr. BIERMANN-RATJEN

Für den Vorstand der Fehrs-Gilde spricht Herr Rektor JÜRGENSEN

Überreichung der Universitätsmedaille der Universität Kiel durch S. Magnifizenz den Rektor der Christian-Albrechts-Universität, Herrn PROFESSOR D. GREEVEN

Verleihung der Lornsenkette des Schlesw.-Holst. Heimatbundes durch den Bundesvorsitzenden, Herrn Präsident Dr. CLASEN

Herr Pastor BOECK spricht

Vortrag des in der „Festschrift für Christian Boeck" erstveröffentlichten Dramenfragmentes „Persepter" von J. H. Fehrs durch Mitglieder des Ohnsorg-Theaters, Hamburg

nach der Feier kurzes zwangloses Zusammensein mit dem Jubilar

Wir beehren uns, Sie zu

Feier und Empfang aus Anlaß des 85. Geburtstages unseres Vorsitzenden, des Herrn Pastor Christian Boeck,

in den großen Festsaal des Patriotischen Gebäudes, Hamburg, Trostbrücke 4, (Rathausnähe) am Donnerstag, dem 10. März 1960, 11 Uhr vormittags, herzlich einzuladen.

Der Vorstand der Fehrs-Gilde

Gustav Jürgensen   Dr. Gustav Hoffmann

Bei dieser Feier wurden auch die zwei in der Einladung genannten besonderen Auszeichnungen verliehen:

Die Universitätsmedaille (siehe unten[435]) der Universität Kiel durch deren Rektor Prof. D Greeven

sowie

die (oben[436] von der Vorderseite und im Bild links von hinten abgebildete) Lornsen-Kette des Schleswig-Holsteinischen Heimatbundes, die anstelle des erkrankten Bundesvorsitzenden Herrn Präsident Dr. Clasen, durch Pastor R. Muus überreicht wurde.[437]

Die plattdeutsche Ansprache von Gustav Jürgensen nimmt auf die besondere Überraschung „op den Verwunnerungsstohl" im Patriotischen Gebäude Bezug:

---

[435] Siehe bei Anm. 438.
[436] Siehe bei Anm 9.
[437] WP_20140709_090.

„De Saak nu, de maakt warrn schull, Dien Geburtstagsgeschenk, dat müss heemlich in'e gangen kamen. Eenmal wüssen wi nich, wat dat ok glücken wörr, un denn: womööglich waerst Du jumpabel un harrst uns dar womööglich mit sitten laten. Denn dat weet wi: Du sittst nich geern op den Verwunnerungsstohl. Dar büst Du veel to trüchhollern un bescheiden to! Kort un goot! Dit ‚Nich-marken-laten" weer ditmal heel veel swarer as vör fiev Johr. Denn dar weern veel mehr Lüüd as domals, de von de Saak wüssen. Ik sülben heff mi oftins op de Tung bieten müsst, wenn ik bi Di weer un wi öber dit und dat snacken deen. Ditmal sünd wi nu aver nich so hart mit Di umgahn: wi hebbt vör en paar Daag Di so'n beten von hüüt vertellt. ..."[438]

Walter Gättke hat für die ‚Harburger Anzeigen und Nachrichten' am 11.3.1960 über diese Feierstunde und Auszeichnungen berichtet:

Feierstunde für Pastor Boeck
„He sitt nich gern op'n Verwunnerungsstohl!"

Wie Pastor Christian Boeck zum Abschluß der Feier zu seinem 85. Geburtstag in spürbarer Bewegung und doch mit vielen humorvollen Lichtern indirekt zugab, könnte das Wort seines Freundes Gustav Jürgensen „He sitt nich gern op'n Verwunnerungsstohl" auch von ihm selbst sein. Dennoch mußte es sich der verdienstvolle Mann gefallen lassen, daß gestern im überfüllten großen Festsaal des Patriotischen Gebäudes nahezu die gesamte niederdeutsche Prominenz, Dichter, Wissenschaftler, Heimatverbände, die Bevensen-Tagung usw. zusammengeströmt waren, Boeck nach seinem großen und umfassenden Lebenswerk gebührend zu ehren.

Kultur-Senator Dr. Biermann-Ratjen tat es, indem er dem Begründer der Fehrs-Gilde eine Festschrift in die Hand legte, die mit dem schönen Titel „Hart waar nich mööd" gleichzeitig das nie abreißende Arbeitsprogramm von Pastor Boeck um die plattdeutsche Sache unserer Heimat kennzeichnet. Von der Universität Kiel empfing der Senior der plattdeutschen Senioren durch Prof. D. Greeven die nur aus besonderen Anlässen verliehene Universitäts-Medaille der Christian-Albrecht-Universität. Pastor R. Muus überreichte mit kernigen plattdeutschen Worten die Uwe-Jens-Lornsenkette des Schleswig-Holsteinischen Heimatbundes für den plötzlich schwer erkrankten Präsidenten Dr. Clasen. Ein plattdeutsches Bühnenstück-Fragment von Fehrs wurde von Darstellern des Richard-Ohnsorg-Theaters zum Vortrag gebracht.

In seinem Schlußwort sprach Pastor Boeck sinnvoll von der tiefen Bedeutung seiner Lebensaufgabe. Wir möchten ein Stück unserer Kultur sowie unserer plattdeutschen Sprache retten Uns graut vor der Vermassung. Schon Wilhelm von Humboldt erkannte das, als er schrieb: „Jede Sprache ist eine Welt für sich!" Diese Welt gilt es jetzt ebenfalls im Hinblick auf das Plattdeutsche mit wachen Augen zu erhalten. W. G.

---

[438] Der dreiseitige Text der Ansprache ist im Nachlass erhalten (Artikel_zu_Boecks_-Ehrungen.pdf S. 26ff). Das Bild links (Quelle: 700 Jahre Wellingsbüttel – Buss-Verlag) ist mit freundlicher Genehmigung von Wolfgang E. Buss entnommen aus Rackowitz / Baudissin (1993) S. 126 und zeigt auch die Universitäts-Medaille, die sich jedoch nicht im Nachlass fand.

Leider ist die Ansprache von Christian Boeck, auf die der Zeitungsbericht sich bezieht, wohl nicht erhalten. Jedoch sind zahlreiche Zeitungsausschnitte von ihm bzw. anderen Mitgliedern der Fehrs-Gilde gesammelt worden und im Nachlass als weitere Ausrisse verfügbar.[439]

Drei der weiteren ihm im Zusammenhang des 85. Geburtstags zugedachten Aufmerksamkeiten sollen jedoch noch besonders genannt werden:

> De
> Wienhuser
> — Passion
>
> Pastor Christian Boeck
> to eeren
> an sinen 85. Geburtsdag
> – 10-3-1960 –

Zum einen ist die ‚Wienhuser Passion' zu nennen, die Boeck von Hein Bredendiek gewidmet worden ist, wie der weiteren Beschreibung zu „Een Zyklus van 9 Gedichten (utteckent mit den Friedrich-Freudenthal-Pries 1959.)" zu entnehmen ist. Er bemerkt dazu „... De Passionsampel in dat Klosterhuus Wienhusen harr mi't andaan. Sess Biller to de Passionsgeschicht, elkeen in Holt snittert un as Relief in de sess Sieden van de Ampel inlaaten, vertellt de ol hillig Geschicht up eegen Aart. Een nedderdüütschen Meister ... hett't vör knapp 500 Jahr warkt. In all de Unrauh van sin Tiet stell de Meister sin hillig Schien fatt. Nedderdüütsch is't, wat in sin Warkstä wussen weer. So schall dat plattdüütsch Woort de Passionsampel van't Kloster Wienhusen bi Celle weer to'n Lüchten bringen. Mag dat bävern Lücht, wat van de sess Biller abgeiht, ok in uns Tiet rinschienen!"[440]

Auch eine Radiosendung sei erwähnt, für die im Nachlass ein Ausriss aus der Programmzeitschrift erhalten ist:

> Allerdings ist die Quelle nicht angegeben ebenso wie das Bild nur in einer ungenügenden Auflösung erhalten ist.
> Immerhin ist erkennbar, dass es sich um eine Sendung des NDR am 12. März 1960 handelt und wohl in der Regional-Sendezeit vormittags ab 10:30 Uhr vorgesehen ist.

Boecks gedruckte Bedankung ist unten vollständig im Anhang abgedruckt, teils weil sie nicht ganz unbescheiden auch seinen Eindruck formuliert:

> „Die Veranstaltung war so etwas wie eine repräsentative Selbstdarstellung des Niederdeutschen."[441]

Zudem wird auch sehr typisch der zurückhaltene, trockene Humor des Jubilars in diesem Text noch einmal deutlich.

Für Boeck ist zudem eine dritte Aufmerksamkeit im Jahr 1960 persönlich sehr bedeutsam gewesen, nämlich eine Ehrung der Stadt Itzehoe. In diesem Jahr war nämlich das umfangreiche Werk von R. Irmisch „Geschichte der Stadt Itzehoe" erschienen und mit einer besonderen Widmung für Christian Boeck versehen und ihm überreicht worden.[442] Zugleich durfte er sich bei dieser Gelegenheit am

---

[439] LASH 399.206 Nr. 100.
[440] Artikel_zu_Boecks_Ehrungen.pdf S. 24f.
[441] Bedankung siehe im Anhang Seite 197.
[442] Das Buch ist aus dem Nachlass Boeck via Gustav Hoffmann an UG gelangt (Foto unten WP_20150724_017).

15.10.1960 in das Goldene Buch der Stadt eintragen, wie ein Foto aus dem „Gemeinsamen Archiv des Kreises Steinburg und der Stadt Itzehoe" zeigt:

Ehrengabe der Stadt Itzehoe

für

den Vorsitzenden der Fehrs-Gilde

Herrn Pastor i.R.

Christian Boeck

Itzehoe, den 15. Oktober 1960.

Bürgervorsteher

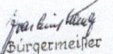
Bürgermeister

Das Foto oben aus dem Kreisarchiv Itzehoe zeigt den Bürgervorsteher Otto Busch gemeinsam mit dem Vorsitzenden der Fehrs-Gilde, Pastor Christian Boeck, bei der Eintragung in das Goldene Buch der Stadt Itzehoe.[443]

Auch der Alsterverein hat mit einem besonderen Buchgeschenk und einer kunstvoll eingetragenen Widmung ihren Ehrenvorsitzenden zu seinem 85. Geburtstag am 10.3.1960 bedacht:

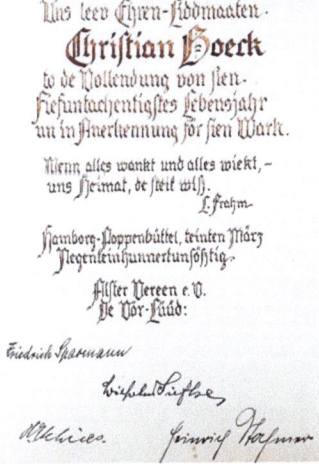

Dat se bliven ewich tosamende ungedeelt

Festschrift

der Schleswig-Holsteinischen Ritterschaft

zur 500. Wiederkehr des Tages von Ripen

am 5. März 1960

herausgegeben von

Dr. Henning von Rumohr, Drült

Unterschrieben ist die Gratulation von Friedrich Sparmann, Wilhelm Siefke, Hermann Schues, Heinrich Stahmer.[444]

---

[443] Zu Danken ist der Archivarin Frau Birgit Struck für die freundliche Unterstützung bei der Recherche. Zu dem seit 27.7.1953 amtierenden Bürgervorsteher Otto Busch (FDP) vgl. bei Irmisch (1960) S. 444f sowie Abb. 158.
[444] Widmung: WP_20150724_015. Zum Vorstand siehe JAV (1960) S, 65; dort auch der Beitrag von Jürgensen (1960) JAV „Unser Ehrenmitglied Christian Boeck".

6.1.4   1962 Joost van den Vondel-Preis

Den genannten Preis für das Jahr 1961 hat die Hamburger F.V.S.-Stiftung Boeck am 22.6.1962 zusammen mit der unten folgenden Urkunde verliehen. Zu dieser Stiftung und deren ‚Niederdeutschem Preis' bestand insofern bereits eine Beziehung dadurch, dass Gustav Hoffmann 1956 die Laudatio für den damaligen Preisträger Hermann Claudius gehalten hatte. Eine konkrete Verbindung nach Münster entstand durch den Beitrag von Lotte Foerste „Idee als Gestalt in Fehrsscher Kunst", der im Vorfeld gerade in der Druckvorbereitung im Verlag der Fehrs-Gilde sich befand und dann auch 1962 dort erschienen ist. Er war als Vortrag einer Veranstaltung der Fehrs-Gilde zur 750-Jahr-Feier in Itzehoe entstanden und stellte Elemente aus der Münsteraner Dissertation der Verfasserin von 1957 vor.

„Die Westfälische Wilhelms Universität zu Münster verleiht den

Joost van den Vondel-Preis
der Stiftung F.V.S. zu Hamburg für das Jahr 1961 dem Pastor i.R. Christian Boeck.

Die Ehrung gilt dem selbstlosen Förderer niederdeutscher Sprache und Dichtung, insbesondere des niederdeutschen Buches; nicht zuletzt auch dem Deuter des dichterischen Werks seines väterlichen Freundes
Johann Hinrich Fehrs.

Diese Urkunde ist ausgestellt am Tage der feierlichen Verkündung des Preises.

Münster in Westfalen am 22. Juni 1962
Der Rektor der Universität
Goecke"[445]

Boecks Festvortrag ist posthum in einer Festschrift zum Gedenken an seinen 100. Geburtstag 1975 in einem von der Fehrs-Gilde herausgegebenen Büchlein enthalten, zu dem auch die Kirchengemeinde Wellingsbüttel und der damalige Wellingsbütteler Pastor Dr. Martin Hoberg beigetragen haben.[446] Die Gemeinde gestaltete im Jahr 1975 auch einen Gottesdienst zum Gedenken an Boecks 100. Geburtstag, bei dem ein Gemälde aufgestellt wurde, das danach in der Sakristei der Lutherkirche seinen Platz fand.

Boecks nachgehende Begleitung und Verbundenheit mit seiner alten Gemeinde auch durch persönlich geschriebene Briefe (wie z.B. vom 3.4.1962 und kurz vor

---

[445] Bild links: WP_20140709_031. Der Text der Urkunde ist mit geringfügigen Abweichungen auch im Zusammenhang der Rede des Rektors enthalten in Goltz (1975) FS S. 44.
[446] Boeck (1975) SB S. 44-51.

seinem Tod am 22.5.1964 an den ehemaligen Kirchenältesten Fritz Aurig)[447] zeigen an, dass er trotz kurz zuvor durchstandener Krankenhauserfahrungen bemüht war, diese alten Verbindungen auch zur Tochter des ehemaligen Kirchenvorstehers zu pflegen. Er hatte sie in der Vertretungszeit der Kriegsjahre am 19.3.1944 konfirmiert. – Dabei geht Boecks Blick zugleich weit zurück, in die Anfangszeit der Gemeinde, wenn er u.a. auch an die Verbundenheit bereits mit den Schwiegereltern erinnert.

Noch 1964 hat die Fehrs-Gilde mit Boeck für die vorangegangenen 25 Jahre den „Almanach der Fehrs-Gilde 1949-1964" erarbeitet.[448]

6.2 Frau Ulrich und die Fehrs-Gilde in Wellingsbüttel

Oben ist bereits auf Grund der Notiz in den Blättern der Fehrs-Gilde von 1938f auf den Ortswechsel der Kanzlei der Fehrs-Gilde von Kiel nach Hamburg-Wellingsbüttel hingewiesen.[449] – Damals ging es darum, dass Fräulein M. Richter ausschied und ihr gedankt wurde. Abgeschlossen wurde diese Mitteilung am 7.11.1938. Aus der Wohnung und dem Kanzleisitz in der Waldstraße 39 ist dann in den Folgejahren Boecks ausführlicher Schriftwechsel geführt worden.

Ab wann genau Boecks langjährige ‚rechte Hand', Frau Edith Maria Ulrich (geb. Lütten *22.5.1917; gest. ca. 2002), die Korrespondenz geführt hat, die mit ihrer verwitweten Mutter in Wellingsbüttel in der damaligen Hamburgerstrasse 95 (später Wellingsbütteler Weg 95/97) wohnte,[450] ist z.Z. nicht genau zu sagen. Als Gustav Hoffmann ab 1949 in Kontakt zu Christian Boeck kam, war Frau Ulrich bereits für Boeck tätig.

Sie wird von Boeck nicht eigens erwähnt, doch findet sich etwa in dem Artikel von Fritz Walters eine Anekdote, die sich um seine Sekretärin rankt:[451]

> „In diesen Zusammenhang gehört eine Geschichte, die ich von seiner Sekretärin gehört habe. ‚Die Welt' hatte eine Artikel überschrieben ‚Ein verdienstvoller Mann auf verlorenem Posten?' Darauf hatte eine Anhängerin des Pastors geantwortet: ‚Wo Pastor Boeck steht,

---

[447] Vgl. Archiv Aurig_1.pdf S. 101f; dort auch S.15 u.a. ein Brief von 1936 zur Frage eines „deutschen Gottes".

[448] Darin Boeck (1964) Almanach; siehe im Abschnitt 7.35 „1964 15 Jahre Verlag der Fehrs-Gilde".

[449] Vgl. bei Anm. 409.

[450] Adressbuch. In der Akte zu Waldstrasse 40-42 StAHH 324-1_K 7190 finden sich erstaunlicherweise auch Unterlagen zum Grundstück Hamburgersstr. 95 (bzw. Wellingsbütteler Weg 95-Grundbuch Wellingsbüttel Bd. 3, Blatt 75 855/45). Dort befand sich u.a. im Privathaus ein Versammlungssaal der Neuapostolischen Gemeinde. Wie der Vorgang von 1930/1932 in Zusammenhang mit den Westendarp-Unterlagen gekommen ist, ist z.Z. noch nicht ersichtlich.... Möglicherweise sind Bauunterlagen wie der im Konvolut nachfolgende Umbau-Antrag W.672 mit Gegenzeichnung vom Ortsvorsteher Emil Salzmann (1.9.1933) für diesen von besonderem Interesse gewesen. Nach der enthaltenen "Handnachzeichnung nach den Katasterkarten" zu dem erstgenannten Grundstück Hamburgerstr. vom 20.03.1930 umfasst dieses Grundstück das gesamte Areal der Hausnr. 95 bis zur (späteren) Nr. 101. – Zum später errichteten Gebäude auf dem Grundstück Nr. 101 siehe bei Anm. 151. Daneben ist das Grundstück von Dr. Haßkerl (Nr. 103) verzeichnet.

[451] Walters (1975) FS S. 19.

ist kein Posten verloren.' Und das war wirklich der Eindruck, den die unbeirrbare Zähigkeit, mit der Pastor Boeck seine Sache verfocht, hinterließ."

Ebenfalls in einem Festschriftbeitrag zu Boecks 100. Geburtstag (1975) ist von D. Bellmann: „Brief an Frau Ulrich" (S. 36-40) eine indirekte Würdigung der Mitarbeiterin Boecks mit enthalten, in der Bellmann sich selbst ihr gegenüber mit der Bezeichnung ‚Wortmacher' karikiert. Dass sie nicht nur für die ‚berühmten plattdeutschen Literaten' Arbeit erledigte, sondern dass sie auch zuvor intensivst für Boeck geschrieben hat und dabei auch gelegentlich erstaunlich harsche Worte von diesem sonst so ruhigen Mann zu hören bekam, hat Gustav Hoffmann (‚außerhalb des Protokolls') aus seinem Erleben berichtet, aber den Hintergrund dieser Besonderheit nicht erklären können.

Frau Ulrich war jedoch nicht nur die Stütze in der Arbeit für Christian Boeck, sondern war auch nach seinem Tod als Vertreterin für Frau Ella Boeck 1965 bei der Übergabe des Gebäudes Waldingstraße 39 an die Kirchengemeinde Wellingsbüttel sowie der weiteren formalen Abwicklung beteiligt.[452]

Nach der Übergabe des Gebäudes in der Waldingstraße 39 musste auch für die von ihr bis dahin dort wesentlich mit geführte Geschäftsstelle der Fehrs-Gilde und des Verlags ein neuer Ort gefunden werden. In der Festschrift zur 700-Jahr-Feier Wellingsbüttels gibt der damalige Vorsitzende der Fehrs-Gilde, Heinrich Kahl, 1996 an:

> „... nach Pastor Boecks Tod nahm dann Frau Ulrich die Geschäftsstelle in ihr Haus, Wellingsbütteler Weg 97, und dort hat diese Institution noch heute ihren Sitz. (Es darf an dieser Stelle angemerkt werden, daß Menschen, die an Niederdeutsch, an niederdeutscher Sprache und Kultur interessiert sind, sich gern bei Frau Ulrich am Wellingsbütteler Weg erkundigen können.)"[453]

Inzwischen ist jedoch der Sitz der Fehrs-Gilde und mit ihm das (nach dem Wechsel von Frau Ulrich in ein Altersheim ehemals ins Torhaus verbrachte) Archiv nicht mehr in Hamburg.[454]

6.3 Trauerfeier in Bergstedt durch die Fehrs-Gilde

Die Fehrs-Gilde ist es auch, die nach Boecks Tod am 21.7.1964 die Einladung[455] und die Durchführung der Trauerfeier am 25.7.1964 für Boeck übernimmt.[456] Diese wird nicht etwa in Wellingsbüttel von einem der dortigen Pastoren durchgeführt, sondern von Propst Thies aus Glückstadt in Bergstedt.[457]

---

[452] Siehe auch Archiv_186_FB_302_Waldingstr.pdf unter 1.5.1965 zu Frau Edith Ulrich.
[453] Arbeitsgemeinschaft_700_Jahre_Wellingsbüttel_1996_Festschrift.pdf im Abschnitt zu „Wellingsbüttel und die Fehrs-Gilde", S. 69-70; dort S. 69.
[454] Zur Sicherung des Nachlasses durch die jetzige erste Vorsitzende, Frau Ehlers, Bordesholm, siehe oben bei Anm. 8.
[455] Einladung (Archiv_Aurig_1.pdf).
[456] Agenda der Feier (Archiv_Aurig_1.pdf Seite 1964-07-25_Boeck_FehrsG_1ff).
[457] Vgl. zu diesem in der ‚Plattdeutschen Bibliographie Biographie' unter http://www.ins-bremen.de/pbub/autor-werke.php?ID=2266&START=1&ORD=JAHR.

Der Dank an die Teilnehmer der Trauerfeier und für Beileidsbekundungen ist gemeinsam von der Witwe Ella Boeck sowie der Fehrs-Gilde durch deren Vorsitzenden Gustav Jürgensen unterzeichnet:

> Nu seht wi blots en unklaar Spegelbild voll Radels; inst avers staht wi Oog in Oog. Hier nerrn is mien Begriepen blots Stückwark. Inst avers warr ik allens weten un kennen, so as Gott mi nu al ganz un gar kennen deit. So is dat nu: Bestand hett de Gloven, dat Höpen un de Leev, düsse dree; avers de gröttst darvon, dat is de Leev. Na düsse Leev schüllt ji streven!
>
> 1. Korinther 13, 12-14, 1   Predigtwoort von den Gottesdeenst för Christian Boeck

An de Frünnen von Christian Boeck

Von wiet un siet, ut all Schichten von uns' Volk sünd uns so veel Teken to Papier brocht oder von Mund to Mund togahn, vull von Truur üm den Dood von Christian Boeck, de op den Bargstedter Karkhoff to sien letzt Roh brocht is. He hett uns all, de em kennen deen un mit em tosamenkamen sünd, veel geven dörch sien Wesen un Bispill. Wi geevt jem all de Hand un dankt ut Hartensgrund. Wi dankt toeerst all de, de in de Kark von Bargstedt den Doden de letzte Ehr geven hebbt. Se hebbt statt en Truuerfier en plattdüütschen Gottesdeenst mitmaakt, för den Christian Boeck sik sien Leven lang insett hett.

Besunners hartlich dankt wi Herrn Propst Thies, Glückstadt. He hett sik, ohn to tögern, för düssen Deenst besünnerer Aart insett un uns de Predigt holen över dat Woort, dat baven steiht. En Woort, dat Paster Boeck soveel bedüüden dee.

Wi dankt de Afgesandten von de Propstei Stormarn un de Karkengemeenden Wellingsbüttel, Bramfeld un Bargstedt, ok de Pastoren, de in ehr Amtstracht un in en still Gebett an den Sarg vör den Altar den Doden Ehr andeen. Se all sünd den Wunsch von Paster Boeck nakamen: keen Reed an Sarg un Graff! Darför Dank jem all!

Un wi dankt all de, de afholen dörch Krankheit, Öller, Arbeit, nich hebbt kamen kunnt, aver uns ehr Mitföhlen hebbt künnig maakt.

In groot Krink von Frünnen hett sik so utwiest, de sik op de een oder anner Aart to sien Person un sien Doon bekennt.

Wat to doon blifft, is: so as he wiedermaken, vull Leev to de Minschen un besunners to uns' plattdüütsche Spraak un Aart.

Dat weer de gröttste Dank an Christian Boeck!

Ella Boeck

De Vörstand von de Fehrs-Gill
Jürgensen
Vörsitter

Dieses Schreiben nimmt den plattdeutschen Text von 1Kor 13,12 – 14,1 auf, der als Predigtwort auch von Propst Thies gewählt – und zuvor von Boeck selbst in seinem Dankschreiben zur Festschrift zu seinem 85. Geburtstag verwendet worden war.[458]

6.3.1 Ehrungen des Verstorbenen

Zahlreiche Nachrufe zeigen in der folgenden Zeit und auch in späteren Jahren[459] die hohe Wertschätzung, die Christian Boeck in seinen Tätigkeitsbereichen, als Pastor und langjähriger Seelsorger in Wellingsbüttel, als Heimatforscher und vor allem als Promotor niederdeutscher Sprach- und Buchkultur genossen hat.

Mit der Benennung der Lindenallee vor dem Wellingsbütteler Torhaus als

„Christian-Boeck Allee"

haben die örtlichen Vereine 1992 diesem bedeutenden Mann ein Denkmal gesetzt.[460]

Als Denk-Mal bleiben natürlich auch die vielen gedruckten Texte, die Christian Boeck in seinem langen Leben erstellt hat. Manche waren zwar bisher vergessen, andere nicht erwähnt, aber die große Menge der auf die Thematik ‚Niederdeutsch' bezogenen Schriften sind es, die vor allem seine Wertschätzung über den engeren Bereich von Wellingsbüttel hinaus zuerst begründet haben.

7 Publikationen von Christian Boeck

Boeck hat eine Vielzahl von Artikeln verfasst, die teils zwar aus den ersten Jahren seines Berufslebens stammen, die sich jedoch nur zu einem geringen Teil auf das Fach Theolgie beziehen, sondern sich eher mit dem Bereich Literatur und speziell mit seinem väterlichen Vertrauten Johann Hinrich Fehrs beschäftigen. Dabei wiederholen sich naturgemäß zahlreiche Elemente in der Beschreibung des literarischen Werks, denn die Spanne zwischen den ersten Publikationen Boecks

---

[458] Archiv_186_FB_302_Waldingstr.pdf bei Seite 1965-08-03_Beileid_Ella_Boeck_1.
[459] Kahl / König (1992) JAV; Rehders (1974) JAV.
[460] WP_20140222_002; vgl. zur Straßenbenennung Kahl / König (1992) JAV bei Anm. 313.

und dem Tod des Dichters 1916 beträgt nur ungefähr 9 Jahre, in denen Fehrs kaum neue Texte publiziert hat.

Im „Literatur-Lexikon. 20. Jahrhundert"[461] zählt der Eintrag im 3. Band zu ‚Christian Boeck' die meisten der Schriften, an denen er beteiligt war unter zwei Kategorien auf: genannt werden fünf „Schriften", also als selbstständige Werke Boecks, und unter „Herausgebertätigkeit" nochmals 13 Werke. Dabei werden die z.t. mehrfach publizierten Werke, wie sie als Gaben an die Mitglieder der Fehrs-Gilde abgegeben wurden, nicht mit angeführt.

Boeck, Christian, * 10. 3. 1875 Heiligenstedten b. Itzehoe, † 21. 7. 1964 Hamburg; studierte Theol., Pastor in Kiel, Bramfeld u. Hamburg-Wellingsbüttel, befreundet m. J. H. → Fehrs, Vorsitzender d. Fehrs-Gilde, Schriftleiter u. Hg. d. «Bl. d. Fehrsgilde» u. Bearb. f. d. Plattdt. Ausg. v. J. H. Fehr.

Schriften: Johann Hinrich Fehrs, 1908; Schleiermachers vaterländisches Wirken 1806–13, 1920; Kritische Selbsthilfe. Ein Wegweiser zur Bildung des literarischen Urteils, 1925; Kurzer Abriss der Geschichte Wellingsbüttels, 1947; Erinnerungen an Johann Hinrich Fehrs, 1959 (m. Bibliographie).

Herausgebertätigkeit: Schleiermachers vaterländische Predigten, 2 Bde., 1919/20; J. H. Fehrs, Gesammelte Dichtung in sechs Bänden, 1923 (m. ErgBd.); Niederdeutsche Dichter und Denker, 1925; Was ist niederdeutsch? 1928 (m. Schlussw.); J. H. Fehrs, Eine Auswahl aus seinen Schriften, 1934; Plattdütsche Reden, 1935; Johann Hinrich Fehrs, Werke, 1935; Das unbekannte Niederdeutschland (Anthol., m. A. Janssen) 1935; Niederdeutsche Balladen (m. dems.) 1936; Wellingsbütteler Urkunden.

I 1296–1574, 1938, II 1563–1699, 1950; J. H. Fehrs, Dre Vertelln (m. G. Jürgensen) 1948; Dei Heiloh. Vertellen un Gedichten (m. J. H. Fehrs) 1957; De hilli Beek. Vertellen un Gedichten (m. dems.) 1958.

Literatur: Hart, warr nich mööd. Fs. f. ~ zum 85. Geb.tag (hg. G. Hoffmann, C. Jürgensen) 1960; Pastor ~ z. Gedächtnis, 1975; K. Dohnke, «Hier ist wahrhaft deutsches, wahrhaft ndt. Wesen». Ideologisierte Vermittlung ndt. Lit. in ~s Arbeiten über J. H. Fehrs (in: Dat en Spoor blifft. Ulf Bichel z. 60. Geb.tag, hg. G. Spieker) 1985; N. Hopster, J. Wirrer, Tradition, Selbstinterpret. u. Politik. D. «Ndt. Bewegung» vor u. nach 1933 (in: Ndt. im Nationalsozialismus. Stud. z. Rolle regionaler Kultur im Faschismus, hg. K. Dohnke, N. Hopster, J. Wirrer) 1994; J. Wirrer, «D. Rassenseele ist d. Volkes Sprache». Sprache, Standartdt., Ndt. – Z. Sprachbegriff in d. Diskussion um d. Ndt. während d. nationalsozialist. Diktatur ([zu: «Was ist Ndt.?»] ebd.) 1994.

GS

In vielen der von ihm herausgegebenen Werke finden sich jedoch auch Vorworte oder eigene Abschnitte, die für die vorliegende Frage nach der persönlichen Eigenart und Entwicklung von Interesse sind. Darauf hat insbesondere Kay Dohnke in einem Aufsatz hingewiesen, den er 1985 im Rahmen einer Festschrift publiziert hat: „'Hier ist wahrhaft deutsches, wahrhaft niederdeutsches Wesen.' Ideologisierte Vermittlung niederdeutscher Literatur in Christian Boecks Arbeiten über J. H. Fehrs"[462]. Darin sind in einer sehr umfangreichen Zusammenstellung 47 eindeutig auf C. Boeck zurückführbare Texte als „… Arbeiten über Johann Hinrich Fehrs (1906-1966)" aufgelistet und gründlich für die Thematik ausgewertet. – Zudem existieren noch zahlreiche weitere Texte, die Boeck als Schriftwart und Vorsitzender in „Blätter der Fehrs-Gilde" verfasst, jedoch nicht explizit namentlich gezeichnet hat, aus denen oben teils auch zitiert ist. Naturgemäß können diese

---

[461] Kosch (2001) S. 214.
[462] Zitiert mit dem Kurztitel Dohnke (1985) SB.

zuletzt genannten Abschnitte, aber auch andere verstreut publizierte und nichtselbstständige Veröffentlichungen Boecks, kaum bibliografisch erfasst werden. Eine Vollständigkeit ist bei „grauer" Literatur oder annonym veröffentlichten Zeitschriften-Zuschriften nicht zu erreichen.

Durch den Nachlass sind zum Glück zufällig noch Sonderdurcke aus Zeitschriften hinzugekommen, bei denen man z.t. gar nicht auf die Idee käme, Beiträge von Boeck zu erwarten. Das macht sie umso interessanter, weil sich zeigt, dass Boeck vor seinem literarischen Engagement für das Fehrs-Schrifttum diverse Buchbesprechungen vorgenommen hat, die allgemeine Themenkreise der Kultur, der Wirtschaft und andere Lebensbereiche betreffen. Er hat die Möglichkeit genutzt, über Rezensions-Exemplare seine Belesenheit in Bereichen zu erweitern, die weit über sein Studium und sein berufliches Umfeld hinausgehen. So hat er sich privat einen umfangreichen Fundus an Wissen erarbeitet. Jedoch ist anzunehmen, dass damit zugleich die Kluft zu der dörflichen Atmosphäre seines Berufsumfeldes immer größer wurde, bevor er sich entschied, in Wellingsbüttel quasi einen neuen Anfang mit Bürgern zu machen, die seinen Bildungsstand anders einschätzten bzw. zu schätzen wussten.

Das Literaturverzeichnis enthält alle bisher erfassten Titel. Dabei kann und soll nicht alles im Detail kommentiert werden, doch ist auffällig, dass in den Festschriften zwar auf die enorme literarische Produktivität des Geehrten verwiesen wird, jedoch in dem tatsächlich von ihm zitierten Schrifttum dann nur sehr selektiv – wohl teils auch bewusst verschweigend – vorgegangen wird.

Wie schon oben geschildert spielt die Fehrs-Gilde eine besondere Rolle nicht nur für sein außerberufliches Engagement als Organisator und Propagandist für J.H. Fehrs. Vielmehr trägt auch inhaltlich die Fehrs-Gilde zu einem wesentlichen Teil die Handschrift Boecks. So ist etwa Boecks „Erstlings-Schrift" über den Dichter von 1908 nochmals 1917/18 an die Mitglieder abgegeben worden. Da durch die Gilde ein regelmäßiger Absatz gesichert war, ist es später zusätzlich zu einer weiteren Gründung gekommen: Der Verlag „Niederdeutsche Buchgilde e.V. Hamburg. Se is an'n 16. November 1931 gründt wårn".[463] Der eigene Verlag der Fehrs-Gilde wird als eine Errungenschaft erst der Nachkriegszeit verstanden.[464] – Allerdings wird bereits in den Ausgaben der 1920-er Jahre diese Bezeichnung verwendet.[465]

7.1 1905 Von der neuen Kultur

Boecks (wohl erster gedruckter) Beitrag beginnt mit einem Zitat „'Es ist eine Lust zu Leben!' So hat einst Ulrich von Hutten sein Jahrhundert begrüßt".[466] – Neben der Quelle eines seiner Predigt-Zitate 1933 findet sich in dieser Besprechung zweier Bücher ein Element, das für die Sicht Boecks wichtig ist, sich aber doch

---

[463] Fehrs-Gilde (1935) SB S. 116.
[464] Boeck (1959) im Anhang S. VI und VII.
[465] Z.B. in Fehrs-Gilde (1928) S. 1.
[466] Boeck (1905) DeutKult S. 525; siehe oben Boecks Antrittspredigt in Wellingsbüttel bei Anm. 152.

charakteristisch anders liest als in seinen späteren Texten: der Bezug auf die Begrifflichkeit ‚Rasse':

> „Rasse ist etwas, das sich aus ungeläutertem Mischmasch fortsetzt und emporläutert, was sich im Laufe der Geschichte vollendet. Wir steigen aus der Unreinheit des Kreatürlichen zur Reinheit des Rhythmischen im Leiblichen und Geistigen empor. ... Es gibt Ingenieure, die begeistert sind von der Schönheit, die in der Technik und ihren Produkten zum Ausdruck kommt. So geht es vorwärts auf dem Wege zur neuen deutschen Kultur ..."[467]

Hier ist die darwinsche Terminologie im Sinne eines dem technischen Fortschritt ähnlichen Vorgang neuer naturwissenschaftlicher Erkenntnis glorifiziert. Der zweite Beitrag handelt vom ‚Kulturwert der Schule', der von dessen Autor jedoch negativ beurteilt wird, weil zuviel griechisch-lateinische Tradition durch die Schule als Wert vermittelt würde. Boeck selbst formuliert als Zusammenschau:

> „Wir stehen noch im Jugendalter unseres Volkes... Rassezüchtung, Erhebung des Natürlichen im Menschen zur Kultur. In diesem Punkte finden sie sich, hier berühren sie sich, hier sind sie eins."[468]

Hier sind zwar Begrifflichkeiten verwendet, die aus dem Darwinismus entlehnt sind, und Anknüpfungspunkte für spätere Sichtweisen Boecks bieten. Diese Benutzung geschieht jedoch im Sinne eines ethischen Fortschrittsglaubens, der eher aufklärerisch im Sinne der ‚Veredelung des Menschengeschlechts' vorgestellt ist.
Eine weitere von Boeck wohl 1909 vorgenommene Rezension eines Buches von Heinrich Driesmans „Wege zur Kultur" ist in Heft 17 der Monats-Zeitschrift „Deutsche Welt" von 1909 erschienen, aber leider nicht im Nachlass erhalten. Dazu liegt jedoch eine Entgegnung des Rezensierten im März-Heft 23 von 1910 aus Boecks Nachlass vor. Dem ist auch vom Herausgeber eine Notiz und eine weitere Stellungnahme Boecks als „Antwort" zugefügt. Der Rezensierte hebt vor allem auf Boecks Pastor-Sein ab, das in seiner polemischen Entgegnung eine große Rolle spielt und wohl Driesmans' emotionale Reaktion hervorgerufen hat. Wie der Herausgeber in seiner Notiz S. 290* bemerkt, ist es

> „... die Art der Polemik, ... die gar nicht behagt. Unter diesen Umständen haben wir es von der Entscheidung des Herrn Chr. Boeck abhängig gemacht, ob wir durch Abdruck des Artikels seinem persönlichen Empfinden nicht zu nahe treten würden. Die sachliche Ruhe seiner Antwort hat uns zu unserer Freude jedes Bedenken genommen."

Die dann auf Driesmans folgende „Antwort" nimmt u.a. das Stichwort „Christentum als Volkskultur" gegenüber einer Sicht, die sich nach Driesmann auf eine Elite als Kulturträger stützt, positiv auf:

> „Die Plastizität des Christentums ist außerordentlich groß. Daher kommt es, daß es so verschiedenartig auftritt, daß es bei verschiedenen Völkern die Grundlage für eine Volkskultur abgeben konnte. Plastizität muß ein Kulturgedanke, der für eine Volkskultur bestimmt ist, besitzen, d.h. er muß die Fähigkeit haben, von den feinen und den groben Seelen gleichzeitig aufgezogen und nachgebildet zu werden."

---

[467] Boeck (1905) DeutKult S. 527.
[468] Boeck (1905) DeutKult S. 530.

Bemerkenswert ist, dass es hier und in der Auseinandersetzung mit Driesmann Boeck nicht – wie später in anderen Texten – um eine völkische, enge Sicht auf ‚das deutsche Volkstum' geht.

7.2 1906 Carlyle und Goethe

In der Zeitschrift „Der Deutsche", in der eine Rezension von Boeck unter dem genannten Titel 1906 veröffentlicht worden ist, könnte zwar ‚Deutschtum' den äußeren Rahmen einer Rezension bestimmen. Allerdings geht es um einen englischen Autor, der von Boeck aus dem gleichnamigen Buch seines (oben erwähnten[469]) Kieler Lehrers Otto Baumgarten 1906 als positives Beispiel einer Persönlichkeit vorgestellt wird, die auf die soziale Frage reagiert hat:

> „Nachdem er sich als sittliches Individuum gefunden und erkannt hatte, gelangte er zu einer Persönlichkeitsvorstellung, die ihm neue Aussichten auf das Gebiet der Geschichte eröffnete und ihm in den Wirren der sozialen Kämpfe einen ruhigen und fruchtbaren Standpunkt gab."[470]

7.3 1906-1908 Erste Veröffentlichungen zu J.H. Fehrs

Die erste als Kurzbeitrag veröffentlichte Stellungnahme zum Werk von J.H. Fehrs bezieht sich nur auf die plattdeutschen Gedichte, die bis 1906 erschienen waren und bereits vielfach von den verschiedenen plattdeutschen Vereinen genutzt wurden.[471] 1907 folgen zwei kurze Artikel zu dem gerade fertiggestellten Roman „Maren".[472]

Boecks erste selbstständige Buch-Veröffentlichung 1908 ist ein dem Gesamtwerk des Dichters gewidmetes kleines Buch, das jeweils kurz die einzelnen Werke bespricht – inklusive des im Vorjahr fertiggestellten Romans ‚Maren'.[473] Es ist vor allem deshalb ein für die Entwicklung von Boecks Sichtweisen interessantes Büchlein, weil hier im Unterschied zu der unten zu nennenden Darstellung von 1929, die Fehrs mit „Ein Dichter nordischer Art"[474] charakterisieren wollte, eine solche Charakteristik noch nicht erkennen lässt und damit den Zeitrahmen in den veränderten Sichtweisen Boecks zwischen 1908 und 1929 beschreibt. Gruppieren sich diese frühen Veröffentlichungen und zwei weitere biografische Hinweise von 1908 auf den Jubilar J.H. Fehrs und dessen 70. Geburtstag, so folgt unten eine nächste Text-Gruppe erst zur Feier des 75. Geburtstag 1913.

In dieser Zeit vor dem Ersten Weltkrieg spielt für Boeck anscheinend seine regelmäßige Rezensionstätigkeit eine mindestens gleichgewichtige Rolle, die sich über die Jahre auch nach der Heirat 1907 kontinuierlich verfolgen lässt. Als Schriftwart der Fehrs-Gilde hat er dann ab 1916 eine spezielle Auswahl von Büchern zur

---

[469] Siehe bei Anm. 71.
[470] Boeck (1906) Deutsche S. 216.
[471] Boeck (1906) HambNachr.
[472] Boeck (1907) HambNachr und Boeck (1906) HambCorresp.
[473] Boeck (1908).
[474] Boeck (1929) VuR; siehe bei Anm. 521.

Buchvorstellung erhalten bzw. angefordert, mit denen sich zugleich auch manches an seinen Sichtweisen beträchtlich verändert hat.

7.4   1907 Religion und Reaktion

Der Beitrag nimmt als Folie zur Darstellung eines Problems des Nebeneinanders unterschiedlicher religiöser Sichten die Renaissance im 15. und 16. Jahrhundert in den Blick, wie er eingangs schreibt: es kam „… nach der Entdeckung des modernen Menschen mit seiner Freiheit und Kraft die Herrschaft der mittelalterlichen Kirche mit Inquisition und Jesuitismus".

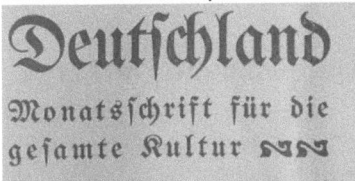

Im Spannungsfeld von Orhodoxie und Liberalimus der Theologie liegt sein Zielpunkt, mit dem er schließt:
„Denn unter uns regen sich religiöse Kräfte, und durch diese Kräfte haben wir die Macht, die Kirche zu reformieren und mit modernem Geist zu erfüllen. Diese religiösen Kräfte können aber auch die Ursache werden, daß die kirchliche Reaktion, eben mit ihrer Hilfe, schneller und wuchtiger über uns hereinbricht."

7.5   1907 Das dichterische Schaffen

Boeck versteht seinen Beitrag[475] sicherlich als literaturwissenschaftlich, wenn er sich zwei Ebenen in Hebbels literarischem Schaffen zuwendet: einerseits den von Hebbel produzierten Dichtungen und andererseit dessen ausführlichen Tagebüchern, die der Künstler seit seinem 22. Lebensjahr geführt hat. Darin reflektiert Hebbel u.a. über seine Schaffensphasen sowie über weniger produktive Zeiten.

7.6   1908 Johann Hinrich Fehrs

Auf diese erste selbstständige Buchpublikation über das Gesamtwerk und die Beurteilung des Dichters ist oben bereits hingewiesen. Die Passage, die Boecks Werturteil enthält, gibt der folgende Wortlaut wieder:

„Es ist in der deutschen Literatur nur einer, mit dem Fehrs als Charakteristiker verglichen werden kann, wenn man ihm seinen Rang anweisen will, und dieser eine ist Goethe."[476]

In diesem Buch finden sich auch bereits Stichworte wie Stammesart[477] und ‚Rasse':

„Wie der Dichter selber aus altem, unverfälschten Bauernblut entsprossen ist, so vereinigen sich in seiner Kunst all die guten Säfte und Kräftigen seiner Rasse."[478]

---

[475] Boeck (1907) NuS.
[476] Boeck (1908) S. 32.
[477] Boeck (1908) S. 17: es „… wurzelt Groth im Heimatboden, aus seinem Volk ist er herausgewachsen. Wie sein ganzes Empfinden Stammesart trägt, hat er es auch verstanden, das Leben seines Volkes … zur Anschauung zu bringen".
[478] Boeck (1908) S. 50.

Allerdings ist dieses trotz all dieser Terminologie der ‚Heimatkultur' noch nicht als ein einfacher, ‚selbstverständlicher' Automatismus verstanden, wie die Ausführung kurz zuvor zeigt:

> „Dann aber finden wir bei Fehrs diesen germanischen Kunststil mit seiner Ruhe, seiner Schlichtheit, seiner Sachlichkeit. Das ist nicht etwas Selbstverständliches, weil Fehrs ein Deutscher, nun gar ein niederdeutscher Schriftsteller ist. Frenssen z.B. hat diesen Stil in seinen Romanen nicht."[479]

Zwar klingen Blut-und-Boden-Ideologie an. Sie ist jedoch noch nicht zu dem grundlegenden Deutungsmuster ausgebaut, wie etwa in der späteren Zeit.Fehrs geschildert wird.

7.7   1908 Die Organisation des ... Überweisungsverkehrs

Auf den ersten Blick mag das Thema in der „Deutschen landwirtschaftlichen Genossenschaftspresse" vom 30.10.1908 „Die Organisation des Scheck- und Überweisungsverkehrs in den Spar- und Darlehnskassen" für einen Pastor als ungewöhnlich erscheinen. Zu vergegenwärtigen ist jedoch sein aus dem Studium mitgebrachtes Interesse an der ‚sozialen Frage' die auch in anderen Texten, zu denen er Besprechungen verfasst hat, eine Rolle spielt. Das Genossenschaftswesen und die Konsumvereinsbewegung von Schulze-Delitzsch bedeuten jedoch in diesen Jahren eine wichtige Alternative in der Frage, wie zwischen Kommunismus und Kapitalismus ein Weg gefunden werden kann, der im Sinne Friedrich Naumanns Auswüchse verhindern könnte. So ist auch der Geldverkehr zwischen Genossen von Interesse, die sich Werte zukommen lassen wollen, ohne dass dabei das Geld die Genossenschaftskasse verlässt. ‚Schecks zur Verrechnung' gehen auf diese Idee zurück. Boeck berichtet auf seinem konkreten Erfahrungshintergrund:

> „auf dem Verbandstag der schleswig-holsteinischen landwirtschaftlichen Genossenschaften zu Kiel vom 18. Juni ds. Js. hat die Spar- und Darlehnskasse in Bramfeld bei Hamburg"[480]

die Einführung eines neuen Verrechnungs- bzw. Überweisungsverfahren zu beschließen erfolgreich beantragt.

7.8   1909 „Die Unbeschränkte Haftpflicht"

Unter dem o.g. Titel hat Boeck einen Beitrag geliefert, der in einer Zeitschrift „Verbandskundgabe Organ des Bayerischen Landesverbandes landwirtschaftlicher Darlehenskassen-Vereine und sonstiger landwirtschaftlicher Genossenschaften" vom 14. August 1909 abgedruckt ist und der beginnt:

> „Die Mehrzahl der deutschen Kreditgenossenschaften hat die Form der unbeschränkten Haftpflicht. Dadurch gewähren sie den Gläubigern der Kasse, den Spareinlegern und den Girokunden, die größtmögliche Sicherheit."[481]

---

[479] Boeck (1908) S. 50.
[480] Boeck (1908) Genoss S. 400.
[481] Boeck (1909) Verband S. 214.

Boeck wägt daneben die beschränkte Haftung sowie auch die Möglichkeit einer als Aktiengesellschaft existierenden Kasse ab, deren Risiken jedoch zu Lasten der Allgemeinheit ungleich größer wären. Das Solidaritätsprinzip wird jedoch von Boeck deutlich vorgezogen, wie die Schlusssätze zeigen:

> „Wer also als Mitglied der Genossenschaft seines Ortes angehört, der kann sich sagen, daß er an seinem Teile mit zu beiträgt, die Aufgaben der Genossenschaft zu fördern. Er wirkt mit an der Wohlfahrt aller Glieder der Genossenschaft, damit an der Wohlfahrt der ganzen Gemeinde, er stärkt das Zusammengehörigkeitsgefühl und die höheren, moralischen Instinkte, auf denen es beruht, und er trägt mit zu bei, den Schwächern in seiner Gemeinde das Fortkommen zu erleichtern. Ob solche Dinge es schließlich nicht auch wert sind, daß einer mit seiner ganzen Persönlichkeit, mit allem, was er ist und hat, für sie eintritt? Der deutsche Idealismus, das vorwärtsdrängende Element in der Menschheitsentwicklung, antwortet mit ‚Ja!'"[482]

7.9 1910 „Schopenhauer und das geniale Schaffen"

In dem ausdrücklich „Zum 21. September 1910", also Schopenhauers 50. Todestag, erschienenen Beitrag geht es um ein ähnliches Thema wie oben bei Boecks Beitrag zu Hebbel, nämlich eine Vorstellung zu gewinnen, wie die künstlerische Textproduktion zu beschreiben sei. Schopenhauers eigene Rückführung auf überindividuelle Inspiration wird von ihm aufgenommen:

> „... ‚Inspiration ... als das Wirken eines vom Inividuo selbst entschiedenen übermenschlichen Wesens angesehen, das nur periodisch jenes in Besitz nimmt.' (Welt als Wille und Vorstellung. Band II § 36) ... Diese Äußerungen zeigen mit großer Deutlichkeit, wie seiner ganzen Wesensart nach das Schaffen bei Schopenhauer gestaltet war. Es ist das Schaffen des Genies, das sich so bemerkbar macht. Und diese Art des genialen Schaffens ist es alleine, die auf allen Gebieten, in Kunst und Philosophie, in Wissenschaft und Leben, das Dauernde und das Große hervorbringt. So wie Schopenhauer sich von der Echtheit seiner Philosophie durch die Vorstellung ihrer ungewollten, innerlich-notwendigen Entstehung überzeugte, so kann jeder Künstler in Zweifelsmomenten wieder das Zutrauen zu seinen Schöpfungen gewinnen, wenn er von den Stunden des Schaffens ähnliche Erinnerungen mitgenommen hat. Und jedem Werke werden wir geneigt sein, einen den Tag überdauernden Wert beizulegen, an dem wir die Spuren eines ähnlichen Werdens bemerken."[483]

Kritischer Kontrolle ist ‚geniale Inspiration' entzogen, vielmehr verlagert sich die Beurteilung, was „den Tag überdauernden Wert" angeht, auf die Ebene der Rezipierenden. Auch sie können bei sich, aus der „dunklen Tiefe des Bewußtseins" kommende ähnliche Phänomene entdecken:

> „Daher kommt es, daß wir oft beim Entstehen unsrer tiefsten Gedanken keine Rechenschaft geben können: sie sind Ausgeburt unsres geheimnisvollen Innern. Urteile, Einfälle und Beschlüsse steigen unerwartet zu unserer eigenen Verwunderung aus jener Tiefe auf."[484]

---

[482] Boeck (1909) Verband S. 215.
[483] Boeck (1910) Gegenw S. 762.
[484] Boeck (1910) Gegenw S. 763.

Auch hier begegnen bei Boeck Elemente einer Erkenntnis-Theorie, die mit einer hintergründigen und wirksamen „Tiefe" rechnet, wie es etwa auch in seiner ersten Predigt als ‚Hilfsgeistlicher' in Wellingsbüttel am 10.12.1933 formuliert wird.[485]

7.10 1911 Salon-Feuilleton „David Hume"

Ebenfalls auf einen Gedenktag für einen großen Philosophen ist Boecks Artikel für das Salon-Feuilleton unter dem Titel „David Hume Zur 200. Wiederkehr seines Geburtstages (26. April)" bezogen. Er schildert ihn als Vorbereiter der Aufklärung, der u.a. für Kant wichtige Impulse gegeben hat.

„Hume ist die personifizierte Vorsicht, die kritische Besonnenheit ... Aller Einbildung, allem blauen Dunst ist er feind."[486]

Es könne die Lektüre „seiner Schriften, die auch ins Deutsche übersetzt sind, jetzt noch erfrischend wirken", schließt Boeck seine Zusammenfassung ganz ohne anti-aufklärerische Emphase, wie sie teils in späterer Zeit, zum guten Ton gehörte.

7.11 1912 Rezensionen „Ich glaube" und „Hellenisierung"

In der Sonntags-Ausgabe der ‚Hamburger Nachrichten' vom 8.12.1912 sind von Boeck zwei kurze Bücher-Hinweise erschienen, die thematisch seinem Berufsfeld deutlich näher liegen, als die Besprechungen der vorangehenden Jahre. Einerseits stellt er von Günther Wendt „Ich glaube. Predigten über das apostolische Glaubensbekenntnis" (1912) insbesondere mit ihrer historisch verantworteten Darstellungsweise vor. Sie sei „Allen solchen, die mit intellektuellen Schwiegkeiten zu kämpfen haben, ... zu empfehlen."[487]
Anderserseits wird auch ein zweites Buch „Die Hellenisierung des Christentums in der Geschichte der Theologie bis auf die Gegenwart" vorgestellt, das eher rein wissenschaftlich gedacht ist und von dem Rostocker Privatdozenten Walter Glawe verfasst wurde. Vor allem ist es die „Trinitätslehre", die erst in nach-biblischer Zeit entstanden ist, die seit der Aufklärungszeit dem Vorwurf einer verfälschenden ‚Hellenisierung' zugeschrieben wurde und seitdem Gegenstand kirchengeschichtlicher Rückfrage verschiedener Richtungen ist (A. vHarnack, Pfleiderer / Wendland, R. Seeberg). Wobei Boeck die Herkunft des Verfassers aus der zuletzt genannten Richtung zwar anmerkt, aber diese Perspektive positiv als Zeichen „innerer Anteilnahme" wertet.

---

[485] Vgl. bei Anm. 152.
[486] Boeck_1911_Salon_Feuilleton_D_Hume_WP_20140709_025 und ...026.
[487] Boeck (1912) HambNachr.

7.12 1913 Philosophie als Kunst

Auf Schopenhauer ist auch Boecks Beitrag in die „Die Grenzboten" bezogen, genau genommen ist der Hintergund eine Auseinandersetzung in einer Tagung der Schopenhauer-Gesellschaft gegeben, bei der sich ein Streit ergeben hatte:

> „die rein wissenschaftlich fühlenden Mitglieder aufs heftigste dagegen protestieren zu müssen glaubten, daß ihre Wissenschaft, die Philosophie, in den Kreis des Subjektiven gezogen werde, wie es zu geschehen scheint, wenn man sie als Kunst bezeichnet..."[488]

Eine solche, die ‚Inspiration' in den Vordergrund stellende Sicht des „genialen Schaffens" hatte Boeck selbst 1910 für Schopenhauer vertreten und argumentiert, so gut es geht. Entsprechend argumentiert er,

> „... man kann sogar behaupten, daß auch jede wahrhaft produktive wissenschaftliche Leistung auf ähnlichen Wegen entsteht wie ein Kunstwerk. Wo ein Gedanke bahnbrechend die Arbeit der Wissenschaft auf neue Gefilde leitet, wo eine Konzeption wie ein Keim, der sich nachher zu ungeheurem Wachstum entfaltet, in den Boden der wissenschaftlichen Tätigkeit hineingelegt wird, da sind Gedanke und Konzeption in der Regel auf intuitivem Wege gefunden."

7.13 1913: Zu Fehrs 75. Geburtstag

Wie zu seinem 70. so ist auch eine kleine Gruppe von zwei Texten – wie derjenige unter dem Titel „Johann Hinrich Fehrs. Zu seinem 75. Geburtstag"[489] – dem väterlichen Freund und Jubilar gewidmet. Ebenso gehört die Vorstellung der vierbändigen Ausgabe „Johann Hinrich Fehrs. Gesammelte Dichtungen", die zu seinem Geburtstag 1913 unter wesentlicher Mithilfe von J. Bödewadt besorgt wurde, in diesen Kontext.[490]

7.14 1916 Grabrede

Erst mit dem Tod des Dichters am 17.8. und Boecks Grabrede am 20.8.1916[491] sowie der dann im Oktober des Jahres erfolgten Gründung der Fehrs-Gilde verschiebt sich die literarische Tätigkeit weitgehend auf den dadurch eröffneten Themenbereich. 1917 geht ein erster Artikel „J. H. Fehrs und wir", der propagandistischen Absicht nach, das Werk von Fehrs weiter bekannt zu machen.[492] 1919 folgt dann nochmals eine kurze Schilderung, die das Werk des Dichters in der Zeit nach dem Ersten Weltkrieg erneut als wertvolles Thema für „Norddeutsche Monatshefte" aufbereitet.[493]

---

[488] Boeck (1913) Grenzbote 554.
[489] Boeck (1913) Reichsbote.
[490] Boeck (1913) HambNachr. Siehe zu dieser Ausgabe sowie zu Boecks Kontext des Kirchbaus in Bramfeld [1914] auch oben bei Anm. 329.
[491] Gedruckt auch in Boeck (1916) MQu sowie als Doppelblatt (siehe Anhang).
[492] Boeck (1917) DeutKurier.
[493] Boeck (1919) NorddMonatsh.

7.15 1919f „Schleiermachers vaterländisches Wirken 1806-1813"

Eine gewisse Mittelstellung zur Beschäftigung mit dem Werk von Fehrs sowie der aus der Neugründung der Fehrs-Gilde erwachsenen literarischen Tätigkeit nimmt Boecks Editionstätigkeit aus dem Schleiermacher-Gesamtwerk ein. Sie ist einerseits den beiden Bänden mit Predigten Friedrich Schleiermachers gewidmet, wohl als Nachklang seiner akademischen Ambitionen zu verstehen.

> Vaterländische Predigten von Friedrich Schleiermacher. Eine Auswahl.
> - I. Kampf und Niederlage. Staatspolitischer Verlag Berlin 1919; [Vorbemerkung von Christian Boeck]
> - II. Neubau und Erhebung. Staatspolitischer Verlag Berlin 1920;

Andererseits spiegelt sich in der Auswahl, Benennung und der Gliederung der Bände sowie in der daran anschließenden 64-seitigen Schrift Boecks von 1920, „Schleiermachers vaterländisches Wirken 1806-1813", auch sein Gegenwartsinteresse. Es geht um den patriotisch-nationalistischen Geist zur Verarbeitung der Niederlage nicht nur gegenüber Napoleon vor über 100 Jahren, wie er in den „furchtbaren Bedingungen des Tilsiter Friedens" für Schleiermacher schwer zu verkraften war. Boeck springt von da direkt in seine Gegenwart: „Wir, die wir das einzige Gegenstück zu diesem Frieden, den es in der Weltgeschichte gibt, den Frieden von Versailles erlebt haben, können uns lebhaft vorstellen, wie diese schmachvollen Bestimmungen auf einen Mann wie Schleiermacher wirken mußten..."[494] Für Boeck stellt sich bei Schleiermacher nicht nur diese gedankliche Parallele, sondern er wünscht sich auch die Art des patriotischen Parteiergreifens wie in Schleiermachers

> „... Schrift ‚Gelegentliche Gedanken über Universitäten in deutschem Sinn', die im Februar 1808 erschien ... das Ideal des Wissenschaftsbetriebs, wie es auf deutschem Boden erwachsen ... und ... heute noch lesenswert ist, ja heute doppelt beherzigenswert wäre, wo der große Kultursturz, in den wir hinabgerissen werden, dies Ideal zu verschütten droht".[495]

Boecks Sympathie gilt Schleiermachers Subversion gegenüber denjenigen Kräften, die sich mit dem napoleonischen System arrangieren. Die Zuordnung des zweiten Bands der Schleiermacher-Predigten in „Neubau und Erhebung" findet ihr Ziel in Boecks Anwendung auf seine Gegenwart:

> „Die Frage ist, ob wir auch heute wieder auf eine Erhebung hoffen dürfen. Was unsere Lage soviel schwerer macht, ist dies, daß wir es nicht mit einem Manne als Gegner zu tun haben, sondern daß wir einer Weltkoalition erlegen sind, die im wesentlichen der internationale Kapitalismus, diese unheimliche und schier unfaßbare Macht, gegen uns aufgebracht hat. Wir müssen darauf vertrauen, daß ... das Volkstum selber und seine stets neu schaffende Kraft ... auch hier vorliegen."[496]

---

[494] Boeck (1920) S. 31.
[495] Boeck (1920) S. 38.
[496] Boeck (1920) S. 63f.

Damit ist die besondere Denkweise markiert, in der politisches und religiöses Denken bei Schleiermacher und Boeck zusammenkommen. Dieses gilt nicht nur für die Hoffnung auf eine Erhebung, sondern auch bereits für den ‚Neuaufbau', wenn nicht Zerstörung drohen soll:

„Anderseits sollen wir aber das Bleibende und Unvergängliche aus der Vergangenheit verehren, festhalten und zum Neuaufbau benutzen. Alles, was den Geist eines Volkes wesentlich und unverfälscht ausspricht, ist göttliches Gesetz, denn Gott ist es allein und unmittelbar, der jedem Volk seinen bestimmten Beruf auf Erden anweist und ihm seinen besonderen Geist einflößt..."[497]

Für Boecks Sicht ist diese Schleiermacher-Rezeption ein wichtiger Grundstein, der ihn u.a. auch zu einer Geschichts- und Politiksicht geführt hat, wie sie von Treitschke in der zweiten Hälfte des 19. Jh. populär gemacht wurde: „Manchen gilt Schleiermacher ... als Vorläufer der Politiklehre ... Treitschkes."[498]

7.16 1920 Klaus Groths Briefe an Leonhard Selle

Mit Edition der Briefe von Klaus Groth setzt Boeck zwar einerseits die Schriftgattung der „Edition" von Texten verstorbener Persönlichkeiten fort, die er mit der Herausgabe der beiden Schleiermacher-Bände begonnen hatte.

Mit der Person von „Klaus Groth" ist andererseits eine der für die niederdeutsche Sprachwelt etablierten Autoren thematisch in den Blick genommen.[499]

Neben Fritz Reuter, Theodor Storm und John Brinkmann ist Klaus Groth einer der verehrten und herausragenden Dichter, die über den Rahmen der ‚Heimatkultur' hinaus Berühmtheit erlangt haben.

7.17 1922 Von Groth zu Fehrs

Die Sammlung von Texten, die teils aus den Nachlässen der beiden Dichter stammen, die teils aber auch aus Federn einiger Verehrer dieser Autoren stammen, ist allgemein von der Fehrs-Gilde als Herausgeber zusammengestellt. – Boecks Beitrag darin, „Der Roman ‚Maren'" (S. 91-118), wurde quasi als Vermächtnis abgefasst: „Der Dichter wünschte vom Verfasser, nachdem dieser sich schon mehrmal, anfangs in einer vorläufigen Besprechung beim Erscheinen des Romans und sodann in seinem Büchlein über den Dichter, über das Werk geäußert hatte, noch eine eingehendere Besprechung, indem er jedenfalls meinte, daß das

---

[497] Boeck (1920) S. 52.
[498] Wölky (2006) Diss S. 155 Anm. 361. Zur ordnungspolitischen Rezeption Schleiermachers durch den Hamburger (damals) Superintendenten D. Knolle bietet dessen Ausführung "Schleiermacher als politischer Prediger" in Hamburgische Kirchenzeitung 11,2 (1934) S. 11-13 ein instruktives Beispiel. – Aus dem Nachlass der Bibliothek Boecks sind die Bände Treitschkes zur Geschichte des 19. Jahrhunderts erhalten.
[499] Boeck (1920) Groth.

Bisherige noch nicht ganz zum Kern der Sache vorgedrungen sei."[500] – Angesichts der schulmeisterlichen Mahnung ist sich Boeck selbst am Schluss seines Beitrages weiterhin unsicher:

> „Wer vermag aber die Fülle aller mitklingenden Töne zu entwirren, wer das Fluten, Wogen und Wallen nach seinem ganzen Reichtum in Worte zu fassen? Es muß so vieles unausgesprochen bleiben, weil es sich kaum aussprechen läßt; und dies Unausgesprochene ist vielleicht das Beste."[501]

Alexander Ritter, als neuerer Interpret des Fehrs'schen Romans, kommt zu einem geradezu gegenteiligen Schluss:

> „So kann die Forderung zum ehrfürchtigen Schweigen angesichts der vorgeblichen Komplexität von Fehrs' Roman nur als Eingeständnis der eigenen analytischen Blindheit und Unverbindlichkeit des Romans Maren gesehen werden, wenn Christian Boeck..."[502]

die oben zitierte Meinung äußert. – Das mag einerseits aus der Rückschau so erscheinen. Allerdings war die von Boeck beanspruchte Subjektivität bei seinen (auf philosophischem Hintergrund gedachten) Beurteilungen des Fehrs'schen künstlerischen Schaffens zumindest für einen Teil der Damaligen weniger anstößig, als für mit anderem analytischen Instrumentarium herangehende neuere Interpreten.

Boeck scheint auch die Vorrede dieser Sammlung verfasst zu haben, wie ein Lapsus (oder gegebenenfalls bewusster Anknüpfungspunkt) an deren Ende zeigt:

> „Wege zur Kultur, so lautet der Untertitel des Buches..."

Damit wird einerseits eine Wendung aus Boecks literarischer Anfangszeit aufgenommen. Andererseit geht es hier, wie der Untertitel richtig lautet, um ‚Wege zur niederdeutschen Kultur', die als kulturelle Teilmenge auf dem früher geschilderten Hintergrund[503] begriffen wird.

7.18 1924 Mehrere Beiträge zu Fehrs

Wohl während seiner längerer Krankheit hat Boeck einige kleinere Beiträge vorbereitet, die dann im ersten Halbjahr 1924 im Druck erschienen sind.[504] Sie betreffen alle Teilaspekte im Werk von J.H. Fehrs, durch die im Sinne der Fehrs-Gilde dieser Dichter und sein Werk weiter bekannt gemacht werden. Dabei beschreibt die Rubrik „Niederdeutsche Aufgaben", die innerhalb der „Blätter der Fehrs-Gilde" im Juni 1925 erschienen sind, die von Boeck formulierte, besondere Fortschreibung der Innensicht der Gilde:

> „Wir haben in einem früheren Aufsatz gesehen, daß den niederdeutschen Stämmen eine besondere Rassenmischung zu Grund liegt. Wir glaubten behaupten zu dürfen, daß ein Vorwiegen der sogenannten nordischen Rasse den niederdeutschen Stämmen das

---

[500] Boeck (1922) SB S. 91f. Der Verweis auf die erste Besprechung zielt wohl auf einen nicht namentlich gezeichneten Beitrag in: Hamburgischer Correspondent 637; 117. Jg. 1907, auf den Boeck (1959) S. 48 rückschauend verwiesen hat.
[501] Boeck (1922) SB S. 117f.
[502] Ritter (1987) SB S. 228.
[503] Siehe bei Anm. 466.
[504] Boeck (1924) HambNachr; Boeck (1924) KölnZeit; Boeck (1924) DeutVolkst; Boeck (1924f) BdFG.

Gepräge gibt. Neben der Rasse tritt die Umwelt, Boden, Landschaft und Klima, als Erklärungsgrund für die Artentwicklung der niederdeutschen Stämme."[505]

Gegenüber einer (nicht so benannten) einfachen Blut-Boden-Ideologie stellt Boeck hier noch mehrfache Bedenken und verschiedene Faktoren heraus, die prägend auf die Stämme eingewirkt haben und die es künftig zu untersuchen gilt:

> „Bis solche Untersuchungen ein Ergebnis gezeitigt haben, das einigermaßen greifbar ist, bleiben wir im wesentlichen auf Vermutungen angewiesen."[506]

Allerdings wird die eigene Landschaft auch als bedroht angesehen:

> „Um der Heimat und ihrer Menschen willen treiben wir Heimatpflege und Heimatschutz. Wir denken dabei zunächst daran, einzelne besonders wichtige Naturdenkmäler zu schützen und zu bewahren. Es ist äußerst wichtig, daß das Gewissen unseres Volkes nach dieser Seite hin wach geworden ist, daß es überall Heimatschutzvereine gibt, daß sich ihr Einfluß schon im Bilde unserer Landschaft bemerkbar macht und den traurigen Verwüstungen der letzten Jahrzehnte Einhalt zu gebieten sucht."[507]

7.19 1925 Kritische Selbsthilfe

Die selbstständige kleine Schrift, die als „Kritische Selbsthilfe" betitelt ist, trägt als Untertitel „Ein Wegweiser zur Bildung des literarischen Urteils". Von der Anlage des Inhaltsverzeichnisses her macht sie den Eindruck, als wolle Boeck mit dem mittleren Hauptteil eine literaturwissenschaftliche Grundinformation für Laien bereitstellen, um sie mit Grundunterscheidungen vertraut zu machen: „Das literarische Urteil – Allgemeines – Lyrik – Epik – Drama". Ob dieses Vorhaben als gelungen bezeichnet werden kann, soll hier offenbleiben. Allerdings sind die Besonderheiten der Boeck'schen subjektiven Sicht in den umgebenden Einleitungs- und Schlusskapiteln sehr deutlich enthalten und im Blick auf seine Grundhaltung mitteilenswert. Das Büchlein beginnt mit einem Kapitel „Schrifttum und Volkstum" (S. 5-19) und endet mit „Das Judentum in der deutschen Literatur" (S. 53-64).

Um einen Eindruck vom völkisch-antisemitischen Impetus dieser Abschnitte zu vermitteln, seien einige wenige Passagen aus dem letzten Kapitel zitiert:

> „Wir dürfen unsere Betrachtung nicht schließen, ohne von der Tatsache gesprochen zu haben, daß die Literatur eines fremden Volkstums, soweit es innerhalb der deutschen Grenzen angesiedelt ist, in deutscher Sprache erscheint und in den Gang der deutschen Literaturentwicklung einbezogen ist. So wie wir die Literaturbetrachtung auffassen, ist diese Tatsache von ungeheurer Wichtigkeit. Sie muss schon deswegen klar gestellt werden, weil sonst der Eindruck bestehen bleibt, als gehöre diese Literatur ihrem Wesen nach zum deutschen Schrifttum."[508]

Über mehrere Seiten versucht Boeck dieses Abgrenzung plausibel zu machen, um dann im Zirkel zu dem Ergebnis zu kommen:

> „Ist somit das Judentum in der Literatur im weiten Maße eine Gefahr für unser Volkstum, so erhöht sich diese noch dadurch, daß die Juden unter sich in stillschweigender Gemeinschaft eine unsichtbare Loge bilden mit dem unausgesprochenen Zweck, alles, was

---

[505] Boeck (1924f) BdFG S. 36.
[506] Boeck (1924f) BdFG S. 37.
[507] Boeck (1924f) BdFG S. 38.
[508] Boeck (1925) S. 53.

jüdisch ist, zu halten, zu stützen, emporzuheben. ... dagegen alles, was ihnen nicht paßt, abzulehnen und totzuschweigen. ... Es muß vielmehr unser Bestreben sein, ... um der gesunden Entwicklung unseres Volkstums willen alles abzulehnen, was aus fremdem Geiste geboren ist, mag es auch in deutscher Sprache geschrieben sein. Zum mindest müssen wir es als das, was es seiner Herkunft und seinem Wesen nach ist, bezeichnen, und es so mit klarer Einsicht in die Dinge zu benutzen versuchen. Das ist ein wichtiges Stück der literarischen Selbsthilfe."[509]

Hier – und in dem nachfolgenden Schlussabsatz – ist zu Recht nicht von „kritischer Selbsthilfe" die Rede, wie der Titel des kleinen Buches lautet. Von ‚Kritik-Fähigkeit' vermisst ein Leser, der nicht die Vorurteile Boecks für gegeben voraussetzt, jede Spur. – Insofern ist einerseits gut verständlich, dass keine der Festschriften und Ehrungsreden dieses Werk auch nur erwähnt. Andererseits steht zu vermuten, dass es nicht nur aus Höflichkeit sondern aus dem allgemeinen Bestreben der Zeit nach 1945 erwachsen ist, den ‚Mantel des Schweigens' über die Anschauungen Boecks (und seiner Weggefährten) zu decken...

7.20 1925 Niederdeutsche Dichter und Denker

Die wiederum in der Herausgeberschaft der Fehrs-Gilde publizierten Sammlung, trägt als Untertitel ‚Eine Sammlung aus hochdeutschen Schriften niederdeutscher Schriftsteller 1700 – 1850'. Darin hat Boeck eine umfangreiche Einleitung (S. 9-33) verfasst, in der er zu Beginn auch auf seine „kleine Schrift ‚Kritische Selbsthilfe' hinweisen" möchte, weil sie seiner Meinung nach für den vorausgesetzten Zusammenhang von Dichter, Volkstum und Stammestum „diese Wahrheit theoretisch nachzuweisen" in der Lage sei.[510] – Über die in der Selbsthilfe entfaltete antisemitisch-völkische Sicht hinaus wird von Boeck als weiteres Kriterium in der literarischen Diskussion (im Blick auf die sichtbaren ‚Stammesmischungen') die ‚Rasse' als wichtiger Gesichtspunkt postuliert. Allerdings schränkt er ein, „daß diese Fragen noch recht ungeklärt sind."[511] Trotzdem kann er bereits hinsichtlich des Niederdeutschen angeben:

> „Ja, wenn man die Charakteranlagen der nordischen Rasse beschreibt, so ergibt sich ein Bild, das einzelnen Teilen dem des niederdeutschen Menschen nicht ganz unähnlich ist. Darum darf man wohl sagen, daß die niederdeutschen Stämme sich durch ein Überwiegen der nordischen Rasse auszeichnen. Mehr kann man aber keineswegs behaupten. Immerhin erscheint uns dies wichtig genug, so daß wir, um diesen Tatbestand symbolisch auszudrücken, die Bilder von drei niederdeutschen Schriftstellern bringen, die ihrer Gestalt und ihrem Wesen nach als nordisch anzusprechen sind."[512]

---

[509] Boeck (1925) S. 62f.

[510] Boeck (1925) SB S. 12.

[511] Boeck (1925) SB S. 14. Zuvor hatte Boeck sich auf völkische Literaturgeschichten von Bartels und Nadler bezogen, deren Zugang er zwar grundsätzlich für einen positiven „Anbruch eines neuen Aufgabengebiets" beurteilt, aber z.B. bei Nadler „...der süddeutsche und der katholische Standpunkt" (S. 12) noch eine Einschränkung bildet. Zum Bezug auf diese Gewährsleute siehe auch Dohnke (1985) SB S. 93.

[512] Boeck (1925) SB S. 13. Die erwähnten drei Bilder finden sich S. 49 (Arndt), S. 129 (v. Droste-Hülshoff) und S. 241 (Hebbel).

Boeck stellt die insgesamt 37 Autoren, die in der Sammlung zu Wort kommen, im Blick auf das vor, was er als ihre ‚niederdeutschen Eigenschaften' auf Grund ihrer Stammezugehörigkeit sehen möchte. Dabei bezieht er sich teilweise auf wissenschaftliche Gewährsleute. Auf jeden Fall erwecken seine abschließenden, zahlreichen Danksagungen an akademische Persönlichkeiten den Eindruck, als sei seine Art eines Literatur-Zugangs auf der Höhe wissenschaftlicher Diskussion. Allerdings ist auch hier eine – von ihm wohl nicht beabsichtigte – Einschränkung angefügt: „Die Mehrzahl der genannten gehört der Fehrs-Gilde an."[513] Von diesem damaligen Personenkreis ist anzunehmen, dass er weitgehend dieselben völkisch-rassistischen Grundeinstellungen geteilt hat.

7.21 1925-1927 Kleinere ‚Fehrs-Bekanntmachungen'

Mindesten sechs kleinere Beiträge konnte Boeck in diesen Jahren in regionalen Zeitschriften unterbringen, die teils über Schleswig-Holstein hinaus (in Berlin, Bremen, Thüringen) dem Bekannt-Machen des Dichters dienen. Er agierte als Propagandist im Sinne der Satzung der Fehrs-Gilde, die als Zielvorgabe 1925 nennt: „niederdeutsche Kultur auf allen Gebieten völkischen Lebens erkennen, erhalten und ausbauen helfen" (§ 2). Seine Aufgabe als Schriftwart versteht Boeck als Verpflichtung und Grundlage für sein Agieren.

7.22 1926 Entwurf zu einem plattdeutschen Gesangbuch

83 plattdeutsche Lieder sind in einem Entwurf „der 3. ordentlichen Landessynode der Evangelisch-Lutherischen Landeskirche Schleswig-Holsteins gemäß der Entschließung der 2. Ordentlichen Landessynode vom 28. Mai 1926 überreicht von der Fehrs-Gilde" und „als Handschrift gedruckt" durch H.H. Nölke GmbH, Bordesholm in Holstein.- Dieses Gesangbuch wurde auch von der Schlswig-Holsteinischen Landeskirche übernommen, worauf Boeck 1949 in der ersten Nachkriegsausgabe der Blätter der Fehrs-Gilde Nr. 20 hinweist:

> „Der damalige Bischof für Holstein, D. Mordhorst, schrieb das Vorwort dazu.Er bekennt sich, wie er uns mitteilt, noch heute zu den Bemühungen, durch die plattdeutsche Sprache die kirchliche Verkündigung volkstümlich zu machen."[514]

7.23 1928 Was ist niederdeutsch?

Auch in dieser wieder unter der Herausgeberschaft der Fehrs-Gilde und mit dem Untertitel „Beiträge zur niederdeutschen Stammeskunde" zusammengestellten Sammlung von Beiträgen findet sich ein Rahmenelement von Boeck. In diesem Fall ist es das zusammenfassende „Schlußwort", das die von den akademischen Gewährsleuten beigebrachten Beiträge und detailreichen ‚Höhenflüge' für Laien in die beabsichtigte Perspektive bringt:

---

[513] Boeck (1925) SB S. 33; genannt wird hier auch der Lehrer Gustav Jürgensen, der viele Jahre später nach Boecks Tod 1964 die Einladung zur Trauerfeier und Danksagungen für die Beileidsbekundungen als Vorsitzender der Fehrs-Gilde unterzeichnet hat.
[514] BdFG 20 (1949) S. 20.

> „Wir ... überschauen noch einmal die Strecken, die wir gewandert sind. Wir suchten Antwort auf die Frage: Was ist niederdeutsch? Von verschiedenen Seiten her strebten wir dem Ziele zu. Sprache, Schrifttum, Kunst, die wichtigsten Lebensäußerungen eines Volkstums, haben wir untersucht ... Wenn wir von dem Gipfel ... zurückschauen, so finden wir an seinem Fuße zwei Wegweiser, von denen jede Wanderung ausgehen muß, die nach dem Ziele strebt, das Wesen eines Volkstums zu ergründen: es sind die Landschaft und die Rasse."[515]

Besonders den letzteren Wegweiser will das Schlußwort in ganz besonderer Weise thematisieren:

> „In der Rasse finden wir die andere Grundlage, auf der sich jedes Volkstum und Stammestum erhebt. Es wäre ganz und gar verkehrt, diesen Bestimmungsgrund für die Gestalt eines Stammes übersehen oder leugnen zu wollen. Nicht immer decken sich Landschaft und Rasse so wie in Niederdeutschland. Denn dies gehört mit zu dem Gebiet, in dem sich die nordische Rasse entwickelt hat, die ihrerseits einen Hauptbestandteil im niederdeutschen Stamm ausmacht."[516]

Boeck synthetisiert sodann „... ein Bild vom niederdeutschen Menschen..."[517], dem er in äußerst subjektiver Auswahl alle möglichen Eigenschaften zuschreibt. So kann er geradezu mit einem Appell schließen, die wichtigste sei das „Bewußtsein von Zusammengehörigkeit, in gemeinsamen Erinnerungen und Zielen. An diesen Zielen mitzuarbeiten, ist die Bestimmung eines jeden, der sich seines Stammes bewußt geworden ist und diese Grundlage seines Wesens nicht verleugnen will."[518]

Zu dieser Veröffentlichung liegt eine Rezension von Agathe Lasch vor, die genau diesen Schwachpunkt des Buches auch artikuliert hat:

> „Das Schlußwort von Ch. Boeck zieht, trotz der gewählten Form, nicht eigentlich das Ergebnis aus den Arbeiten, sondern muß als eigene Stellungnahme gewertet werden. Es gründet den Begriff des Niederdeutschen auf Landschaft, Rasse, Stamm mit größerer Sicherheit als die Einzelaufsätze dies eigentlich erlauben. Der Verfasser geht offensichtlich von einem ziemlich fest umrissenen, eigenen Bilde aus. ..."[519]

---

[515] Boeck (1928) SB S. 231.
[516] Boeck (1928) SB S. 233f.
[517] Boeck (1928) SB S. 246ff.
[518] Boeck (1928) SB S. 249.
[519] Lasch (1932) ZVHG S. 212.

Die Rezensentin Agathe Lasch war die erste Frau an der Universität Hamburg, die 1923 den Professorin-Titel erhielt. – Der Stolperstein vor dem Hauptgebäude in der Edmund-Siemers-Allee 1 erinnert an sie als eine der „nicht-arischen" Personen, die dem Rassenwahn zum Opfer gefallen sind. – Christian Boeck besaß ein Exemplar ihrer „Mittelniederdeutschen Grammatik" von 1914. Dieses Standardwerk hat er 1952 seinem jüngeren Freund G. Hoffmann geschenkt.[520]

7.24 1929 Ein Dichter nordischer Art

Die Verdichtung der Voruteilsstruktur und Fokussierung auf rassisches Denken bei Boeck wird in seinem kurzen Beitrag für die von Heinrich Himmler und Richard Walther Darré herausgegebene Zeitschrift „Volk und Rasse" deutlich, wenn er dort Fehrs unter der Überschrift „Ein Dichter nordischer Art" schildert.[521] Vergleicht man Boecks erste monographische Schilderung zu Fehrs von 1908, in der das Wort ‚nordisch' als Attribut für Fehrs gar nicht vorkommt, mit der ca. 20 Jahre späteren Schilderung, so wird deutlich, wie sich in der Zwischenzeit der ‚Zeitgeist' bei einem Teil der Bevölkerung gewandelt hat. Boeck ist an diesem Wandel, der immer weiter auf der völkischen Welle in Richtung nationalsozialistischer Propaganda verläuft, zuerst mit seinen Beiträgen im Rahmen der Fehrs-Gilde und in diesem Aufsatz auch in dem parteipolitisch gebundenen Publikationsorgan aktiv beteiligt.[522]

Allerdings bewahrt sich Boeck zu Beginn auch durchaus einen gewissen eigenständigen Standpunkt und spricht nicht total unkritisch nach, was Rassekundler wie Günther im Blick haben, wenn er in der Besprechung von dessen 6. Auflage

---

[520] Das Foto WP_20160916_002 des Stolpersteins ist ähnlich dem von ‚Hinnerk11', das dem Wikipedia-Artikel ‚Agathe Lasch' zugeordnet ist. – Zu der Widmung und dem Buch von A. Lasch siehe bei Anm. 68. Zum Wirken und zur posthumen Ehrung von Agathe Lasch an der Universität Hamburg siehe Schröder (2011) SB. Zum Agieren des Vorstands im Verein für niederdeutsche Sprachforschung und die Ausgrenzung ab 1933 siehe die ausführliche Anmerkung bei Wirrer (1994) SB S. 256f Anm. 15.

[521] Boeck (1929) SB S. 102-107; auf die neue Zeitschrift „Volk und Rasse" wird in BdFG 3. Jg (1925f) S. 16 im Zusammenhang der Verweise auf die rassekundlichen Ausführungen auf dem Segeberger Gildetag 1925 und Veröffentlichungen von Scheidt verwiesen; vgl. auch BdFG (1925f) S. 35.45; zu Günther: BdFG (1926f) S. 32; (1927f) S. 17.34f; vgl auch: Andersen, *Der nordische Geist in seiner Bedeutung für Volk und Kirche*, Kiel am 15.11.1932 (DK, 20/1932) <- Buss (2013) ZSHG Anm. 45.

[522] Siehe unter http://de.wikipedia.org/wiki/Julius_Friedrich_Lehmann zur Zeitschrift und ihrem Herausgeber (abgerufen am 2013-11-18). Zu dem Hauptwerk von Hans F. K. Günther „Rassenkunde des deutschen Volkes", das 1922 ebenfalls von Lehmann verlegt wurde, siehe den entsprechenden Artikel zu Günther sowie die positiven Besprechungen der Neuauflagen in den *Blättern der Fehrs-Gilde* (wohl von Boeck), auf die Dohnke (1985) SB S. 93 hingewiesen hat.

"Rassenkunde des deutschen Volkes" von 1928 eine Lektüre zwar empfiehlt, jedoch auch notiert:

> "Man soll sich aber nicht zu Einseitigkeiten verführen lassen und zu vorschnellen Aburteilungen einzelner Menschen. Vom Rassengesichtspunkt aus ist der einzelne Träger eines bestimmten Erbgutes. Über seinen persönlichen Wert sagt die Zugehörigkeit zu einer bestimmten Rasse nichts aus, denn es gibt nordische Lumpen und ostische Edelmenschen."[523]

Für Boeck geht es anscheinend weniger um einen biologistischen Rassebegriff, auch wenn er den Begriff ‚Erbgut' verwendet. Vielmehr nutzt er (wie oben in seinem Text von 1933 zitiert[524]) Begrifflichkeiten, die um das Wort ‚seelisch' kreisen. Allerdings ist zunehmend seine 1925 noch formulierte Reserve gewichen, die damals – wie oben ausführlicher zitiert – noch einschränkte, wir bleiben

> „... im wesentlichen auf Vermutungen angewiesen".[525]

Aber auch noch 1938 formuliert er mehrdeutig, dass bei Fehrs das „nordische Erbgut in seiner Seele"[526] sich fände. [Die besondere Fähigkeit, sich so auszudrücken, dass verschieden vorgeprägte Rezipienten die für sie wichtigen Text-Signale entnehmen können, ist eine durch Predigttätigkeit trainierte Besonderheit der Ausdrucksweise von Pastoren. Sie stehen regelmäßig vor dem Problem, radikal zu vereinfachen, wenn sie z.B. über die Entstehung von biblischen Texten und deren Autorschaft eigentlich mehr wissen, als sie im Predigtkontext ausführen könnten. Da jedoch mit dem Etikett „Wort Gottes" sehr unterschiedliche Denkweisen verknüpft sind, läuft die verkürzende Rede oft auf Umgehungsstrategien hinaus, so dass Predigthörer nicht aus der gewollten Gesamtperspektive in ihrer Aufmerksamkeit ‚aussteigen'.]

7.25 1930ff Fehrs-Propaganda

Mit dem eigenen Artikel in „Volk und Rasse" von 1929 hat Boeck sich auch selbst stärker darauf festgelegt, dass er literarisch eine Linie vertreten will, die ihn deutlicher als Teil einer bestimmten Ausrichtung der völkischen Bewegung erkennen lässt. Kay Dohnke hat in seiner Querschnitts-Darstellung der Boeckschen Vermittlung niederdeutscher Literatur darauf hingewiesen, dass Boeck sich seit den frühen Fehrs-Veröffentlichungen bereits bemüht hat, für Menschen das Fehrs'sche Werk aufzubereiten, die besonders prädisponiert sind. Durch eine gewisse Übereinstimmung des ‚Wesens' sind sie (für die unterschwelligen Botschaften der vermittelten Sicht) aufnahmebereit:

> „Hier sind bereits eindeutig religiöse Untertöte vorhanden. 1930 spricht Boeck von ‚empfänglichen Lesern' (1930b/4). 1938 ist auch in diesem Zusammenhang der Durchbruch erreicht: Rasse und Erbgut sind jetzt Vorbedingung für das Werkverständnis.

---

[523] BdFK (1927f) S. 35.
[524] Siehe oben bei Anm. 374.
[525] BdFG (1924f) S. 36f.
[526] Siehe bei Anm. 547.

‚Wer ihm seelisch verwandt ist, das heißt, wer nordisches Erbgut in seiner Seele trägt, der wird durch Fehrs in seinem reinsten Wesen gestärkt.' (1938c)."[527]

Durch die Zuschreibung von ‚nordischer Art' an Fehrs erfolgt bei positiv aufgenommener Fehrs-Lektüre eine Affirmation der Leserschaft in ihrer ‚nordischen Art', derer sie selbst sonst nicht bewusst gewesen wären.

In diesem Sinne wird das „Wesen der Fehrs-Gilde" von Boeck 1933 in den *Blättern der Fehrs-Gilde* quasi als Beitrag zu ihrem 10-jährigen Bestehen in seinem Werdegang besonders akzentuiert:

> „Das Werk von Fehrs birgt in geprägter Form einen seelischen Gehalt, der für viele Menschen richtunggebend und befreiend wirken musste. Sie fühlten: das ist Blut von unserm Blut und Seele von unserer Seele. Es ist die nordische Seele, die hier spricht. So waren sie aufs innigste mit ihm verbunden und erklärten sich bereit, dieser Verbundenheit Ausdruck zu geben, indem sie sich zu der Gilde zusammenschlossen, die seinen Namen trägt."[528]

Die Arbeit der vergangenen Jahre war bereits auf das gerichtet, was jetzt ab 1933 auch das ‚Dritte Reich' zur Geltung bringen wolle. Die Fehrs-Gilde kann von sich (durch Boeck) sagen, sie habe

> „dem Bestreben des heutigen Staates, die Rasse als eine der Grundlagen des Volkstums zu erkennen und die wertvollen Rassebestandteile zu pflegen, vorgearbeitet".[529]

Die religiöse Überhöhung und der Übereinklang mit dem Führer wird dabei auch für das „wir" der Fehrs-Gilde insgesamt reklamiert:

> „Die deutschen Stämme sind gottgewollte Bausteine unseres Volkes, sagt Hitler, sie sind ein Teil seiner Substanz und werden daher bleiben, so lange es deutsches Volk gibt. Aus ihnen entspringt der innere Reichtum unseres Volkes, sie sind die Quellen seiner ewigen Verjüngungsfähigkeit, an die wir heute mehr als je glauben... Wir wollen sie pflegen, damit sie fähig bleiben, den Strom des Lebens aus der Tiefe in die Höhe zu leiten."[530]

7.26 1934f Das unbekannte Niederdeutschland

Die von Boeck und Albrecht Janssen herausgegebene Sammlung von plattdeutschen Texten geht auf eine „Aufforderung in Tageszeitungen und niederdeutschen Zeitschriften" und die „Anregung der Fehrs-Gilde (Kiel) und der „Niederdeutschen Buchgilde (Hamburg)"[531] zurück. Im Blick auf die Frage, wie sich im Vorwort der beiden Herausgeber, ihre Sicht auf Zeitgeist und die auch hier am Ende (S. 180) abgedruckte Zielsetzung der Fehrs-Gilde artikuliert wird, sind nur wenige Sätze charakteristisch:

> „Am erfreulichsten ist, daß in unserer Sammlung einige Klänge aufrauschen, in denen sich ein Widerhall der Zeit findet, in der wir leben. Wenn die plattdeutsche Literatur nicht ein

---

[527] Dohnke (1985) SB S. 95.
[528] Boeck (1933f) BdFG S. 2.
[529] Boeck (1933f) BdFG S. 6.
[530] Boeck (1933f) BdFG S. 7; vgl. zu diesen Formulierungen einerseits Boecks Antrittspredigt vom 10.12.1933 (im Anhang) sowie den Brief an den Reichskanzler vom 11.4.1933, den u.a. Boeck mit unterschrieben hat (abgebildet bei Hopster / Wirrer (1994) SB S. 85f.; siehe bei Anm. 578).
[531] Boeck / Janssen (1934f) SB S. 5.

Sonderdarsein führen soll abseits von dem, was heute die Herzen bewegt, dann musste sich davon etwas melden. Wenn es auch nicht stark hervortritt, so freuen wir uns doch, daß es sich ankündet."[532]

An welche der Gedichte bei diesen Sätzen gedacht ist, verraten die Herausgeber natürlich nicht, sondern lassen den Leser selbst diese Anklänge suchen. – Als Beispiel sei hier nur das Gedicht von Walter Schnoor, „De grote Boom" erwähnt, das die Baum-Metapher auf Blut, Boden und erstarktes Wachstum des Volkes anwendet.[533]

7.27 1935 „Plattdütsche Reden"

Dieses von der Fehrs-Gilde herausgegebene Buch ist oben[534] bereits ausführlich mit seiner Vorrede Boecks sowie den darin zu Wort kommenden Autoren erwähnt – wie Hinrich Lohse[535] und Hermann Oeser.[536]

7.28 1935ff Norddeutsche Nachrichten

Bisher sind noch nicht alle – wohl ca. 20 – Einzelbeiträge verfügbar, die Boeck in der Zeitschrift „Norddeutsche Nachrichten" der Jahre 1935-1937 veröffentlicht hat. Zur Zeit liegen nur einzelne Blätter aus Kopien der Bibliothek des Alstervereins sowie Scans aus Bibliotheks-Mikrofilmen der Zeitschrift vor.[537] Sie lassen darauf schließen, dass Boeck im Zuge seiner Urkundenzusammenstellung – s.u. zu Boeck (1938) – zugleich einen umfangreichen Text vorbereitet hat, der die Inhalte der Urkunden allgemeinverständlich beschreibt. Als umfassende, selbstständige Veröffentlichung sind diese Einzelartikel jedoch nicht erschienen.[538] – Sie sind zwar nicht namentlich gezeichnet, sind aber im Wortlaut teils ganz nahe dem der späteren Veröffentlichung, so dass die Deutung des griechischen Buchstaben „Chi / X" als Kürzel für Ch[ristian] sehr einleuchtend erscheint.

---

[532] Boeck / Janssen (1934f) SB S. 6f.
[533] Boeck / Janssen (1934f) SB S. 135. Zu Walter Schnoor gibt das Inhaltsverzeichnis S. 178 an „(im Mai 1911 in Hamburg, lebt in Hamburg)". – Er ist später (Juni 1938) als Geschäftsführer der „Vereinigung Niederdeutsches Hamburg" tätig, deren Ehrenvorsitzender der Bürgermeister Carl Vincent Krogmann war (vgl. dazu Töteberg (1994) SB S. 140; 142 und Faksimile S. 143). Zu Veröffentlichungen Schnoors siehe u.a. Dohnke / Hopster / Wirrer (1994) SB S. 385.
[534] Siehe den Abschnitt 5.5.3 „Plattdütsche Reden rutgeben vun de Fehrs-Gill", 1935 auf Seite 120.
[535] Zu Hinrich Lohse siehe oben den Exkurs hinter Anm. 354.
[536] Zu H. Oeser vgl. ausführlich bei Dohnke (1994) AKENS.
[537] Boeck (1935ff) NorddNachr. Nur zwei von ca. 20 Teilen sind mit Nummern versehen. (XVII: 15.7.1936; XVIII). Die Zeitschrift existiert in Mikroverfilmung in Hamburg und Kiel. Daraus ist ersichtlich, dass es sich um das „Altonaer Tageblatt : Bramfeld-Poppenbütteler-Zeitung" handelt, die anscheinend als Beilage zu den Niederdeutschen Nachrichten nicht regelmäßig in der Verfilmung vorhanden ist, aber z.B. für 28.12.1935 sowie dann für den ‚Jahrestag der nationalen Erhebung' 30.1.1936 einen Beitrag enthält, der sich auf die Urkunden von 1482-1543 bezieht.
[538] Ob eine gewisse Konkurrenz zum Heimatbuch von Gustav Matthiessen ein Hinderungsgrund war, lässt sich nur vermuten. Siehe dazu oben bei Anm. 239ff.

Der Grund für diese anonyme Veröffentlichungsform, wird darin zu sehen sein, dass die Norddeutschen Nachrichten mit ihren Regionalbeilagen (wie dem Altonaer Tageblatt : Bramfeld-Poppenbütteler Zeitung) als NSDAP nahe Zeitschrift eine öffentliche Zuordnung Boecks erkennbar gemacht hätte, die er aber absichtlich in seiner Gemeinde nicht gedruckt verbreitet wissen wollte.

Er hatte von seinem Amtsverständnis her eine Trennung von Gemeindearbeit und politischer Betätigung beabsichtigt, wie er zumindest noch in der Bramfelder Chronik schrieb.[539] Dass er sich auch ohne Parteiabzeichen trotzdem sowohl mit Parteigenossen als auch anderen Gemeindegliedern gut verstehen und seine Sympathie für das NS-System zum Ausdruck bringen konnte, ist mehrfach bereits deutlich geworden.[540]

7.29 1936 „Niederdeutsche Balladen"

Ähnlich wie die ebenfalls mit Janssen 1934f veröffentlichte Texte-Sammlung ist dieses von der Fehrs-Gilde zusammen mit der Niederdeutschen Buchgilde, Hamburg herausgegebene Buch durch öffentliche Aufforderung zur Einsendung von Beiträgen zustande gekommen. Wiederum soll besonders die Einleitung der Herausgeber betrachtet werden, die zwar nur kurz, aber kräftig eine Charakterisierung abgibt:

„Es ist allgemeine Meinung, daß die Ballade eine besonders nordische und daher auch niederdeutsche Form der Dichtung ist. Sie ist u.a. ein Nachklang alter Heldengesänge, wie sie einst in den nordischen Bereichen heimisch waren. ...

Niederdeutsche Balladen haben im allgemeinen etwas Schweres und Düsteres an sich. Darin kommt ein Zug unseres Stammeswesens zum Ausdruck ... Aber hinter allem Stimmungsmäßigen lebt ... etwas anderes ... in all dem Streit, der Leidenschaft, dem Verrat und Mord der herrische, stürmische Wille, der alles daran setzt, die Welt zu zwingen. Auch das ist niederdeutsch."[541]

---

[539] Siehe bei Anm. 140.
[540] Zu seinem Aufnahmeantrag in die NSDAP siehe bei Anm. 565.
[541] Boeck / Janssen (1936) SB S. 6f

7.30 1938 Wellingsbütteler Urkunden I / 1947 Kurzer Abriß / 1951 Urkunden und Texte, Heft II

Die Grundlagen zu den bereits 1935ff erfolgten ersten Artikeln zur Geschichte Wellingsbüttels sind in Buchform in einem ersten Teil 1938 erschienen.[542] Boeck hat die Quellentexte 1938 und 1951 veröffentlicht, dazwischen 1947 dann auch das Heftchen „Kurzer Abriß der Geschichte Wellingsbüttels". Im ersten Band von 1938 sind Dokumente aus der Zeit von „1296 – 1574" veröffentlicht. Vier der 20 Texte waren auch bereits im örtlichen Mitteilungsblatt der politischen Gemeinde, „Unsere Gemeinde", vorabgedruckt. Rechtzeitig zum 1. April 1938, dem Datum des rechtlichen Übergangs der Gemeinde Wellingsbüttel nach ‚Groß-Hamburg', sollte zusätzlich die Buch-Veröffentlichung von früherer Selbstständigkeit und einer Vergangenheit zeugen, „daß diese Gemeinde den Willen hatte, auch auf kulturellem Gebiet etwas zu leisten."[543] Mit diesem wohl als dezentes Eigenlob zu verstehenden Hinweis dokumentiert Boeck zugleich die Kooperation mit der politischen Gemeinde. Diese verstand sich ihrerseits mit früheren Ankündigungen quasi als Auftraggeber der Bemühungen um die geschichtlichen Grundlagen. Entsprechend ist das allem vorangestellte Geleitwort zu verstehen:

> „Die Gemeinde Wellingsbüttel überreicht ihren Gemeindeangehörigen anläßlich des Aufgehens der Gemeinde in die Hansestadt Hamburg diese Erinnerungsgabe. Möge das Buch mit dazu beitragen, auch im neuen Gemeinwesen die Heimatliebe und das Gemeinschaftsgefühl zu stärken.
>
> Wellingsbüttel, am 31. März 1938   Emil Kaiser, Bürgermeister"[544]

Die Nutzbarkeit dieser Quellensammlung ist naturgemäß auf diejenigen beschränkt, die wirklich Quellentexte studieren wollen, so dass zu vermuten steht, dass sie eher als Dekoration Bücherschränke geziert hat. Boeck selbst schreibt dazu:

> „Eine Urkundensammlung verhält sich zu einer Geschichtsdarstellung wie ein Grundriß zu einer perspektivischen Zeichnung. Ich hoffe, später einmal eine Geschichte von Wellingsbüttel vorlegen zu können".

Boeck konnte jedoch diese Hoffnung nur in der Form des 15-seitigen Heftes mit dem Titel „Kurzer Abriß der Geschichte Wellingsbüttels" nach dem Krieg 1947 realisieren. – 1951 hat er dann „Wellingsbütteler Urkunden und Texte. Heft II. 1563 – 1699" veröffentlicht. (Erst 1982 wurde von Hartwig Fiege eine „Geschichte Wellingsbüttels" vorgelegt.)[545]

---

[542] Zu den Vorläufern in den Norddeutschen Nachrichten bzw. der Beilage „Bramfeld-Poppenbüttler Zeitung" siehe bei Anm. 537. In einem Artikel, den Reincke (1949) ZVHG zu den „...nordelbischen Besitzungen des Erzstiftes Hamburg-Bremen" verfasst hat, wird S. 21 Anm. 86 verwiesen „... jetzt Christian Boeck, Wellingsbütteler Urkunden (1936)".
[543] Boeck (1938) Bd. I; S. 5.
[544] Boeck (1938) Bd. I; S. 3. Zum Bürgermeister Kaiser siehe den Exkurs bei Anm. 228.
[545] Zu Fiege (1982) siehe auch bei Anm. 196.

7.31 1938ff Mehrere Aufsätze zum 100. Fehrs-Geburtstag

Da für den 100. Fehrs-Geburtstag eine erhöhte öffentliche Aufmerksamkeit auch durch die Beteiligung des Fehrs-Gilde-Mitgliedes und Gauleiters Hinrich Lohse zu erwarten war, hat Boeck in diesem Jahr mindestens neun kurze Zeitschriften-Beiträge verfasst und für eine Verbreitung des Datums 10.4.1938 gesorgt. Dass bei der Abfassung dieser Beiträge die oben beschriebene Überlagerung mit dem ‚Anschluss Österreichs' ebenfalls medienwirksam begangen wurde und der Gauleiter entsprechend den Fehrs-Geburtstag während der 700-Jahr-Festwoche für Itzehoe im August 1938 begangen hat, ist bereits oben erwähnt.[546] – Ähnlich wurde schon deutlich, dass in diesen Beiträgen die Wortwahl deutlich mit dem Verweis auf „nordisches Erbgut" die Übereinstimmung mit offizieller NS-Propaganda eine der Darstellungsinteressen bildet:

> „Wer ihm seelisch verwandt ist, das heißt, wer nordische Erbgut in seiner Seele trägt, der wird durch Fehrs in seinem reinsten Wesen gestärkt."[547]

In diesem Sinne schließen sich auch die letzten – kurz vor und während des Zweiten Weltkrieges – zu Fehrs veröffentlichten Beiträge an, wenn Boeck etwa 1939 über die Fehrs-Rezipienten formuliert, sie seien:

> „Menschen, in denen etwas von der nordischen Art lebt, die in Fehrs wirksam ist."[548]

Ähnlich akzentuiert er 1939f in der Vorstellung der Schrift von Johannes Speck über J.H. Fehrs diese als positiv:

> „... der Versuch, die tatsächlich in der Tiefe ruhenden Beziehungen zur Gegenwart herauszuheben, machen die Schrift lesenswert und geeignet, dem Dichter gerade in der heutigen Zeit neue Verehrer zuzuführen."[549]

Wirklich neue Elemente, die zu J.H. Fehrs und seinem Schrifttum, mitzuteilen wären, ergaben sich erst, als 1941 nach dem Tod von Boecks Freund, Pastor Karl C. Fehrs, der bei diesem zuvor verwahrte Nachlass des Vaters an die Landesbibliothek in Kiel abgegeben wurde. In einem Artikel „Der literarische Nachlaß von Johann Hinrich Fehrs" schildert Boeck,[550] wie durch Manuskripte und die privaten Druckexemplare des Vaters neues Licht auf manche redaktionellen Vorgänge fallen konnte. Der Dichter hatte dabei manches selbst beabsichtigt, aber auch absichtliche oder unabsichtliche Änderungen durch Dritte bei der Drucklegung sind besser erkennbar geworden.

7.32 1939 Voraussetzungen des Kirchenbaus

Unter dem Titel „Die Voraussetzungen des Kirchenbaus in Hamburg-Wellingsbüttel" beschreibt Boeck einige Sachverhalte, Bedingungen und Ziele des zwei Jahre zuvor realisierten Gebäudes. Dieser Beitrag soll hier nur in Ausschnitten referiert

---

[546] Siehe dazu bei Anm. 397.
[547] Zitiert nach Dohnke (1985) SB S. 95 aus Boeck (1938) SH-TZ.
[548] Zitiert nach Dohnke (1985) SB S. 95 aus Boeck (1939) MfDG S. 97. Auf diesen Beitrag hat Boeck auch in BdFG 17 (1939f) S. 11 hingewiesen.
[549] Boeck (1939f) BdFG S. 10f.
[550] Boeck (1941f) BdFG S. 1-9.

werden. Deutlich ist aus den einleitenden Passagen, dass es beim Kirchbau besonders um Beheimatung von Menschen gehen sollte, die aus verschiedenen Kontexten, einerseits der ehemaligen Landgemeinde, andererseits aus der Großstadt Zugezogene geht. Dabei haben letztere z.T. ihren Lebensmittelpunkt noch in der Stadt. Die neue Kirche soll nun möglichst neuer Mittelpunkt für beide Seiten werden:

> „Diese Kirche muß so gestaltet sein, daß sie mit dazu beitragen kann, ein Heimatgefühl in all den Menschen zu entwickeln... Ihre bauliche Gestalt war bis zu einem hohen Grade durch die Verhältnisse grundsätzlich bestimmt. Sie hatte sich in den weiten Rahmen der landhausmäßigen Bebauung des Ortes einzufügen. Das heutige Wohnhaus unserer Villenvororte nähert sich dem Stil des ländlichen Wohnhauses, wie Landschaft und Stammesüberlieferung es geformt haben. Aus dem Bemühen um solche Bodenständigkeit ... mußte auch der Kirche die äußere Form zuwachsen. Es ging nicht an, eine Großstadtkirche in die ländliche Umgebung zu verpflanzen."[551]

Diesem allgemeinen Ziel entsprechend ist der schließlich ausgewählte Entwurf des Architekten-Büros von Hopp und Jäger realisiert worden, wobei die „Notwendigkeit zur Eisenersparnis" als zusätzliche Bedingung angeführt wird,

> „die sich wieder dahin auswirkte, daß aus dieser Holzkonstruktion sich für die oberen Außenwände Fachwerk ergab, ... ein besonders bodenständiges Gepräge... Denn Ständerwerk im Innern und Fachwerk nach außen sind die bezeichnenden Merkmale des niedersächsischen Bauernhauses. ...
>
> Maßgebend für Lage und Gestalt der Kirche war auch der Platz, auf dem sie liegen sollte. ... Durch seine rechteckige Form, die sich in ihrer halben Länge durch einen rechtwinkligen Vorsprung verbreitert ..., war der Grundriß der Kirche vorbestimmt. Ausgezeichnet ist der Platz sodann dadurch, daß er ein vorgeschichtliches ... Hügelgrab ..., mit großen Bäumen bestanden, trägt. Natur- und Denkmalschutzbehörde verlangten Rücksicht auf diese Hügelanlage. Das hatte zur Folge, daß die Kirche sich in die Längsachse des Geländerechtecks legen mußte. Damit war die Orientierung ausgeschlossen, da der Platz nicht von Ost nach West läuft. Einzelne Gemeindeglieder haben das als einen Mangel empfunden, ein Zeichen, daß kirchliche Tradition mitunter noch dort lebt, wo man es nicht mehr vermutet."[552]

Boeck fährt etwas unvermittelt fort:

> „Das alte Hügelgrab war gleichfalls eine Mahnung, in einem höheren Sinne bodenständig zu bauen. Der massive Turm ist ein Zeichen christlich-germanischen Trotzes geworden. Seine Türen tragen Ornamente, die an alt-germanische Formen anklingen, aber mit dem Kreuz durchsetzt und gekrönt sind."[553]

Die Veröffentlichung Boecks ist in „Kunst und Kirche" im Zusammenhang einer mehrere Kirchenbauten beschreibenden Artikelserie über die Kirchenbauten von Hopp und Jäger erfolgt, also einer durch die Reichskulturkammer (=RKK) approbierten Zeitschrift, deren Inhalte dem staatlich verodneten ‚Kunstverständnis' entsprach. („Ab dem 26. Mai 1936 wurde von Mitgliedern der RKK Ariernachweis

---

[551] Boeck (1939) KuK S. 88.
[552] Boeck (1939) KuK S. 88f.
[553] Boeck (1939) KuK S. 89. Siehe zum Türschmuck in Anlehnung an ein nicht unweit auf der Flur „Kriedenbarg" gefundenes anderes Hügelgrab bei Gleßmer / Gleßmer (2010) JAV.

verlangt. 1937 ist die RKK >judenfrei<."[554]) – Im weiteren Kontext dieser Berichterstattung über den Hopp-und-Jäger-Kirchbau wird das Hakenkreuz auf Glocken und Fassade zwar nicht ausdrücklich erwähnt. Vielmehr heißt es nur:

> „Der entstehende Eindruck hat etwas ausgesprochen Heimat- und Landschaftsgebundenes, das durch die Muster und Symbole der Backsteinausmauerung, die kleinen Oberfenster noch unterstrichen wird."[555]

Wahrscheinlich waren diese Embleme Damaligen selbstverständlich...

7.33 1949 Zum neuen Anfang

In den letzten Kriegsjahren konnten die Blätter der Fehrs-Gilde wie viele andere Zeitschriften aus Papiermangel nicht mehr gedruckt werden. Doch 1949 kann in Fortsetung der Jahrgangszählung und Heftnummerierung im 20. Jahrgang ein Heft 46 wieder erscheinen. Der eröffnende Artikel „Zum neuen Anfang" ist zwar namentlich nicht gezeichnet, doch ist deutlich, dass er vom alten und neuen Vorsitzenden Boeck in seinen in mehrere Richtungen deutbaren Formulierungen zu verdanken ist:

> „Der Senat der Hansestadt Hamburg hat uns die Lizenz zur Wiederherausgabe unseres Mitteilungsblattes erteilt. So stehen wir ... vor einem neuen Anfang, zu einer Stunde, da unser Volk den furchtbarsten Zusammenbruch seiner Geschichte erlitten hat. Aus Schande und Scham, aus Trümmern und Jammer, aus sittlicher Verwilderung soll uns der Weg weitertragen, wir wissen im einzelnen nicht, wohin. Da hilft nur Einkehr, stille Arbeit und Suchen der Werke, die einst unser Volk von innen her groß gemacht haben.
>
> Ein kleiner Teil dessen, was zum besseren Wesenskern unseres Volkes gehört, sucht in der Fehrsgilde und ihrem Aufgabenkreis Gestalt zu gewinnen. Als ‚Verein von Niederdeutschen' will sie das Wesen unseres Stammes erkennen, es in seinem besten Gehalt pflegen, es im Bereich des Lebens zum reinen Ausdruck bringen. Der Dichter Fehrs ist ihr Symbol dieses Strebens."[556]

Weiterhin soll es unter anderem um Hinweise auf Buchtitel gehen, die sich um niederdeutsche Stammeskunde bemühen, weil

> „...trotz allem, was dagegen zu sprechen scheint, im Stammestum eine der Wurzeln unseres echten deutschen Wesens ruht. Je tiefer wir aus dem Urgrund unseres Seins bauen, desto stärker und fester können wir in die Höhe und Weite streben. Die Ziele für das deutsche Volk liegen heute in der Gemeinschaft mit anderen Völkern und im gemeinsamen Menschentum."[557]

Sein weiterer Beitrag im inneren Teil dieses Heftes ist von Boeck überschrieben worden „Die Wurzel der Stämme"[558] – und hat einen etwas anderen Tenor. Er schildert darin seine Überzeugung, das die in der Nachkriegssituation besonders in Schleswig-Holstein bewegenden Fragen sich (mehr oder weniger mit den alten Antworten) klären werden:

---

[554] Siehe u.a. die Ausführungen in Gemeinschaftswerk_1936_NS_Kunst.pdf zu „Eignung" und „Ariernachweis ".
[555] Boeck (1939).KuK S. 86.
[556] Boeck (1949) BdFG S. 1.
[557] Boeck (1949) BdFG S. 1f.
[558] Boeck (1949) BdFG S. 6ff.

> „Wie kann man heute überhaupt noch mit dem Vorhandensein, dem Wert und der Bedeutung der Stämme rechnen? Wird sich nicht ein Mischmasch ergeben, der alles Stammestum aufhebt?"

Weiterhin nennt er Erbmasse und Rassezugehörigkeit sowie am Schluss den Boden:

> „Autochtonen nannten sich die alten Völker, ‚dem Heimatboden Entsprossene'. Es liegt ein tiefer Sinn in diesem Wort. Wenn der Boden sie auch nicht erschaffen hat, wie sie meinten, so hat er sie doch geprägt.
>
> Ein Stamm ist ein Lebewesen, darum im innersten Kern nicht erfaßbar. Iregendwo, von welcher Seite her man auch versucht, es gedanklich einzukreisen, bleibt ein unerforschlicher Rest, ein Geheimnis, ein X, das auf die metaphysische Welt deutet."[559]

Neue Wege werden insofern von Boeck für die Fehrs-Gilde angekündigt, als dass er „die Lizenz zu einem Verlag für plattdeutsche Erzählungen und plattdeutsche Lyrik erhalten"[560] habe. Über den Weg und die in den 15 Jahren von 1949 bis 1964 verlegten Bücher – sowie auch über die Vorgeschichte des früheren quasi-Verlages hat er rückschauend 1964 berichtet.[561]

Bereits vor dem „Neuanfang" der Blätter der Fehrs-Gilde hatte Boeck den oben bei seinen Wellingsbüttel-Veröffentlichungen von 1936 und 1938 erwähnten „Kurzen Abriß der Geschichte Wellingsbüttels" 1947 zum Drucke bringen können. Ebenso konnte er auch im Alsterverein 1948/49 schon eine 100 Jahre zurückschauende Darstellung „1848 in Schleswig-Holstein" erscheinen lassen. Sie ist jedoch keineswegs nur für historisch Interessierte gedacht, sondern durchaus auf die Gegenwart seiner eigenen Zeit bezogen:

> „Was Schleswig-Holstein 1848 erstrebt hat, erreichte es in jenen Jahren nicht. Aber es gab den Auftakt zu einer neuen Entwicklung, die schließlich zur deutschen Einheit geführt hat. Auch darum wollen wir die Männer jener Tage und ihre Taten nicht vergessen. Die deutsche Einheit, nun wieder gefährdet im Ganzen des Vaterlandes, das zwischen Ost und West aufzuklaffen droht, und in Schleswig-Holstein selbst, wo heute unter Verleugnung dessen, wofür unsere Vorfahren gekämpft haben, Bestrebungen wirksam sind, Schleswig von Holstein zu trennen, wird, so hoffen wir, sich auch in Zukunft durchsetzen. Sie ruht auf natürlichem und historischem Recht. Möge sie durch die Kräfte wiedergewonnen werden, die damals das Beispiel der Schleswig-Holsteiner so helleuchtend machte, Standhaftigkeit und Besonnenheit."[562]

Die besondere Art und Verbundenheit des Dichters J.H. Fehrs als Schleswig-Holsteiner ist auch thematisch der Fokus, den Boeck 1951 und 1955 für Artikel zur ‚Fehrs-Propaganda' nach dem Zweiten Weltkrieg wählt.[563]

Nur sehr kurz, aber typisch sind die Bemerkungen, die Boeck für den Dichter Hans Friedrich Blunck, für dessen Schriftreihe „Freundesgabe", 1954 als rezensionsartigen Kurzbeitrag zu dessen zweiten Band der Lebensbeschreibung „Unwegsame

---

[559] Boeck (1949) BdFG S. 13.
[560] Boeck (1949) BdFG S. 20.
[561] Boeck (1964) Almanach.
[562] Boeck (1948f) JAV S. 72.
[563] Boeck (1951) SH und Boeck (1955) Moderspr.

Zeiten" verfasst hat. Mit einem Bild aus der Schleswig-Holsteinischen Geschichte garniert schildert Boeck den Werdegang des früheren Weggefährten:

> „Der freie Schriftsteller wäre, nachdem er sein Amt als Synidkus der Universität Hamburg aufgegeben hatte, beinahe unfrei geworden, da er bald nachher dem Ruf der nationalsozialistischen Regierung folgte und Präsident der Reichsschrifttumskammer wurde; aber doch nur ehrenamtlich, und nur für einige Monate, und ohne bis zur großen Manntränke von 1937 Mitglied der Partei zu sein. Bei aller Gläubigkeit, die Blunck der neuen Regierung entgegenbrachte, konnten heftige Spannungen nicht ausbleiben, da sich beide Parteien im Grundsätzlichen und Wesentlichen nicht einig waren. ... Letzten Endes geht Blunck ohne Fall durch alle Gefahren ... hindurch ... In allem aber schimmert das, was auch sonst aus den Dichtungen von Blunck leuchtet, das ... überströmende Gemüt des Dichters und Menschen, das wohl Enttäuschungen, aber keine Bitterkeit kennt. Unserm seelisch schwer verwundeten Volke kann es nur heilsam sein, wenn ihm in dieser Gesinnung die Ereignisse der Vergangenheit dargestellt werden."[564]

Das Naturereignis der ‚Manndränke', das Boeck für den Beitritt Bluncks 1937 zur NSDAP übernimmt,[565] ebenso wie er ihn als unpoltischen Gemütsmenschen schildert, ist am Herunterspielen der tatsächlichen Mitwirkung in der NS-Zeit ausgerichtet. Eine solche Gesinnung, in der auch Boeck ohne Bitterkeit „die Ereignisse der Vergangenheit dargestellt" wissen will, sei heilsam. Nicht nur vor dem Krieg in der NS-Zeit war Blunck häufig auch bei Gildetagen und ähnlichen Verantatltungen der niederdeutschen Bewegung ein Weggefährte Boecks, sondern auch in der späteren Zeit war er wie Boeck Empfänger der Lornsen-Kette. Ob es angemessen ist, wie von Kai-Uwe Scholz (nach der Zitation der oben angeführten Schlusspassage) Boeck mit dem Etikett ‚der frühere Heimatschutzaktivist' zu belegen, wofür Scholz auf den Beitrag von Kay Dohnke von 1985 verwiesen hat, ist Geschmackssache bzw. eine Frage der Perspektive auf diese Zeit.[566] Scholz möchte damit auf jeden Fall die Nähe der zuvor benannten Nachkriegs-Kreise charakterisieren, die trotz der „inneren Widersprüche und zahlreichen Tatsachenverdrehungen ... ein positives Echo" auf Bluncks Lebensbeschreibung gegeben haben. Und diesem Trend der Verdrängung ist Boecks schriftliche Äußerung durchaus zuzuordnen.

Die Hinweise auf Boecks Nachkriegs-Veröffentlichungen, die oben zwar unter der Abschnitts-Überschrift „Zum neuen Anfang" begonnen wurden, sind – mit Ausnahme des Verlags – insgesamt jedoch wenig Zeichen für einen gedanklichen „Neuanfang". Das wäre auch für den 1945 bereits 70-Jährigen eine sehr hohe Erwartung für die ihm noch gegebenen 19 weiteren Lebensjahre (und entsprach auch nicht dem gesellschaftlichen und kirchlichen Klima dieser Zeit).[567] Zwar ist Boeck unermüdlich an der Herausgabe neuer Bücher beteiligt und auch 1960, 1961 und 1962 noch mit literarischen Beiträgen vertreten, doch bleiben sie inhaltlich weitgehend im Rahmen seiner früheren Darstellungen zum Niederdeutschen. Die

---

[564] Boeck (1954) SB S. 20. Zu ersten Blunck-Rezension siehe Boeck (1924f) BdFG.
[565] Boecks eigener Antrag auf Aufnahme in die NSDAP ist erst kurz nach Kriegsbeginn am 1.10.1939 von ihm gestellt worden.
[566] Scholz (1999) SB S. 157.
[567] Zur Frage des nicht erfolgten Neuanfangs in der Nordkirche vgl. Linck (2013ff).

einzige Nuance bietet die Rede zur Preisverleihung des Joost van den Vondel-Preis 1962, in der Boeck zwar „das Plattdeutsche in seiner Weltstellung bestehen" bleibend sieht, jedoch dieses

> „... darin begründet liegt, daß es im Angelpunkt der nordischen und der nahe verwandten westlichen Sprachen, des Niederländischen und des Flämischen, die Mitte hält. ... Heute, da Europa sich auf sich selbst besinnt, wird diese Verbundenheit sich noch reicher entfalten."[568]

Die so betonte europäische Perspektive als Teil niederdeutscher Bemühungen zu verstehen, setzt durchaus einen neuen Teilakzent.

7.34 1959 Erinnerungen an Johann Hinrich Fehrs

Der 84-jährige Boeck hat in diesem Werk teils autobiografische Notizen mit den Erinnerungen an seinen 43 Jahre zuvor verstorbenen väterlichen Freund verbunden, weshalb es auch oben im Abschnitt 5.3 „Boecks Weg zu J.H. Fehrs" bereits erwähnt und an vielen Stellen zitiert wurde.[569]

7.35 1964 15 Jahre Verlag der Fehrs-Gilde

Im Rückblick auf das 15-jährige Bestehen des Verlags der Fehrs-Gilde hat Boeck in seinem letzten Lebensjahr nicht nur eine umfassende Aufzählung der Publikationen vorgenommen, sondern auch an einer Stelle die vorangehende Zeit und das Verhältnis zum Nationalsozialismus angesprochen:

> „Wohl hatte die Fehrs-Gilde am Anfang der nationalsozialistischen Zeit keine Schwierigkeiten, mochte in Berlin Goebbels und seine Helfer das Plattdeutsche mißtrauisch betrachten und partikularistische Tendenzen in ihm vermuten, der Gauleiter von Schleswig-Holstein stammte aus dem Heimatdorf von Fehrs, hatte sich schon früher als Verehrer des Dichters bezeugt, wurde Mitglied der Fehrs-Gilde und stand mit derem Vorsitzenden, Landrat a. D. Dr. Otto Wachs, scheinbar in guten Beziehungen. Als dieser aber seine Widerstandsnatur immer deutlicher, rücksichtsloser und unverhüllter hervortreten ließ, nicht im Verfolg politischer Ziele, sondern aus angeborenem Freiheitsgefühl, kam es zum Bruch, in dem Wachs alle Schikanen und Machtmittel der herrschenden Partei bis zur Aussicht auf das Volksgericht auf sich zog. Im Anfang des Weltkrieges starb er, von seinen Freunden und in allen Kreisen der Bevölkerung von denen, die ihn näher kannten, aufs höchste verehrt. Durch diese Vorgänge geriet auch die Fehrs-Gilde in Gefahr. Wir standen vor der Frage, ob wir sie auflösen wollten, aber wir konnten uns nicht dazu entschließen. Als Organ der Pflege des Niederdeutschen im Sinne von Fehrs sollte sie erhalten bleiben, auch wenn sie ihre Tätigkeit zur Zeit einschränken mußte."[570]

Dieser Ausflug in die Vergangenheit, der dann mit der Zeit nach 1945 fortgesetzt wird, ist im Blick auf das Verhältnis zum Gauleiter Hinrich Lohse von besonderem Interesse. Der bis 1938 als Vorsitzender der Fehrs-Gilde agierende Dr. Wachs ist es, dessen Verehrung durch Kenner zwar betont wird. Gleichzeitig ist jedoch sein ‚rücksichtsloses' Verhalten als Auslöser der Spannungen zum Gauleiter hervor-

---

[568] Boeck (1975) SB S. 49.
[569] Siehe zu den Bezügen auf Boeck (1959) in den Anmerkungen. 46, 50, 51, 66, 70, 76, 79, 80, 82, 84, 91, 321, 322, 329, 464, 500, 573.
[570] Boeck (1964) Almanach S. 33f.

gehoben ist. Dass die Gefahrenabwendung und mehr öffentliche ‚Rücksichtnahme' durch den Wechsel an der Spitze und Boecks eigene Übernahme der Funktion als Vorsitzender erfolgt ist, lässt er selbst unerwähnt.

8 Schlussbetrachtung zum Rekonstruktions-Puzzle

Vor 25 Jahren hat Ernst König in der „Chronik der Kirchengemeinde Wellingsbüttel 1938-1988" im Blick auf das Kirchengebäude eine Bemerkung niedergeschrieben, die etwas resignativ anmutet:

> „Buchstäblich im Sande verliefen Bemühungen, zum 500. Geburtstag des Reformators am Portal der Kirche seines Namens ein Bronzerelief mit dem Kopf Luthers anbringen zu lassen. So blieb die schöne Wellingsbüttler Kirche mit ihrer maßvollen Figur und ihrem schlichten Kleid auch weiterhin gesichts-, weil geschichtslos. Nichts bis heute erinnert an den Namensgeber, nichts an die, welche dort gewirkt hatten, namenlos ausgeschlossen blieben die Opfer der Kriege"[571]

Möglicherweise geht auf diese Bemerkung die kurz wohl 1990 oder kurz zuvor erfolgte Freilegung des Lutherbildes zurück. König trägt aber auch selbst zur Geschichtslosigkeit insofern bei, dass er es unterläßt eine deutlichere Beschreibung zu geben, wie Bemühungen um die Veränderungen der ‚Figur' (z.B. Turmerhöhung) und des ‚Kleides' (z.B. Nachkriegs-Retouchen an den Runen im Fachwerk oder das wechselhafte Schicksal des Lutherbildes) auch gedanklich begleitet wurden. Das hätte zumindest der ‚Geschichtslosigkeit' etwas abgeholfen.

Im vorliegenden Text sollte es um die Dimensionen der Geschichte und die Rekunstruktion einer zentralen Person gehen, die in und um die Kirche gewirkt hat und die für die erste Figur und das erste Kleid mit entscheidend gesorgt hat, nämlich Pastor Christian Boeck. Die Rückwirkung aus seinem persönlichen und beruflichen Werdegang vom Kaiserreich bis in die Zeit nach dem Zweiten Weltkrieg ist die eine Linie, die auch ihren Niederschlag im Kirchengebäude und im Gepräge der Gemeinde gefunden hat. Aber auch die zweite Dimension, die sich in Boecks außerberuflichen schriftstellerisch-verlegerischen Engagements festmacht, ist insofern für sein Umfeld prägend gewesen, als damit ein weitgehend unausgesprochener Konsens über eine Weltsicht einhergeht, die – vorsichtig formuliert – als national-konservativ zu benennen ist. Diese Dimensionen zu betrachten und in ihrem differenzierten Gewordensein mehr zu verstehen, kann ohne Ausblendung konflikthafter und dunkler Seiten der Geschichte den Blick auch nach vorn zu aktiver Gestaltung öffnen.

8.1 Theologische Positionen des Pastor Boeck

Außer den drei Predigten (1933, 1937, 1938) liegt nur einerseits sein Material zu Harms (1898 und 1909) und Schleiermacher (1920) sowie zum Kirchbau (1939) vor. Die Grabrede für J.H. Fehrs von 1916 liegt zwar auch in mehrfach gedruckten

---

[571] König (1989) S. 335.

Wiedergaben vor, ist aber kaum für besondere theologische Reflexionen auswertbar.

Am ehesten kommen dafür einige Beiträge in Frage, die zwar als Rezensionen anderer Autoren konzipiert und teils auch nicht umfangreich sind, die jedoch nebenbei auch theologische und religiöse Fragestellungen betreffen. Diese gehen auf die frühe Zeit vor dem Ersten Weltkrieg zurück und zeigen einen jungen Pastor, der sich für ‚die soziale Frage' interessiert, die um die Jahrhundertwende teils aufgeschlossene Gemüter im protestantischen Bereich findet. Die Sicht seines theologischen Lehrers, Otto Baumgarten, hat nachhaltigen Eindruck auf Boeck ausgeübt.[572] Das Interesse an Genossenschaften und Darlehenskassen, das in den frühen Texte erkennbar ist und auf den ersten Blick nicht als theologisch motiviert erscheint, findet doch seine innere Verbindung durch diesen Zugang über die ‚soziale Frage'. Wenn Boeck im Alter auf Naumann verwiesen hat, so ist er eine der Personen, die für aufgeklärten Zeitgeist und Veränderung in der Kirche gesprochen haben.[573] Bei Naumann begegnet in einem positiv solidarischen Sinn auch bereits zu Beginn des Jahrhunderts das Stichwort der ‚Volksgemeinschaft' ohne eine rassistisch ausgrenzende Konnotation.

Allerdings scheint es für Boeck bei seinem mehr akademisch-literarischen Zugang zu den Problemen der sozialen Spaltung nicht gelungen zu sein, auch in seinem praktischen kirchlichen Handeln, Bemühungen um die Arbeiterschaft in Bramfeld erfolgreich zu gestalten. Hier begegnet die ‚Sozialdemokratie' zunehmend und mit wenigen Ausnahmen meist als Kontrastfolie, die eher als Gegenpart zu einer gewünschten Kirchlichkeit steht.

Das kirchliche Engagement im Ersten Weltkrieg verschiebt die Balance von der ‚sozialen Frage' deutlich in Richtung auf die ‚nationale Frage', die nach dem Ende des Krieges die Polarisierung am Ort steigert – zwischen Kommunisten einerseits und national-konservativer Kirchlichkeit andererseits. In diese Zeit nach dem Kommunistenputsch 1923 gehört auch Boecks intensiviertes Engagement als Schriftwart, der außerhalb seines Pfarramtes sich und den Mitgliedern der Fehrs-Gilde mit den ‚Blättern der Fehrs-Gilde' ein eigenes Organ schafft, um

„durch Schriftstellerei zur politischen Gesundung zu wirken".[574]

8.2 Politisches und außerberufliches Engagement

Mit diesem außerberuflichen Engagement ist zugleich auch die Auswahl an Literatur festgelegt, die er als Schriftwart zur Besprechung vergünstigt erhält oder zugesandt bekommt. Im Unterschied zur Zeit vor dem Ersten Weltkrieg ist mit dem Fokus auf Niederdeutsch und Stammestum eine Verstärkung der völkischen Perspektive ganz deutlich abzulesen. War etwa bei den Fehrs-Grabreden 1916 noch ein Kontrast zu J. Bödewadt im Rückbezug auf diese Ebene wahrnehmbar, so

---

[572] Siehe bei Anm. 470.
[573] Zu Naumann siehe Boeck (1959) S. 62 sowie bei Anm. 70.
[574] Siehe den ausführlichen Kontext zu dieser Selbstbeschreibung in der Bramfelder Gemeindechronik bei Anm. 140.

wird (mit der deutsch-dänischen Grenzfrage 1922 und Bödewadts Ausscheiden als Vorsitzender der Gilde) auch bei Boeck eine viel deutlichere Verschiebung in Richtung völkischer Artikulation erkennbar. Die Gewichte nationaler und sozialer Orientierung wird im Laufe der 1920-er Jahre immer weiter nach rechts verschoben.

8.2.1 Beitrag zur niederdeutschen Sprachpflege

Zweifellos sind auch für die Pflege des Niederdeutschen ganz wichtige Impulse mit von Boeck als Autor der ‚Lübecker Richtlinien' gegeben worden, die dazu beitragen sollten, für die Schreibweisen von niederdeutschen Sprechtexten eine Normierung herbeizuführen.

Hopster und Wirrer beziehen sich in ihrem Resümé zu Boeck nicht nur auf die eigene Darstellung seines Agierens im Rahmen der Niederdeutschen Bewegung:

„Sieht man die aus der Zeit vor 1933 stammenden Äußerungen Boecks zum *Volkstum* und *Rasse* ... mit seinen späteren zusammen, dann liegt der Schluß nahe, daß er als Schriftleiter der *Blätter der Fehrs-Gilde* für die in ihnen regelmäßig erscheinenden empfehlenden Besprechungen von Schriften der NS-Rassisten verantwortlich war (vgl. Dohnke 1985). Ganz offenkundig nimmt Boeck im Vergleich zu anderen Funktionären, die sich in ihren Schriften an der Selbstinterpretation der *Niederdeutschen Bewegung* beteiligten, insofern eine Sonderstellung ein, als ihm attestiert werden muß, daß sich seine ‚Einstellungen [...] hart an der Grenze der völkisch-konservativen Weltanschauung' bewegten und ‚bereits eindeutig faschistoide Züge' aufwiesen (Dohnke 1985, S. 91)"[575]

In der Bezugnahme auf Dohnke kommt jedoch nur die eine Seite der von diesem Autor gegebenen, sehr abwägenden Gesamtbeurteilung zum Ausdruck. Er schildert auch abschließend in dem zitierten Artikel eine zweite Dimension:

„Würde man Boeck und sein Lebenswerk auf seine Arbeiten über Fehrs reduzieren, entstünde ein negatives Bild, das sich in der hier vorgelegten Teiluntersuchung als zutreffend erwiesen hat. Die Verhältnisse liegen jedoch anders, wenn der Untersuchungsgegenstand erweitert wird. Boecks Einfluß innerhalb des Verlages der Fehrs-Gilde ist für die Förderung neuer niederdeutscher Literatur sehr groß gewesen. Entgegen der Erwartungen, die man aufgrund seiner Äußerungen zu Fehrs haben könnte, hat Boeck sich als offen, tolerant und aufgeschlossen gezeigt. Oftmals sind unkonventionelle Texte nur durch seine intensive Fürsprache in das Programm des Verlages aufgenommen worden. Heute bekannte Autoren, darunter Hinrich Kruse, haben so ihre erste Chance bekommen. Das Vorhandensein moderner Elemente im Spektrum der niederdeutschen Literatur ist zu einem großen Teil Christian Boecks Verdienst. Sein aufgeschlossenes Verhalten läßt sich vielleicht auch dadurch begründen, daß er aus den Übersteigerungen und Fehlentwicklungen in der deutschen Geschichte und Kultur seine persönlichen Konsequenzen gezogen hat. Die offensichtliche Widersprüchlichkeit zwischen diesem Verhalten und seinen früheren Äußerungen kann nur eine noch zu schreibende Gesamtdarstellung seines Lebens erklären, die die verschiedenen Bereiche seines Lebenswerkes ins richtige Verhältnis zueinander setzt."[576]

Diese Offenheit und Vorsicht gegenüber einer vorschnellen Beurteilung des Wirkens und der Person Boecks ist sicher angemessen.

---

[575] Hopster / Wirrer (1994) SB S. 102 sowie ausführlich in dem im Zitat angezogenen Aufsatz von Dohnke (1985) SB.
[576] Dohnke (1985) SB S. 97f.

Aus der Rückschau wird der national-soziale Enthusiasmus bei Boeck zu einem Teil verständlich, der wie erwähnt vermutlich auf die Rezeption der Denkweisen Friedrich Naumanns zurückgeht. Dieser hatte ja bereits Ende des 19. Jahrhunderts die ‚Volksgemeinschaft' als Ziel der Zusammenführung von liberalen und sozialistischen Kräften als Ziel und Möglichkeit der Überwindung der Spannung zwischen Arbeiterschaft und den Rittergutsbesitzern gesehen. Er wagte sich als Theologe die Frage:

> „Hat man heute den Eindruck, daß der Kirchenglaube noch Berge versetzt? ... Ein Glaube, der für jetzige Menschen etwas sein will, muß absolut offen zu den Fragen der Erkenntnistheorie, Naturwissenschaft und Geschichtswissenschaft stehen. Im Bunde mit ihnen muß er den Menschen ihr Lebensziel verkündigen. ... Er ist häßlich, weil er kritisch ist, und pietätlos, weil er voller schwerverständlicher Zweifel steckt und voller unerfüllbarer Wünsche."[577]

Die Spannungen der Weimarer Zeit, die Boeck in der Zeit nach dem Ersten Weltkrieg in Bramfeld erlebt haben muss, haben nicht im Sinne Naumanns zu einem Zusammenwachsen sondern zur Polarisierung der Sichtweisen geführt. Auch Boeck hat anscheinend von seiner deutsch-nationalen Grundhaltung aus einen Prozess der Radikalisierung durchlebt, der ihn nicht nur immer schwerhöriger, sondern auch z.T. „blind" für das Ergehen Anderer gemacht hat. In seine Amtszeit in Wellingsbüttel fallen die Verdrängungen der ‚nicht-arischen' Mitbürger – bzw. teils auch ehemaligen Gemeindeglieder – aus ihren Wohnhäusern, denen nicht Solidarität der Volksgemeinschaft oder Nächstenliebe entgegengebracht wurde. Er kannte sie vermutlich alle...

Dass er selbst sich zum Werkzeug der rassischen Ideologie gemacht hat, wie es spätestens in dem Aufsatz von 1929 zum Ausdruck gekommen ist, ist ein Weg der Verblendung, der für Nachgeborene schockierend ist. Bereits am 11.4.1933 ergeht zudem an den neuen Reichskanzler Hitler eine Ergebenheitsadresse u.a. mit dem Hinweis, dass „durch den nationalen Aufbruch das Ziel langjähriger Arbeit der niederdeutschen Bewegung erfüllt" sei – mit unterzeichnet von Boeck [für die Fehrs-Gilde zusammen mit der Vereinigung Quickborn im Ausschuss für niederdeutsche Kultur].[578]

8.3 Vorläufige Rekonstruktion aus Puzzle-Teilen

Die Puzzle-Teile bieten ein 3D-Gebilde (wenn nicht sogar ein multidimensionales) von einem Mann, der seine berufliche Laufbahn mit einem Dienst- und Treue-Eid auf den König innerhalb der monarchisch verfasste Staatsform begonnen hat. In der Kaiserzeit konnte er anscheinend noch ein idealistisches Bild entfalten, wie auch Kirche positiv zur ‚sozialen Frage' beitragen könnte. Sein Denken verband sich mit einem gewissen Fortschrittsglauben, der Naturwissenschaft, Theologie und

---

[577] Naumann (1913) „Das blaue Buch von Vaterland und Freiheit" S. 164.
[578] Abgedruckt bei Hopster / Wirrer (1994) SB S. 85f. – Die weiteren Unterzeichner sind Dr. Wachs Kgl. Landrat a.D. (Fehrs-Gilde) sowie Dr. A. Strempel und Felix Schmidt (Vereinigung Quickborn).

Menschheitsgeschichte als Entwicklung zusammensehen konnte. Entwicklung der Kultur ist teils auf Reformen angelegt.

Nach dem Ersten Weltkrieg verändert sich dieses Bild jedoch, wie er im Zusammenhang mit seiner Schleiermacher-Deutung für seine Gegenwart 1920 formuliert. Da erscheinen Veränderungen der Lage

> „...aussichtsloser, ja fast hoffnungslos. Dazu kommt, daß wir den Weg der Reform verlassen und in die Revolution getrieben sind. Was Schleiermacher in seiner Predigt über Friedrich den Großen als Verhängnis für ein Volk bezeichnete, wenn es nämlich törichterweise mit dem Vergänglichen zugleich auch das Bleibende wegwirft ..., das ist heute zugetroffen."[579]

Mit diesen Sätzen greift Boeck auf Formulierungen zurück, die er vorher bereits als Zusammenfassung von Schleiermachers Hochschätzung der Reform der nachnapoleonischen Zeit herausgestellt hatte:

> „Bei der Wichtigkeit, die Schleiermacher der Reform beimaß, konnte es nicht ausbleiben, daß er auch auf der Kanzel Stellung zu ihr nahm. ... ‚Ein Volk ist ein ausdauerndes Gewächs in dem Garten Gottes, es überlebt manch traurigen Winter, der es seiner Zierden beraubt, und oft wiederholt es seine Blüten und Früchte.' Die Zeit der Verwirrung ist oft nur bestimmt, zu einem vollendeteren Zustand den Übergang zu bilden. ... Es ist Frevel, wenn ein Volk mit dem Vergänglichen auch das Bleibende wegwirft ... und freiwillig sich in eine fremde Gestalt hineindrängt."[580]

Boeck vollzieht für die ihm „fast hoffnungslos" erscheinenden Gegenwart 1920 Gewichtungen, die stärker als in seinen frühen Schriften das „Volk" mit Schleiermacher-Worten theologisch hochwerten:

> „Alles, was den Geist eines Volkes wesentlich und unverfälscht ausspricht, ist göttliches Gesetz, denn Gott ist es allein und unmittelbar, der jedem Volk seinen bestimmten Beruf auf Erden anweist und ihm seinen besonderen Geist einflößt, um sich so durch jedes auf eigentümliche Weise zu verherrlichen."[581]

Damit zeichnet sich für Boeck auch seine eigene gedankliche Entwicklung ab, die in den 20-er Jahren zunehmend einer völkischen Sicht verpflichtet war und sich auch im Hinblick auf die rassischen Vorstellungen geradezu zwangsläufig auf den Nationalsozialismus zu bewegt hat.

Mit Dohnke sind solche Feststellungen aus der Rückschau nur sehr vorsichtig zu treffen. Bei einem Telefonat formulierte er zudem sinngemäß etwa: „Boecks an den Tag gelegte große Energie sei zu bedenken, die er nach dem Zweiten Weltkrieg für die Publikation auch solcher niederdeutscher Autoren aufgewandt hat, die er zuvor gemieden hätte. Könnte das nicht auch als ein Versuch der Wiedergutmachung verstanden werden?"

Für eine Rückbesinnung, wie Menschen in ihrem Leben durchaus falsche Wege gehen können und entsprechende Spuren hinterlassen, aber trotzdem auch Chancen zum Besseren wahrnehmen könnten, ist diese Sicht auf Boeck nicht hoffnungslos. In einer Zeit in der falsche Überhöhung von Leitkultur, Volkszuge-

---

[579] Boeck (1920) S. 63f.
[580] Boeck (1920) S. 52.
[581] Boeck (1920) S. 52.

hörigkeit und wieder erstarkender Nationalismus eine reale Gefahr für friedliches Zusammenleben darstellen, lohnt es auf jeden Fall, den viel geehrten Pastor Christian Boeck nicht als Beispiel zu vergessen, um besser auf die Herausforderungen reagieren zu lernen.

9 Kurztitel- und Literaturverzeichnis

Mit den Kurztiteln aus *Autorenname (Jahreszahl)* und ggf. einer nachfolgenden Abkürzung wird in Fußnoten auf das folgende Verzeichnis verwiesen, um eine eindeutige Referenz zu erlauben, ohne mit Hinweisen wie a.a.O. zu arbeiten.

ATAG (1955)
Alsterthal-Terrain-Aktien-Gesellschaft i.L.: Alsterthal-Terrain-Aktien-Gesellschaft in Liquiditation 1912-1937; [Neudr. d. Ausg.] Hamburg, 1937?; 1955; Zur Ergänzung des Jahrbuches 1955 seinen Mitgliedern überreicht vom Alsterverein e. V. im Juni 1955

AG 700 Jahre Wellingsbüttel (1996)
Arbeitsgemeinschaft 700 Jahre Wellingsbüttel e.V." (Hrg): „Festschrift zum 700jährigen Jubiläum Welingsbüttel", 1996

Baumgarten (1855)
Baumgarten, Michael: Ein Denkmal für Claus Harms. Schwetschke, Braunschweig 1855

Behrens (1973) Diss
Behrens, Reinhard: Die Deutschnationalen in Hamburg 1918 – 1933. Dissertation zur Erlangung der Würde eines Doktors der Philosophie der Universität Hamburg. 1973

Biehl (1940) JAV
Biehl, Friedrich: Senatsrat Pg Emil Kaiser; in: Jahrbuch des Alstervereins 24 (1940) S. 7-8

Bielfeldt (1964)
Bielfeldt, Johann: Der Kirchenkampf in Schleswig-Holstein 1933-1945.- Göttingen 1964

Biographisches_Lexikon_für_Schleswig-Holstein _und_Lübeck
http://de.wikipedia.org/wiki/Biographisches_Lexikon_f%C3%BCr_Schleswig-Holstein_und_L%C3%BCbeck

Bajohr u.a. (2013)
Frank Bajohr, Beate Meyer, Joachim Szodrzynski (Hg.): Bedrohung, Hoffnung, Skepsis Vier Tagebücher des Jahres 1933; Wallstein Verlag; 2013

Bödewadt (1907/f) MQu
Bödewadt, Jacob: Johann Hinrich Fehrs von Christian Boeck.- in: Mittelungen aus dem Quickborn, 1 (1907/8) S. 104-106.

Bödewadt (1912f) MQu
Bödewadt, Jacob: Johann Hinrich Fehrs als Vollender des Dorfromans.- in: Mittelungen aus dem Quickborn, 6 (1912/13) S. 102-111.

Bödewadt (1914)
Bödewadt, Jacob: Johann Hinrich Fehrs : Sein Werk und sein Wert. Mit sechs Bildern und einer Handschriftprobe.- Alfred Janssen Verlag Hamburg 1914

Boeck (1905) DeutK
Boeck, Christian: Von der neuen Kultur.- in: Deutsche Kultur 1. Jg. 9. Heft (1905) S. 525-530.

Boeck (1906) Deutsche

Boeck, Christian: Der Deutsche Carlyle und Goethe.- in: Der Deutsche [Hrsg. Adolf Stein] 17.11.1906 5. Bd. 7. Heft S. 209-216

Boeck (1906) HambNachr

Boeck, Christian: Plattdeutsche Gedichte von J.H. Fehrs.- in: Hamburgische Nachrichten 25.4.1906 Beilage Die Literatur' Nr. 9

Boeck (1907) Deutschland

Boeck, Christian: Religion und Reaktion.- in: Deutschland Monatsschrift für die gesamte Kultur [Hrsg. Graf von Hoensbroech] Febr. 1907 S. 629-637

Boeck (1907) HambCorresp

Boeck, Christian: J.H. Fehrs.- in: Hamburgischer Correspondent Nr. 634 14.12.1907 [637; 117. Jg. 1907 [Annonym erschienen < Boeck (1959) S. 48f vgl. Dohnke / Ruge (1983ff) 3.625 Anm. 26]

Boeck (1907) HambNachr

Boeck, Christian: [Rezension zu Maren].- in: Hamburgische Nachrichten 14.12.1907

Boeck (1907) NuS

Boeck, Christian: Das dichterische Schaffen.- in: Nord und Süd Eine deutsche Monatsschrift, Band 120 Heft 360 März 1907, S. 304-318

Boeck (1907f) MQu

Boeck, Christian: Die Bedeutung des Dichters Fehrs. In: Mitteilungen aus dem Quickborn (Hamburg) 1. Jg. (1907/1908) Nr. 4/5. Frühjahr 1908. S. 57-60.

Boeck (1908)

Boeck, Christian: Johann Hinrich Fehrs. Verlag Lühr & Dircks. Garding 1908

Boeck (1908) AltNachr

Boeck, Christian: Zum 70. Geburtstag: Joh. Hinr. Fehrs.- In: Altonaer Nachrichten 10.4.1908

Boeck (1908) Genoss

Boeck, Christian: Die Organisation des Scheck- und Überweisungsverkehrs in den Spar- und Darlehnskassen.- in: Deutsche landwirtschaftliche Genossenschaftspresse [Fachzeitschrift für das landwirtschaftliche Genossenschaftswesen, Organ des Reichsverbandes der deutschen landwirtschaftlichen Genossenschaften] 35. Jahrgang Nr. 20 (30.10.1908) S. 399-400

Boeck (1908) IllustrZ

Boeck, Christian: J.H. Fehrs.- in: Illustrierte Zeitung (Leipzig) 16.4.1908

Boeck (1909) SB

Boeck, Christian: [Rezension zu] Heinrich Zillen „Claus Harms' Leben in Briefen meist von ihm selber", [Schriften des Vereins für Schleswig-Holsteinische Kirchengeschichte I,4]. Kiel 1909 [Der Verweis bei Hoberg (1975) FS 12f müsste heißen Zillen]

Boeck (1909) Verband

Boeck, Christian: Die unbeschränkte Haftpflicht.- in: Verbandskundgabe. Organ des Bayerischen Landesverbandes landwirtschaftlicher Darlehenskassen-Vereine und sonstiger landwirtschaftlicher Genossenschaften 16. Jahrgang Nr. 15 (1909) 14. August 1909 S. 214-215

Boeck (1910) Deutsche Welt

Boeck, Christian: Antwort an Heinrich Driesmans „Wege zur Kultur„ in: Deutsche Welt [Wochenschrift der Deutschen Zeitung] 12. Jahrgang Nr. 23 Berlin 6. März 1910, S. 290-292

Boeck (1910) Gegenw

Boeck, Christian: Schopenhauer und das geniale Schaffen.- in: Die Gegenwart. Wochenschrift für Literatur, Kunst und öffentliches Leben [Hrsg. Hermann Hillger], Nr. 39 (21.9.1910) S. 759-763

Boeck (1911) Salon

Boeck, Christian: David Hume. Zur 200. Wiederkehr seines Geburtstages (26. April).- in: Salon-Feuilleton 19. Jg. Nr. 16 Berlin 18.4. 1911 S. 1-2

Boeck (1912) HambNachr

Boeck, Christian: Rezensionen „Ich glaube" und „Hellenisierung".- in: In Hamburger Nachrichten [Zeitschrift für Wissenschaft, Literatur und Kunst. Verantwortlich für die Redaktion Jacob Bödewadt] Nr. 49 [Sonntags-Ausgabe] 8.12.1912

Boeck (1913) Grenzboten

Boeck, Christian: Philosophie als Kunst.- in: Die Grenzboten [Zeitschrift für Politik, Literatur und Kunst Hrsg George Cleinow] 72. Jahrgang Nr. 51 (17.12.1913) S. 551-555

Boeck (1913) HambNachr

Boeck, Christian: Johann Hinrich Fehrs. Gesammelte Dichtungen.- in: In Hamburger Nachrichten [Zeitschrift für Wissenschaft, Literatur und Kunst] Nr. 50 14.12.1912

Boeck (1913) Reichsbote

Boeck, Christian: Johann Hinrich Fehrs. Zu seinem 75. Geburtstag.- in: Sonntagsblatt des Reichsboten (Berlin) Nr. 15 (13.4.1913) S. 551-555

Boeck (1916) MQu

Boeck, Christian: Johann Hinrich Fehrs. Rede gehalten am Grabe des Dichters am 20. August 1916.- in: Mitteilungen aus dem Quickborn (Hamburg) 10. Jahrgang 1916/1917 Nr. 1 S. 6-8 = HambNachr 27.8.1916

Boeck (1917) DeutKurier

Boeck, Christian: J.H. Fehrs und wir.- in: Deutscher Kurier (Berlin) 11.8.1917; Beilage ‚Niederdeutscher Kurier' 1. Jg. Nr. 3.

Boeck (1918)

Boeck, Christian: Johann Hinrich Fehrs; Mitgliedergabe der Fehrs-Gilde Fehrs-Gilde 1917 1917/18; Garding Lühr & Dircks 1918 [54 S. = Boeck (1908)]

Boeck (1919) NorddMonatsh

Boeck, Christian: J.H. Fehrs.- in: Noddeutsche Monatshefte (Hamburg) 1919, Nr. 5, S. 164-167

Boeck (1920)

Boeck, Christian: Schleiermachers vaterländisches Wirken 1806/1813.- Staatspolitischer Verlag GmbH Berlin 1920

Boeck (1920) Groth

Boeck, Christian: Klaus Groths Briefe an Leonhard Selle.- in: [Mit Edition der Briefe S. 418-420ff

Boeck (1922) SB

Boeck, Christian: Der Roman ‚Maren' in: Von Groth zu Fehrs. Wege zur niederdeutschen Kultur. Von der Fehrs-Gilde herausgegeben.-Braunschweig und Hamburg: Georg Westermann, 1922, S. 91-118

Boeck (1922) Geleitw

Boeck, Christian: Geleitw. von Christian Boeck-Bramfeld.- in: Die Schale: Gedichte; von Hans Anton Schütt. Titelzeichnung von Otto Larsen; Büsum (Holstein) 'Dithmarschen'-Verl. 1922; 47

Boeck (1923f) BdFG

Boeck, Christian: Niederdeutsche Aufgaben.- in: Blätter der Fehrs-Gilde. Nachrichten für ihre Mitglieder und Freunde. 1. Jg (1923/1924) Nr. 3, Juni 1924 [enthalten in Niederdeutsche Rundschau Nr. 26]

Boeck (1924) DeutVolkst

Boeck, Christian: Johann Hinrich Fehrs.- in: Das Deutsche Volkstum. Monatsschrift für das deutsche Geistesleben (Hamburg) 26. Jg. 1924 Nr. 5, S. 204-205

Boeck (1924) HambNachr

Boeck, Christian: Roman und Novelle bei Fehrs.- in: In Hamburger Nachrichten [Zeitschrift für Wissenschaft, Literatur und Kunst] 24.2.1924

Boeck (1924) KölnZeit

Boeck, Christian: Ein Dichter abseits.- in: Kölnische Zeitung Nr. 350. 17.5.1924. S. 1

Boeck (1924f) BdFG

Boeck, Christian: Bluncks 'Hein Hoyer'.- in: Blätter der Fehrs-Gilde 2 (1924f) S. 17-22

Boeck (1925)

Boeck, Christian: Kritische Selbsthilfe. Ein Wegweiser zur Bildung des literarischen Urteils [Zeit- und Streifragen Hrsg v. Dr. Hans Gerber].- Hanseatische Verlagsanstalt; Hamburg 1925

Boeck (1925) Nieders

Boeck, Christian: Die Bedeutung des Dichters Fehrs.- in; Niedersachsen (Bremen) 30. Jg. (1925) S. 532-533

Boeck (1925) SB

Boeck, Christian: Einleitung.- in: Fehrs-Gilde (Hrsg): Niederdeutsche Dichter und Denker. Eine Sammlung aus hochdeutschen Schriften niederdeutscher Schriftsteller 1700-1850; hrsg. von der Fehrs-Gilde. Braunschweig [u.a.] Westermann 1925, S. 9-33

Boeck (1925) Segeb

Boeck, Christian: Niedersachsens Dichter und Schriftsteller VIII. Johann Hinrich Fehrs.- in: Segeberger Kreis- und Tageblatt 14.8.1925 Unterhaltungsbeilage Nr. 33

Boeck (1925) TäglR

Boeck, Christian: Johann Hinrich Fehrs.- in: Tägliche Rundschau (Berlin) 45. Jg. Nr. 351 6.9.1925

Boeck (1926) LübGA

Boeck, Christian: Johann Hinrich Fehrs.- in: Lübecker General-Anzeiger. Beilage ‚De Wiespaal' Nr. 9, 1926 S. 38-39

Boeck (1926) NeulB

Boeck, Christian: Johann Hinrich Fehrs.- in: Neulandblatt (Eisenach) 12. Jg. 1926 Nr. 5/6 S. 65-66

Boeck (1927) LübGA

Boeck, Christian: Die Fehrs-Gilde.- in: Lübecker General-Anzeiger. Beilage ‚De Wiespaal' Nr. 8, 1927

Boeck (1928) SB

Boeck, Christian: Schlußwort.- in: Fehrs-Gilde [Hrsg.]:Was ist niederdeutsch? Beiträge zur niederdeutschen Stammeskunde. [Verlag der Fehrs-Gilde] Kiel 1928, S. 231-249

Boeck (1929) VuR

Boeck, Christian: Ein Dichter nordischer Art.- in: Volk und Rasse (München) 4. Jg. Nr. 2 (1929) 102-107

Boeck (1930) FrReuter

Boeck, Christian: Johann Hinrich Fehrs.- in: Fritz Reuter (Hamburg) 11. Jg. 1930 S. 3-4

Boeck (1930) Nieders

Boeck, Christian: Fehrs' Novelle ‚Ehler Schoof'.- in: Niedersachsen (Bremen) 35. Jg. 1930 Nr. 5, S. 250-253

Boeck (1933f) BdFG

Boeck, Christian: Das Wesen der Fehrs-Gilde.- in: Blätter der Fehrs-Gilde 11. Jg. (1933f) Nr. 33 S. 1-7

Boeck (1934)

Boeck, Christian (Hrg): Johann Hinrich Fehrs : eine Auswahl aus seinen Schriften; besorgt von Christian Boeck; Hamburg Meißner 1934; 46 S.

Boeck / Janssen (1934f)

Boeck, Christian / Janssen, Albrecht: Das unbekannte Niederdeutschland (Anthologie) un Plattdütsche Reden. [Niederdeutsche Buchgilde e.V.] Hamburg 1934/1935

Boeck (1935)

Boeck, Christian (Hrg.): Vorwort. In: Plattdütsche Reden rutgeben vun de Fehrs-Gill. Verlag der Fehrs-Gilde, Kiel 1935, S. 5-10

Boeck / Janssen (1935f) SB

Boeck, Christian / Janssen, Albrecht (Hrg.): Niederdeutsche Balladen [Gabe der Niederdeutschen Buchgilde im Buchjahr Niederdeutsche Buchgilde 1932 [5].] 1935/36 ‚2; Verl. Fehrs-Gilde Kiel 1936

Boeck (1935ff) NorddNachr

Boeck, Christian: Aus der Vergangenheit Wellingsbüttels.- in: Norddeutsche Nachrichten 1935ff – Beilage „Altonaer Tageblatt: Bramfeld-Poppenbütteler Zeitung" [Annonym und mit X erschienene Serie mit mindestens 19 Einzelbeiträgen, die jedoch nicht alle mit einer Nummer versehen sind und auch bisher nur von acht Abschnitte vorliegen; davon vier im Wellingsbütteler Torhaus mit Zuschreibung zu Christian Boeck] Alle Kopien auch aus Mikrofilmen der SUB-Hamburg.

Boeck (1938)

Boeck, Christian: Wellingsbütteler Urkunden I (1296 – 1574).- Christians Verlag Hamburg 1938

Boeck (1938) DeutAZ

Boeck, Christian: J.H. Fehrs.- in: Deutsche Allgemeine Zeitung 10.4.1938

Boeck (1938) FrGA

Boeck, Christian: Ein Dichter des Bauerntums. Zum 100. Geburtstag von J.H. Fehrs.- in: Frankfurter Generalanzeiger Nr. 84, 9./10.4.1938, S. 3-4

Boeck (1938) HambAnz

Boeck, Christian: 'Ich möchte gern im heutigen Sinn entstehen!'.- in: Hamburger Anzeiger 51. Jg. Nr. 83, 8.4.1938

Boeck (1938) HambLZ

Boeck, Christian: Fehrs als Erzieher.- in: Hamburger Lehrerzeitung 17. Jg. Nr. 2 16.4.1938 S. 43-45

Boeck (1938) MQu

Boeck, Christian: Fehrs' Lyrik.- in: Mitteilungen aus dem Quickborn (Hamburg) 31. Jg. 1938, Nr. 3, S. 76-78

Boeck (1938) SB

Boeck, Christian: Johann Hinrich Fehrs' Leben.- in: Katalog der Fehrsausstellung in der Hamburger Stadtbibliothek 1938

Boeck (1938) SH-TZ

Boeck, Christian: J.H. Fehrs – der Dichter der ‚Maren'. Zu seinem 100. Geburtstag am 10. April 1938.- in: Schleswig-Holstein ische Tageszeitung (Itzehoe) Nr. 84, 9./10.4.1938.

Boeck (1938) Türmer

Boeck, Christian: Johann Hinrich Fehrs.- in: Der Türmer Deutsche Monatshefte 40. Jg. 1938 S. 74

Boeck (1939) KuK

Boeck, Christian: Die Voraussetzungen des Kirchenbaus in Hamburg-Wellingsbüttel; in: Kunst und Kirche Bd. 16,4 (1939) 88-89

Boeck (1939) MfDG

Boeck, Christian: Johann Hinrich Fehrs.- in: Monatsschrift für das deutsche Geistesleben 41. Jg Febr. 1939 S. 96-100

Boeck (1939f) BdFG

Boeck, Christian: [Rezension] Johannes Speck, Johann Hinrich Fehrs.- in: Blätter der Fehrs-Gilde 17 (1939f) S. 10-11

Boeck (1940) JAV

Boeck, Christian: Spaziergang durch Wellingsbüttel 1806; in: Jahrbuch des Alstervereins 24 (1940) S. 33-41

Boeck (1941f) BdFG

Boeck, Christian: Der literarische Nachlaß Johann Hinrich Fehrs.- in: Blätter der Fehrs-Gilde 19. Jg. (1941/1942) Nr. 45 S. 1-9

Boeck (1941) NiederdWelt

Boeck, Christian: Johann Hinrich Fehrs.- in: Niederdeutsche Welt (Lübeck) 16. Jg. 1941, Nr. 10, S. 178 und 181

Boeck (1947)

Boeck, Christian: Kurzer Abriß der Geschichte Wellingsbüttels.- Otto Meissner Verlag, Hamburg 1947

Boeck (1947)

Boeck, Christian (Hrg): Dre Vertelln; Johann Hinrich Fehrs. [För den Text steit Christian Boeck, för de Rechtschrivung Gustav Jürgensen in] Schloss Bleckede a.d. Elbe Meissner 1947

Boeck (1948f) JAV

Boeck, Christian: 1848 in Schleswig-Holstein.-; in: Jahrbuch des Alstervereins 28 (1948/1949) S. 68-72

Boeck (1949a) BdFG

Boeck, Christian: Zum neuen Anfang.- in: Blätter der Fehrs-Gilde 20. Jg. (1949) Nr. 46 S. 1-2

Boeck (1949b) BdFG

Boeck, Christian: Die Wurzeln der Stämme.- in: Blätter der Fehrs-Gilde 20. Jg. (1949) Nr. 46 S. 6-13

Boeck (1951)

Boeck, Christian: Wellingsbütteler Urkunden Heft 2 1563-1699.- [Druck J.J. Augustin] Verlag der Fehrs-Gilde Hamburg 1951

Boeck (1951) SH

Boeck, Christian: Johann Hinrich Fehrs als Schleswig-Holsteiner.- in: Schleswig-Holstein (Flensburg) 1951, Oktober. S. 299-300

Boeck (1952) SB

Boeck, Christian: Aus den letzten drei Jahrhunderten; in: Sparmann, Friedrich / Jensen, Wilhelm (Hrg.): Chronik des Kirchspiels Bergstedt. Seine Kirche und seine Geschichte. Hamburg 1952, S. 56-05

Boeck (1954) SB

Boeck, Christian: [Zum Lebensbericht Bd. 2 ‚Unwegsame Zeiten' von H.F. Blunck 1952].- in: Die Freundesgabe 3 Heft 2 (1954) S. 20 [<- Scholz (1999) SB S. 157 (S. 160 Anm. 140)]

Boeck (1955) Moderspr

Boeck, Christian: Johann Hinrich Fehrs als Schleswig-Holsteiner.- in: Uns' Moderspraak. Bladd för plattdütsche Lüdd. 1955. April, S. 13

Boeck / Fehrs (1957)

Boeck, Christian / Fehrs, Karl C. (Hrsg): De Heiloh: Vertellen un Gedichten; von Johann Hinrich Fehrs. [Utsöcht hebbt düsse Vertellen un Gedichten ut dat Wark von Fehrs: Karl C. Fehrs un Christian Boeck]. Mit Biller von Wilhelm Petersen; Hamburg-Wellingsbüttel Verl. d. Fehrs-Gilde 1957

Boeck / Fehrs (1958)

Boeck, Christian / Fehrs, Karl C. (Hrsg): De hilli Beek : Vertellen un Gedichten; von Johann Hinrich Fehrs. [Utsöcht hebbt düsse Vertellen un Gedichten ut dat Wark von Fehrs: Karl C. Fehrs un Christian Boeck]. Mit Biller von Wilhelm Petersen; Hamburg-Wellingsbüttel Verl. d. Fehrs-Gilde 1958

Boeck (1958) NorddRundsch

Boeck, Christian: Wie steht es mit Joh. Hinrich Fehrs? Bericht eines der Berufensten über die Wirkung des dichterischen Wirkens.- in: Norddeutsche Rundschau (Itzehoe) 12.4.1958

Boeck (1959)

Boeck,Christian: Erinnerungen an Johann Hinrich Fehrs; Mit einem Frontispiz- Herausgegeben mit Hilfe der Evangelisch-lutherischen Kirchengemeinde Hamburg-Wellingsbüttel. Hamburg; Verlag der Fehrs-Gilde; 1959.

Boeck (1959f) MQu

Boeck, Christian: [Rez. zu] Lotte Foerste : Fehrs' künstlerische Leistung. Interpretation seiner plattdeutschen Erzählungen [1957].- in: Mitteilungen aus dem Quickborn (1959/60) S. 21-23

Boeck (1960) Heimatwoche

Boeck, Christian: Über die Geschichte Wellingsbüttel; in: Heimat-Woche Wellingsbüttel 3. bis 11. September 1960, S. 12-16

Boeck (1960) HannAZ

Boeck, Christian: Damals in der „Stumpfen Ecke".- in: Hannoversche Allgemeine Zeitung 10.3.1960 (= Boeck (1959) S. 16-20 = Artikel_zu_Boecks_Ehrungen.pdf S. 13)

Boeck (1961) DWelt

Boeck, Christian: „... die seligsten, die leisesten, die süßesten Laute" – Ist das Platt zum Streben verurteilt? Worte zu einer niederdeutschen Tagung.- in: „Die geistige Welt" 2.9.1961 Beilage zu „DIE WELT" (Nr. 304) (= in Goltz (1975) FS 13-17)

Boeck (1962) SB

Boeck, Christian: Festvortrag von Pastor i.R. Christian Boeck, Hamburg.- in: Stiftung F.V.S. zu Hamburg, Erinnerungsheft „Joost van den Vondel-Preise 1961 und 1962" [= Goltz (1975) FS, S. 44-51]

Boeck (1964) SB

Boeck, Christian:.- in: Almanach 1949-1964 [Hrsg v. d. Fehrs-Gilde], Verlag der Fehrs-Gilde, Hamburg-Wellingsbüttel 1964, S. 29-43.

Boeck (1966) SB

Boeck, Christian: Johann Hinrich Fehrs.- in: Uns' Moderspraak. Blatt för plattdütsche Lüüd. 1966, August, S. 29-30

Boeck (1967) Masch

Boeck, Christian: Die Zeit von Pastor Boeck (bis 1933). Historischer Teil (von Pastor Boeck verfaßt).- in: Seeler, Siegfried: Chronik der Kirchengemeinde Bramfeld 1907-1967; 1967 maschinenschriftlich; S. 1-31.

Boeck (1975) SB = Boeck (1962) SB

Boeck, Christian: Festvortrag von Pastor i.R. Christian Boeck, Hamburg.- in: Stiftung F.V.S. zu Hamburg, Erinnerungsheft „Joost van den Vondel-Preise 1961 und 1962" [= Goltz (1975) FS, S. 44-51]

Bräuninger (2015) Auskunft

Bräuninger, Michaela: Die Geschichte der Lutherkirchengemeinde Wellingsbüttel in den Jahren 1933 bis 1960. Eine Projektskizze.- in: Die Auskunft 35,2 (2015) S. 271- 283

Bräuninger (2016) eDiss

Bräuninger, Michaela: Kirchengemeinde im Werden? Die Kirchengemeinde Hamburg-Wellingsbüttel in den Jahren 1933-1975.- Dissertation zur Erlangung des Grades der Doktorin der Philosophie an der Fakultät für Geisteswissenschaften der Universität Hamburg im Promotionsfach Geschichte. Hamburg 2016 [http://ediss.sub.uni-hamburg.de/volltexte/2016/8024/pdf/Dissertation.pdf

Buff (1953) NDB

Buff, Walter, „Baumgarten, Otto", in: Neue Deutsche Biographie 1 (1953), S. 659-660 [Onlinefassung]; URL: http://www.deutsche-biographie.de/pnd118817841.html

Büttner (2008) SB

Büttner, Ursula: Wegweiser für ein Orientierung suchendes Volk? Die evangelische Kirche Hamburgs in der Nachkriegszeit; in: Hering / Mager (2008) SB, S. 279-295

Buss (2013) ZSHG

Buss, Hans-Jörg: Völkisches Christentum und Antisemitismus: Der Bund für Deutsche Kirche in Schleswig-Holstein.- in: Zeitschrift für Schleswig-Holsteinische Geschichte (2013) S. 1-43

Diebner (1994) SB

Diebner, Bernd Jörg: ‚Das Plattdeutsche hat Heimatrecht auch bei uns!' Zur Rolle des Niederdeutschen in der deutschsprachigen Presse Nordschleswigs während der NS-Zeit.- in: Dohnke / Hopster / Wirrer (1994) S. 441-492

Dietrich (2013) DWL

Dietrich ‚Eva: Die Johanneskirche in Hamm-Norden. Eine Kirche im Spannungsfeld zwischen Nationalsozialismus und "Bekennenden Christen "; in: Denkmalpflege in Westfalen-Lippe 19 (2013) Nr.2, S.74-83

Dohnke (1982)

Dohnke, Kay: Johann Hinrich Fehrs (1838-1916); Steinburger Jahrbuch Beihefte; Steinburger Hefte 4; Itzehoe Heimatverband für den Kreis Steinburg 1982;

Dohnke (1985) SB

Dohnke, Kay: „Hier ist wahrhaft deutsches, wahrhaft niederdeutsches Wesen." Ideologisierte Vermittlung niederdeutscher Literatur in Christian Boecks Arbeiten über J. H. Fehrs.- in: Michelsen, Friedrich W. / Spiekermann, Gerd (Hrsg): Dat en Spoor blifft. Ulf Bichel zum 60. Geburtstag am 9. April 1985. Göttingen: davids drucke (= Quickborn Bücher. Bd. 80/81) S. 87-100

Dohnke / Ruge (1986ff)

Dohnke, Kay / Ruge, Jürgen: Johann Hinrich Fehrs. Sämtliche Werke in zeitlicher Reihenfolge. Bd. 1 – 5.- Verlag der Fehrs-Gilde Hamburg 1986-1993

Dohnke / Ritter (1987)

Dohnke, Kay / Ritter, Alexander (Hrg): Johann Hinrich Fehrs – ein Erzähler der Provinz: : Studien zu Leben, Werk und Wirkung; Westholsteinische Verlagsanstalt Boysen & Co. 1987

Dohnke (1987) SB

Dohnke, Kay: Die kolportierte Klassikerlegende. Ein Literaturbericht zu J.H. Fehrs.- in: Dohnke / Ritter (1987) S. 261-283

Dohnke / Hopster / Wirrer (1994)

Dohnke, Kay / Hopster, Norbert / Wirrer, Jan (Hrg): Niederdeutsch im Nationalsozialismus. Studien zur Rolle regionaler Kultur im Faschismus.- Olms-Verlag, Hildesheim – Zürich – New York 1994

Dohnke (1994) AKENS

Dohnke, Kay: "Der Erste und der Letzte" Anmerkungen zum NSDAP-Agitator Hermann Oeser.- in AKENS Informationen Nr. 25 (1994) S. 53ff [online verfügbar unter http://www.akens.org/akens/texte/info/25/53.html]

Dohnke (1994) SB

Dohnke, Kay: „Plattdeutsch als Waffe im politischen Kampfe" Anmerkungen zur Verwendung des Niederdeutschen in nationalsozialistischer Agitation und Propaganda.- in: Dohnke / Hopster / Wirrer (1994) SB, S. 149-206

Dohnke (2001)

Dohnke, Kay: Nationalsozialismus in Norddeutschland. Ein Atlas. Europa-Verlag Hamburg / Wien 2001

Dreyer-Eimbcke (2000)

Dreyer-Eimbcke, Oswald: Geschichte der Kartographie: am Beispiel von Hamburg und Schleswig-Holstein; Oldenburg : KomRegis, 2004; 2. Aufl. 2007

Ehrke (1964) Moderspr

Ehreke, Hans: Christian Boeck.- in: Uns' Moderspraak Blatt för plattdütsche Lüüd Nr. 9 Septembermaand 1964, S. 33-34

Ellermeyer (1997) SB

Ellermeyer, Jürgen: Einst eine große Fabrik.- in: Museum der Arbeit, Katalog, Christians Hamburg 1997, S. 93-112

Endlich / Geyler-von Bernus / Rossié (2008)

Endlich, Stefani / Geyler-von Bernus, Monica / Rossié, Beate (Hrg.): Christenkreuz und Hakenkreuz. Kirchenbau und sakrale Kunst im Nationalsozialismus. Katalogbuch zur Ausstellung.- Metropol Verlag, Berlin 2008

Fehrs, Johann Hinrich (1922f) SB

Fehrs, Johann Hinrich: Gesammelte Dichtungen in sechs Bänden. Herausgegeben von Karl C. Fehrs und Christian Boeck. Braunschweig und Hamburg: Georg Westermann 1922/23

Fehrs, Johann Hinrich (1986ff)

Fehrs, Johann Hinrich: Sämtliche Werke in zeitlicher Reihenfolge. Hrsg. von Kay Dohnke und Jürgen Ruge; Bd. 1 (1986): Erzählungen und Novellen : 1870 – 1886; Bd. 2 (1987): Erzählungen und Novellen : 1887-1906; Bd. 3 (1991): Erzählungen und Roman : 1907 – 1916; Bd. 4.1 (1989): Vermischte Schriften 1870-1916; Bd. 4.2 (1988): Fragmente, Nachlaß; Bd. 5 (1993):Lyrik; Edition Fehrs-Gilde; Karl Wachholtz Verlag Neumünster

Fehrs-Gilde (1922) SB

Fehrs-Gilde (Erzählungen und Novellen : 1870-1886 Hrsg.): Von Groth zu Fehrs-Wege zur niederdeutschen Kultur-Braunschweig, Hamburg, Georg Westermann, 1922

Fehrs-Gilde (1925) SB

Fehrs-Gilde [Hrsg]: Niederdeutsche Dichter und Denker. Eine Sammlung aus hochdeutschen Schriften niederdeutscher Schriftsteller 1700-1850; hrsg. von der Fehrs-Gilde. [Mitgliedergabe der Fehrs-Gilde für 1925-1926; Einl.: Christian Boeck S. 9-33] Braunschweig [u.a.] Westermann 1925

Fehrs-Gilde (1928) SB

Fehrs-Gilde (Hrsg.): Was ist niederdeutsch? Beiträge zur Stammeskunde.- Verlag Fehrs-Gilde 1928

Fehrs-Gilde (1935) SB

Fehrs-Gilde (Hrg.): Plattdütsche Ręden rutgeben vun de Fehrs-Gill.- Verlag Fehrs-Gilde, Kiel 1935 (mit Vorwort von C. Boeck)

Fiege (1982)

Fiege, Hartwig: Geschichte Wellingsbüttels, Wachholtz Verlag Neumünster 1982

Foerste (1957)

Foerste, Lotte: Fehrs' künstlerische Leistung. Interpretationen seiner plattdeutschen Erzählungen [Niederdeutsche Studien Bd. 4].- Köln / Graz 1957

Foerste (1962)

Foerste, Lotte: Idee als Gestalt in Fehrsscher Kunst. Eine ästehtische Dichtungsbetrachtung.- Verlag der Fehrs-Gilde Hamburg 1962

Gailus (2008)

Gailus, Manfred (Hg.): Kirchliche Amtshilfe. Die Kirche und die Judenverfolgung im "Dritten Reich".-Göttingen, Vandenhoeck & Ruprecht 2008

Gailus (2012)

Gailus, Manfred: Völkisches Denken und Handeln bei den ‚Deutschen Christen'.- in: Puschner, Uwe / Vollnhals, Clemens (Hrg.): Die völkisch-religiöse Bewegung im Nationalsozialismus, Schriften des Hannah-Arendt-Instituts 47, Vandenhoeck & Ruprecht Göttingen 2012, S. 233-248

Gleßmer (1997) SB

Gleßmer, Uwe: Toleranz – eine Anfrage an die Themen pädagogischer und theologischer Ausbildung.- in: Toleranz im Verhältnis zischen Religion und Gesellschaft, Miriam Gillis Carlebach / Barbara Vogel (Hgg.), Beiträge zur 3. Carlebach Konferenz (26.-28. März 1996), Dölling & Galtz Verlag, Hamburg 1997, S. 141-158

Gleßmer / Gleßmer (2010) JAV

Gleßmer, Dagmar / Gleßmer Uwe: Bronzezeitliche Funde und die Lokalisierung des Hügelgrabs ‚Kriedenberg' in Wellingsbüttel.- in: Jahrbuch des Alstervereins 84 (2010) S. 147-192

Gleßmer (2016) JAV

Gleßmer, Uwe: Boeck, Westendarp und die Elfenbeinbleiche [in der Wald(ing)straße in Wellingsbüttel].- in: Jahrbuch des Alstervereins 90 (2016) S. 23-43

Gleßmer / Engler (2016)

Gleßmer, Uwe / Engler, Günther: Die Lutherkirche in Hamburg-Wellingsbüttel als Bau- und Kunstwerk der Architekten Bernhard Hopp und Rudolf Jäger. [Beitrag zum Hopp-und-Jäger-Projekt Nr. 4].- Books on Demand, Norderstedt 2016

Gleßmer / Jäger (2016a)

Gleßmer, Uwe / Jäger, Emmerich: Zur Entstehungsgeschichte der Gemeinde in Klein Borstel und der Kirche Maria-Magdalenen als Bau- und Kunstwerk der Architekten Hopp und Jäger mit dem Maler Hermann Junker.- Books on Demand, Norderstedt 2016

Gleßmer / Jäger (2016b)

Gleßmer, Uwe / Jäger, Emmerich: Projektbericht Nr. 1 zum Hopp-und-Jäger-Projekt. (Stand: März 2016).- Books on Demand, Norderstedt 2016

Gleßmer / Jäger / Hopp (2016)

Gleßmer, Uwe / Jäger, Emmerich / Hopp, Manuel: Zur Biografie von Bernhard Hopp.- BoD Norderstedt 2016 [in Druckvorbereitung]

Gleßmer / Lampe (2016)

Gleßmer, Uwe / Lampe, Alfred: Kirchgebäude in den Alsterdorfer Anstalten: Die Umgestaltungen der St. Nicolauskirche, Friedrich K. Lensch (1898-1976) und Deutungen des Altar-Wandbildes.- Books on Demand, Norderstedt [zweite, korrigierte und erweiterte Auflage] 2016

Goltz (1975) FS

Goltz, Ewald (Hrg.): Pastor Christian Boeck. 1875 – 1964.- Verlag der Fehrs-Gilde. Hamburg-Wellingsbüttel. 1975

Goltz (1987) SB

Goltz, Reinhard: "Moorgrund, Herr Fehrs" Ein Schriftsteller zwischen Hoch- und Niederdeutsche.-; in: Dohnke / Ritter (1987) SB S. 173-200

Grolle (1991) SB

Joist Grolle: "Deutsches Geschlechterbuch. Ahnenkult und Rassenwahn".- in: Peter Freimark, Alice Jankowski, Ina S. Lorenz (Hrsg.): Juden in Deutschland. Emanzipation, Integration, Verfolgung und Vernichtung, H. Christians, Hamburg 1991, S. 207-228

Grosse / Otte / Perels (2002) SB

Grosse, Heinrich / Otte, Hans / Perels, Joachim (Hrg): Neubeginn nach der NS-Herrschaft? Die hannoversche Landeskirche nach 1945. Lutherisches Verlagshaus Hannover 2002

Hering (1994) ZVHG

Hering, Rainer: Rezension zu Lokatis, Siegfried: Hanseatische Verlagsanstalt, politisches Buchmarketing im "Dritten Reich": Frankfurt a.M., Buchhändler-Vereinigung, 1992.- in: ZVHG Bd. 80 (1994) S. 263-264

Hering / Mager (2008) SB

Hering, Rainer / Mager, Inge (Hrg): Kirchliche Zeitgeschichte (20. Jahrhundert). Hamburgische Kirchengeschichte in Aufsätzen, Teil 5. Arbeiten zur Kirchengeschichte Hamburgs Herausgegeben von Rainer Hering · Maria Jepsen · Inge Mager · Johann Anselm Steiger · Joachim Stüben Band 26; Hamburg UP 2008

Herntrich (1935)

Herntrich, Volkmar: Neuheidentum und Christenglaube. Verlag C. Bertelsmann Gütersloh 1935

Hinsch (1926)

Hinsch, Joachim: Die Eidelstedter Chronik. Eine Ortsgeschichte nach amtlichem Material und mündlichen Ueberlieferungen (Mit 78 Bildern und 3 Plänen).- Druck und Verlag: C. Schönfeldt's Buchdruckerei Stellingen-Langenfelde Weihnachten 1926

Hipp (1990²)

Hipp, Hermann: Freie und Hansestadt Hamburg. Geschichte, Kultur und Stadtbaukunst an Elbe und Alster. DuMont Kunst-Reiseführer, DuMont Buchverlag Köln; 2. Auflage 1990

Hirsch / Hirsch (1992) SB

Hirsch, Helmut / Hirsch, Marianne: Stammte Margarethe Meyer-Schurz aus einer ursprünglich jüdischen Familie? Zur Problematik ihrer ersten Biographie. In: Ludger Heid, Joachim H. Knoll (Hrsg.): Deutsch- Jüdische Geschichte. Stuttgart, Bonn 1992, S. 85–106.

Hoberg (1975) FS

Hoberg, Martin: Christian Boeck der Pastor.- in: Goltz (1975) FS S. 10-13

Hoffmann (1949) BdFG

Hoffmann, Gustav: Ein Brief von Klaus Groth an Timm Kröger.- in: Blätter der Fehrs-Gilde 20. Jg. (1949) Nr. 46 S. 2-6

Hoffmann (1957)

Hoffmann, Gustav: Die Weltanschauung bei Johann Hinrich Fehrs [Sprache und Shrifttum; NF Reihe B].- Wachholtz, Neumünster 1957 [Zuerst erschienen als Manuskript „Gott und Natur bei Johann Hinrich Fehrs,,. Hamburg, Phil. Diss. vom 13. 1. 1953. XXIII, 252]

Hoffmann (1960) FS

Hoffmann, Gustav: An Christian Boeck.- in: Hoffmann / Jürgensen (1960) FS S. 11-17

Hoffmann / Jürgensen (1960) FS

Hoffmann, Gustav / Jürgensen, Gustav (Hrgg): Hart, warr nich mööd. Festschrift für Christian Boeck. Zum 85. Geburtstag am 10. März 1960. Verlag der Fehrs-Gilde Hamburg-Wellingsbüttel 1960

Hoffmann (2015) JAV

Hoffmann, Rainer: 1915 Das Alstertal im 2. Kriegsjahr – Hunger!.- in: Jahrbuch des Alstervereins 89 (2015) S. 9-34

Holm (1975) FS

Holm, Hans Henning: Ewiger Namenskummer.- in: Goltz (1975) FS Festschrift zum 100. Geburtstag 1975, S. 30-32

Hoppe / Wohlrab (2011)

Hoppe, Ulrike / Wohlrab, Gudrun: Hanburg-Bramfeld [Zeitsprünge].- Sutton Verlag Erfurt 2011

Hoppe / Rambatz / Zuschlag (2003)

Hoppe, Ulrike / Rambatz, Greta / Zuschlag, Hannelore: Zwischen Dorf und Stadt: Bramfeld und Steilshoop-zwölf Spaziergänge durch Geschichte und Gegenwart [Hrsg.vom Stadtteilarchiv Bramfeld].- VSA Verlag Hamburg 2003

Hopster / Wirrer (1994) SB

Hopster, Norbert / Wirrer, Jan: Tradition, Selbstinterpretation und Politik: Die Niederdeutsche Bewegung vor und nach 1933; in: Dohnke / Hopster / Wirrer (1994) SB S. 59-122

Irmisch (1960)

Irmisch, Rudolf: Geschichte der Stadt Itzehoe [Hrsg. von der Stadt Itzehoe]. Gruner & Sohn, Itzehoe 1960

Jensen (1952) SB

Jensen, Wilhelm: Die Pastoren des Kirchspiels Bergstedt; in: Sparmann, Friedrich / Jensen, Wilhelm (Hrg.): Chronik des Kirchspiels Bergstedt; 1952, S. 128-134

Jürgensen (1960) JAV

Jürgensen, Gustav: Unser Ehrenmitglied Christian Boeck; in: Jahrbuch des Alstervereins 1960, S. 13-14.

Jürgensen (1967) Masch

Jürgensen, Gustav: Chronik der Kirchengemeinde Bramfeld 1952-1962 (Rektor Jürgensen) = Michaelis (1967) Masch S. 59-70

Jürgensen (2013)

Jürgensen, Claus: Das Altonaer Bekenntnis vom 11. Januar 1933. [Schriften des Vereins für Schleswig-Holstein Kirchengeschichte, Band 56]. 2013

Kahl (1991)

Kahl, Heinrich (Hrg): 75 Jahre Fehrs-Gilde (1916-1991).- Verlag der Fehrs-Gilde Hamburg 1991

Kahl / König (1992) JAV

Kahl, Heinrich / König, Ernst: In Memoriam Christian Boeck.- in: Jahrbuch des Alstervereins 1992, S. 88-90.

Kautzsch (1939) KuK

Kautzsch, Martin: Die Kirchenbaumeister Bernhard Hopp und Rudolf Jäger.- in: Kunst und Kirche Bd. 16,4 (1939) S. 83-87

KG_Hamm (2006)

Evangelische Kirchengemeinde Hamm (Hrsg): Kirchbau in schwerer Zeit.- Hamm 2006

KG_Hamm (2013)

Evangelische Kirchengemeinde Hamm (Hrsg): Aus Hoffnung geschnitzt. Die Johanneskirche Hamm-Norden in Bildern und Gedanken.- Hamm 2013

KG _Wellingsbüttel (1987)

Ev.-Luth. Kirchengemeinde Wellingsbüttel (Hrsg): Festschrift 50 Jahre Lutherkirche Wellingsbüttel 1937-1987; Eigenverlag 1987

König (1989)

König, Ernst: Chronik der Kirchengemeinde Wellingsbüttel 1938-1988.- Hamburg 1989

Kosch (2001)

Kosch, Wilhelm / et. al. (Hrg): Deutsches Literaturlexikon. Das 20. Jahrhundert. Bd. 3; 2001

Köstlin (1994) SB

Köstlin, Konrad: Niederdeutsch und Nationalsozialismus. Bemerkungen zur Geschichte einer Beziehung.- in: Dohnke / Hopster / Wirrer (1994) S. 36-58

Krieger (2008)

Krieger, Martin: Arme und Ärzte, Kranken und Kassen : ländliche Gesundheitsversorgung und kranke Arme in der südlichen Rheinprovinz (1869-1930).- Steiner Verlag, Stuttgart 2008

Kropf (1938) SB

Kropf, Walter: Ein Steinkistengrab aus der Urgermanenzeit; in: Clasen, Armin / Rehders, Walter: Hummelsbüttel und Poppenbüttel; 1938, S. 53-50 (und Abbildung zwischen S. 145 u. 145)

Kropf (1951) SB

Kropf, Walter: Ein bronzezeitliches Steinkistengrab in Hamburg=Hummelsbüttel, in: Hammaburg Jg. 3 (Heft VII) 1951, S. 25-31 (und Tafel II b nach S. 102)

Kurtzrock (1868)

Kurtzrock, Carl Graf v.: Wellingsbüttel. Ein Jugendbild.- 2. verb. A. M. 1 Bildn. in Photographie. Wien 1868

Langhanke (2015) SB

Langhanke, Robert: Zur literarischen Wiedersichtbarmachung des Niederdeutschen im 19. Jahrhundert.- in: Langhanke, Robert (Hrg): Sprache, Literatur, Raum : Festgabe für Willy Diercks.- Verlag für Regionalgeschichte. Bielefeld 2015, S. 479-536

Lasch (1914)

Lasch, Agathe: Mittelniederdeutsche Grammatik. 1914

Lasch (1932) ZVHG

Lasch, Agathe: [Rezension] Was ist niederdeutsch? Beiträge zur Stammeskunde, Herausgegeben von der Fehrs-Gilde. Mit 5 Abbildungen und einer Karte. Verlag der Fehrs-Gilde. Kiel 1928.- in: Zeitschrift des Vereins für Hamburgische Geschichte Jg. 31 (1932) S. 210-213

Linck (2007) ISHZ

Linck, Stephan: „... wird die Judenfrage praktisch gelöst." Wie der Stormarner Propst seinen Pastor aus dem Amt trieb.- in: Informationen zur schleswigholsteinischen Zeitgeschichte (ISHZ), Nr. 48 (2007), 86-107

Linck (2008) SB

Linck, Stephan „...restlose Ausscheidung dieses Fremdkörpers", Das schleswigholsteinische Kirchenbuchwesen und die „Judenfrage".- in: Manfred Gailus, Hrsg., Kirchliche Amtshilfe.Die evangelischen Kirchen und die Judenverfolgung im ‚Dritten Reich', Göttingen 2008, 27-47

Linck (2011) AEA

Linck, Stephan: Die Geschichte des landeskirchlichen Archivwesens in Nordelbien.- in: Aus evangelischen Archiven 51 (2011) S. 75-104

Linck (2013ff)

Linck, Stephan: Neue Anfänge? Der Umgang der Evangelischen Kirche mit der NS-Vergangenheit und ihr Verhältnis zum Judentum. Die Landeskirchen in Nordelbien. Band 1: 1945 – 1965; Bd. 2 1965-1985.- Lutherische Verlagsanstalt Kiel 2013 u. 2016

Lindow (1991) SB

Lindow, Wolfgang: Grußwort zum 75. Gründungstag der Fehrs-Gilde.- in: Kahl (1991) S. 10-11

Lokatis (1992)

Lokatis, Siegfried: Hanseatische Verlagsanstalt: politisches Buchmarketing im "Dritten Reich"; 1992

Matthiessen (1935) Masch

Matthiessen, Gustav: Wellingsbüttel Heimatbuch. Kopie des handschriftlichen Originals von 1935

Meier (1984²)

Meier, Kurt: Der evangelische Kirchenkampf. Gesamtdarstellung in drei Bänden.- 2. Aufl. Nachdr. Vandenhoeck & Ruprecht (1976) VEB 1984

Michael (2008)

Michael, Hilde: Das Leben der Hamburger und Altonaer Juden unter dem Hakenkreuz; 2008

Michaelis (1967) Masch

Michaelis, Arnulf sen.: Chronik der Gesamt-Kirchengemeinde Hamburg-Bramfeld, 1907 – 1967 zusammengestellt von Pastor Arnulf Michaelis sen.; [<- (König, 1989) 27]

Michelsen (1991) SB

Michelsen, Friedrich Wilhelm: Der Fehrs-Gilde zum 75-jährigen Bestehen.- in: Kahl (1991) S. 7-10

Morisse (2013²)

Morisse, Heiko: Ausgrenzung und Verfolgung der Hamburger jüdischen Juristen im Nationalssozialismus. Bd. 1 Göttingen 2013

Naumann (1913)

Naumann, Friedrich: Das blaue Buch von Vaterland und Freiheit. Auszüge aus seinen Werken.- K.R. Langewiesche Königstein Taunus 1913

Neumann (2002) Masch

Neumann, Markus: Die Bedeutung der Terraingesellschaften für die Stadterweiterung unter Berücksichtigung der Alsterthal-Terrain-Aktien-Gesellschaft (ATAG) in Wellingsbüttel / vorgelegt von M.N.; Hamburg, Univ., FB Sozialwiss., Magisterarbeit masch., 2002

Nordelbisches Kirchenarchiv (2007) KG Wellingsbüttel

Nordelbisches Kirchenarchiv: Archiv der Kirchengemeinde Wellingsbüttel Stormarn. (erarbeitet von Frederic Zangel; verantwortlicher Archivar: Michael Kirschke) Kiel 2007

Oldekop (1908)

Oldekop, Henning: Topographie des Herzogtums Holstein, einschließlich des Kreis Herzogtum Lauenburg, Fürstentum Lübeck, Enklaven (8) der freien und Hansestadt Lübeck, Enklaven (4) der freien und Hanse-Stadt Hamburg. 2 Bde.; Kiel, Walter G. Mühlau , 1908

Overlack (2007)

Overlack, Victoria: Zwischen nationalem Aufbruch und Nischenexistenz. Evangelisches Leben in Hamburg 1933-1945. Forum Zeitgeschichte Bd. 18, Dölling und Galitz Verlag, München / Hamburg 2007

Perkowski (1982)

Perkowski, Manfred: Die Margarethenspende [Diakonisches Amt des Kirchenkreises Angeln] 1982

Pollmann (1982) TRE

Pollmann, Klaus Erich: Evangelisch-sozialer Kongreß. In: Theologische Realenzyklopädie 10 (1982), S. 645–650

Rackowitz / Baudissin (1993)

Rackowitz, Dorothee / Baudissin, Caspar von: 700 Jahre Wellingsbüttel 1296 – 1996.- Buss-Verlag Hamburg 1993

Rednak (1992)

Rednak, Dieter: Heinrich Christian Meyer (1797 – 1848) – genannt „Stockmeyer".Vom Handwerker zum Großindustriellen. Eine biedermeierliche Karriere; Lit, Hamburg 1992

Rednak (1994) NDB

Rednak, Dieter: „Meyer, Heinrich Adolph", in: Neue Deutsche Biographie 17 (1994), S. 294f. [Onlinefassung]; URL: http://www.deutsche-biographie.de/pnd117559237.html

Rehders (1974) JAV

Rehders, W.: Hart, warr nich möd! Erinnerung an Pastor Christian Boeck; in: Jahrbuch des Alstervereins 1974/75, S. 45 – 48

Reincke (1949) ZVHG

Reincke, Heinrich: Borstel vor der Stadt zugleich ein Beitrag zu den nordelbischen Besitzungen des Erzstiftes Hamburg-Bremen,. In: Zeitschrift des Vereins für Hamburgische Geschichte 40 (1949) S. 1-25

Reumann (1988) SB

Reumann, Klauspeter (Hrg.): Kirche und Nationalsozialismus. Beiträge zur Geschichte des Kirchenkampfes in der evangelischen Landeskirche Schleswig-Holstein s. Wachholtz Verlag Neumünster 1988

Ritter (1987) SB

Ritter, Alexander: Frauen auf der Suche nach ihrer Identität. Über die Beengtheit der literarischen Welt in J.H. Fehrs' niederdeutschem Roman ‚Maren'.- in: Dohnke / Ritter (1987) S. 221-230

Rüppel (2010) JAV

Rüppel, Uta: Die ATAG Holzbrücke über die Alster in Wellingsbüttel; in: Jahrbuch des Alstervereins (2010) S. 133-138 (online: http://resolver.sub.uni-hamburg.de/goobi/PPN637045238_0084).

Schindler (1960)

Schindler, Reinhard: Die Bodenaltertümer der Freien und Hansestadt Hamburg. Veröffentlichungen des Museums für Hamburgische Geschichte. Abteilung Bodendenkmalpflege. Bd. I, Hamburg 1960

Schmidt (2010)

Schmidt, Uwe:Hamburger Schulen im „Dritten Reich". Bd. 1 und 2. [Beiträge zur Geschichte Hamburgs Herausgegeben vom Verein für Hamburgische Geschichte. Band 64]. HUP 2010

Schneider (1974)

Schneider, Renate: Ur- und Frühgeschichte im Torhaus Wellingsbüttel; in: Jahrbuch des Alstervereins e. V. (ISSN 1432-1661), Bd. 53, 1974, S. 13-14

Scholz (1999)

Scholz, Kai-Uwe: Chamäleon oder Die vielen Gesichter des Hans Friedrich Blunck. Anpassungsstrategien eine prominenten NS-Kulturfunktionärs vor und nach 1945.- in: Fischer, Ludwig u.a. (Hrg): Dann waren die Sieger da. Studien zur literarischen Kultur in Hamburg 1945-1950 [Schriftenreihe der Hamburgischen Kulturstiftung; Bd. 7]. Dölling und Galitz Verlag Hamburg S. 131-167

Schreyer (1981)

Schreyer, Alf: Kirche in Stormarn. Geschichte eines Kirchenkreises und seiner Kirchengemeinden;-Hamburg. M + K Hansa. 1981

Schreyer (1987) SB

Schreyer, Alf: Vor fünfzig Jahren: Die Lutherkirche in Wellingsbüttel wurde erbaut. In: Ev.- Luth. Kirchengemeinde Wellingsbüttel: Festschrift 50 Jahre Lutherkirche Wellingsbüttel 1937-1987; S. 9-12 (= Stormarnspiegel 1987)

Schröder (2011) SB

Schröder, Ingrid: „... den sprachlichen Beobachtungen geschichtliche Darstellung geben" – die Germanistikprofessorin Agathe Lasch in: Rainer Nicolaysen: Das Hauptgebäude der Universität Hamburg als Gedächtnisort. Mit sieben Porträts in der NS-Zeit vertriebener Wissenschaftlerinnen und Wissenschaftler.- Hamburg University Press Hamburg 2011 [online: http://hup.sub.uni-hamburg.de/purl/HamburgUP_Nicolaysen_Hauptgebaeude]

Schröder / Biernatzki (1856)

Schröder, Johannes von / Biernatzki, Herm.: Topographie der Herzugthümer Holstein und Lauenburg, des Fürstenthums Lübeck und des Gebiets der freien und Hanse-Städte Hamburg und Lübeck. Zweite neu bearbeitete, durch die Topographie von Lauenburg vermehrte Auflage. Zweiter Band I – Z, Oldenburg (in Holstein); Verlag von C. Fränckel, Leipzig 1856.

Schütt (1922) SB

Die Schale: Gedichte; von Hans Anton Schütt. Titelzeichnung von Otto Larsen. Geleitw. von Christian Boeck-Bramfeld; 'Dithmarschen'-Verl. Büsum (Holstein) 1922

Schule Strenge (1984)

Schule Strenge (Hrg.): Ein Blick in die Schule Strenge 1934-1984.- (Druck wissPub Verlag GmbH, Horneburg) 1984

Schule Strenge (1996)

Schule Strenge Elternrat (Hrg.): Schule Strenge - 700 Jahre Wellingsbüttel; Hamburg (Vertrieb: Reuter und Klöckner) 1996

Schyga (2009)

Schyga, Peter: Kirche in der NS-Volksgemeinschaft. Selbstbehauptung, Anpassung und Selbstaufgabe. Die ev.-luth. Gemeinden in Goslar, der Reichsbauernstadt des Nationalsozialismus. Herausgegeben von Helmut Liersch im Auftrag des Propsteivorstandes Goslar. Lutherisches Verlagshaus Hannover 2009

Seeler (1932) NiederdKZ

Seeler, Siegfried: Der niederdeutsche Bauer in seiner Frömmigkeit.- in: Niederdeutsche Kirchenzeitung 2. Jg. (1932) S. 325-327

Seeler (1936)

Seeler, Siegfried: 1936 (Verweis im Zusammenhang Kirchbau in Fiege (1982) S. 119 Anm 368; (S. 143 steht Anm 368: „Siegfried Seeler, 1936 In: Sammlung Else Siefke, Mappe Kirche") n.v.

Seeler (1937) NorddNachr

Seeler, Siegfried: Die neue Kirche in Wellingsbüttel.- in: Norddeutsche Nachrichten 21.1.1937

Seeler (1938)

Seeler, Siegfried: Die Maria-Magdalenen-Kirche.- Borchers, Lauenburg (Elbe).-Lauenburg 1938

Seeler (1959)

Seeler, Siegfried:.Bramfeld. Chronik eines Stormarn-Dorfes.- Eigenverlag Hamburg-Bramfeld 1959

Seeler (1967) Masch

Seeler, Siegried: Chronik der Kirchengemeinde Bramfeld 1907-1967; maschinenschriftlich 1967

Seeler (1969)

Seeler, Siegfried: Lütau. Ein Kirchspiel in der Sadelbande (=Schriftenreihe des Heimatbund und Geschichtsvereins Herzogtum Lauenburg, Bd. 14) Selbstverlag Ratzeburg 1969

Seeler / Seeler (1988)

Seeler, Siegfried / Seeler, Ingrid: Bramfeld, Hellbrook, Steilshoop - Vom Dorf zum Stadtteil-Heinevetter Hamburg 1988 [überarbeitete und erweiterte Neuauflage von Seeler (1959)] [vgl. dazu online: http://de.wikipedia.org/wiki/Ingrid_Seeler]

Seeler (2002)

Seeler, Hans-Joachim: Sterley. Ein historischer Roman.- Schwanenverlag 2002

Sparmann (1963)

Sparmann, Friedrich: Links und rechts der Oberalster. Hamburger Heimatbücher. o.J. (1963?) (Verlag der Gesellschaft der Freunde...)

Specht (1920f) MQu

Specht, Otto: [Rezension] Hart, warr ni möd. Nedderdütsche Gedichten von Hans Fr. Blunck (Konrad Hanf, D.W.B.), Hamburg 1920. 59. Seiten. 7.50 M.- in: Mitteilungen aus dem Quickborn Jg. 14 (1920f) S. 41

Sprockhoff (1951) SB

Sprockhoff, Ernst: Der Grabhügel Kriedenberg von Hamburg=Wellingsbüttel, Hammaburg 3 (Heft VII), 1951, S. 25-31

Stormarn (1938)

Stormarn Der Lebensraum zwischen Hamburg und Lübeck. [Hrg. v. C. Bock von Wülfingen / Ludwig Frahm] Hamburg 1938

Strohm (2011)

Strohm, Christoph: Die Kirchen im Dritten Reich; Bundeszentrale für politische Bildung Schriftenreihe Bd. 1205; Bonn 2011

Suhr (1974) Masch

Suhr, Thorwald: Staatsexamensarbeit über Wellingsbüttel in sozial- und wirtschaftsgeographischer Sicht [nach: Fiege, 1982, Vorwort] 1974 n.v.

Töteberg (1987) SB

Töteberg, Michael: Propaganda für einen Dichter. Von der Jahrhundertwende bis zum Dritten Reich: Fehrs-Rezeption im Kontext von Heimatkunst und niederdeutscher Bewegung; in: Dohnke / Ritter (1987) S. 247-260

Töteberg (1994) SB

Töteberg, Michael: „Nedderdüütsch Volk op'n Weg" Die Vereinigung Niederdeutsch es Hamburg; in: Dohnke / Hopster / Wirrer (1994) S. 123-148

Ulrich (2015) SB

Ulrich, Gerhard: Vom Umgang mit einer schuldbeladenen Vergangenheit unter dem Vorbehalt des Urteil Gottes.- in: Kohlwage, Karl Ludwig / Kemper, Manfred / und Pörksen, Jens-Hinrich: ‚Was vor Gott recht ist' – Kirchenkampf und theologische Grundlegung für den Neuanfang der Kirche in Schleswig-Holstein nach 1945, Husum 2015, S.43-60

Ulrich (2016) Masch

Ulrich, Gerhard: Geschichte nimmt sich den Raum, den sie braucht. Ansprache zur Eröffnung der Ausstellung „Neue Anfänge? – Wie die Landeskirchen Nordelbiens mit ihrer NS-Vergangenheit umgingen" [29.1.2016 – online unter http://www.nordkirche.de/nordkirche/bischofsrat/landesbischof/texte/detail/nachricht/geschichte-nimmt-sich-den-raum-den-sie-braucht.html]

VomBruch (2000)

VomBruch, Rüdiger (Hrg): Friedrich Naumann in seiner Zeit.- deGruyter Berlin / NewYork 2000

Walters (1975) FS

Walters, Fritz: Zum Gedächtnis an Pastor Christian Boeck.- in: Goltz (1975) FS S. 18-20

Weihrauch (1930)

Weihrauch, G.: Das Tal der Oberalster als Erholungsgebiet. (Hrsg. von der Arbeitsgemeinschaft für Wiedererschließung des Alstertals). Hbg. Selbstverlag des Herausgebers, (ca. 1930).

Wiechers (1996)

Wiechers, Henning: Gründe für den Einsatz des Niederdeutschen als Kirchensprache bei Claus Harms (1778-1855).-Soltau : Dachverb. "Plattdüütsch in de Kark ", 1996.-60 S.: Ill.- (De Kennung; Beiheft; 5)

Wieprecht (2011) CD

Wieprecht, Werner: Chronik 1980-2009 des Ev-Luth Kirchenkreises Stormarn - Dokumente, Daten Zahlen.- Elektronische Version auf CD 2011

Wilhelmi (1939) BarmBote

Wilhelmi, Heinrich: Neue Kirchen in Hamburgs Umgebung: Die Lutherkirche in Wellingsbüttel.- in: Barmbeker Bote Jg. 30 (18. Juni 1939) S. 193-194, (9. Juli 1939) S. 216-217 und (16. Juli 1939) S. 225-226.

Wilhelmi (1968)

Wilhelmi, Heinrich: Die Hamburger Kirche in der nationalsozialistischen Zeit 1933-1945.- [Arbeiten zur Geschichte des Kirchenkampfes. Ergänzungsreihe Bd. 5]; Vandenhoeck und Ruprecht, Göttingen 1968

Wirrer (1994) SB

Wirrer, Jan: ‚Die Rassenseele ist des Volkes Sprache'. Sprache, Standarddeutsch, Niederdeutsch – Zum Sprachbegriff in der Diskussion um das Niederdeutsche während der nationalsozialistischen Diktatur.- in: Dohnke / Hopster / Wirrer (1994) S. 207-261

Wolf (2012)

Wolf, Rike: 111 Orte in Hamburg die man gesehen haben muss.- Hamburg 2012

Wölky (2006) Diss

Wölky, Guido: Roscher, Waitz, Bluntschli und Treitschke als Politikwissenschaftler. Spätblüte und Untergang eines klassischen Universitätsfaches in der zweiten Hälfte des 19. Jahrhunderts.- Dissertation, Universität Bochum 2006 [online http://www-brs.ub.ruhr-uni-bochum.de/netahtml/HSS/Diss/WoelkyGuido/diss.pdf]

Wollgast (1913)

Wolgast, Wilhelm: Hamburg und seine Rechte an der Oberalster. Hrsg. vom Verein Heimatschutz im Hamburger Staatsgebiet. Hbg. Selbstverlag des Vereins / In Komm. bei Boysen & Maasch, (1913). 36 TextS. Mit 8 Fototaf. OBrosch.

Wurm (2008) SB

Wurm, Johann Peter: Vom >Rohstoff< Kirchenbücher zum >Veredelungsprodukt< deutschblütiger Volksaufbau.- in: Gailus, Manfred (Hrg.): Kirchliche Amtshilfe. Die Kirche und die Judenverfolgung im >Dritten Reich<; Göttingen 2008

Zessin (1997)

Zessin, Sabine: Die Margarethenspende : eine Wohlfahrtseinrichtung in Schleswig-Holstein 1894 – 1940.- Wachholtz-Verlag, Neumünster 1997

Zillen (1909)

Zillen, Heinrich (Hrsg.): Claus Harms' Leben in Briefen, meist von ihm selber. Schriften des Vereins für Schleswig-Holstein ische Kirchengeschichte I,4. Kiel 1909

10 Anhang mit dokumentarischen Materialien

10.1 Gespräche mit G. Hoffmann (24. und 31.3.2014)

Vorbemerkung: Der Kontakt zwischen Gustav Hoffmann (GH) und Uwe Gleßmer (UG) ist freundlicherweise durch Frau Hella Ahrens zu Stande gekommen, die als jetzige Bewohnerin auf dem Areal Wald{ing}straße 39 (W39)möglicherweise auch Wissensträgerin über die Vorgeschichte des ehemaligen Wohnhauses von Pastor Christian Boeck (CB) hätte sein können. Sie verwies ihrerseits aber auf den viel besser informierten GH, der einerseits lange direkt im Hause mit CB gewohnt habe und der ihr andererseits über ihren verstorbenen Bruder, Peter-Volker Dorn, in lanjähriger freundschaftlicher Beziehung bekannt ist.

So konnte es zu einem ersten Gespräch kommen, bei dem sich beide Gesprächspartner erst einmal kurz bekannt gemacht haben und bei dem GH immer wieder die Möglichkeit zu weiteren Fragen eröffnet hat, zu denen wir aus zahlreichen sehr detaillierten Erinnerungen zurückgekommen sind. Die Notizen im Folgenden gehen an den Stichworten von UG entlang. Wie verabredet sind sie GH zur Ergänzung und Korrektur für das ins Auge gefasste nächste Gespräch vorgelegt worden. Dieses fand am 31.3.2014 statt und hat einige kleinere Korrekturen und Ergänzungen zu den aufgelisteten 14 Punkten sowie unten zu den in Nr. 15 gelisteten Fragen ergeben, die jetzt in diese zweite Version eingefügt sind.

1. Anknüpfungspunkt ist die Laudatio von GH für CB, bei der GH sagte:„Du hast mir gegenüber selten von Deiner Kindheit gesprochen, über der der Schatten des frühen Todes Deiner Eltern liegt. Dafür erzähltest Du gern von den letzten Jahren Deiner Schulzeit auf dem Gymnasium in Rendsburg." – Ob, wie von UG vermutet, GH über die Eltern nichts mitteilen kann (oder dem Willen des Geehrten entsprechend) auch nichts mitteilen möchte, antwortet GH, dass er tatsächlich nichts direkt weiß. Für die weitergehende Frage nach der Erziehung des verwaisten Jungen kann aber GH klären, dass eine Tante Äbtissin des Adligen Klosters Itzehoe war.

2. Die Gemeinsamkeit mit CB ergab sich für GH in der Zeit nach dem 2. Weltkrieg aus der Wohnsituation. (GH konnte am Ende des Krieges glücklicherweise als Kurier-Offizier nach Hamburg-Blankenese gelangen). Es waren weitgehend alle Häuser im Randbereich des zerstörten Hamburg mit Einquartierungen über die ursprünglichen Bewohner hinaus belegt. So war es einerseits in W39, andererseits auch ähnlich bei GH. Letzterer war mit seiner jungen Familie bei seinen Schwiegereltern in Klein Borstel Große Horst 27 untergebracht. Diese beengten Wohnsituationen führten in beiden Häusern zu dem Wunsch nach Veränderung. Als die Schwiegereltern 1949 eine Bramfelder Wohnung für die junge Familie von GH in Aussicht hatten, diese jedoch für das junge Einkommen zu teuer war, ist es zu einem Tausch gekommen, der dazu geführt hat, dass GH von CB in W39 aufgenommen wurde. Damit kam eine Situation zu Stande, in der ‚Onkel Boeck' für die Familie und GH zum älteren Vertrauten wurde. Seit dieser Zeit gab es in den sieben Jahren des gemeinsamen Wohnens auch täglich Gespräche zwischen CB und GH. GH wurde u.a. Mitarbeiter der Fehrs-Gilde (FG, dazu unten mehr). GH wurde von CB auch zum Erben seines literarischen Nachlasses eingesetzt. So ist das Schrifttum und die umfangreiche Bibliothek von CB nach dessen Tod 1964 an GH übergegangen. Als GH sich später entschied, nicht mehr aktiv im Vorstand der FG mitzuarbeiten, gingen die Schriftwechsel an die FG, sprich zuerst Frau Ulrich (danach wie bekannt ins Torhaus, dann an die Vorsitzende Frau Ehlers, Bordesholm). Die Bibliothek von GH mit dem Teil von CB ging später an die Adoptivtochter von GH und befindet sich bei dieser (im ehemaligen Elternhaus von GH im Hause in Klein Borstel, Am Stein 85. Dorthin waren seine Eltern vor dem Kirchbau 1938 gezogen, hatten aber trotz vorherigem Kirchen-vorstands-Engagement des Vaters in der Luther-Kirche, Bahrenfeld, in der Klein Borsteler

Kirchengemeinde keine Funktion übernommen. Diese nutzte zu Beginn den im Privathaus umgebauten‚Gemeindesaal' bei Teuchert in der Stübeheide).

3. Die Bibliothek von CB umfasste nicht nur Werke der FG und zur niederdeutschen Sprachforschung und –pflege, sondern war weitgefächert. CB hat sein umfangreiches Allgemeinwissen über Kulturen und Literaturen auch anderer Völker durch zahlreiche Volkshochschulkurse weitervermittelt. Diese fanden sowohl in der „alten Schule" (Rolfinckstraße 5) als auch im Privat-Salon bei CB in der Waldingstraße 39 statt – und wurden vornehmlich von einem relativ festen Kreis von alten Wellingsbüttelern besucht.

4. CB war als Vorsitzender der FG daran interessiert, einen neuen Weg der Verbreitung von entsprechender Literatur zu suchen. Bereits vor dem Krieg war die ‚Buch-Gilde' für einen zusätzlichen Vertriebsweg neben der FG als Verein gegündet worden. – Allerdings forderten die Verlage für die Lektorierung der Bücher beträchtliche Summen, so dass CB und das zusammen mit GH auf die Idee kamen, den ‚Verlag der Fehrs-Gilde' zu gründen. Das ist nach GH in der Zeit 1952/53 gewesen.

5. Zum theologischen Engagement von CB ist literarisch seine Beschäftigung mit den Predigten Schleiermachers 1919/20 bekannt. Dieser Autor hat in gewisser Weise prägend auf CB insofern gewirkt, dass CB seine Predigten auch immer sorgsam ausformuliert und handschriftlich niedergeschrieben hat. Ob diese auch im Boeck-Archiv aufbewahrt sind, ist GH nicht bekannt und scheint ihm unwahrscheinlich. Maschinenschriftliche Arbeiten hat Frau Ulrich durchgeführt. Sie war schon Sekretärin für CB, als GH 1949 ins Haus kam. Wieweit ihre Tätigkeit vorher – eventuell auch schon für die Gemeinde zurückreicht, dazu hat GH kein Wissen.

6. In einem Gesprächsgang ging es um die Kirchengemeinde – und das normalerweise sehr ruhig und ausgeglichene Verhalten CBs – insbesondere das-auch mit dem Ohr wegen des Gehörleidens –deutlich zugewandte Zuhören. Es gab jedoch, wenn auch ganz selten Zornesausbrüche von CB. GH erinnert sich über die Jahre an zwei bis drei derartige Situationen. Einer der Anlässe war Pastor Hoberg, der für CB eigentlich als Pastor nicht tragbar gewesen sei. Wie weit theologische Orientierung den Hintergrund abgegeben hat, ist dabei unklar. GH verweist auf den ‚Naumann-Kreis', der für CB irgendwie Bedeutung hatte. – GH erklärt am 31.3. den Sachverhalt weiter: Es geht einerseits um die Studienzeit und den gesellschaftlichen Neuanfang 1918/19, der durch den liberalen Zugang des Theologen Friedrich Naumann für CB prägend war. Aber auch nach 1945 sind es die sich als ‚Naumann-Kreis' sammelnden Liberalen, die dann in der FDP sich zusammenfinden. Die liberale Grundhaltung ist es, die GH als Kontinuum bei CB akzentuiert.

7. Der akademische Weg von GH ist durch CB wesentlich mitgeprägt worden. CB war nämlich von dem damaligen Germanistik-Professor Niekerken 1949 in die Hansische Universität eingeladen worden, um den Studierenden (darunter GH) das Werk von J.H. Fehrs zu präsentieren. Da eine Seminarstunde für tiefergehende Beschäftigung nicht ausreicht, hatte CB angeboten, ihn auch außerhalb privat zu kontaktieren. Woraus dann der Kontakt und schließlich die Dissertation „Natur und Religion bei Fehrs" von GH hervorging. (Die Beschäftigung mit Fehrs hat u.a. auch die Benennung der Tochter GHs nach der Roman-Titelfigur „Maren" nach sich gezogen).

8. Zum Wohnen in W39 erwähnt GH noch die damalige unbefestigte Pfützenstraße und den Tante-Emma-Laden „Grundsche"(?) an der Ecke Waldstraße/Fasanenhain. Er zeigt UG in seinen maschinenschriftlichen Memoiren für die Familie auch die Kopie eines Bildes von der Pforte von W39 mit den beiden Hunden. Es sieht dem „Winterbild" [bei E. König, Chronik der Kirchengemeinde Wellingsbüttel, 1989, Bildtafel XXX] sehr ähnlich – und stammt auch nach Einschätzung von GH aus den 1950er Jahren. Die Bezeichnung „Raute" für das Ornament auf dem Torpfosten erscheint GH angemessen. UG erwähnt die Bezeichnung bei König als „neue Pforte" und die alten Westendarp-Fotografien mit den

Hunden, aber ohne das Dekor. Zu dieser Veränderung hat GH jedoch keine Informationen. Der Charakter der großzügigen Villa mit dem Terassen-Umgang (aber auch der inzwischen veralteten Heißsituation) wird von GH geschildert. Die Frage von UG, ob von CB zum Erwerb des doch sehr umfangreichen Anwesens Informationen überliefert wurden, kann GH mitteilen, das Frau Ella Boeck, geb. Barbeck aus einer Erbschaft (Verwandtschaft im Bereich Kaltenkirchen / Neumünster) das nötige Kapital zum Kauf eingebracht habe.

9. Bei der Rückfrage nach den Ehrungen insbesondere dem Bundesverdienstkreuz zeigt sich, dass GH als wichtiger Akteur im Hintergrund gewirkt hat. Er hatte den Wunsch, eine öffentliche Ehrung für CB zu realisieren. Auf die Erkundigung beim Hamburger Kultursenator der FDP ergab sich, dass die Hansestadt Hamburg ja keine Orden verleiht. So wurde Kiel als früherer Sitz der FG und die Universität Kiel zu Ansprechpartnern. Über diese Kontakte wurde der Antrag gestellt. Dass dieser erfolgreich sein konnte, lag zum einen darin begründet, dass zum 85. Geburtstag GH und Gustav Jürgensen, die beide mit CB zusammen den Vorstand der FG bildeten, ganz heimlich und ohne Wissen von CB eine Festschrift veranstalten wollten. Die Vorbereitungen waren bereits soweit gediehen, dass ein Manuskript vorlag. Dieses konnte dem Antrag also schon beigefügt werden, so dass dieser schließlich positiv beschieden wurde. Unklar ist UG noch, um welches Jahr es sich handelt. Für das Bundesverdienstkreuz wird 1959 angegeben.– In welchem Kontext wurde das Bundesverdienstkreuz 1959 verliehen. Das Bild in der Festschrift S. 2 zeigt Boeck ja bereits mit dem Orden. – Die genauen zeitlichen Abfolgen sind GH nicht ohne Unterlagen erinnerlich (diese sind wahrscheinlich jetzt mit im Archiv der Fehrs-Gilde. – Von der Festschrift hatte ein Itzehoe Drucker einen einzelnen Prachtband mit Goldschnitt gefertigt.

10. UG hatte anfänglich missverstanden, dass es sich um zusammenhängende Vorgänge von 1959 und 1960 handelt. GH verweist jedenfalls mehrfach darauf, dass CB total überrascht war, wie dieser auch selbst bei der Feierstunde im Patriotischen Gebäude gesagt hat.

11. GH war damals im Vorstand der FG als Lektor tätig. – Er war mit einer Promotion über „Die Weltanschauung bei Johann Hinrich Fehrs" 1957 (nach anfänglichen Auseinadersetzungen in Hamburg unter Heranziehung von auswärtigen, Göttinger Gutachtern) promoviert worden. Insofern auch als Mitantragsteller für die Ehrungen wissenschaftlich ausgewiesener Spezialist. Besonders die Verwendung zur Verleihung der Kieler Universitätsmedaille sowie für die Lornsen-Kette des Schleswig-Holsteinischen Heimatbundes liegen in der Zeit nach 1957. – Anteil an dem zu Stand kommen dieser Ehrungen hat auch der ehemalige Landrat, der in den „Blättern der Fehrs-Gilde" erwähnt ist. [Im Nachgang kommt es am 31.3. zur gemeinsamen Rekonstruktion: Es handelte sich wohl um Dr. Wachs.]

12. GH ist von der Berufsausbildung her Gymnasiallehrer und musste nach dem Tod CBs 1964 im Blick auf den Lebensunterhalt seiner Familie eine Richtungsentscheidung treffen. Da der Arbeitsaufwand, den CB als Vorsitzender der FG und für den Verlag der Fehrs-Gilde in Vollzeit leisten konnte, von GH so nicht erbracht werden kann, kommt es zum Ausscheiden aus dem Vorstand der FG. Dort kommt es zu einer Neubesetzung: Es bleibt u.a. Gustav Jürgensen und kommt neu hinzu Herr Paul Plothe aus Wellingsbüttel.

13. Gustav Jürgensen war Boeck über viele Jahre bereits aus seiner Bramfelder Zeit bekannt. Dort war Jürgensen lange als Lehrer tätig und wohnte Anderheitsallee.

14. GH ist trotz seines Alters als Autor mit den beruflichen Themen verbunden und hat zusammen mit Peter-Alexander Möller 2013 ein Buch „Mut zur Erziehung" publiziert.

15. Notizen zu Fragen beim nächsten Treffen:

a. Darf UG ein Foto von Gustav Hoffmann machen oder hat er selbst eines, das er ggf. für spätere Veröffentlichung in Boeck-Biographie bereitstellen kann/möchte?

Das nebenstehende Handy-Foto darf UG so verwenden (WP_20140331_002.jpg).

Die Zusage von UG ein Foto von der Grabstätte CBs zu machen, das die KG Wellingsbüttel pflegen lassen wollte, kann er leider nicht einlösen. – Wie die Friedhofs-Verwaltung mitteilt, sei das Grab 2004 bereits aufgelöst worden.

b. Ist Ella Boeck auf dem Foto von der Konfirmation 1939 bei König zu sehen?

Nein. Ella Boeck ist nach Wissen von GH nicht in der KG in Erscheinung getreten. Wenn höchstens rückgezogen auf der Empore. Sie hatte anscheinend gar keinen Anteil an den Aktivitäten von CB. Wie die Ehe geführt wurde, ist auch für GH und seine Frau bei den sieben Jahren des Wohnens im selben Haus ein Rätsel geblieben. Sie hatte ihren eigenen Raum im Obergeschoss. Wie und womit sie den Tag verbrachte, ist unklar.

c. Datierung von CB-Fotos (u.a. mit Bundesverdienstkreuz; mit BVK und Lornsenkette und Medaille): 1960

d. Foto von Gustav Jürgensen: Es scheint am ehesten die einzige Person ohne Uniform gewesen zu sein. GH kann nicht erinnern, dass er Jürgensen in Uniform gesehen hätte. Er war seines Wissens nicht Mitglied der SA.

e. Kartenausschnitte und Fotos zu W39 und zur Elfenbeifabrik: Nach GH stimmt die Darstellung der preußischen Landesaufnahme 1937 auch für die Nachkriegssituation, die er 1949 kennengelernt hat. Die Elfenbeifabrik existiert damals nicht mehr.

f. Personen auf Fotos: Leider keine Identifizierungen durch GH

i. Grunsteinlegung des Pastorats Hoberg 1951

ii. Richtfest des Pastorats Hoberg 1951

iii. mehrere Konfirmationsbilder

iv. Fehrs-Eiche 1912 in Itzehoe: CB nicht eindeutig identifizierbar

v. 1938 Fehrs-Stein in Itzehoe mit Gauleiter Lohse: familiäre Beziehung Lohse zu Fehrs (Vater Lohse möglicherweise Taufpate?) ist GH nicht bekannt.

g. Gibt es bei GH eventuell weitere Fotos von CB und Zeitgenossen? Es sind keine Aufnahmen von CB bei GH vorhanden.

10.2 Louise (geb. Boeck): „Aus unseren Kindertagen"

Eggebek, 8.3.56

Lieber Christian!
Es ist denn so wie ich befürchtet habe, daß du krank bist. Eine Grippe kann oft sehr hartnäckig sein, aber wie Du schriebst hoffst Du bald damit zu recht zu kommen. So wünsche ich Dir gute Besserung. Vielleicht kannst Du zu Deinem Geburtstag auf sein, wenn auch nicht so viel Gratulanten kommen wie vor einem Jahr, so wird es wohl nicht ganz ohnedem abgehen.
Ich gratuliere herzlich zu Deinem Geburtstag, alles Gute wünsche ich Dir. In unserem Alter haben wir nicht mehr viel Wünsche, wenn wir nur gesund sind u. verschont von Altersgebrechen. Anbei sende ich Dir etwas zum Lesen, da ich annehme. daß Du wegen Deiner Krankheit noch nicht in voller Arbeit bist, wirst Du wohl ein Stündchen finden, es zu lesen. Vielleicht kommen Dir beim Lesen der Zeilen auch einige Erinnerungen an unsere Kindheit. Wird es Dir Freude machen? Ich bitte Dich, mich nicht allzulange auf ein Schreiben warten zu lassen. will ich doch auch gerne wissen, wie es Dir gesundheitlich geht. Mir hat es viel Freude gemacht dieses zu schreiben.
Wie gut, daß die große Kälte vorbei ist, aber es ist sonderbar, ich habe mich selber so wohl gefühlt, als wie der viele Schnee lag u. es so kalt war. So haben sich jetzt wieder so kleine Beschwerden eingestellt, doch führe ich das zurück auf zu schwere Kost sowie Grünkohl mit Brat- kartoffeln oder Erbsensuppe, es hat mir so gut geschmeckt, habe auch einen guten Appetiet. Aber nun gibt es das nicht mehr, an einem Tag in der Woche gar kein Mittagessen u. sonst leichter Kost, dann soll es schon wieder zurecht kommen. Vor einigen Tagen hatte ich einen Brief [Rückseite] aus Heiligenstedten. Frieda u. Otto laden mich wieder ein, sie im Frühjar[!] zu besuchen. So bei mir habe ich in stillen geplant, so Gott will u. ich gesund bleibe, ende Juni hin zu fahren, es wäre wohl das letzte Mal. Es ist noch lange hin, aber vielleicht hättest Du auch Lust u. könnten wir uns dort treffen.
Hast Du mal von Adolf gehört? Sein Peter hat sein Abitur bestanden, ich erfuhr es über Heiligst. Die Sache mit dem Bookring war so halb u. halb Scherz, aber ich sah Deinen Namen schon wieder mal in der Zeitung.
An Ella bitte herzliche Grüße, auch ihr wünsche ich gute Gesundheit. Verlebt den Geburtstag nett, mit meinen Gedanken werde ich bei Euch sein. Viele liebe Grüße sendet Dir
    Deine Schwester Louise

[1] Aus unseren Kinderzeiten
In nachfolgenden will ich etwas aus meiner früheren Kindheit erzählen. Zurückdenken kann ich wohl bis ins 5. Lebensjahr, den Schmerz, die Mutter zu verlieren haben wir nicht kennen gelernt. Wie sie von uns ging war mein Bruder 2 ½ und ich 1 ¼ Jahre alt. Wir fanden eine so gute Mutter wieder in Vaters Schwester, unseren lieben Mutter Ohland, die wir nicht anders als Mutter gekannt haben. Sie hat mit großer Liebe und Treue uns umsorgt. Ebenfalls ihre Tochter Maria, die wir nicht aus unserer Kindheit wegdenken können u. haben wir sie auch nur als unsere große Schwester betrachtet. Maria hat mir später oft erzählt, daß sie mich schon als kleines Kind Spazieren gefahren hat.
Von unserem Vater habe ich noch einiges in Erinnerung. Eines Morgens ging er mit mir zum impfen, das war für mich schmerzlich, ich wurde so spät geimpft weil ich kränklich war. Ganz dunkel erinnere ich mich, daß mein Bruder u. ich zum Kinder- gottesdienst gingen, bei Pastor Thausen (?), der im 2 [.] Pastorat wohnte. Hatten wir gut aufgesagt, bekamen wir ein kleines Blättchen mit einen Spruch. Wurde dies Blättchen, in rot, grün oder blauer Farbe, angehaucht, dann bewegte es sich, das war so schön, lesen konnte ich noch nicht.
An eine\r/ Ausfahrt mit unserem Vater erinnere ich mich: Es war Kaiser- manöver u. wir sollten den Kaiser sehen.Maria hat mir später davon erzählt, ich hätte mich so sehr zu dieser Fahrt

gefreut, wäre aber schon nach nicht allzulanger Zeit in ihrem Arm eingeschlafen. Also, den Kaiser sah ich nicht, aber diese Ausfahrt mit unserem Vater war jedenfalls herrlich.

[2] Eine besondere Freude für mich war es wenn ich, während mein Vater frühstückte, bei ihm saß, ich durfte dann mal abbeißen u. von dem einfachen Braunbier trinken. Mein Bruder ging schon zur Schule.

Schon länger hatten mein Bruder und ich uns überlegt, daß wir, da wir schon sehr groß wären, den „Papa" fragen wollten ob wir nicht auch Vater sagen dürften wie andere Kinder im Dorf. So faßten wir beide uns ein Herz und gingen Hand in Hand zu unserem Vater. Er stand am Fenster auf der Hausdiele, links von der Tür. Wir fragten: „Papa, wir sind schon so groß, dürfen wir nun Vater sagen?" Unser Vater strich uns übers Haar, lächelte u. sagte: „gerne dürft ihr Vater sagen". Wir waren darauf sehr stolz.

Es kam das Kinderfest. Ich durfte, obgleich ich noch nicht in die Schule ging, den Umzug der Kinder durch das Dorf mitmachen. Viel weiß ich nicht davon, aber wie wir zurück über die Brücke kamen, setzte die Musik bei unserem Hause ein. Vater stand vor der Tür, ach, ich war so stolz, fühlte mich schon so groß. In der Hand trug ich einen kleinen, schwarz seidenen Sonnenschirm mit Fransen, an der Spitze war ein Ring von Elfenbein, wenn ich ihn trug. Der Schirm stammte wohl von den Baronessen vom Schloß. Ich fand, es hatte wohl niemand solch schönen Schirm. Im Herbst war Hochwasser, es stürmte sehr, das Wasser der Stör kam an- gebraust; es brachte allerlei Holz u. sonstige Sachen mit, auch Äpfel. Vater stand mit meinem Bruder und mir auf den Treppenstufen vor unserem Haus. Das Wasser ging bis an die Stufen, auch die Brücke war überflutet.

Es kam Weihnachten 1881 woran ich öfter in der Weihnachtszeit zurück denke. Maria stand mit uns oben auf dem Flur, sicher waren Vater u. Johannis auch dabei. Die Haustür geht auf, unser Vater empfing den an- kommenden mit den Worten: „guten Abend, lieber Weihnachtsmann," beide stapften durch die Gaststube nach der sogenannte großen Stube,

[3] Ich zitterte wie Espenlaub, nach einer Weile kamen sie wieder u. Vater sagte beim Abschied: „dann kommen wir im nächsten Jahr wieder, lieber Weihnachtsmann". Bald darauf klingelt es, wir stürzten hinunter, wenn Maria mich nicht so fest gehalten hätte, ich wäre wohl kopfüber hinunter gekommen, des strahlenden Baumes kann ich mich erinnern, von anderen weiß ich nichts.

Der Winter muß sehr strenge gewesen sein, die Stör war ganz zuge- froren. Die Itzehoer kamen mit Pferd und Schlitten über das Eis. Vater hatte einen Steg gebaut, damit die Leute an Land kommen konnten. Der Steg war am Außendeich bei der Kirche. Ich sehe noch wie Vater behilflich ist, daß die Leute an Land kommen. Bei unserem Haus waren die Stuben voll Menschen, die haben sich sicher an Mutters gute(n) Kaffee gelabt. Unsere Maria lief eilig zwischen den Gästen herum.

Daß unser Vater bei aller Liebe auch strenge sein konnte, mußte ich mal erfahren. Es gab zum Mittagessen Frikadellen, die ich sehr gerne mochte. Da konnte ich es denn wohl nicht abwarten bis ich eine bekam und nahm mir mit den Fingern eine von der Platte, da nahm Vater mich unter den Arm u. ging mit mir zur Schlafstube, dort hing hinter dem Spiegel die Ruthe, verziert mit roter Schleife, die habe ich dann statt der Frikadelle zu kosten bekommen. Ob Mutter mir hinterher doch noch eine gegeben hat? Ich möchte es glauben. Auch mein Bruder hatte mal Schläge bekommen, das schmerzte mich sehr. So saß ich bitterlich weinend in der kl. Stube, ich hatte mich in meinem Schmerz hinter den Gardinen der Gaststube verkrochen. Es dauert nicht allzu lange, da kommt mein Bruder herein, sieht mich dar??? nend sitzen und fragt: „Hast du auch was gekriegt?" Ich war über- glücklich, daß mein lieber Bruder nicht von Schmerz zergangen war.

[4] Im Frühjahr hatten wir Besuch von unserem Onkel Edmund, er ging oft mit uns spazieren, meistens auf den Sandweg, ein großer Hund begleitete uns. Bei einem solchen Spaziergang viel (!) unser Onkel, wie er sagte über den Hund. Es muß eine andere Ursache gewesen sein denn Mutter wurde sehr böse u. wir durften nicht mehr mit ihm gehen.

Vater lag schon krank zu Bett. Es kam das Pfingstfest, mein Bruder u. ich wurden fein angezogen, zwar weiß ich nicht wie schön mein Bruder war, sicher habe ich mich zu sehr für meine kl. Person interessiert. Ich hatte ein mattgrün, kariertes Kleid an, ein Gürtel von schwarzen Sammetband mit Schleife, kl. Puffärmeln u. am Hals weit ausgeschnitten, dazu Knopfstiefel mit Lackspitzen, das schönste war der große \weiße garbadiner? Hut, mit scharzem Sammetband mit langer Schleife. Maria ging mit uns hinein zu unserem Vater. Sehr gut besinne ich mich auf die traurigen Augen vom Vater, ich war wohl enttäuscht, hatte sicher erwartet, daß Vater sich sehr freuen würde, wie er uns in den Pfingststaat sah. Ach du liebes Kindergemüt, was weißt du von Herzeleid u. Weltenschmerz.

Am 18. Juni ist unser Vater heimgegangen. Mutter weckte uns in der Nacht u. sagte: „Nun ist der Vater beim lieben Gott", Maria fing sehr an zu weinen, ich aber sagte: „warum weinst du denn? Wenn Vater beim lieben Gott ist, so macht der ihn gesund u. kommt er bald wieder." Hatten wir bein unseren Abendgebet doch den lieben Gott gebeten, daß er Vater wieder gesund mache. Von der Beerdigung weiß ich noch daß der Sarg auf der Hausdiete stand, nachdem war die große Stube voller Leute, die tranken Kaffee, das kam mir so sonderbar vor. Mit Mutter u. den Verwandten saßen wir in der guten Stube, ich saß auf dem Schoß einer Tante, jedenfalls einer Schwester vom Vater. Dann höre ich die Worte von einen Onkel: „ja Sophie, dat mut han (?), dat geit ok (?), Sophie." Da ist denn wohl berat- schlagt worden wie Mutter es nun machen sollte, wenn doch

[5] ihre 3 Kinder wofür sie zu sorgen u. wir beide dazu. Eine Woche darauf war Kinderfest. Da ist dann unsere liebe Maria mit uns beiden an der Hand morgens um 7 Uhr nach Itzehoe ge- gangen, wir sollten doch nichts von dem Fest haben. Da besuchten wir zunächst die Tanten, dann ging Maria mit uns nach Frau Denkel (?). Dort tranken wir Brause, aßen unser Brot u. Kuchen dazu. Wie mag Maria das alles schwer gewesen sein, liebte sie unsern Vater doch auch sehr, sie selbst hatte Ihren Vater 2 Jahre vorher ver- loren, war sie doch erst 16 Jahre alt. Doch, das Leben geht weiter.

Mein Bruder u. ich mußten oft helfen beim Kaffee brennen, es war eine runde Trommel auf den Herd, die mußten wir ab- wechselnd rehen (?). Mutter paßte auf, wenn der Kaffee bald fertig war kam ein kl. Stück Butter zu den Bohnen, dadurch wurden sie glänzen, das war für uns eine langweilige Arbeit. Mein Bruder spielte mit seinen Kameraden öfter „Räuber", das ging dann bis nach dem Gehölz, mich konnten sie dabei nicht gebrauchen. Da ich aber keine solche Gespielin hatte bin ich hinterher gerannt bis Julianka(?). Die Jungens waren entsetzt wenn sie mich sahen, nahmen mich aber doch mit.

So kam das Weihnachstfest 1882, unser Vater war (?) nicht mehr, so feierten wir in Mutters kl. Stube. Mein Bruder bekam ein paar lange Stiefel, die standen unter dem Stuhl beim Ofen. Ich hatte schon.ein paar Wochen vor Weihnachten meine Puppe, die wohl eine Verschönerung nötig hatte in die beste Stube gelegt, damit der Weihnachtsmann sie abhole. Jeden Morgen ging ich hinein, immer lag die Puppe noch da, aber dann eines morgens, die Puppe war weg, diese Aufregung! Ich fand sie dann wieder unter dem Tannen- baum, heil u. mit einem neuen Kleid aus grün blau schillern- dem Seide, das war eine große Freude.

[6] Viel Freude machte es uns wenn in den Sommerferien die Enkelkinder von unsern Nachbarn Herrn Dagbyen (?) aus Hamburg kamen. Da die Groß- eltern nicht genug Platz hatten, schliefen die Jungens, es waren wohl 3, bei uns im Haus. Da wurde dann des abends, wenn wir nach oben geschickt waren, um in's Bett zu gehen, allerlei Unfug getrieben. Mutter u. Maria hatten oft nicht die Zeit, dann noch viel auf uns zu achten. Hatten wir aber zu laut getobt u. Maria erwischte uns, dann ging es Holter gepolter ins Bett u. aus war die Freud. Einmal hatte Nick Dagbyen (?) mir die Haare voll Pomade geschmiert, so daß der kl. Zopf fast abstand. Da war Maria wohl böse hatte sie doch die Arbeit den Kopf sauber zu bekommen.Aber es roch so gut. Wie schön waren die kl. Ausflüge nach dem Gehölz. Mitten im Wald stand ein kl. Lusthäuschen, davor war ein kl. See, es war so geheimnißvoll, dann bei den alten Turm, wo wir oft spielten, es lagen dort so viel bunte Glasscherben wo wir gerne

hindurch sahen. Im Frühja [!] wuchsen dort so viel Annemonen u. Waldmeister, „Möschen" genannt, unsere Mutter freute sich, wenn wir ihr einen Straus mitbrachten.
Sehr interessant war es bei der Brücke u. an der Stör. Wenn ein Schiffer durch die Brücke wollte u. tutete, dann liefen wir u. waren oft vor „Paul Maaß" im Brückenhaus um Drehen zu helfen. Wenn wir dann auch noch den langen Stab mit den Beutel dann in die Hand bekamen um das Geld vom Schiffer zu holen, dann war unsere Freude groß. Einst war die Brücke von einem großen Schiff entzwei gefahren u. wurde für den Verkehr gesperrt. Die Leute wurden mit einem Boot hin u. her ge- fahren, die besorgte ein alter Schiffer „Vadder Braasch (?) 85 Jahre alt." Wenn er mich denn mal am Gitter stehen sah u. sein Boot war leer dann sagte er: Komm Luise, kanns mit fahrn" Das ließ ich mir nicht 2x sagen, flink war ich drin im Boot, durfte wohl auch mal rudern, das war denn zu schön.
So habe ich denn später, wenn ein großes Schiff die Brücke passieren wollte, gewünscht, es möge die Brücke ganz entzwei fahren, aber sie steuerten
[7] nicht falsch u. trieben richtig durch. Einst wurde großer Besuch erwartet, Onkel Christian aus Rendsburg wollte mit seiner Braut kommen, es war große Aufregung. Leider lagen mein Bruder u. ich krank, wir hatten die Masern, das Zimmer war verdunkelt. Da hören wir den Besuch die Treppe herauf kommen, ich besonders voller Erwartung auf die Braut. Onkel kommt mit seiner Braut herein, aber diese Enttäuschung, die Braut hatte keinen Schleier über, das war für mich keine Braut. Wir bekamen allerlei Süßigkeiten auf den Tisch gelegt. Kaum war der Besuch zur Tür hinaus, wir aus den Betten um zu sehen, was da für schöne Sachen lagen. Sehr gerne erinnere ich mich der Besuche bei unserer Großtante „Guste", sie war Kammerfrau bei der Prinzessin in Itzehoe. Diese Besuche waren etwas ganz besonderes. Wie wir noch kleiner waren brachte Maria uns hin, machte dann ihre Besorgungen u. holte uns wieder ab. Es kam vor, daß Hoheit uns sehen wollte, dann ging die Tante mit uns hinauf, ganz feierlich war mir ums Herz. Tante hatte mir einen Hofknicks gelehrt, einen Schritt vor, einen zurück, mein Bruder machte eine tiefe Verbeugung. Nachdem Hoheit ein paar Worte mit uns gesprochen hatte, wurden wir entlassen, bekamen öfter mal eine Süßigspeise. Wir waren wieder mal bei Tante Guste, Hoheit wollte ausfahren, vor der Tür hielt schon der Wagen, der Kutscher hatte einen Federbusch auf seinem Hut, ebenfalls der Lakai, der an der Tür stand, die Treppe vor der Haustür war mit einem roten Läufer belegt. Wir standen am Fenster von Tante's Zimmer, hatten wohl so ziemlich die Nasen an die Scheiben gedrückt um die Abfahrt zu sehen. Weil die Fenster so hoch waren, war ein Podium gebaut, darauf stand ein Nähtisch u. Stuhl, darauf standen wir auch. Die Tante war nicht da, sie waltete ihres Amtes. Plötzlich geht die Tür auf, Hoheit kommt herein u. begrüßt uns mit den Worten: „Da seid ihr, ja, ihr lieben Kinder" Wir vom Podium herunter, ich reiße noch den Stuhl mit, der polternd
[8] hinter her kam u. begrüßten Hoheit.
An einem winterlichen Spaziergang mit Maria erinnere ich mich noch gut, es war am 1. Dez. – in welchem Jahr weiß ich nicht. Maria ging mit uns nach Itzehoe, eine Tante, Greten Ohland, hatte Geburtstag. Es lag hoher Schnee u. war sehr kalt. Wie wir zurück gingen war heller Mondschein, das Sonderbare für mich war, daß der Mond mit uns ging, das konnte ich nicht begreifen. Maria hat es uns denn erklärt u. auch noch einige Sterne bei Namen genannt.
Doch dann kam ein Tag, der für uns beide gleich schmerzlich war. Mein Bruder sollte zu unsern Onkel nach Rendsburg, um dort das Gymna- sium zu besuchen, es war um die Osterzeit 1885. So stand denn mein Bruder eines morgens reisefertig da u. es hieß Abschied nehmen. Dieser Augenblick hat sich bei mir so eingeprägt, daß mir heute noch fast die Tränen kommen, wenn ich daran denke. Aber auch für meinen Bruder war es schwer, verließ er doch das liebe Elternhaus u. sollte sich an eine ganz neue Umgebung gewöhnen, dazu die neue Schule. Aber wie herrlich war es, wenn mein Bruder in den Ferien nach Haus kam u. wie mag er sich auf sein liebes Heiligenstedten gefreut haben. Ich stand dann wohl schon fast eine Stunde vor Ankunft des Zuges in Itzehoe auf dem Bahnsteig u. wie glücklich war ich, wenn der Zug sich näherte u. mein Bruder winkte schon mit seiner farbigen Mütze aus dem Fenster.

Mein Bruder hat auch versucht mir etwas von seiner Gelehr- samkeit bei zu bringen, so sollte ich Latein lernen, amo ich liebe, amamus wir lieben u.s.w. Aber die gute Mutter meinte, ich solle lieber den Strumpf fertig stricken, als Latein zu lernen.Sie hat bestimmt recht gehabt. So gingen denn unsere Briefe hin u. her.
Es kam vor, daß mein Bruder mir einen Brief zurück schickte, es waren darin die Fehler angestrichen. Dieses kostete zwar einige Tränen von mir, aber später war ich ihm dankbar.
[9] Ich war dann auch hin u. wieder in den Ferien in Rendsburg, bei meinen Onkel. So auch Weihnachten im Jahr 1887. Am 4. Januar sollte ich zurück, Maria sollte mich abholen. Doch sie schrieb, daß sie nicht kommen könne, so bin ich denn allein gereißt. Kurz nach Mittag kam ich zu Hause an, Mutter hatte für mich eine Malzeit Grünkohl zurück gestellt, ich sitze in Mutters kleiner Stube u. laß es mit gut schmecken. Da kommt Maria herein, setzt sich zu mir u. sagt: „Luise, ich muß dir etwas erzählen, ich feier heute Verlobung". Mir fällt die Gabel zur Erde. Wie ich mich von den ersten Schreck erholt habe sagt Maria: „So rate doch mal mit wem ich mich verlobe?" Ich habe dann verschiedene junge Männer ge- nannt die sie kannte. Aber Maria schüttelte den Kopf u. lachte. Schließlich mußte sie es sagen, es war Pastor Mirow. Wie hätte ich das auch raten können.
So saß denn am Abend das glückliche Brautpaar bei uns in der besten Stube im Sofa. Ich hatte vor Staunen die Sprache verloren.
Nachdem Maria denn schon am 4. April geheiratet hat, wurde für mich auch vieles anders. Ich habe Mutter geholfen so gut ich konnte.
Hiermit schließe ich meine Erinnerungen   Eggebek d. 6. März 1956.

10.3 Grabrede für J.H. Fehrs 20.8.1916

Der Text ist auch wieder abgedruckt in den ‚Mitteilungen des Quickborn e.V. Hamburg' (1916f) S. 6-8.

Mensch und Dichter

Rede am Grabe von

Johann Hinrich Fehrs

gehalten am 20. August 1916

von

Pastor Christian Boeck

Ein Großer unter uns Menschen ist dahingegangen. Die alte, stolze Eiche, die noch frisch grünte, ist plötzlich, wie von einem Blitz getroffen, dahingesunken. In dem Augenblick fühlen wir ganz unmittelbar die Größe, die im Fall zusammengebrochen ist: mit Schauer und Ehrfurcht stehen wir davor. Gleichzeitig sehen wir die Lücke, die da gerissen ist, und spüren das Unersätzliche des Verlustes, der uns betroffen hat. Aber wir wollen nicht klagen und zagen; wir wollen unsern Blick hinwenden auf das Bleibende und das Lebendige. Und wenn wir so das Wesen und Wirken des Entschlafenen uns vor die Seele stellen, dann dürfen wir wohl ein einfaches, schlichtes Bild, so wie er sie liebte und wie er sie auch wohl ähnlich selbst gemacht hat, auf ihn anwenden, das Bild des Psalmisten: „Der ist wie ein Baum, gepflanzt an den Wasserbächen, der seine Frucht bringt zu seiner Zeit, und seine Blätter verwelken nicht; und was er macht, das gerät wohl." (Ps. 1, 3.) Im Kreise seiner nächsten Angehörigen hat man dies Wort auf ihn bezogen, und wir schließen uns herzlich an im Rückblick auf dies reiche und reichmachende Leben.

Dies Leben mit seinem Inhalt kannten wir, und so wollen wir es denn in dieser Stunde zum freudigen Ausdruck bringen: er war unser. Das können im tiefsten Sinne ja die sagen, die ihm die Nächsten waren. Wir haben mit ihnen in dem stillen Dichterhause am Sarge gestanden und mit ihnen gefühlt und es geahnt, was sie verloren haben. Auch ein Fernstehender kann es sich denken, was dieser Mann den Seinen gewesen ist. Aber es sind viele, denen er angehört hat. Ich denke an die Töchter dieser Stadt, die durch seine und seiner Gattin Schule gegangen sind. Er war ein Erzieher von Gottes Gnaden; er hat auch die Kunst verstanden, lebendige Menschencharaktere zu bilden. Die von seinen Schülerinnen, die ihn verstanden haben, werden es als einen Lebensgewinn betrachten, daß er ihr Lehrer gewesen ist, und oft und spät noch haben sie ihm ihre Verehrung gezeigt. Er war unser, das kann auch die Stadt Itzehoe sagen. Hier hat er seine Mannesjahre durchgelebt, hier hat er gekämpft, gearbeitet, gesorgt und geschafft. Itzehoe ist zum Teil der Schauplatz seiner ersten Dichtungen. Er ist dieser Stadt treu geblieben, er hat etwas von ihr gehalten und hat sie lieb gehabt. Und die Stadt hat, ihm und sich zur Ehre, öffentlich und ehrenvoll sich zu ihm bekannt. Er war unser, das dürfen wir alle sagen, die wir ihn gekannt und geliebt, die wir seine Werke gelesen und in uns aufgenommen haben. Es ist ja der Dichter unsers holsteinischen Volkes. Es gibt viele Ihlenbecks ringsum, hin und her. Und die Kinder Ihlenbecks, wohin sie immer der Weg geführt hat, sie lieben ihn dankbaren Herzens, der ihre Heimat ihnen im Wunderbilde der Dichtkunst dargestellt hat. Aber darüber hinaus: wievieler Menschen Herz hat er gerührt, wie vielen Sinn und Gemüt erhöht! Freilich, von ihm gilt auch das Wort, das sein Meister Goethe einst einem Größeren nachgerufen hat:

Was dem Mann das Leben
Nur halb erteilt, soll ganz die Nachwelt geben.

Sein Stern ist noch im Steigen. Aber eine große Gemeinde kennt ihn doch, liebt und verehrt ihn, und so dürfen wir das stolze Wort sagen: er war unser!

Aber was ist es nun, was wir im besonderem an ihm hatten? Wenn ich es sage, so handle ich vielleicht dem schlichten Sinn des Entschlafenen zuwider. Aber ich kann es doch nicht lassen; wes das Herz voll ist, des geht der Mund über. Er war bei aller Beschränkung und allen Fehlern, die mit der menschlichen Individualität und Natur verbunden sind, ein großer Mensch. Wir sahen in ihm das Schauspiel großen, reinen Menschentums. Er war ein großer Dichter und ein großer Mensch. Er war ein großer Dichter, weil er ein großer Mensch war, und dies letztere ist wahrlich das Höhere und Größere.

Und warum war er ein großer Mensch? Weil er demütig war. Ja, dieser stolze, selbstbewußte Mann war von Herzen demütig. Er wußte, was er war und was seine Werke wert waren. Er hatte sogar ein ganz merkwürdig klares Urteil über den Wert seiner einzelnen Dichtungen. In früheren Jahren, als die Sonne der Anerkennung und des Ruhmes, die seinen Lebensabend so schön vergoldet hat, ihm noch nicht aufgegangen war, da sagte er wohl schon, daß er gar nicht bange darum sei, seine Stunde werde früher oder später doch einmal kommen. Aber er sagte das ohne irgend welche Ueberhebung. Immer wieder betonte er, daß er sich wahre künstlerische und dichterische Kraft ohne Demut gar nicht denken könne. Der Künstler muß demütig sein. Denn die Gabe, die in ihm wirkt, hat er sich nicht selbst gegeben, sie ist ihm ohne sein Verdienst geschenkt, und dies Bewußtsein muß demütig machen. So hat er, unser Entschlafener, das Kleinod mit reiner Hand empfangen, und rein und lauter hat er es bewahrt und getragen: er war ein demütiger Mensch.

Er war ein großer Mensch, weil er die Ehrfurcht kannte. Er stand ehrfürchtig vor der ewigen Macht, die über uns waltet. Das Ganze der Welt ließ er auf sich wirken und ehrfürchtig beugte er sich vor seinem Gott, an dem er mit starkem, männlichem Glauben gehangen hat. Freilich kannte er auch die Rätsel der Welt und des Lebens, er hat sie stark empfunden und schwer mit ihnen gerungen. Er sah nicht über sie hinweg, auch glaubte er sie nicht voreilig lösen zu können, vor allem nicht in verneinendem Sinne. Er nahm sie hin aus Gottes Hand als etwas, an dem wir zu tragen haben. Ehrfürchtig schaute er in die Natur und ins Leben. Aus dieser Ehrfurcht entquoll ihm die Liebe. Wir wissen aus seinen Werken, wie reich diese Menschenliebe in ihm war, wie er durch sie auch in den verschrobensten Seelen das Gute zu schauen und unter dem Schlamm noch das Goldkorn zu entdecken vermochte. Er war ehrfürchtig, und darum sprachen Welt, Natur und Leben zu ihm, und vermochte er anderen ihre Sprache zu künden.

Und schließlich war er groß, weil er sich verpflichtet fühlte. Von Natur reich angelegt, was hat er aus sich gemacht! Wir wissen, daß es seine Kunstweise war, an jedem seiner Werke bis ins Kleinste zu feilen und nichts irgendwie unfertig ausgehen zu lassen. So hat er auch an sich selbst gearbeitet, bis zuletzt, bis ins Alter hinein, und aus seinem Wesen entwickelt, was irgend möglich war. Er lebte nur für die Sache und gehorchte in seinem Wirken und Schaffen nur dem Gesetz, das Gott in ihn gelegt hatte. Darum drängte er sich nicht vor, suchte nicht, was heute so viele tun, den Markt zu beherrschen, machte keine Reklame und ließ keine Reklame für sich machen. Nur was er mußte, das tat er. Und was hat er auf diese Weise erreicht! Klein ist der Raum, auf dem sich sein Wirken abspielte. Nicht weit von hier liegt der Ort, an dem seine Wiege stand; hier ist die Stätte, wo wir ihn zur letzten Ruhe betten. Aber wie ging es auf diesem Wege aus der Tiefe in die Höhe, aus der Enge in die Weite, aus dem plattdeutschen Sonderschrifttum hinein in die allgemeine deutsche Literatur! Man sagt ihm nach, daß er in seinen Werken verstanden hat wie wenige, Charaktere lebendig und anschaulich darzustellen: so hat er seinen eignen Charakter in steter Arbeit an sich selbst herausgearbeitet, abgeklärt und zur Anschauung gebracht. Darum sage ich: ein schlichtes, einfaches Leben und doch voll selten geschauter menschlicher Größe.

Wahrlich, wir dürfen von ihm sagen: Er war wie ein Baum — nein, er ist wie ein Baum, gepflanzt an den Wasserbächen, der seine Frucht bringt zu seiner Zeit und seine Blätter verwelken nicht. Er lebt, und seine Werke werden auch leben. Er lebt, auch in dem Sinne, daß das Unvergängliche und Ewige in seiner Persönlichkeit nicht untergehen wird. Was so geworden ist unter Gottes Segen, das wird Gott nicht wieder vernichten lassen, sondern irgendwo und irgendwie im Ganzen seiner Schöpfung aufbewahren. Er lebt und seine Werke leben. Er soll aber nicht umsonst für uns da sein. Der Segen, der von seinem Wesen und seinen Werken ausgeht, soll uns unverloren bleiben. Und so befehlen wir uns Gott, und befehlen Gott unser Land und unser Volk und in dieser schweren ernsten Zeit unser großes deutsches Vaterland.

10.4 Antrittspredigt in Wellingsbüttel vom 10.12.1933

Anbetung

Predigt, gehalten am 2. Advent, dem 10. Dezember 1933,

im Herrenhaus zu Wellingsbüttel

von

Pastor Christian Boeck.

* *
*

Mit herzlichem Dank

für Ihre Zahn.

Buch.

Preis: 0.20 RM

Der Ertrag ist für die Beschaffung von Abendmahlsgeräten bestimmt.

Bei Aug. Grenzer, Bramfeld-Hellbrook.

Lektion: Luc. 19,1—10, Jesus kehrt bei dem Zöllner Zachäus ein.
Text: Joh. 4, 23—24: Aber es kommt die Zeit und ist schon jetzt, daß die wahrhaftigen Anbeter werden den Vater anbeten im Geist und in der Wahrheit; denn der Vater will haben, die ihn also anbeten. Gott ist Geist, und die ihn anbeten, müssen ihn im Geist und in der Wahrheit anbeten.

Der erste regelmäßige Gottesdienst in Wellingsbüttel, heute, am alten Kirchweihtag. Was manches treue Gemüt in der Stille gehofft hat, das ist nun auf einmal Wirklichkeit geworden. Der ungewöhnlich schnellen äußeren Entwicklung des Ortes mußte die kirchliche folgen.

Die Zeit war reif. Das sieht man daran, wie alles ineinander griff. Wir danken dem Gemeindevorsteher dieses Ortes, von dem die erste Anregung ausging. Wir danken dem Landeskirchenamt in Kiel, das, als ihm der Plan vorgelegt wurde, gerne zustimmte. Wir danken dem Kirchenvorstand und der Kirchenvertretung unserer Kirchengemeinde Bramfeld, die einstimmig und mit Freuden die Mittel hergegeben haben — das schönste Abschiedsgeschenk, das sie ihrem alten Pastor machen konnten. Sie sind heute hierhergekommen, um durch ihre Anwesenheit zu bezeugen, wie sehr sie an der Entwicklung des neuen Bezirks teilnehmen. Wir danken den Besitzern dieses Hauses, die uns diesen Raum freundlichst zur Verfügung gestellt haben. Wie sich so alles zusammenfügte, müssen wir sagen, es sollte so sein, es ist Gottes Wille. Gewiß, wir wollen nicht zuviel behaupten, wir können Gott nicht in seine Pläne sehen. Aber wir wollen es so auffassen: Gott will es! Und das soll uns allen ein mächtiger Ansporn sein, daß wir alle Kräfte daransetzen, Pastor und Gemeinde, daß hier wahrhaftige Anbetung zustande kommt.

Die Zeit ist reif. Wellingsbüttel hat kirchlich immer im Winkel gestanden. Im 16. Jahrhundert gehörte es einmal gar zur Eppendorfer Kirche und hatte einen meilenweiten Kirchenweg. Jahrhunderte lang war es bei Bergstedt eingepfarrt, bis es 1899 dem neu gebildeten Pfarrbezirk Bramfeld zugeschlagen wurde. Immer hatten die Wellingsbütteler einen weiten Weg zur Kirche.

Heute haben sie den ersten evangelischen Gottesdienst bei sich. Das ist das Eigenartige: katholische Gottesdienste hat es hier schon vor etwa 200 Jahren eine Zeitlang gegeben, und sonderbarerweise ungefähr an derselben Stelle, an der wir uns versammeln. Ueber hundert Jahre war das Gut Wellingsbüttel im Besitz einer katholischen Familie, und diese richtete in ihrem Gutshaus katholischen Gottesdienst ein. Ein Raum wurde zur Kapelle geweiht, geweiht, so müssen wir annehmen, mit all den äußeren Zeremonien, die die katholische Kirche in solchen Fällen anwendet.

Wir Evangelischen brauchen keine äußere Weihe für unsere gottesdienstlichen Räume. Wir kennen nur die Weihe durch Gebet, durch Anbetung. Wo zwei und drei versammelt sind in meinem Namen, da bin ich mitten unter ihnen, spricht unser Heiland. Darum können wir Gottesdienste überall haben: in Privathäusern, draußen im Freien, an allen Orten, selbst an den scheußlichsten. Als die Märtyrer im Baltenland dem Tode entgegensahen, da herrschte unter ihnen ein Geist der Anbetung, Gottes Geist war fühlbar unter ihnen, wie die bekundeten, die dem Blutbad entrannen, daß das Gefängnis zum Tempel wurde.

Wo Anbetung ist, da ist Gottesdienst. Anbetung ist mehr als Andacht. Andacht ist etwas Passives, ein Gefühl, das leicht wieder vergeht, ein Schimmer der Seele, der vorüberzieht, meist ohne viel Frucht zu bringen. Anbetung ist etwas anderes, ein Erfaßtwerden von Gott, ein Stehen vor ihm, ein Ringen mit ihm. Von Gott ergriffen werden und ihn ergreifen, das ist Anbetung. So, mit ganzem Ernst und ganzer Hingabe, wollen wir hier anbeten als die wahrhaftigen Anbeter im Geist und in der Wahrheit.

Gottesdienst ist hier, die Kirche handelt. Was will die Kirche? Sie will dienen und helfen. Wo eine Kirche herrschen will, da hat sie ihren Beruf verfehlt. Aber sie soll dienen, nicht mit diesem und jenem, nicht mit äußeren Dingen im weiten Bereich des Lebens, sondern mit dem Leben selbst. Es geht bei diesem Dienen um das Letzte und Höchste, um die Existenz des Menschen, um Sein oder Nichtsein, es geht hier um Eure Existenz.

Die Zeit ist reif. Eine neue Zeit ist für unser Volk gekommen. Es ist eine Lust zu leben. Wie rauscht es in der Tiefe! Längst verschüttete Quellen brechen auf. Ein Neues wird mit Macht.

Da brauchen wir Gottes Geist. Er muß dieses Neuwerden durchbringen, wenn es zu etwas Bleibendem werden soll. Das weiß auch unser Führer. Wenn er selten davon spricht, mitunter bricht es mit Urgewalt aus seiner Seele. So wenn er ruft: Ich lasse dich nicht, du segnest mich denn! Hätte er sein Werk durchsetzen können, ohne den starken Glauben?

Wir brauchen den Glauben an den lebendigen Gott, den Vater. Eine selbstgeschaffene arteigne Religion schlechthin genügt uns nicht. Sie würde uns nicht den Kraftzustrom von oben bringen. Eine solche Religion würde wohl in den Frühlingstagen unseres Neuwerdens genügen, aber auf die Dauer und für den letzten Ernstfall würde sie nicht ausreichen. Sie würde mit der Zeit erstarren und schließlich den Eistod sterben. Wir brauchen die ungeheure Spannung aus der Ewigkeit her, die ständige Erneuerung von dort, das Du, dem wir uns gegenübergestellt sehen, die Anbetung im Geist und in der Wahrheit. Aus diesem Quell kann sich ein Volk stets verjüngen.

Gottes Geist in der Neuwerbung unseres Volkes, das ist es, worum wir bitten. Dann werden wir Gott auf eigne Art schauen. Jedes Volk schaut ihn in eigner Weise. Jedes Volk ist etwas Besonderes für sich, ein Gottesgedanke für sich, zu jedem Volk kommt Gott auf eignen Wegen. Es ist Advent. O daß Gottes Geist zu unserm Volke käme und es von sich aus erneuert.

Wie jedes Volk, so ist auch jeder Stamm, wie unser niederdeutscher Stamm, ja jeder Ort etwas Besonderes für sich. Das gilt auch für diesen Ort. Auch er hat sein eignes Gepräge. Wie verschieden zum Beispiel Bramfeld und Wellingsbüttel. Ich denke nicht an das Aeußere, sondern der Geist dieser beiden Orte, die ich so gut kenne, steht mir vor der Seele. Ich werte auch nicht. Jeder hat seine Lichtseiten und seine Schattenseiten, andere Lichtseiten und andere Schattenseiten.

Ob Wellingsbüttel bei dem Zustrom der vielen neuen Einwohner seine alte Weise behalten wird? Das erscheint fraglich, weil der neuen Einwohner bald mehr sind als der alten. Und doch ist es wahrscheinlich. Denn es ist so, als wenn der Geist eines Ortes am Boden selber haftet und immer wieder durchschlägt, mag die Zeit bringen was sie will, mögen die Menschengeschlechter sich wandeln, kommen und gehen.

Er ist auch heute noch da. Beschreiben läßt er sich kaum, aber man spürt ihn. Aber wie er auch ist, sind wir nicht alle davon überzeugt, daß auch dieser Geist es nötig hat, vom Geiste Gottes durchdrungen und erneuert zu werden? Ja, wir fühlen es tief. Es ist Adventzeit. Wir wollen darum beten, wollen darum ringen, daß Gottes Geist auch in diesem Orte mächtig werde. Dazu sollen uns unsere Gottesdienste helfen.

Adventszeit. Unser Heiland kommt. Möge er zu unserer Gemeinde kommen, zu diesem Ort, in unsere Häuser, wie er in das Haus des Zöllners kam und ihm Heil brachte. Möge er immer in unsern Gottesdiensten sein. Möge er uns alle zu wahrhaften Anbetern im Geist und in der Wahrheit machen. Der Vater will haben, die ihn also anbeten.

10.5 Kirchweih-Predigt vom 28.11.1937

Die Gottesdienstordnung findet sich bei König (1989) S. 61ff (mit Lutherzitat)

In der neuen Kirche

Predigt, gehalten am 28. November 1937
bei der Einweihung der Lutherkirche
zu Wellingsbüttel
von
Pastor Christian Boeck.

*

Preis: 0,20 RM.

Der Ertrag ist für die Ausschmückung der Lutherkirche bestimmt.

bei Aug. Grenzer, Hamburg-Bramfeld.

Liebe Gemeinde! Mit Nachdruck grüße ich Euch als Gemeinde. Wir fühlen uns heute mehr als solche denn je, da wir nun das Haus haben, das zur Gemeinde gehört, die Kirche. Kirche und Gemeinde bedeuten im Grunde dasselbe, und beide sind sie auf Jesus Christus bezogen.

Noch nicht ganz fertig ist die Kirche. Es fehlen die Glocken, die Rufer über das Land hin, es fehlt die Uhr, das pochende Herz, das die Zeit kündet und an die Ewigkeit mahnt; es fehlt die Orgel, die das sagen soll, was sich in Worten nicht ausdrücken läßt. Mangeln der Kirche also die Stimmen noch, die sonst einer Kirche eigen sind, so klingt doch, wenn wir ihre Formen auf uns wirken lassen, eine unhörbare Musik auf in den Linien, die hin und wieder laufen, in dem Rhythmus, in dem sie gegliedert ist. Das ist wie bei jedem echten Kunstwerk ein Klang aus dem Urgrund aller Dinge, ein Widerhall aus der Musik, die allem Wesen zugrunde liegt. Hoch wölbt sie sich hinauf, zeigt gleichzeitig die traulichen Formen heimatlicher Bauweise. So vereint sie in ihrer Gestalt beides, Himmel und Erde, Glaube und Heimat.

Viele haben an ihr gearbeitet, Gedanken, Sorgen und Mühe an sie gewandt. Aber weit über Menschenhände schauen wir heute auf Gottes Hand. Ist es nicht wie ein Wunder, daß sie wirklich dasteht? Trotz aller Schwierigkeiten, trotz aller Anfechtungen? Wir wollen sie als Geschenk aus Gottes Hand nehmen. Aber nicht als etwas Totes. Gottes Gaben enthalten eine ewige Verpflichtung. Davon redet Gottes Wort, das hier verkündet werden soll. Hört ein solches Gotteswort: 2. Kor. 5,17.

> Darum, ist jemand in Christo,
> so ist er eine neue Kreatur;
> das Alte ist vergangen,
> siehe, es ist alles neu geworden!

I. Das ist dasselbe Wort, über das ich vor 23 Jahren in der neu geweihten Kirche zu Bramfeld die erste Predigt halten durfte. Wie klingt es heute anders auf dem Hintergrund einer anderen Zeit. Heute ist alles neu geworden, eine neue Bewegung, ein neuer Staat, ein neues Volk. Brauchen wir da noch eine Erneuerung durch die Religion?

Aber seht, wie die Menschen nach der Religion, nach Gott fragen und suchen. Daß es ohne Gott nicht geht, wissen sie alle. Wir aber glauben die Antwort auf alle Fragen zu haben in Jesus Christus.

Viele wollen uns neue Glaubensformen bieten. So flach wird aber nie die deutsche Seele werden, daß sie an diesen Ersatzreligionen Genüge fände. Was Ersatz auf dem Gebiet leiblicher Nahrung bedeutet, haben die Deutschen im Krieg und in der Nachkriegszeit erfahren, mit Grauen denken sie daran zurück. Einst werden alle diese kommenden und gehenden Religionen wie ein Alptraum von uns abgeschüttelt werden.

Ernster ist die andere Frage: Wird nicht der Nationalsozialismus selbst zu einer Religion? Es ist die Art der Deutschen, daß sie das, was sie ganz mit dem Herzen ergreifen, zu einer Religion machen wollen. Aber der Nationalsozialismus ist keine Religion. Wohl aber kommt die Bewegung aus solchen Tiefen, daß sie sich nach dem Religiösen hin öffnet und in ihm ihre Ergänzung fordert. Warum finden sie denn immer noch nicht zusammen, die neue Bewegung und das Christentum? Weil sie zu nahe mit einander verwandt sind. Die Stunde aber wird kommen, das sage ich aus der Macht dieses Augenblicks heraus, wo sie sich wieder finden, Jesus Christus und unser Volk. Sie gehören von Anbeginn zu einander, denn durch das Christentum sind die germanischen Stämme zum deutschen Volk geworden.

Der Geschichtsforscher Treitschke hat mehrmals gesagt: die antiken Völker sind zugrunde gegangen, sobald ihre Nationalreligionen erstarben; die modernen Völker haben eine Quelle stetiger Erneuerung im Christentum. Treitschke kannte noch nicht die tragende Bedeutung der Rasse für die Geschichte. Aber sein Wort bleibt dennoch wahr. Die Rasse formt den Körper des Menschen und seine Seele, aber frei von außen kommt der Geist. Der ist der Schöpfer und Erneuerer. Wir wissen, auf welchen Geist es ankommt, auf Gottes Geist. So flehen wir: Komm heiliger Geist du Schaffender. Sende uns den Mann, der wie Luther, nach dem diese Kirche heißt, die alte ewige Wahrheit des Evangeliums in der Sprache unserer Zeit so einfach, klar und entschieden sagt, daß jeder, der guten Willens ist, sie hören und verstehen muß. Es ist Advent. Wir warten. In diesem Geist des Hoffens und Glaubens stellen wir unsere Kirche mitten hinein in die Zeit.

II. Und sie steht mitten in unserm Ort. Unser Ort erlebt in sich eine geschichtliche Wende, zum neuen Anfang gehört auch die Kirche. Durch die Jahrhunderte hat Wellingsbüttel einsam und still in seinen Wäldern geträumt. Wie die Wellen der Alster vorüberflossen, gingen die Jahre dahin, und wenig änderte sich. Auch kirchlich stand es abseits und im Winkel, bald dieser, bald jener Kirchengemeinde zugehörig. Dann kam seine neue Zeit durch das Überströmen der Großstadt aufs Land. Wellingsbüttel wuchs und wuchs. Durch die Schenkung des Platzes wurde der erste Antrieb zum Bau der Kirche gegeben. Nun steht sie da und soll in unserer Gemeinde die Kraft der Erneuerung bewähren.

In der ersten Predigt vor vier Jahren im Herrenhaus sagte ich, daß jeder Ort sein eigenes Gesicht, sein eigenes seelisches Gepräge habe. Das bleibt merkwürdig unverändert in allem Wandel der Zeit. Eine eigene Seelengestalt wird Wellingsbüttel behalten, auch wo es jetzt ein Teil von Großhamburg geworden ist. Nun ist das die Aufgabe für unsere Kirche, daß sie die Seele unserer Gemeinde erneuere durch die Kraft des Christentums.

Eine besondere Aufgabe scheint mir da vorzuliegen. In unserm Ort sind alle die Stände vertreten, die sich in dem Organismus der

Großstadt Hamburg herausgebildet haben und dort lebensnotwendig sind. Aber die Stände kommen bei uns nicht in ihrer Funktion zur Geltung. Sie alle, der Großkaufmann, der Handwerker, der Gelehrte, der Beamte, der Arbeiter leben hier als Menschen. Hier haben sie ihr Haus, ihre Familie, ihr persönlichstes Leben. Und hier stehen sie sich alle als Menschen nahe. Das fördert die Volksgemeinschaft. Aber erschwert diese persönliche Nähe sie nicht auch mitunter? Nun soll um die Kirche immer lebendiger die christliche Gemeinde anwachsen. Von ihr sollen Kräfte der wahren Volksgemeinschaft ausgehen. Und wenn nachher auch die Formen dieser Gemeinschaft in außerkirchlicher Gestalt verlaufen, ihre Kraft ziehen sie aus dem erneuernden Geiste Jesu Christi.

III. Dazu soll jeder einzelne diese neue Kirche sich zu eigen machen. Ich grüße außer unsern Gästen die Wellingsbütteler, die heute den ersten Kirchgang tun in ihrer Kirche. Möge es dieser Kirche nie an Menschen fehlen, die in schwankender Zeit und auch, wenn andere scheel dazu sehen, Mut und Freudigkeit haben, sich zu ihr zu bekennen.

Die Kirche ist eine ewige Mahnung an die Menschen, auch an die, die außen an ihr vorbeigehen. Sie mahnt uns, daß ein jeder vor Gott verantwortlich ist. Vor ihm leben wir, vor seinem Gericht werden wir einst stehen. Diese Verantwortung kann uns niemand abnehmen. Wo aber Verantwortung ist, da muß auch Freiheit sein. Die evangelische Kirche ist von ihrem Anfang her auf den Grund der Gewissensfreiheit gestellt, sie muß, wenn sie ihren Ursprüngen Treue hält, ein Hort der Gewissensfreiheit bleiben. Mag auf den meisten Lebensgebieten heute das Autoritätsprinzip herrschen — und es muß dort herrschen — auf dem Gebiet des Glaubens kann nur Freiheit gelten. Kein Papst, kein Mensch hat hier zu befehlen, Zwang ist hier ausgeschlossen. So stehn wir allein mit unserer Verantwortung vor Gott.

Wer kennt nicht die Stunden, da wir vor ihm vergehen möchten? Wer kennt nicht andere Stunden, da wir in Kampf und Not zu ihm getrieben werden? Aber über dem Gericht, über aller Not tritt uns der Vater entgegen. Er ist es, von dem Jesus verkündet, zu dem er uns führt, aus dessen Gemeinschaft uns die Kraft der Erneuerung quillt.

Wenn Ihr aus der Kirche geht und den Blick zu dem letzten Querbalken erhebt, dann leuchten Euch die Worte entgegen „Lieber Vater". Möge jeder Gottesdienst in dieser Kirche zu solcher Höhe hinaufführen, daß jeder einzelne beten und bekennen kann: Lieber Vater. Das erneuert den Menschen, das macht ihn ewig jung, das gibt ihm Leben aus ewigem Leben. Mögen hier Menschen gebildet werden, die fromm, stark und freudig sind.

Amen.

10.6 Abschiedspredigt 1938

Zum Abschied

Predigt
in der Lutherkirche zu Hamburg-Wellingsbüttel
am 15. Sonntag nach Trinitas
den 28. September 1938
gehalten von
Pastor Christian Boeck.

Druck von Aug. Grenzer, Hamburg-Bramfeld.

Meine liebe Gemeinde! So steh' ich denn heute zum letzten Mal auf dieser Kanzel. Als wir vor fünf Jahren dort unten im Schloß mit den Gottesdiensten begannen, dachte ich nicht, daß ich so lange hier amtieren würde. Aber dann kam es doch so, daß sich die Dinge einspielten und daß ich von Jahr zu Jahr blieb. Seit ungefähr einem Jahr aber war es entschieden, daß ich bald gehen würde. Nur das war mein Anliegen, die Gemeinde einigermaßen in geordneten und wohleingerichteten Verhältnissen zu hinterlassen. Einmal schien es, als wenn mir diese Möglichkeit genommen werden sollte. Ich danke der Gemeinde, daß sie damals in einer kritischen Stunde für mich eingetreten ist, so daß ich doch das Werk einigermaßen zu Ende führen konnte. Jetzt ist der Abschied zuletzt ganz schnell gekommen, vor acht Tagen wußte ich noch nicht davon.

Ich habe es unterlassen, eine Abschiedspredigt öffentlich anzukündigen. Ihr wißt, es ist nicht meine Art, viel Aufhebens von den Dingen zu machen. Das ist vielleicht ein Fehler, jedenfalls nicht zeitgemäß. Mir lag von jeher am meisten daran, in den Herzen der Besten einen Rückhalt zu finden. So ist es nur unter der Hand bekannt geworden und ich selbst habe hier und da die Freunde darauf hingewiesen, daß ich heute zum letzten Mal predige.

Wir wollen nicht viel Wesens davon machen. Es ist so: der Knecht geht, aber der Herr bleibt. Ja, der Herr bleibt. Wir haben in diesem Sommer allen unsern Andachten ein Wort Jesu zu Grunde gelegt, und, wohl unbemerkt von euch, habe ich manche Abschiedsgedanken in diese Betrachtungen hineinverwoben. So sei es denn heute wieder ein Wort unseres Heilandes, das wir in die Mitte stellen, eins seiner bekanntesten, eins das jeder Christ gebraucht.

Lukas 11, 1—4: Und es begab sich, daß er war an einem Ort und betete. Und da er aufgehört hatte, sprach seiner Jünger einer zu ihm: Herr, lehre uns beten, wie auch Johannes seine Jünger lehrte. Er aber sprach zu ihnen: Wenn ihr betet, so sprecht: Unser Vater im Himmel, dein Name werde geheiligt. Dein Reich komme. Dein Wille geschehe auf Erden wie im Himmel. Gib uns unser täglich Brot immerdar. Und vergib uns unsre Sünden; denn auch wir vergeben allen, die uns schuldig sind. Und führe uns nicht in Versuchung, sondern erlöse uns von dem Übel.

Jesus betete. Wir haben vom Altar sein hohepriesterliches Gebet gehört, das ganz aus seinem Geist zusammengesetzt ist und dessen Fürbitte auch uns und unserer Gemeinde gilt. Was er damals, als sein Jünger ihn fragte, gebetet hat, wissen wir nicht, aber dann sagt er ihnen die heiligen Worte, mit denen seit jener Stunde ungezählte Herzen gebetet haben, in denen heute das Herz ungezählter Beter mitschwingt. Ach, wie oft haben wir dieses Gebet gesprochen. Wir wollen es gestehen, oft, ohne daß unser Herz es ganz ausfüllte, ja, daß es nur leere Worte blieben. In jedem Gottesdienst, bei jeder Amtshandlung spricht der Pastor das Gebet, oft 5—10 Mal am Tage. Da kann es kommen, daß der Geist des Lebens zuletzt nicht mehr mitschwingt und nur die tönenden Worte bleiben, die an ihrem Gewicht freilich nicht verlieren. Und gerade dieses Gebet verlangt ganze Sammlung des Herzens. Es ist doch so: Wer dies Gebet ganz ausfüllt mit seinem inneren Leben, der ist ein vollkommener Christ. Es gibt solche Christen. Ihre Zahl ist gering, sie sind auch nicht öffentlich bekannt, in der Verborgenheit leben sie und tragen mit alle Dinge, nur von Gott gesehen. Die meisten von uns, jedenfalls muß ich es von mir sagen, sind noch auf dem Wege, haben noch nicht erreicht, was sie sein sollten. Wann werden wir dahin gelangen, daß das Vater Unser als Gebet Ausdruck unseres eigensten Wesens ist?

Aber wir wollen uns an ihm emporbeten. Es neigt sich ja zu uns hernieder. Es steht zum Teil auf dem Boden, auf dem wir wandeln. Zwei Türen öffnet es, durch die wir leicht hineintreten können, durch die wir oft gegangen sind. „Unser täglich Brot". Wenn wir daran denken, was Luther alles darunter versteht, alle guten, notwendigen Gaben des Lebens: wie oft haben wir nicht dieser notwendigen Dinge bedurft, hat uns dieses und jenes gefehlt, daß wir dazu getrieben wurden, darum zu beten. Und die andere Tür: „Erlöse uns von dem Übel". Wer je in Not gewesen, wer unter der Last von Sorge und Elend, Krankheit und Tod zusammenzubrechen drohte — und wer bleibt ohne solche Stunden? — hat sicher schon von ganzem Herzen gebetet: Erlöse uns von dem Übel.

Aber sind wir mitunter nicht auch schon eine Stufe höher getreten, haben in innerer Not gesprochen: „Vergib uns unsere Schuld?" Oder meinen wir, daß es eines Mannes, nun gar eines deutschen Mannes nicht würdig ist, Gott um Vergebung zu bitten? Meine Lieben, wenn wir uns selber kennen, wenn wir leiden unter unsern Fehlern und Irrtümern, wenn wir vor dem heiligen Gott stehen, dann wissen wir auch, was Sünde und Schuld ist. Meinetwegen vor Menschen stolz, aber demütig vor Gott. Das ist rechte Mannesart, so haben die großen Deutschen gefühlt, so wollen wir alle, Männer und Frauen, es halten. „Wie wir vergeben", das bedeutet kein Feilschen mit Gott, das hat Luther wohl am besten erklärt, wenn er sagt: Wenn wir andern vergeben können, dann ist es ein Zeichen, daß wir selbst Vergebung empfangen haben. Im Besitz der Vergebung ist es uns auch ein Bedürfnis, festzuhalten, was wir haben, und zu bitten: „Führe uns nicht in Versuchung".

Das Höchste, zu dem wir kommen können, ist, daß wir um Gottes Geist und Wesen selber bitten: „Dein Reich", „Dein Wille". Ja, das ist das Höchste, wenn uns alles Irdische versinkt, wenn das eigne Wollen schweigt, wenn die großen, ewigen Anliegen Gottes an die Menschen unsere Seele bewegen, dann wachsen wir über uns selbst hinaus, dann erfüllt sich unser Sinn mit ewigen Gottesgedanken.

Und dann das Letzte, das im Gebet das Erste ist: Gottes Namen loben und preisen, ihn ehren und anbeten um seiner selbst willen, das ist das Allerhöchste, zu dem wir gelangen können.

Erfassen wir recht die Grundstimmung des heiligen Gebetes: das kindliche Vertrauen zu dem himmlischen Vater. Es ist der Vater, den wir suchen und haben, in dem unsre Seele ruht. Kennen wir das? Dann wissen wir, was Christentum ist. Darum hätte ich auch gerne das Wort Jesu in unserer Kirche eingemeißelt gesehen: Er selber, der Vater, hat euch lieb. In diesem Wort ist das ganze Wesen des Christentums zusammengefaßt.

Wenn wir in dieser Grundstimmung beten, dann beten wir recht. Was ich zuerst sagte, muß ich einschränken: wenn wir auch nicht alle Worte des Gebetes im einzelnen mit unsern Gedanken durchdringen, wenn wir seinem reichen Inhalt im einzelnen nicht gerecht werden können, haben aber diese Grundstimmung und Grundhaltung, dann beten wir das Vater Unser recht. O, es wird oft so gebetet und verhält dann nicht mit seinem Segen.

Wer das Vater Unser so oder so betet, den treibt es zur Tat. Es wirkt in der Seele und gestaltet sie um, senkt Keime in sie, die ans Licht drängen. Wir haben heute den Tag der Inneren Mission. Wir gedenken des Wortes von Wichern: Die Liebe gehört der Kirche, wie der Glaube. Das rechte Beten muß sich in der Tat und im Leben, in der Liebe zum Nächsten bewähren.

Darum wollen wir mit den Jüngern sprechen: Herr, lehre uns beten. Die Worte haben wir, nun gebe uns Gott auch den Geist und die Kraft des Betens.

Seht, so machen wir Erfahrungen. Mit Erfahrungen muß einer beginnen, wenn er ein rechter Christ werden will. Es ist verkehrt, am andern Ende anzufangen, mit den Dogmen des Bekenntnisses. Das versuchen viele Menschen, aber es ist ihnen zu schwer. Aber wenn wir Erfahrungen machen, indem wir beten und nach Gottes Willen handeln, dann gehen wir den Weg, der von unten nach oben führt. Dann kommen uns auch Stunden, wo uns die alten ewigen Wahrheiten Gottes, die uns im Bekenntnis zunächst verhüllt sind, nach und nach aufgehen und dann allmählich wie ein wundersames Leuchten am Rande unseres geistigen Gesichtskreises stehen bleiben, als die göttlichen Wahrheiten, die wir freilich mehr ahnen als im einzelnen verstehen. Ich habe euch immer diesen Weg gewiesen.

Darum wiederhole ich heute, was ich sagte, als ich zum ersten Mal auf dieser Kanzel stand: Gott sende uns den Mann, der uns die alte Wahrheit so in der Sprache und mit dem Gedankengut unserer Zeit sagt, daß alle, die guten Willens sind, sie verstehen. Es sind ihrer mehr, als es oft den Anschein hat. Nicht alle die, deren Herz Sehnsucht trägt, sich ganz an Gott und Jesus hinzugeben, sind von den Mauern der Kirche umschlossen, viele von ihnen stehen draußen. Es bedarf nur eines leisen Anstoßes, um sie hereinzuführen. Darum glaube ich es auch und sage es heute nochmals, daß unser Volk nicht aufhören wird, ein christliches Volk zu sein.

Damit schließe ich. Mein Letztes soll ein Danken sein. Ich danke Gott, daß er mich das Werden dieser Gemeinde hat erleben lassen. Ich möchte diese 5 Jahre nicht in meinem Leben missen. Es gab oft schwere Stunden, bedingt durch das Schwanken vieler Menschen, die der Zeitmeinung gegenüber nicht fest waren. Um so mehr danke ich denen, die allezeit die Treue gehalten haben und durch ihre Tat und ihr Bekenntnis zum Aufbau der Gemeinde beitrugen. Ich danke der Evangelischen Frauenhilfe, ihrem Vorstand und ihrer Vorsitzenden. Ich danke dem Kirchenchor und seiner Leiterin, ich danke den Organistinnen, ich danke dem Kirchendiener. Ich danke den Kirchenvertretern, die sich rückhaltlos für die Entwicklung unserer Gemeinde eingesetzt haben. In schweren Kämpfen haben sie mir treu zur Seite gestanden und mich gedeckt. Ich danke vor allem dem Mann, der dadurch, daß er die Schenkung des Kirchenplatzes veranlaßte, den Grund zur Entwicklung der Gemeinde gab. Ohne diese seine Tat hätten wir heute die Kirche noch nicht.

Damit richten wir unsere Blicke in die Zukunft. Die Bahn ist frei, die Gemeinde kann sich entwickeln. Ich habe das Gefühl, daß hier in Wellingsbüttel eine lebendige Gemeinde entstehen kann. Ja, so hoffe ich es und schließe mit dem Gebet, das uns der Herr gelehrt hat: „Dein Reich komme." Amen.

10.7 Dank Boecks für die Festschrift der Fehrs-Gilde 1960

Christian Boeck
Pastor i. R.

Hamburg-Wellingsbüttel, den 10. 4. 1960
Waldingstraße 39

Es war ein ungewöhnliches Unternehmen, das meine lieben Freunde und Mitarbeiter im Vorstand der Fehrs Gilde hinter meinem, des Vorsitzenden, Rücken durchgeführt haben. Ohne daß ich eine Ahnung davon hatte, haben sie, indem sie gleichsam eine Zweigstelle aufmachten, die umfangreiche Festschrift, unter selbstloser Mitarbeit vieler Autoren, zusammengestellt, Geld für deren Herstellung gesammelt und sie in kurzer Zeit unter restloser Hingabe des Buchdruckers fertigstellen lassen, haben höchste Stellen unserer staatlichen und wissenschaftlichen Welt gewonnen, bei dem „Empfang" mitzuwirken und so jene Feierstunde geschaffen, auf die ich ebenso unvorbereitet war, wie alle anderen Teilnehmer. Anfangs erschrocken, verstand ich bald, daß das Ganze im letzten Grunde der Sache dienen sollte, für die wir in der Fehrs-Gilde arbeiten. Der Erfolg hat die Kühnheit des Unternehmens gerechtfertigt. Die Veranstaltung war so etwas wie eine repräsentative Selbstdarstellung des Niederdeutschen. Mir kam erneut zum Bewußtsein, daß ich in dieser Gemeinschaft viele Menschen kennengelernt habe, die sich durch ausgeprägten Persönlichkeitswert und Idealismus auszeichnen. Ich grüße sie alle.

Und ich danke allen, die meiner an jenem Tage so freundlich gedacht haben.

85 Jahre alt zu werden ist kein Verdienst, höchstens Gnade. Man muß es dankbar und demütig aus Gottes Hand nehmen, wenn er einem die Erfahrungen und Erkenntnisse des höheren Alters zuteilwerden läßt. Das Gedächtnis schwindet (man spürt es), die Geisteskraft nimmt ab (das merken vornehmlich die andern), das Gefühlsleben verläuft ruhiger, und man wird einsamer. Tätig-

keit, so viel sie möglich ist, gleicht vieles aus. Höher steht die Fähigkeit, die großen Linien des Lebens, des Weltlaufs und des Weltgefüges zu sehen, überhaupt die Anschauung des Bleibenden, Beständigen, Ewigen, wie für unsern Kulturkreis Platon sie gelehrt, für unser Volk die großen Geister des deutschen Idealismus um 1800 sie vorgelebt haben und für die ganze Welt am eindringlichsten und deutlichsten die Bibel sie verkündet. „Wir sehen jetzt durch einen Spiegel in einem dunkeln Wort; dann aber von Angesicht zu Angesicht. Jetzt erkenne ich's stückweise; dann aber werde ich erkennen, gleichwie ich erkannt bin. Nun aber bleibt Glaube, Hoffnung, Liebe, diese drei; aber die Liebe ist die größte unter ihnen. Strebet nach der Liebe!" (1. Korinther 13, 12–14, 1)

10.8 Plattdüütscher Gottesdeenst to'n Affscheed

Fehrs-Gill
Vereen von Nedderdüütschen

Plattdüütscher Gottesdeenst to'n Affscheed

von

Christian Boeck
* 10. 3. 1875   † 21. 7. 1964

in de Bargstedter Kark

Sünnabend, den 25. 7. 1964

Gottesdeenst

De Klocken lüüdt.
De Orgel speelt: Toccata d-moll von Joh. Seb. Bach.

De Gemeende singt:

O Welt, ik mutt di laten, ik fahr darhen mien Straten in't ewig Vaderland. Den Geist will ik opgeven un stell mien Lief un Leven in Gott sien true Vaderhand.

Een Dag keem na den annern. Nu is to Enn dat Wannern, un Starven mien Gewinn. Hier kann ik nich mehr leven. Ik will na'n Himmel streven. Mit Freud un Freed fahr ik darhin.

Op Gott steiht mien Vertruun, nu will alleen ik buun op mien Herrn Jesus Christ, de ok för mi hett leven, dat Gott sien hillig Freden mi wahr un wißlich toleggt is.

De Sünd kann mi nich schaden, frie bün ik worrn ut Gnaden ümsünst dörch Christ sien Bloot. Ik will an Gott mi binnen; mien Doon kann mi nix winnen; sien Gnaad alleen maakt allens goot.

Nu Herr, so laat mi starven, laat mi den Himmel arven; nimm weg mi von de Eer; ik will de Welt verlaten, op di sehn un di saten; ja di alleen un sünst nix mehr.

De Paster list en Bibelwoort.
De Gemeende singt:

Loff, Ehr un Dank wees allermeist den Vader, Söhn un hillgen Geist, as't weer un is un blieven deit von Ewigkeit to Ewigkeit.

De Paster bekennt de Sünn'n ... Herr, erbarm di öwer uns!

De Gemeende singt:
> Herr, erbarm, erbarm di doch. Laat dien Segen to uns kamen. Wies uns doch, wo goot du büst; heft dat to=seggt mit dien Namen. Op di höpen wi alleen. Laat uns nich verloren sien.

De Paster verkünnigt de Gnaad ... Ehr wees Gott in de Hööchde!

De Gemeende singt:
> ... un Freden op Eerd'n un de Minschen en Wollgefalln. Alleen Gott in de Hööchd wees Ehr un Dank för all sien Gnaden. Darüm dat nu un nümmermehr uns röh=ren kann keen Schaden. Groot Wollgefalln Gott an uns hett; nu is ahn Ophooln grote Freed. All Striet hett nu en Enn.

De Paster beedt.

De Gemeende singt: Amen.
> (De Gemeende steiht op.)

De Paster list de Epistel.

De Gemeende (blifft stahn un) singt:
> Ach, blief doch mit dien Wahrheit as Muur üm uns stahn! Giff du uns Licht un Klaarheit, denn köönt wi seker gahn.

De Paster list dat Evangelium.

De Gemeende singt: Halleluja.

De Paster bekennt den Gloven.

De Gemeende singt: Amen.
> (De Gemeende sett sik dal.)

De Orgel speelt mit Konzertflöte:
> Flötensonate in Es=Dur, 2. Satz, von Joh. Seb. Bach.

De Gemeende fingt:

Ik heff di leef; du büst mien Leven un büst mien allerbeste Fründ. Di will'k mien Hart to egen geven, bet wi dar baven tosamen fünd. Gotts Lamm, von Harten dank ik di: du storvst an't Krüüz för mi.

O Himmelssünn, wo dankbar bün ik, heff ja dat wahre Licht in di. O Himmelswonn, wo bün ik selig; nu is mien Hart ganz licht un frie. Ik dank di nu von Hartensgrund, du maakst mi ganz gesund.

Di höört mien Leev för alle Tieden; du büst mien Hartenskroon, mien Gott; ok wenn ik Schimp un Schann mutt lieden, ok in de allergröttste Noot. Ik heff di leef, mien Herr un Licht, bet mi dat Hart inst brickt.

De Paster höllt de Predigt över dat Bibelwoort:

1. Korinther 13,12—14,1

Nu seht wi bloots en unklaar Spegelbild voll Radels; inst avers staht wi Oog in Oog. Hier kennt is mien Begriepen bloots Stückwark. Inst avers warr ik allens weten un kennen, so as Gott mi nu all ganz un gar kennen deiht. So is dat nu: Bestand hett de Gloven, dat Höpen un de Leev, düsse dre; avers de gröttst darvon, dat is de Leev. Na düsse Leev schüllt ji streven!

De Paster sprickt den Kanzelsegen.

De Gemeende fingt:

Jesus leevt, nu segg ik frie: Dood, wat kannst du mi noch schrecken? Jesus leevt un will ok mi ut dat Graff to't Leven wecken. He verklaart mi in sien Licht. Dat's mien faste Toversicht.

Jesus leevt; nu is de Dood mi en Ingang in dat Leven. Wat för'n Troost in Dodesnoot kann de Herr mien Seel

nu geven, wenn se glöövt un to em sprickt: Herr, du
büst mien Toversicht!

De Orgel speelt mit Konzertflöte:
Flötensonate in E-moll, 1. Satz, von Joh. Seb. Bach.

De Paster beedt dat Karkengebeet.

De Gemeende singt: Amen. (un steiht denn op.)

De Paster beedt dat Vaderunser . . . maak du uns frie von dat
Böse.

De Gemeende singt:
Denn dien is dat Riek un de Kraft un de Herrlichkeit
in Ewigkeit. Amen.

De Paster segent de Gemeende.

De Gemeende singt: Amen.

De Gemeende (sett sik dal un) singt:
Nu dankt Gott alltohoop mit Hart, mit Mund, mit
Hannen, de grote Wunner deit hier un in alle Lannen,
de uns von Kindstiet an mit Godes segent hett un hüüt
un alle Daag sien Hand nich von uns lett.

De ewig rieke Gott wull uns in all uns' Leven en ümmer
fröhlich Hart un eddeln Freden geven, un uns in
all sien Gnaad fastholen Jahr för Jahr un uns ut alle
Noot frie hölpen hier un dar.

Gott Vader un den Söhn laat uns nu danken, priesen,
un ok den hillgen Geist, de uns den Weg will wiesen.
Löövt den dre-een'gen Gott in all sien Herrlichkeit, de
is un blieven deit nu un in Ewigkeit.

De Orgel speelt to'n Utgang:
Fuge in d-moll von Joh. Seb. Bach.

De Gemeende lett den Sarg in de Kark alleen.

Johann Hinrich Fehrs:

Warr oolt un eensam, denn warrst du mi verstahn. Du weeßt noch nich, wat dat bedüüdt, en olen Kamerad to verleren. In't Dolndicksholt stunnen to mien Kinnertiet twee starke Eken, de weren op'n Drübbel von de Hööcht en Ennlang to enen Stamm tosamen wussen, ehr Wuttelwark in 'n Grund greep in'nanner, baben de Äst un Tilgen leten as enen groten Poll — wi wiesen op ehr hin as op'n Markwürdigkeit. Do wull dat Unglück, dat de een Boom von den Blitzslag toreten un tospleten worr von nerrn bet baben. De anner stunn noch steil dar, weer aver, besunners op de een Stell, op'n Dood verwundt, he müß dalslaan warrn. Dar hest du, wat ik meen! Ik weet jo nich, wat uns' Herrgott noch mit mi vörhett, aver ik glööv, mien Tiet is bald dar, un ik freu mi darto.

("ut Leben un Dood")

10.9 Das Gemeinde-Blatt (1933 – 1941)

Herausgeber des allgemeinen Teils des Gemeinde-Blatt es :

Christiansen, Georg ... Paulusgemeinde, Ost (6500) Düppelstraße 39 43 45 27

Die folgenden Passagen enthalten eine Auswahl von Stichworten oder Auszügen aus dem Gemeinde-Blatt, wobei jeweils Jahr und Monatszahl der Seitenzahl "_4" vorangestellt ist.

1937_03_4: „Das Modell der Kirche, das inzwischen nach den Wünschen des Baupflegeausschusses etwas abgeändert ist, ist jetzt wieder im Vorsaal zum Kirchenraum im Herrenhaus ausgestellt, wo es im Anschluss an die Gottesdienste besichtigt werden kann.
Die Herren Salzmann und Südekum haben die Kasse der Evangelischen Frauenhilfe geprüft und für richtig befunden. Frau E. Siefke, die nach dem Tode von Frau A. Jacobsen die Kassenführung übernommen hat, hat ihr Amt jetzt an Frau H. Bischoff abgegeben. Frau Siefke sei auch an dieser Stelle herzlicher Dank gesagt für die Mühewaltung."

1937-04_4: 16.3.1937 Boeck „Vortrag über die kommende Kirchenwahl und die kirchliche Lage. Er schilderte in einem kurzen Rückblick, wie sich die Verhältnisse in der Kirche entwickelt haben, die zum Erlaß des Führers vom 15. Februar führten, gab einen Ueberblick über die verschiedenen Gruppen innerhalb der Kirche und zeichnete zuletzt sein Kirchenideal: die Reichskirche als eine Volkskirche mit weiten Grenzen und einer solchen Ordnung, die es möglich macht, das alte unvergängliche Evangelium in volksnaher Form zu verkünden, eine Kirche ohne Herrschaftsanspruch, die nichts anderes will, als dem deutschen Volke mit dem, was sie an ewigem Gehalt besitzt, dienen."

1937-05_4: „Dadurch, daß Wellingsbüttel ein Teil der Hansestadt Hamburg geworden ist, haben sich die kirchlichen Verhältnisse zunächst nicht gändert. Kirchlich gehört es also noch zur Propstei Stormarn und zur schleswig-holsteinischen Landeskirche. Es ist beabsichtigt, die Veränderung der kirchlichen Grenzen erst später im Einvernehmen mit der zu wählenden Generalsynode zu ordnen."

1937-06_4: „Die Kirche hat, mehreren Vorschlägen aus der Gemeinde entsprechend, den Namen Lutherkirche erhalten. Luther ist der, der in eignem Kämpfen und Erleben das alte, ursprüngliche Evangelium wiedergefunden und es dann in seiner Sprache mitten in das deutsche Volk hineingestellt hat. Das Evangelium von Christus in deutscher, volksnahe Form aufgefaßt und gelebt, das ist das Zeichen, unter dem unsere Kirche stehen soll. Möge ihr nie die lebendige Gemeinde fehlen.
Wir freuen uns, daß wir in Wellingsbüttel eine Kirche erhalten... Wir freuen uns aber auch, daß wir mit dem Bau der Kirche in der heutigen Zeit ein Bekenntnis ablegen können. Die Geschichte lehrt uns, daß das Germanische sich durch das Christentum zum Deutschen entwickelt hat. Im deutschen Wesen ist das Christliche mit gegeben. Wenn man es daraus ausmerzen wollte, so würde man das, was man heute deutsch nennt, von Grund auf verändern. Da das Christentum die göttliche Wahrheit enthält, sind wir überzeugt, daß es seine Sendung an unserem Volke noch nicht erfüllt hat. Dafür auch soll unsere Kirche uns ein Zeichen sein.
Gegen das Modell ist eine wesentliche Aenderung eingetreten. Das Modell zeigte ein schwarzes Dach. Der Baupflegeausschuß der politischen Gemeinde hat aber die Bedingung gestellt, daß die Kirche ein rotes Ziegeldach tragen soll. Manche bedauern es. Ich persönlich muß gestehen, daß ich durchaus damit einverstanden bin, denn auf die Dauer wirkt bei einer so großen Fläche das Rote, zumal, wenn es allmählich nachdunkelt, besser als ein schwarzes Dach, das im Lauf der Zeit sich ungünstig zu verfärben pflegt."

1937-07_4: „Die feierliche Grundsteinlegung der Kirche erfolgte am 23. Mai. ..."

1937-08_4: „Der Bau der Kirche geht frisch vorwärts... Alles Holz, Eichen und Kiefern, wundervolle Stämme, sind in Schleswig-Holstein gewachsen."

1937-09_4: „Am 7. August fand die Richtfeier der Kirche in den Formen des alten Handwerksbrauches statt... Ansprachen (Pastor Seeler, Bischoff, Salzmann, der Unterzeichnete <Boeck>)"

1937-10_4: Orientierung der Kirche: „Es ist aufgefallen, daß unsere Kirche nicht orientiert ist, d.h. mit Altar und Turm nicht in der Richtung nach West liegt. Die alte Regel, daß die Kirchen so zu liegen haben, ist noch im Bewußtsein lebendig, ihre Nichtbeachtung ist mehr bemängelt worden, als mancher angenommen hätte. Ein Jahrhunderte alter Brauch wirkt bis in unsere Tage, er erhält erhöhte Bedeutung durch die neu gewonnene Fähigkeit unserer Zeit, Symbole zu schauen, ja, zu schaffen. Da erscheint es in der Tat vielen als ein Mangel, daß unsere Kirche das Symbol nicht aufnimmt, das sie durch ihre Lage ausdrücken könnte. Denn ein Symbol ist die Lage Ost-West. Sie läßt die Gläubigen gegen Osten sehen, gegen den Aufgang des Lichts. Das Licht ist Christus. Ja, es ist wohl noch mehr ausgedrückt als Bild und Zeichen: Von Osten kommt das Licht, von dort wird auch Christus kommen, zu richten die Lebendigen und die Toten. Jede gottesdienstliche Versammlung war ein Warten auf den Herrn, die Gesichter waren nach Osten gerichtet in der Kirche und in den Gräbern, die um die Kirche lagen, den auch die Gräber hatten die Lage Ost-West.

Unsere Kirche konnte diese Lage nicht erhalten, weil die Form des Platzes nicht günstig für sie ist, und selbst wenn man die Kirche halb schräg zur Straße hätte legen wollen, die Behördenstelle für Naturschutz hat es nicht gestattet, weil sie wollte, daß die Kirche den Blick auf das Hünengrab verdecke.

Wir brauchen uns darüber nicht zu grämen. Nach der Reformation baute man mitunter absichtlich die Kirchen von West nach Osten. Man wollte ausdrücken, daß die Lage, an die sich vielleicht mancher Aberglaube geknüpft hatte, nicht entscheidend ist, daß es auf den Glauben und auf den Geist ankommt. Man wollte viele von den Vorstellungen, die mit der Orientierung verbunden waren, nicht wiederholen und von allen Aeußerlichkeiten auf das Wesen der Dinge hinlenken. Gewiß, wir hätten gerne unsere Kirche orientiert gehabt und uns des Sinnbildes, das sich darin ausspricht, gefreut. Da es nicht sein kann, wollen wir daran denken, daß bei uns Evangelischen ein Zwang zur Orientierung nicht besteht, und daß über allen äußeren Formen der Geist das Entscheidende ist. – „

1937-11_4: „An welchem Sonntag die Einweihung der Kirche sein wird, wird später bekanntgegeben. Am 10. November findet sie nicht statt.

Lange Verhandlungen sind nötig gewesen, um unserer Kirche Glocken zu sichern. ... Schließlich hat man sich auf folgender Linie geeinigt: das Landeskirchenamt ist damit einverstanden, daß die Kirchengemeinde die große Glocke aus eigenen Mitteln beschafft; für die Beschaffung der kleinsten Glocke (1375 Reichsmark) sollen die Spenden verwandt werden, die bis jetzt für den Kirchenbau ohne Sonderbestimmung eingegangen sind, und die mittlere Glocke (1950 Reichsmark) soll aus Spenden bezahlt werden, die in Zukunft etwa noch eingehen. – Die Glocken unserer Lutherkirche werden Inschriften nach Lutherliedern tragen_ ‚Ein´ feste Burg ist unser Gott', ‚gelobet seist du,Jesu Christ', ‚Erhalt uns, Herr, bei deinem Wort'"

1937-12_4: „Nun wird die Kirche doch am 1. Advent, 28. November, geweiht. Die Wellingsbütteler Kirchenvertreter hatten aus verschiedenen Gründen Verlegung angeregt, möglichst bis zum 19. Dezember, weil dann vielleicht die Glocken da sein könnten. Eine Verlegung war aber nicht möglich: weil der Landesbischof Paulsen in Kiel, der die Kirche zu weihen hat, an einem Sonntag vor Weihnachten nicht mehr frei war.

Es fehlen noch die Glocken, die, wenn der Guß gerät, Weihnachten zum ersten Male läuten werden. Es fehlt die Orgel, die zu Ostern fertig sein soll – wegen der Feuchtigkeit, die jedem Bau anhaftet, vermeidet man es neuerdings, sofort die Orgel in eine neue Kirche hineinzubauen. Es fehlt noch die Uhr, für die keine Mittel vorhanden sind, die wir aber in Zukunft nicht entbehren möchten. Ferner fehlen die Kronleuchter, drei an der Zahl, für die auch kein Geld mehr zur Verfügung stand. Vielleicht hat es etwas für sich, wenn die Kirche

nicht mit einem Male ganz fertig ist. Nun kann die Gemeinde sie weiter ausbauen und ausschmücken."
1938-01_4: Einweihung
1938-02_4: Künftig eigene Kirchengemeinde; Finanzierung Bramfeld
1938-03_4: Planung für Fertigstellung der Orgel
1938-04_4: „Fräulein M. hat zwei Bibeln geschenkt, Fräulein K. einen Film von der Kircheneinweihung."
1938-05_4: Antependien. „Die Erhebung zur selbständigen Gemeinde ist immer noch nicht erfolgt. Deswegen konnte auch noch kein Kirchenvorstand und keine Kirchenvertretung gebildet werden."
1938-06_4: Orgelkonzert „Einen Organisten können wir jetzt noch nicht anstellen, da die Kirchengemeinde immer noch nicht selbständig ist..."
1938-07_4: „... Plan, in unserer Kirche eine Höranlage zu schaffen... Mir persönlich ist es ein besonderes Anliegen, sie zu schaffen."
1938-08_4: „Gerade heute, wo ich diese Zeilen zu schreiben habe, geht Stück 8 des ‚Kirchliches Gesetz- und Verordnungsblattes für den Amtsbezirk des Landeskirchenamts in Kiel' vom 14. Juli 1938 hier ein, das unter Nr. 48 die Urkunde über die Einrichtung der Kirchengemeinde Wellingsbüttel, Propstei Stormarn, bringt. Sie ist so wichtig, daß ich sie wörtlich folgen lasse:...".
1938-09_4: „Seit dem 1. Juli besteht die Kirchengemeinde Wellingsbüttel. Sie sieht sich vor besondere Aufgaben gestellt. Zunächst gilt es, ihr die Verwaltungsorgane, Kirchenvorstand und Kirchenvertretung, zu schaffen."
„Nach den geltenden Bestimmungen ist der neue Pastor durch das Landeskirchenamt bzw. dessen Präsidenten zu ernennen. Es hat uns aber der Präsident zugesagt, uns drei Pastoren zu bezeichnen, unter denen wir einen auswählen können. So werden bald drei Pastoren hier Gastpredigten halten, von denen die Kirchenvertretung einen zu wählen hat, den dann das Landeskirchenamt ernennt. Die Namen der drei Pastoren sind uns bisher noch nicht mitgeteilt. So dann ist die Organistenstelle zu errichten, wobei von der Kirchenvertretung zu entscheiden ist, ob ein Organist, der nur das Organistenamt zu verwalten hat, oder ein Organist, der zugleich die Kirchenkasse mit übernimmt, oder eine Organistin angestellt werden soll- Nach Errichtung der Stelle ist der Organist vom Kirchenvorstand zu wählen.
Es handelt sich bei allen diesen Dingen um Beschlüsse von grundlegender Bedeutung, die für die Entfaltung des Lebens in der Gemeinde von größter Wichtigkeit sind."
1938-10_4: Ernennung des Bevollmächtigtenausschusses aus Peemöller, Salzmann, Bischoff und deren Stellungnahme gegenüber LKA bzw. dessen Präsidenten.
1938-12_4: Walter Kraft (*1905; 1977) „Man singt mit Freuden vom Sieg"
1939-01_4: Hopp und Jäger
1939-02_4: Arbeitsgemeinschaft zu Deutschtum und Christentum sowie Heldengedenktag „Insbesondere sind die Frontkämpfer und Kriegshinterbliebenen herzlich hierzu eingeladen"
1939-04_4: militärische Übung
1939-05_4: Vertretung Propst Dührkop
1939-08_4: Vortrag Pastor Dr. Christel Schröder, Jever / Oldenburg: „Volkerhaltung und Volkwerdung durch die Mission". Turmuhr
1939-09_4: Kirchenvorstand und Kirchenvertretung durch LKA ernannt
1939-10_4: Vertretung durch Pastor Mäder, Wandsbek, Bismarckstraße 5
1939-12_4: Grußwort von Pastor Scheuer
1940f_02f_4: Boeck (nach Einberufung P. Mäder) übernimmt wieder Vertretung. GD wegen Heizmaterialmangel im Zeichensaal der Hans-Schemm-Schule; Papierersparnis zweimonatliches Erscheinen
1940f_04f_4: Pastor Scheuer jetzt als Unteroffizier an der Westfront

1940f_06f_4: „... auf dem Felde der Ehre für Führer und Volk gefallen ...Ortsgruppenleiter Senatsrat Emil Kaiser ...Soldat in einem Infanterieregiment. Mit seinem höchsten politischen Beamten hat Wellingsbüttel unsagbar viel verloren, die Teilnahme, ja der Schmerz über seinen Verlust ist allgemein. Ihn bewegten noch viele Aufbaupläne für den Ort, besonders auf kulturellem Gebiet, und er wäre der Mann gewesen, sie durchzusetzen. Wohl war er vom Heeresdienst für seinen Posten in der Heimatfront reklamiert, aber man hielt es für untunlich, ihn den alten Parteigenossen, aus dem Felde zu entlassen. So hat er seine Ideale mit dem Tod besiegelt."

„ein neues Singen ... in Zeiten großer Bewegungen... Lied der Reformation ... ein Lied der kämpfenden und siegenden Kirche; es hat unserer Zeit viel zu sagen."

Pastor Scheuer ist Unteroffizier in einem Pionierbataillon und befindet sich zur Zeit an der Westfront."

1940f_08f_4: „Ende Mai ist für Führer und Volk gefallen der Gefreite Werner Timm."

„Pastor Scheuer und ich <Boeck> haben zweimal den Gemeindegliedern, die im Felde stehen, ... ein Rundschreiben und Lesestoff geschickt. Solche Zusendungen hat das Oberkommando der Wehrmacht jetzt verboten, weil für die religiöse Betreuung der Wehrmachtsangehörigen nur die hierfür eigens geschaffene Wehrmachtsseelsorge zuständig ist. Es ist aber nicht verboten, daß die Gemeindeglieder selber ihren Angehörigen das Gemeindeblatt oder eine religiöse Schrift ins Feld senden.

Während diese Zeilen geschrieben werden, weilt Pastor Scheuer auf Urlaub in der Heimat. An den beiden letzten Sonntagen hat er gepredigt. Seine Feldanschrift lautet: Unteroffizier Rudolf Scheuer, Feldpostnummer 16 061."

1940f_10f_4: „Pastor Scheuer steht im Westen. Kürzlich hat er das Eiserne Kreuz 2. Klasse erhalten. Seine Feldpostnummer lautet: Unteroffizier Scheuer 16 061."

1940f_12_4: „Pastor Scheuer, der AM Totensonntag die Predigt hielt, mußte noch am selben Tage plötzlich seinen Urlaub unterbrechen, da er an einem Offiziersausbildungskursus teilnehmen soll."

1941_01_4: „Feldpostnummer von Pastor Scheuer: Feldwebel S. 16 488."

11 Abkürzungen, Archivalien und Indices zu Themen, Orten und Personen

11.1 Abkürzungen

BarmBot	Barmbeker Bote	NS	Nationalsozialismus bzw. nationalsozialistisch
BdFG	Blätter der Fehrs-Gilde		
DBZ	Deutsche Bauzeitung	NSDAP	Nationasozialistische Deutsche Arbeiterpartei
DSA	Denkmalschutzamt		
FS	Festschrift	SA	Sturmabteilung
HAA	Hamburgisches Architekturarchiv	SB	Sammelband
		SS	Schutz-Staffel
H&J	Hopp und Jäger	URL	Uniform Resource Locator [für Internetadressen]
HambKZ	Hamburger Kirchenzeitung		
JAV	Jahrbuch des Alstervereins	ZVHG	Zeitschrift des Vereins für Hamburgische Geschichte
KuK	Kunst und Kirche		
LASH	Landesarchiv Schleswig-Holstein	ZfSHKG	Zeitschrift für Schleswig-Holsteinische Kirchengeschichte
Masch	maschinenschriftlich		

11.2 Archivalien

[Festschriften von Kirchengemeinden sind unter KG_... im Literaturverzeichnis mit Ort und Jahreszahl aufgeführt]
Archive der Kirchengemeinden Wellingsbüttel und Bramfeld
Bauabteilung des Kirchenkreises Hamburg-Ost
Denkmalschutzamt: Akte (39-517-201) und Kartei zur Lutherkirche
Gemeinsames Archiv des Kreises Steinburg und der Stadt Itzehoe (Sammlung Dohnke 2.22 und 2.23) sowie die Fotos ‚x 20711' und ‚x 42763 '
Hamburgisches Architekturarchiv: Bestand R. Jäger (darin u.a. Fotobestand Walter Lüden unter HAA_Jäger _Lüden ...), Fotobestand Otto Rheinländer (HAA_ORh...)
Hopp: Private Archivalien aus dem Nachlass Bernhard Hopp sowie Dr. Gisela Hopp (digitalisiert und den Archivalien hinzugefügt. Seitenzählung nach den Digitalisaten in PDF-Dateien).
Kirchenkreisarchiv Hamburg-Ost (Zeitschrift ‚Barmbeker Bote')
Landesarchiv Schleswig-Holstein LASH 399 Nr. 206 sowie LASH 371 Nr. 827
Landeskirchliches Archiv der Nordkirche in Kiel LKAK 12.03
Staatsarchiv Hamburg StAHH 731-8 Nr. A 640 Lutherkirche Wellingsbüttel
Vereinigung Quickborn (Archiv in der Niederdeutschen Bibliothek, Hamburg, der Carl-Toepfer-Stiftung)

11.3 Themen-Index

Abschiedsgottesdienst 129
Abschiedspredigt 97, 98, 99, 223
Adlige 28, 202
Adolf-Hitler-Park 126
Adressbuch 70, 71, 87, 143
Affirmation 165
Agitation 68, 117, 124, 190
Ahnenerbe 109
AKENS 166, 190
Alldeutschland 109
Alstertal 73, 74, 193, 200
Alsterthal-Terrain-Aktien-Gesellschaft 181, 196
Alster-Verein 14, 51, 76, 130, 131, 141, 166, 172, 181, 186, 187, 191, 193, 194, 197, 198, 239
Anekdote 23, 37, 143
Ansprache 59, 72, 73, 86, 114, 128, 129, 138, 139, 140, 200, 236
Antisemitismus 189
Apotheker 124
Arbeiter 42, 43, 49, 51, 70, 176, 178, 239
Archäologie 14
Architekt 9, 12, 14, 22, 51, 59, 82, 84, 85, 91, 170, 192, 255
Archiv 9, 12, 14, 16, 17, 18, 20, 26, 29, 37, 40, 42, 54, 55, 56, 57, 58, 59, 60, 61, 65, 67, 70, 72, 73, 76, 80, 86, 87, 88, 90, 93, 98, 100, 101, 107, 121, 124, 136, 137, 141, 143, 144, 146, 195, 196, 203, 204, 239, 255
Ariernachweis 170, 171
Artentwicklung 159
ATAG 55, 72, 181, 196, 197
Aufklärung 30, 154
Auschwitz 20, 24
Ausgebombte 132
Ausriss 51, 140
Bauausschuss 72, 79, 80, 83, 84, 85, 86, 90, 101, 235
Bauernhaus 79, 170
Bauplatz 55, 78
Bedankung 37, 136, 140
Beerdigung 26, 106, 208
Beheimatung 170

Beileidsbekundung 145, 161
Bekenntnis 48, 53, 57, 58, 92, 93, 95, 189, 194, 235
Bevölkerung 42, 61, 95, 163, 174
Bevollmächtigten-Gremium 72, 237
Bewerbung 49, 53, 96, 97, 98
Bewußtsein 34, 108, 119, 126, 153, 162, 236
Bibel 33, 47, 62, 87, 106, 237
Bibliografie 31, 34, 103, 144
Bilder-Kanzeln 92
Biografie 10, 11, 14, 24, 25, 26, 31, 53, 73, 76, 93, 103, 104, 110, 144, 189, 192, 193, 197, 205
Bischof 55, 57, 58, 88, 89, 161, 255
BK 52, 57, 95
Blut-Boden-Ideologie 84, 109, 120, 152, 159, 165, 166
Bodendenkmalpflege 197
Boeck 'Onkel' 26, 28, 29, 33, 133, 202, 207, 208, 209, 210
Brief 27, 36, 63, 67, 70, 72, 93, 97, 113, 121, 133, 142, 143, 144, 157, 165, 182, 184, 193, 201, 206, 210
Bronzerelief 127, 175
Bronzezeit 83, 91, 191
Buchverlag 193
Bundespräsident 17, 133
Bundes-Verdienstkreuz 16, 24, 102, 133, 134, 137, 204, 205
Carl-Toepfer-Stiftung 9, 112, 121, 239
Charakteristik 45, 95, 104, 118, 150, 167
Christen 21, 35, 58, 62, 90, 93, 236
Christenkreuz 21, 22, 23, 190
Christentum 62, 63, 88, 89, 149, 154, 189, 235, 237
Christian-Albrechts-Universität 32
Christus 79, 87, 88, 235, 236
Chronologie 95
Damenstift 28
Dankschreiben 40, 70, 71, 72, 146, 161
Darlehnskasse 152, 182
Darwinismus 149

DC / Deutsche Christen 52, 55, 56, 57, 58, 60, 61, 89, 93, 97, 191
Denkmal 50
Denkmalpflege 91, 170, 189
Deutschkirche 59
Deutschnational 181
Deutschtum 62, 88, 117, 150, 237
Deutung 20, 22, 128, 166, 179, 192, 255
Dichter 27, 35, 52, 102, 104, 105, 106, 107, 111, 112, 117, 119, 120, 122, 123, 126, 129, 132, 147, 148, 150, 151, 155, 157, 158, 160, 161, 163, 169, 171, 172, 173, 174, 182, 183, 184, 185, 186, 191, 200
Dichtung 106, 108, 109, 124, 142, 151, 155, 167, 173, 183, 190
Diensteid 32
Dienstweg 55, 58, 60, 61, 93, 97
Dissertation 14, 18, 33, 43, 52, 132, 142, 157, 181, 189, 193, 201, 203
DNVP 52
Doktorvater 15
Donnerbesen 85, 92
Doppeleiche 105, 117
Doppelkreuz 85
Ehepaar 37, 38, 40, 42, 61, 76, 94, 136
Ehrenmal 50, 76, 94, 95
Ehrenmitglied 14, 141, 194
Ehrenvorstand 113, 166
Eichbaum 46, 112, 117, 205, 235
Einberufung 237
Einheitsliste 52, 58
Einquartierung 132, 133, 202
Eisenersparnis 170
EK 87, 94
Elfenbeinbleiche 64, 67, 68, 191
Elternhaus 29, 202, 209
Emanzipation 192
Emblem 22, 94, 117, 118, 171
Entnazifizierung 55, 71
Entwicklung 19, 24, 31, 52, 54, 57, 79, 99, 117, 125, 147, 150, 160, 172, 179
Erbgut 164, 165, 169, 172
Erbsünde 62

Erinnerung 13, 18, 21, 27, 29, 38, 45, 84, 98, 104, 126, 153, 162, 168, 174, 188, 197, 202, 206, 210
Erkenntnis 77, 154, 178
Ermächtigungsgesetz 56, 58
Erntedanktag 18
Ersatzreligionen 87
Erweckung 108
Erzähler 189
Erzählung 26, 38, 80, 104, 105, 130, 133, 172, 188, 190, 191
Erzählzeit 118
Erziehung 20, 27, 28, 29, 202, 204
Evangelisch-lutherisch 103, 188, 200
Evangelisch-Sozial 35, 197
Evangelium 34, 58, 92, 235
Examen 27, 29, 30, 31, 40, 95
Fachwerk 22, 82, 84, 90, 170, 175
Faksimile 60, 125, 166
Familie 25, 36, 47, 64, 68, 69, 72, 84, 94, 99, 103, 113, 114, 130, 133, 193, 202, 203, 204
Faschismus 190
FDP 34, 133, 134, 141, 203, 204
Fehrs
- Ausgabe 103, 108
- Begräbnis 129
- Bild 127
- Biografie 33, 111
- Familie 36
- Geburtshaus 110
- Geburtstag 109, 125, 169
- Gedenkstein 126, 127
- Gedicht 128
- Genealogie 115
- Gilde 9, 11, 14, 15, 16, 17, 18, 23, 25, 27, 31, 33, 34, 35, 36, 40, 45, 52, 53, 65, 84, 101, 102, 103, 106, 108, 109, 112, 113, 115, 116, 117, 118, 119, 120, 121, 122, 123, 124, 125, 126, 127, 128, 130, 131, 132, 133, 136, 137, 138, 140, 141, 142, 143, 144, 145, 147, 148, 150, 155, 156, 157, 158, 160, 161, 163, 165, 166, 167, 169, 171, 172, 174, 176, 177, 178,

183, 184, 185, 186, 187, 188, 189, 190, 191, 192, 193, 194, 195, 196, 202, 203, 204, 227, 239
- Gildejahr 126, 129
- Gildetag 113, 163
- Grabstein 106
- Preis 130, 131
- Propaganda 131, 132, 164, 172
- Publikationen 110, 112
- Rezeption 169, 200
- Schrifttum 106, 120, 148, 164
- Überlieferung 23
- Stein 114, 115, 116, 125, 129, 205
Festschrift 13, 23, 24, 25, 36, 39, 46, 65, 70, 74, 87, 103, 134, 137, 138, 142, 144, 146, 147, 148, 160, 181, 193, 194, 198, 204, 227, 239
Festwoche 126, 128, 169
Film 86, 87, 94, 127, 237
Findbuch 16, 18
Flugblatt 61, 106
Flurbezeichnung 46, 67, 80
Foto 12, 14, 15, 33, 35, 38, 40, 41, 42, 44, 45, 46, 47, 50, 67, 75, 82, 85, 90, 110, 111, 112, 114, 126, 127, 140, 141, 163, 201, 205, 239
Frahm-Heft 131
Frauenhilfe 44, 72, 235
Frauenverein 42, 43, 44, 47
Freiheitsbewegung 118
Fremdkörper 88, 195
Friedenskirche 59
Friedhof 42, 50, 106
Friedrich-Freudenthal-Preis 140
Frontkämpfer 237
Frühgeschichte 198
Führer 23, 54, 57, 74, 83, 88, 93, 94, 97, 126, 165, 235, 238
Führerprinzip 57, 58, 60, 93
Fund 14, 15, 16, 80, 191
Funktionär 72, 121, 177
Fürstentum 196, 198
Gau 68, 76, 115, 118
Gauleiter 59, 114, 115, 124, 125, 126, 169, 174, 205

Geburtstag 14, 24, 25, 27, 37, 40, 105, 106, 110, 111, 112, 115, 116, 126, 133, 134, 135, 136, 137, 139, 140, 141, 142, 144, 146, 150, 154, 155, 175, 182, 183, 186, 189, 193, 204, 206, 209
Gedenkstätte 21
Gedenkstein 59, 114
Gedenktafel 35, 94
Geheimbünde 68
Geldverkehr 152
Gelehrsamkeit 29, 101
Gemälde 46, 111, 112, 142
Gemeinde 11, 13, 17, 18, 19, 21, 22, 30, 34, 37, 38, 42, 43, 44, 46, 47, 48, 49, 50, 51, 52, 53, 54, 55, 56, 57, 58, 60, 61, 62, 63, 65, 67, 68, 69, 70, 72, 73, 74, 75, 76, 77, 78, 79, 80, 83, 86, 90, 93, 95, 96, 97, 98, 99, 100, 101, 106, 129, 131, 142, 143, 153, 167, 168, 170, 175, 178, 192, 198, 203, 235, 237, 238, 255
- Archiv 13, 17
- Bezirk 11, 17, 61, 63, 65, 67, 69, 78
- Blatt 17, 22, 56, 61, 62, 63, 65, 70, 72, 73, 77, 79, 86, 98, 235, 238
- Geschichte 13, 17, 94, 176
- Haus 65, 73
- Pastor 18, 37, 42, 94, 117
Gemeinde (pol.)
- Publikation 21
- Vertretung 70, 71, 73, 100
- Verwaltung 70, 73, 74, 76
- Vorsteher 50, 54, 56, 70, 71, 74, 78
- Wappen 77
Genossenschaft 102, 152, 153, 176, 182
Genozid 116
Geschäftsstelle 130, 144
Geschichtswissenschaft 17
Geschiebe-Wellen 77
Gewalt 48
Glaubensbekenntnis 154

Gleichschaltung 57, 70, 116, 121, 122, 125
Glocke 50, 86, 90, 171, 236
Gott 26, 31, 50, 54, 62, 74, 79, 87, 88, 89, 90, 100, 118, 123, 128, 143, 157, 164, 179, 193, 200, 206, 208, 236
Gottesdienst 42, 51, 64, 65, 86, 97, 142, 219, 229, 235
Gottvertrauen 108
Gottzeichen 85
Grabhügel 80, 199
Grabrede 106, 107, 108, 155, 175, 176, 211
Gratulation 14, 15, 40, 134, 137, 206
Grenzbote 155, 183
Grenze 108, 117, 159, 177, 235
Greueltaten 116
Grindelviertel 72
Groß-Hamburg-Gesetz 16, 76
Großindustrieller 64, 68, 197
Grundbuch 67, 143
Gymnasium 25, 27, 28, 29, 202
Haftpflicht 152, 182
Hakenkreuz 12, 13, 21, 22, 23, 83, 84, 85, 86, 90, 171, 190, 196
Hans-Schemm-Schule 237
Hausmarken 84
Heeresdienst 108, 238
Heimat 19, 27, 31, 78, 89, 91, 120, 121, 125, 128, 159, 171, 188, 238
- Boden 151, 172
- Buch 9, 50, 76, 77, 84, 166, 196, 199
- Bund 15, 130, 138, 199, 204
- Chronik 130
- Forscher 11, 146
- Gefühl 79, 170
- Kultur 152, 157
- Kunst 200
- Liebe 168
- Pflege 159
- Schutz 159, 201
- Woche 78, 188
-Verband 189
Heimatkirche 30, 31, 80
Heirat 37, 150
Heldengedenktag 237

Hellenisierung 154, 183
Herrenhaus 54, 64, 65, 69, 80, 235
Herzogtum 196, 199
Hilfsgeistlicher 28, 32, 41, 42, 52, 53, 55, 56, 64, 72, 93, 95, 99, 154
Historiker 76, 88
Hitler-Bewegung 70
HJ 88, 94
Hochzeit 37, 38, 94, 136
Hoheit 28, 33, 113, 209
Holzkonstruktion 170
Hopp-und-Jäger-Kirchbau 171
Hörapparat 132, 237
Hügelgrab 80, 83, 91, 92, 170, 191, 236
Ideal 14, 107, 108, 156, 238
Idealismus 153
Ideologie 120, 147, 152, 178, 189
Illustrator 112
Industrialisierung 34, 68
Inflation 49, 50
Inquisition 151
Inspiration 153, 155
Intimfeind 121
Jesus 62, 63, 88, 90, 236
Johannes-Kirchengemeinde 21, 22, 189, 194
Joost-van-den-Vondel-Preis 36
Jude 21, 68, 159, 192, 195, 196
Judenverfolgung 191, 195, 201
Jugend 36, 52, 88, 149, 195
Kaiserreich 19, 32, 35, 47, 48, 50, 73, 74, 175, 178
Kammerfrau 28, 209
Kampfbund 116, 120, 121, 125, 134
Kanzel 60, 86, 92, 130, 143, 179
Kanzleisitz 71, 130, 143
Kapitalismus 69, 152, 156, 204
Kasse 72, 100, 109, 129, 152, 153, 195, 235
Katechese 42
Kindergottesdienst 26
Kinderreichtum 61
Kirche 9, 11, 13, 21, 22, 26, 30, 31, 37, 46, 47, 48, 50, 51, 52, 53, 55, 57, 58, 59, 61, 63, 70, 72, 74, 79, 80, 82, 83, 84, 85, 86, 87, 88, 89, 90, 91, 92, 93, 94, 95, 99, 100, 101, 106, 125, 151, 163, 170,

175, 176, 178, 186, 187, 189, 191, 192, 194, 195, 197, 198, 199, 200, 201, 202, 207, 235, 236, 237, 238, 239, 255
- Bücher 195, 201
- Chronik 74
- Fahne 86
- Gemeinde 9, 11, 14, 15, 16, 17, 18, 23, 24, 38, 39, 40, 41, 45, 46, 47, 48, 50, 51, 52, 53, 54, 58, 65, 66, 67, 70, 72, 80, 92, 96, 100, 103, 136, 142, 144, 175, 188, 189, 194, 196, 198, 199, 203, 236, 237, 239
- K.-älteste 101, 143
- K.-amt 49, 53, 58
- K.-archiv 18, 196
- K.-austritt 72, 73, 99
- K.wahl 52, 58, 63, 235
- Kasse 237
- Vertretung 52, 93, 98, 236, 237
- Vorstand 13, 52, 55, 70, 72, 83, 84, 90, 91, 93, 96, 97, 98, 99, 100, 101, 136, 143, 237
Kirchengelände 50, 70, 80, 99
Kirchengeschichte 31, 70, 182, 192, 194, 201, 239
Kirchenkampf 52, 57, 61, 181, 196, 197, 200, 201
Kirchensprache 31, 200
Kirchgebäude 46, 72, 78, 91, 175, 192, 255
- Altarraum 86, 90, 192, 236, 255
- Bau 21, 22, 31, 47, 57, 69, 72, 78, 79, 80, 82, 90, 91, 95, 96, 115, 131, 155, 169, 170, 175, 186, 190, 194, 199, 202, 236
- Einweihung 50, 51, 63, 74, 86, 87, 88, 90, 94, 97, 114, 115, 116, 125, 126, 236, 237
- Empore 12, 47
- Grundstein 11, 12, 13, 82, 83, 157, 235
- Mauerdekor 12, 13, 21, 82, 83, 84, 89, 90, 92, 171
- Raum 235

Kirchweihfeier 21, 46, 86, 88, 89, 219
Kirsten-Testament 65
Kloster 28, 140, 202
Kommunisten 39, 49, 152, 176
Konfirmanden 46, 47, 48, 51, 52, 53
Konfirmation 27, 48, 52, 59, 124, 205
Konsumvereinsbewegung 152
Konzentrationslager 99, 100
KPD-Mitglieder 73
Krankheit 27, 38, 39, 42, 43, 48, 49, 116, 143, 158, 195, 206
Kreditgenossenschaften 152
Kreisarchiv 9, 103, 106, 108, 110, 129, 141
Kreismuseum 112, 127
Kriedenberg 191, 199
Krieg 20, 47, 48, 50, 52, 64, 70, 73, 77, 87, 95, 99, 106, 108, 132, 143, 168, 171, 173, 175, 176, 202, 203, 237
Kritik-Fähigkeit 160
Kuhteich 50
Kultur 23, 62, 75, 116, 119, 120, 121, 122, 124, 125, 133, 134, 144, 148, 149, 156, 158, 161, 177, 178, 179, 181, 182, 183, 184, 190, 191, 193, 198, 204
Kunst 21, 82, 87, 91, 124, 125, 129, 142, 151, 153, 155, 162, 170, 171, 183, 184, 186, 190, 191, 192, 193, 194, 239, 255
Künstler 22, 79, 92, 124, 127, 151, 153
Kuraufenthalt 39
KZ 21, 98
Ladelund-Ausstellung 21
Landesarchiv 9, 15, 16, 17, 109, 239
Landesbibliothek 169
Landesbischof 12, 23, 57, 58, 60, 86, 87, 97, 236
Landeskirche 9, 26, 49, 52, 54, 55, 56, 57, 58, 59, 60, 65, 72, 93, 95, 97, 98, 161, 192, 195, 197, 200, 235, 236, 237, 239
Landrat 113, 116, 129, 174, 178, 204
Laudator 25, 36, 142, 202
Lebenserinnerung 25, 133
Lebensrune 85
Lebensschiff 85
Lehramts-Kandidat 132

Lehrerbund 74
Leibrente 38
Leitung 13, 60, 94, 125
Liberalimus 151
Lied 73, 86, 161, 238
Literatur 20, 23, 35, 72, 84, 101, 102, 116, 124, 144, 146, 147, 148, 151, 159, 160, 161, 164, 165, 176, 177, 181, 182, 183, 184, 189, 190, 194, 195, 203, 239
Lizenz 133, 171, 172
Lorbeerkranz 112
Lornsen-Kette 15, 16, 138, 173, 204
Luftbild 78, 79
Luther 86, 87, 88, 90, 92, 175, 192, 198, 202, 219, 235, 236
Lutherkirche 11, 14, 21, 22, 31, 56, 78, 79, 82, 87, 90, 92, 94, 95, 142, 189, 192, 194, 198, 201, 235, 236, 239, 255
Machtergreifung 57, 60, 68, 116
Maler 111, 112, 113, 192, 255
Manuskript 15, 33, 45, 76, 77, 133, 169, 193, 204
Marcus-Nordheim-Stift 72
Maren 104, 112, 118, 133, 150, 157, 158, 182, 184, 186, 197, 203
Margaretenspende 42, 43, 44, 193
Margarethenschrank 44
Maria-Magdalenen-Kirche 96, 192, 199, 255
Martin-Luther-King-Gemeinde 46
Maulkorb-Erlass 61, 63
Medaille 37, 136, 205
Mehrdeutigkeit 88, 89
Menschentum 149, 153
Mischmasch 149, 172
Mitglied 11, 58, 59, 76, 92, 100, 103, 109, 110, 113, 114, 115, 116, 117, 129, 130, 131, 134, 136, 140, 147, 148, 153, 155, 170, 173, 174, 176, 181, 183, 184, 191, 205
Mitläufer 20
Museum 69, 112, 190, 197
Nachbargemeinde 22, 39, 93, 95
Nachkriegsstellungnahme 101, 175
Nachkriegszeit 11, 33, 48, 68, 127, 132, 133, 134, 148, 171, 189, 205

Nachlass 9, 14, 15, 16, 18, 30, 36, 37, 38, 44, 102, 103, 111, 116, 134, 135, 136, 139, 140, 144, 148, 149, 157, 169, 202, 239
Napoleon 156
Nationalsozialismus 13, 20, 21, 22, 23, 24, 31, 35, 50, 51, 53, 57, 59, 60, 63, 68, 70, 72, 73, 76, 80, 84, 87, 88, 89, 92, 93, 94, 95, 99, 100, 103, 115, 121, 125, 126, 128, 134, 167, 169, 171, 173, 174, 177, 179, 189, 190, 191, 192, 195, 197, 198, 200, 239
Naturschutz 80, 91, 159, 170, 236
Naumann-Rezeption 34, 43, 134, 152, 178, 203
NDR 140
NEK-Synode 21
Neuapostolisch 143
Neuluthertum 30
Nicolauskirche 27, 58, 192, 255
Nicolaysen 198
Niederdeutsch 9, 13, 18, 23, 24, 33, 52, 59, 91, 101, 103, 108, 116, 119, 120, 123, 124, 126, 130, 132, 140, 144, 146, 148, 158, 160, 162, 165, 166, 167, 176, 184, 185, 187, 190, 191, 192, 194, 195, 199, 200, 201
Niedersachsentum 75, 124
Norddeutschland 26, 40, 74, 77, 80, 83, 84, 155, 166, 167, 168, 185, 188, 190, 199
Nordelbisch 18, 105, 195, 196
Nordkirche 21, 29, 173, 239
Nordostsee-Kanal 37
Novelle 190, 191
NSDAP 51, 52, 53, 59, 70, 71, 73, 89, 95, 115, 124, 125, 167, 173, 190, 239
Oberpräsident 59, 115, 116, 124, 127
Organist 237
Orgel 86, 90, 236, 237
Orhodoxie 151
Orientierung 19, 41, 91, 119, 170, 177, 189, 203, 236
Ortsgruppenleiter 51, 54, 69, 71, 73, 78, 238
Ortsvorsteher 71, 72, 73, 143

Osterkirche 30, 45, 46, 47, 73, 81, 82, 94, 96, 97
Ostland 116
Ostung 91
Pantoffeln 39
Papst 88
Partei 47, 59, 100, 101, 115, 124, 156, 167, 173, 174, 238
Passionsampel 140
Pate 29, 115
Patriotisches Gebäude 138, 204
Pfarrhaus 61, 94
Pforte 67, 84, 203
Pg 181
Plattdeusch 31, 35, 40, 59, 108, 109, 114, 117, 123, 124, 129, 166, 185, 188, 190, 191, 200, 229
Polarisierung 176, 178
Politik 33, 34, 87, 108, 126, 157, 176, 183, 194
Postbeamter 71, 100
Postkarte 67, 82, 86, 105, 112
Predigt 30, 31, 32, 34, 42, 43, 54, 55, 63, 86, 87, 88, 89, 90, 92, 97, 99, 100, 146, 148, 154, 156, 157, 164, 175, 179, 203, 238
Preußen 31, 32, 45, 59
Prinzesshof 112, 113, 127
Prinzessin 28, 113, 209
Programmzeitschrift 140
Propagada 73, 88, 100, 103, 115, 117, 125, 126, 163, 190, 200
Propst / Propstei 30, 31, 39, 42, 55, 58, 59, 60, 61, 82, 83, 87, 93, 94, 96, 97, 98, 99, 124, 144, 146, 195, 198, 235, 237
Prosatext 126, 130
Protokollbuch 69, 72, 79, 83, 84, 85, 90, 100, 101, 131, 144
Psalm 27, 31, 106, 129
Puzzle 9, 11, 18, 19, 24, 27, 175, 178
Quickborn 23, 109, 116, 121, 125, 126, 178, 181, 182, 183, 186, 188, 189, 199, 211, 239
Radiosendung 140
Rasse 52, 53, 62, 74, 88, 108, 120, 149, 151, 158, 159, 160, 162, 163, 164, 165, 172, 177, 185
Rauten-Dekor 67
Reformation 175, 236, 238

Reichsbischof 57, 58
Reichskanzler 71, 94, 121, 125, 134, 165, 178
Reichskirche 56, 58, 61, 235
Reichskulturkammer 170
Religion 62, 87, 151, 182, 191, 203
Reuter-Text 118
Rezension 33, 60, 84, 104, 134, 148, 149, 150, 162, 173, 182, 186, 192, 195, 199
Rheinprovinz 43, 44, 195
Richtfeier 72, 236
Roman 93, 104, 118, 150, 152, 157, 158, 184, 190, 197, 199, 203
Ruhestand 11, 13, 56, 58, 76, 96, 101, 129, 130, 255
Runen 21, 92, 175
Sakristei 142
SA-Mitgliedschaft 45, 51, 75, 95
Schenkung 78, 99
Schleiermacher-Bände 156, 157
Schleswig-Holstein 15, 16, 17, 21, 31, 44, 57, 58, 59, 60, 115, 116, 117, 125, 129, 138, 161, 171, 172, 173, 174, 181, 182, 186, 187, 189, 190, 194, 197, 200, 201, 204, 235, 239
Schopenhauer 153, 155, 183
Schriftwart 18, 60, 76, 84, 91, 103, 106, 109, 116, 123, 129, 137, 147, 150, 161, 176, 177
Schuldbekenntnis 21
Schule 25, 27, 28, 29, 48, 55, 74, 75, 125, 149, 198, 202, 203, 207, 209
Seehof 28
Seele 54, 88, 120, 149, 164, 165, 169
Seelsorger 30, 146
Sekretärin 143, 203
Selbstbewußtsein 108
Selbsthilfe 53, 159, 160, 184
Semi-Kürschner 68
SH-Landesbank 116
SH-Mythen 117
SH-Oberpräsident 114
Simeonkirchen-Gemeinde 46
Sozialdemokratie 47, 176
Sozialistengesetze 35
SPD- 73
SS-Mitglied 73

Stadtarchiv 110
Stammbaum 36
Stämme 54, 88, 107, 108, 109, 119, 120, 122, 123, 125, 158, 159, 160, 161, 162, 165, 167, 170, 171, 172, 176, 185, 187, 191, 195, 235
Steinkistengrab 195
Stockmeyer 64, 68, 197
Straßenkämpfe 20
Strenge-Schule 73
Studentenlager 132
Studentenzeit 9, 29, 34, 35, 36, 43, 50, 102, 103, 104, 132, 148, 152, 189, 190, 191, 198, 203
Studienfreund 31, 35, 50, 93, 104
Stumpfe Ecke 36, 37, 188
Subjektivität 155, 158
Symbole 85
Synode 55, 56, 57, 58, 59, 96
Tagebücher 151, 181
Tageszeitung 61, 115, 129, 134, 165, 186
Tante 26, 28, 202, 203, 208, 209
Taufe 22, 29, 52, 85, 115, 133, 205
Telegraphenamt 70, 71
Terraingesellschaften 196
Theolgie 22, 25, 27, 29, 30, 33, 34, 35, 95, 96, 146, 151, 154, 175, 178, 197, 203
Thomas-Kirchen-Gemeinde 46
Toleranz 20, 191
Tonaufnahme 67, 86, 87
Torhaus 14, 15, 84, 101, 144, 146, 185, 198, 202
Torpfosten 66, 67, 203
Trinitätslehre 154
Turm 50, 90, 170, 175, 208, 236, 237
Türschmuck 170
Umbau 143
Uniform 51, 73
Universität 29, 30, 32, 33, 132, 138, 139, 142, 156, 163, 173, 181, 189, 198, 201, 203, 204, 255
Unkirchlichkeit 42
Unterschrift 72, 83, 101, 109, 111, 116, 121, 178, 236
Urgermanenzeit 195

Urkunde 15, 20, 25, 32, 48, 75, 96, 97, 99, 101, 130, 142, 166, 168, 186, 187, 237
Vaterland 44, 47, 108, 128, 156, 178, 196
Verdienstkreuz 17, 133
Verlag 11, 16, 17, 27, 33, 36, 102, 112, 124, 130, 133, 139, 142, 143, 144, 148, 156, 172, 173, 174, 177, 181, 182, 183, 185, 186, 187, 188, 189, 190, 191, 192, 193, 194, 195, 197, 198, 199, 201, 203, 204
Versailles 156
Verwandtschaft 26, 28, 29, 95, 204, 208
Villa 64, 204
Visitationsbericht 39, 42, 43, 45, 49, 53
Volk 33, 34, 35, 52, 53, 54, 61, 79, 83, 87, 88, 100, 101, 108, 119, 120, 122, 123, 125, 126, 128, 149, 151, 157, 159, 163, 164, 165, 166, 171, 172, 173, 179, 185, 189, 200, 201, 203, 235, 237, 238
Volksgemeinschaft 35, 90, 119, 176, 178
Volkshochschulkurse 101, 203
Volkskirche 235
Volkstum 108, 119, 120, 121, 122, 123, 125, 150, 156, 159, 160, 162, 165, 177, 184, 237
Vorsitzender 9, 11, 14, 18, 45, 55, 76, 83, 100, 103, 106, 109, 113, 116, 127, 129, 141, 144, 145, 147, 161, 171, 174, 175, 177, 202, 203, 204
Vorstand 18, 23, 25, 33, 40, 76, 100, 109, 113, 114, 116, 117, 125, 129, 130, 132, 137, 138, 141, 163, 202, 204
Wahl 18, 33, 42, 58, 70, 71, 98, 101, 134
Waldingsbüttel 77
Wappen 78
Wehrmacht 99, 238
Weimarer Republik 19, 48, 52, 59, 102, 113, 178
Wellen 76, 77, 163

Weltkrieg 16, 19, 20, 30, 44, 46, 47, 87, 94, 95, 99, 102, 108, 112, 150, 155, 169, 172, 174, 175, 176, 178, 179, 202, 255
Westendarpsche Villa 64
Westfront 237, 238
Widerstand 53
Wiedereintritt 52, 101
Wikipedia 31, 35, 44, 116, 117, 163
Winterhilfe 94
Winterhilfswerk 94
Wirtschaft 148
Wissenschaft 10, 33, 34, 108, 125, 153, 155, 156, 183, 184, 198
Wohnungsnot 133
Zeitgeist 79, 88, 119, 123, 163, 165, 176
Zeitzeugen 17, 18, 25
Zusammenbruch 73, 171
Zusammengehörigkeitsgefühl 153, 162
Zyklus 140

11.4 Orts- und Straßennamen-Index

Ahrensburg 41
Alpirsbach 90
Alstertal 199, 200, 201
Altona 40, 56, 60, 93, 124, 166, 167, 182, 185, 194, 196
Barmbek 40, 64, 69, 201, 239
Bergstedt 18, 24, 25, 32, 37, 41, 42, 44, 47, 79, 101, 130, 144, 187, 194
Berlin 21, 61, 109, 118, 156, 161, 174, 183, 184, 190, 200
Berne 59
Bismarckstraße 237
Bleckede 187
Bonn 17, 193, 200
Bordesholm 10, 14, 17, 144, 161, 202
Born 125
Bramfeld 9, 11, 18, 19, 20, 24, 25, 28, 37, 38, 39, 41, 42, 43, 44, 45, 46, 47, 48, 49, 50, 51, 52, 53, 54, 55, 56, 63, 65, 69, 73, 78, 82, 84, 87, 90, 91, 93, 94, 95, 96, 97, 106, 115, 116, 117, 129, 137, 152, 155, 166, 167, 168, 176, 178, 184, 185, 188, 193, 194, 196, 198, 199, 202, 204, 237, 239
Braunschweig 31, 181, 184, 190, 191
Bremen 161, 168, 184, 185, 197
Buchtstraße 70
Büsum 184, 198
Cadenberge 124
Celle 140
Christian-Boeck-Allee 101
Dithmarschen 130
Eilbek 38

Elfenbeinweg 64
Elmshorn 129
England 108
Feldstraße 71
Flandern 108
Flensburg 21, 44, 125, 187
Frankfurt 192
Friedrich-Kirsten-Straße 101
Garding 182, 183
Glückstadt 144
Goslar 198
Göttingen 181, 189, 191, 195, 196, 201
Grindelberg 71
Grindelhof 71
Hamburg 56
Hamburgerstraße 69, 70, 71, 143
Hamm/Westfalen 21, 22, 189, 194
Hanerau 113
Hannover 188, 192, 198
Heiligenstedten 25, 27, 29, 104, 206, 209
Hellbrook 42, 46, 199
Hildesheim 190
Holstein 31, 58, 161, 172, 184, 196, 198
Horneburg 198
Hörnerkirchen 31, 35, 50
Hummelsbüttel 74, 77, 195
Itzehoe 9, 25, 27, 28, 29, 36, 59, 103, 104, 105, 106, 107, 109, 110, 111, 112, 116, 117, 118, 124, 126, 128, 129, 140, 141, 142, 169, 186, 188, 189, 194, 202, 204, 205, 207, 208, 209, 239

Jever 237
Johann-Hinrich-Fehrs-Straße 131
Jürgensallee 67
Kaiser-Wilhelm-Straße 71
Kaltenkirchen 204
Kappeln 25, 41, 44
Kellinghusen 76, 112, 113, 134
Kiel 9, 25, 26, 29, 30, 31, 32, 34, 41, 52, 60, 76, 80, 81, 113, 114, 115, 116, 121, 124, 125, 130, 138, 143, 150, 152, 163, 165, 166, 169, 182, 185, 191, 195, 196, 201, 204, 236, 237, 239
Kirchwerder 124
Klein-Borstel 95, 133
Klempau 73
Koblenz 43
Köln 158, 184, 191, 193
Kopenhagen 28
Köstlin 108, 194, 195
Ladelund 21
Lauenburg 46, 65, 94, 196, 198, 199
Leipzig 25, 29, 182, 198
Lindenallee 146
Lübeck 29, 124, 177, 181, 185, 187, 196, 198, 199
Lübeckerstraße 70
Lütau 199
Marburg 25, 29
Martinistraße 70
Mühlenbarbek 27, 59, 110, 112, 114, 115, 116, 125
München 185, 197
Münster 142
Münsterdorf 124
Neumünster 190, 191, 193, 197, 201, 204
New-York 69
Niederlande 118
Norderbrarup 44
Norderstedt 192, 255
Norwegen 21
Ochsenmarktskamp 105, 117
Oldenburg 190, 198, 237
Oldesloe 73
Pommern 118
Poppenbüttel 74, 166, 185, 195
Rabenhorst 74
Ratzeburg 199

Rendsburg 25, 27, 28, 29, 37, 40, 58, 202, 209, 210
Rönnhaidstraße 64, 68
Rostock 31, 154
Sasel 74
Schlachterstraße 72
Schleswig 15, 16, 17, 21, 29, 31, 44, 57, 58, 59, 60, 115, 116, 117, 124, 125, 129, 138, 161, 171, 172, 173, 174, 181, 182, 186, 187, 189, 190, 194, 197, 200, 201, 204, 235, 239
Schlüterstraße 71
Segeberg 163, 184
Soltau 200
Speersort 126
Steilshoop 46, 56, 193, 199
Steinburg 103, 107, 141, 189, 239
Sterley 93, 199
Stormarn 16, 42, 43, 44, 46, 59, 60, 69, 75, 115, 195, 196, 198, 199, 200, 235, 237
Strenge 73, 74, 198
Stühm-Süd 46
Stuttgart 193, 195
Tangstedt 41
Thüringen 161
Up de Worth 78, 87
Waldingstraße 63, 64, 65, 132, 144, 203
Waldstraße 63, 65, 67, 68, 99, 130, 132, 133, 143, 203
Wandsbek 39, 55, 59, 60, 61, 83, 93, 237
Welingsbüttel 9, 11, 12, 13, 14, 15, 16, 17, 18, 19, 20, 21, 22, 23, 24, 25, 31, 38, 40, 41, 42, 46, 47, 50, 51, 52, 53, 54, 55, 56, 57, 60, 61, 64, 65, 66, 67, 68, 69, 70, 71, 72, 73, 74, 75, 76, 77, 78, 80, 84, 87, 90, 91, 92, 93, 94, 95, 96, 97, 98, 99, 101, 102, 104, 117, 124, 129, 130, 131, 132, 133, 136, 139, 142, 143, 144, 146, 148, 154, 168, 172, 175, 178, 181, 185, 186, 187, 188, 189, 191, 194, 195, 196, 197, 198, 199, 200, 201, 203, 204, 205, 215, 235, 236, 237, 238, 239, 255

Wellingsbüttel 56, 82, 91, 97, 115, 124, 129, 130, 133, 143, 169, 186, 187, 188, 189, 192, 193, 199, 255
Westfalen 21, 130, 142, 189
Wien 190, 195
Wienhusen 140
Zürich 190

11.5 Personen-Index

Adorno 20
Ahrens 202
Andersen 163
Asmussen 93
Aurig 136, 143
Bajohr 181
Barbeck 37, 40, 104, 204
Barlach 22
Bartels 160
Baudissin 63, 71, 72, 99, 139, 197
Beek 129, 188
Behrens 52, 181
Bellmann 144
Bernus 21, 22, 190
Bichel 189
Biehl 70, 124, 181
Biel 118
Bielfeldt 58, 181
Biermann-Rathjen 133
Biernatzki 198
Blunck 173
Bödewadt 35, 103, 104, 105, 106, 107, 108, 109, 110, 111, 112, 113, 114, 115, 117, 118, 125, 155, 176, 177, 181, 183
Boeck 9, 10, 11, 13, 14, 15, 16, 17, 18, 19, 20, 21, 22, 23, 24, 25, 26, 27, 28, 29, 30, 31, 33, 34, 35, 36, 37, 38, 39, 40, 41, 42, 44, 45, 46, 47, 48, 49, 50, 51, 52, 53, 54, 55, 56, 59, 60, 61, 62, 63, 64, 66, 67, 69, 70, 71, 72, 73, 74, 75, 76, 77, 78, 82, 83, 84, 86, 87, 88, 89, 90, 91, 92, 93, 94, 95, 96, 97, 98, 99, 100, 101, 102, 103, 104, 105, 106, 107, 109, 110, 113, 114, 115, 116, 117, 120, 121, 123, 124, 125, 126, 127, 128, 129, 130, 131, 132, 133, 134, 136, 140, 141, 142, 143, 144, 145, 146, 147, 148, 149, 150, 151, 152, 153, 154, 155, 156, 157, 158, 159, 160, 161, 162, 163, 164, 165, 166, 167, 168, 169, 170, 171, 172, 173, 174, 175, 176, 177, 178, 179, 180, 181, 182, 183, 184, 185, 186, 187, 188, 190, 191, 192, 193, 194, 197, 198, 200, 202, 203, 204, 205, 206, 235, 236, 237, 238
Boeck (geb), Louise 25, 26, 28, 29, 32, 206, 209, 210
Boje 55, 60
Borchers 46, 199
Borchling 108, 124
Bork 94, 118
Bothmann 60
Boysen 74, 189, 201
Brammer 124
Brand 31
Bräuninger 13, 14, 18, 71, 101, 115, 189
Bredendiek 140
Breuer 52
Brinkmann 157
Buff 34, 189
Busch 24, 141
Buss 41, 58, 59, 139, 163, 189, 197
Büttner 189
Carlebach 191
Carlyle 150, 182
Carstensen 29, 55
Chalybaeus 43
Chmielewski 112, 127
Christiansen 56, 58
Clasen 138, 195
Claudius 142
Conrad 124
Cornils 124
Darré 163
Diebner 124, 189
Dietrich 189
Dioum 16

Dircks 182, 183
Döhling 91
Dohnke 9, 23, 24, 103, 105, 108, 110, 112, 115, 117, 118, 120, 124, 126, 127, 128, 129, 147, 160, 163, 164, 165, 166, 169, 173, 177, 179, 182, 189, 190, 192, 194, 195, 197, 200, 201, 239
Dölling 191, 197, 198
Dorn 202
Dose 3, 9
Dreyer-Eimbcke 190
Driesmans 149, 150, 183
Droste-Hülshoff 160
Dührkop 31, 59, 60, 61, 82, 83, 86, 87, 94, 96, 97, 99, 237
Dwenger 50
Ehlers 10, 11, 14, 15, 16, 34, 144, 202
Ehrke 134, 190
Ellermeyer 64, 69, 190
Endlich 21, 22, 190
Engler 9, 13, 14, 16, 22, 52, 82, 84, 91, 191, 192, 255
Erl 124
Ewald 192
Falkers 77
Fehrs 9, 11, 14, 15, 16, 17, 18, 23, 25, 27, 31, 33, 34, 35, 36, 38, 39, 40, 45, 50, 52, 53, 59, 65, 75, 84, 101, 102, 103, 104, 105, 106, 107, 108, 109, 110, 111, 112, 113, 114, 115, 116, 117, 118, 119, 120, 121, 122, 123, 124, 125, 126, 127, 128, 129, 130, 131, 132, 133, 136, 137, 138, 140, 141, 142, 143, 144, 145, 146, 147, 148, 150, 151, 152, 155, 156, 157, 158, 160, 161, 163, 164, 165, 166, 167, 169, 171, 172, 174, 175, 176, 177, 178, 181, 182, 183, 184, 185, 186, 187, 188, 189, 190, 191, 192, 193, 194, 195, 196, 197, 200, 202, 203, 204, 205, 211, 227, 239
Fehrs, Anna Elisabeth (Miesch) 104
Fiege 41, 50, 51, 64, 68, 70, 71, 72, 73, 75, 76, 78, 80, 168, 191, 199, 200

Foerste 142, 188, 191
Frahm 131, 199
Fränckel 198
Freimark 192
Gailus 69, 72, 191, 195, 201
Galtz 191
Gättke 139
Geyler-von Bernus 21, 22, 190
Gillis 191
Glawe 154
Gleßmer 9, 10, 12, 13, 14, 20, 22, 31, 52, 64, 68, 76, 82, 84, 91, 95, 133, 170, 191, 192, 202, 255
Goebbels 121, 174
Goethe 104, 150, 151, 182
Goldschmidt 94
Goltz 35, 36, 65, 124, 142, 188, 192, 193, 200
Graveley 124
Greeven 138
Grolle 192
Groth 119, 133, 151, 157, 183, 184, 191, 193
Hansen 67
Harms 30, 31, 40, 175, 181, 182, 200, 201
Hebbel 151, 153, 160
Heinevetter 199
Heintze 58
Hering 9, 13, 14, 15, 60, 189, 192
Herntrich 89, 192
Heuss 17, 133
Himmler 163
Hinrichsen 75
Hinsch 43, 193
Hipp 193
Hirsch 193
Hitler 35, 60, 70, 121, 122, 123, 125, 165, 178
Hoberg 31, 90, 98, 142, 182, 193, 203, 205
Hoffmann 9, 25, 27, 28, 33, 34, 36, 39, 44, 101, 103, 116, 128, 132, 133, 134, 137, 140, 142, 143, 144, 163, 193, 202, 205
Holm 24, 193
Hopp 9, 12, 14, 22, 31, 59, 82, 84, 90, 91, 111, 170, 171, 192, 194, 237, 239, 255

Hoppe 28, 48, 90, 193
Hopster 24, 103, 115, 116, 121, 125, 165, 166, 177, 178, 189, 190, 193, 194, 195, 200, 201
Hornig 129
Hume 154, 183
Hutten 148
Irmisch 105, 106, 112, 113, 128, 140, 141, 194
Iwers 25
Jacobsen 44, 235
Jäger 9, 12, 14, 22, 31, 59, 82, 90, 91, 95, 133, 170, 192, 194, 237, 239, 255
Jammer 171
Jankowski 192
Janssen 59, 123, 165, 166, 167, 181, 185
Jarren 115
Jensen 32, 41, 113, 115, 187, 194
Jepsen 192
Joist 192
Jürgensen 40, 45, 129, 134, 137, 138, 141, 145, 161, 187, 193, 194, 204, 205
Kahl 101, 103, 144, 146, 194, 196
Kaiser 70, 71, 73, 74, 75, 77, 78, 168, 181, 206, 207, 238
Kautzsch 91, 194
Kayser 37
Kinau 124
Kirschke 196
Klöckner 198
Knolle 157
Knoth 87
Koch 104
Kock 29, 68
König 17, 18, 24, 25, 29, 46, 54, 56, 57, 58, 65, 66, 67, 69, 70, 72, 79, 82, 86, 87, 88, 89, 90, 92, 96, 98, 99, 101, 118, 146, 175, 178, 194, 196, 203, 205, 219
Konrad 195, 199
Kosch 147, 194
Köster 130
Köstlin 108, 194, 195
Krieger 44, 45, 195
Krogmann 55, 166
Kruse 105, 130, 131, 177

Kummerfeld 124
Kürschner 68
Kurtzrock 195
Lampe 192, 255
Larsen 184, 198
Lasch 33, 162, 163, 195, 198
Lehmann 163
Lensch 192, 255
Levy 69, 71
Lichtenberg 126
Liersch 198
Linck 21, 31, 55, 60, 173, 195
Lindow 23, 196
Lohse 59, 114, 115, 116, 124, 125, 126, 127, 128, 166, 169, 174, 205
Lokatis 60, 192, 196
Lorenz 192
Lühr 182, 183
Lütten 143
Maasch 201
Mäder 237
Mager 189, 192
Manshardt 92
Maßmann 129
Matthiessen 9, 50, 51, 76, 77, 78, 166, 196
Meier 57, 58, 60, 196
Meißner 124, 130, 185
Meyer 64, 67, 68, 69, 72, 112, 181, 193, 197
Meyer-Schurz 193
Meyer-Westendarp 64, 69
Michaelis 45, 194, 196
Michelsen 23, 189, 196
Millrath 21
Mirow 29, 210
Mißfeldt 127
Möller 9, 112, 121, 204
Mordhorst 55, 58, 161
Morisse 72, 196
Mühlau 196
Müller 57
Muus 138
Nadler 160
Naumann 34, 35, 43, 134, 176, 178, 196, 200, 203
Neumann 196
Niekerken 132, 203
Nielsen 111, 112

Niemöller 93
Nies 123
Nix 118
Oeser 124, 166, 190
Ohland 25, 26, 29, 36, 206, 209
Oldekop 196
Otte 192
Overlack 92, 196, 197
Paulsen 58, 59, 60, 86, 87, 97, 236
Pauly 124
Peemöller 72, 131, 237
Peperkorn 59
Perels 192
Petersen 187, 188
Peyn 130
Pfleiderer 154
Plett 76
Pollmann 35, 197
Preuß 77
Puschner 191
Quistorf 124, 129
Rackowitz 63, 71, 72, 99, 139, 197
Rambatz 48, 193
Rednak 64, 197
Rehders 76, 146, 195, 197
Reincke 168, 197
Reumann 56, 57, 59, 197
Reusch 76
Reuter 38, 117, 118, 157, 185, 198
Richter 115, 143
Ritter 24, 103, 105, 112, 158, 189, 190, 192, 197, 200
Rosenberg 62, 116, 121
Rossié 21, 22, 190
Rothmann 80
Ruge 23, 112, 128, 129, 182, 189, 190
Rüppel 101, 197
Salzmann 53, 54, 55, 56, 69, 70, 71, 72, 73, 74, 78, 84, 99, 100, 101, 143, 235, 236, 237
Schallehn 73
Scheidt 163
Schemm 74
Scheuer 18, 98, 99, 129, 237, 238
Schindler 197
Schleiermacher 88, 156, 157, 175, 179, 183, 203
Schmidt 74, 75, 125, 178, 197, 198
Schneider 24, 94, 198
Schnoor 166
Scholz 173, 187, 198
Schreyer 59, 60, 87, 89, 198
Schröder 163, 198, 237
Schulte-Herringhausen 130
Schulze-Delitzsch 152
Schütt 184, 198
Schwantes 77
Schwetschke 181
Schwichtenberg 128
Schyga 198
Seeberg 154
Seeler 28, 37, 39, 45, 46, 47, 48, 50, 51, 53, 63, 65, 72, 73, 74, 80, 82, 83, 84, 86, 87, 90, 93, 94, 95, 96, 97, 188, 199, 236
Selle 39, 157, 184
Siefke 80, 131, 141, 199, 235
Sievers 125
Sparmann 41, 141, 187, 194, 199
Specht 130, 134, 199
Speck 169, 186
Spiekermann 189
Spoor 189
Sprockhoff 199
Stange 92
Stauff 68
Stegemann 111, 113
Steiger 192
Steiner 195
Stolt 118
Storm 157
Strempel 125, 134, 178
Striebeck 48
Strohm 61, 200
Struck 124, 141
Südekum 72, 235
Suhr 200
Sühring 70
Szodrzynski 181
Tamm 51, 70
Teske 130
Thausen 26, 206
Thomsen 49
Timm 95, 193, 238
Töteberg 24, 91, 103, 106, 124, 126, 166, 200
Treitschke 88, 157, 201

Tügel 88
Tung 139
Ulrich 12, 23, 82, 143, 144, 148, 200, 202, 203
Vahlendick 112
Völkel 58
Vollnhals 191
VomBruch 35, 200
Wachs 106, 113, 115, 116, 125, 129, 130, 174, 178, 204
Wagner 124
Wallroth 49
Wallstein 181
Walters 143, 200
Wempe 38
Wendland 154
Wendt 154
Wesselmann 21
Westendarp 64, 67, 68, 69, 143, 191, 203
Wiechers 31, 200
Wieprecht 59, 60, 200
Wilhelmi 90, 92, 93, 95, 200, 201
Wirrer 24, 40, 103, 115, 116, 121, 125, 163, 165, 166, 177, 178, 189, 190, 193, 194, 195, 200, 201
Wohlrab 28, 193
Wolf 23, 201
Wolgast 201
Wölky 157, 201
Wurm 201
Zangel 196
Zessin 44, 201
Zettel 24
Zillen 30, 182, 201
Zuschlag 48, 193

Zum Autor

Dr. Uwe Gleßmer (Jahrgang 1951) ist Privatdozent für Altes Testament. Er wurde 1982 nach seinem Vikariat in der Gemeinde Maria-Magdalenen von Bischof Wölber zum Pastor ordiniert, arbeitete bis 2013 mit kurzzeitigen Unterbrechungen an der Universität Hamburg. Seit seinem Ruhestand ist er ehrenamtlich am Geschichtsprojekt der Lutherkirchen-Gemeinde in Hamburg- Wellingsbüttel engagiert sowie an dem Dokumentationsprojekt zum Architekturbüro Hopp und Jäger (www.huj-projekt.de). – Auf dem Hintergrund der Erschließung des umfangreichen Fotomaterials des Hamburgischen Architekturarchivs widmet er sich in besonderer Weise den von H&J vor dem Zweiten Weltkrieg im Norden Hamburgs gestalteten Kirchbauten sowie den damit verbundenen historischen Zusammenhängen.

Aus dem Hopp-und-Jäger-Projekt liegen folgende Veröffentlichungen vor:

Uwe Gleßmer / Alfred Lampe: Kirchgebäude in den Alsterdorfer Anstalten: Die Umgestaltungen der St. Nicolauskirche, Friedrich K. Lensch (1898-1976) und Deutungen des Altar-Wandbild es.- Books on Demand, Norderstedt 2016 [ISBN: 978-3-739212982] [zweite, korrigierte und erweiterte Auflage]

Uwe Gleßmer / Emmerich Jäger : Zur Entstehungsgeschichte der Gemeinde in Klein Borstel und der Kirche Maria-Magdalenen als Bau- und Kunstwerk der Architekten Hopp und Jäger mit dem Maler Hermann Junker.- Books on Demand, Norderstedt 2016 [ISBN: 978-3-739244167]

Uwe Gleßmer / Günther Engler: Die Lutherkirche in Hamburg-Wellingsbüttel als Bau- und Kunstwerk der Architekten Bernhard Hopp und Rudolf Jäger . [Beitrag zum Hopp-und-Jäger-Projekt Nr. 4].- Books on Demand, Norderstedt 2016 [ISBN: 978-3-741253713]